PAPUS

TRAITÉ ÉLÉMENTAIRE
DE
MAGIE PRATIQUE

ADAPTATION, RÉALISATION, THÉORIE DE LA MAGIE

AVEC UN

APPENDICE

SUR L'HISTOIRE & LA BIBLIOGRAPHIE DE L'ÉVOCATION MAGIQUE

ET UN

Dictionnaire de la Magie des campagnes,
Des Philtres d'amour, etc.

> Et néanmoins il ne s'ensuit pas que ceux-ci soient fables, car si véritablement ils naissaient et ne se fondaient par le moyen d'iceux beaucoup de choses merveilleuses et nuisibles, les lois divines et humaines n'eussent tant étroitement ordonné de les exterminer.
>
> (H.-C. Agrippa)

OUVRAGE ORNÉ DE 156 FIGURES, PLANCHES ET TABLEAUX
ILLUSTRATIONS DE LOUIS DELFOSSE

DEUXIÈME ÉDITION

PARIS
CHAMUEL, ÉDITEUR
29, Rue de Trévise, 29

1893
(Tous droits expressément réservés)

TRAITÉ ÉLÉMENTAIRE

DE

MAGIE PRATIQUE

PAPUS

TRAITÉ ÉLÉMENTAIRE
DE
MAGIE PRATIQUE

ADAPTATION, REALISATION, THÉORIE DE LA MAGIE

AVEC UN

APPENDICE

SUR L'HISTOIRE & LA BIBLIOGRAPHIE DE L'ÉVOCATION MAGIQUE

ET UN

Dictionnaire de la Magie des campagnes,
Des Philtres d'amour, etc.

> Et néanmoins il ne s'ensuit pas que ces arts soient fables, car si véritablement ils n'étaient, et ne se faisaient par le moyen d'iceux beaucoup de choses merveilleuses et nuisibles, les lois divines et humaines n'eussent tant étroitement ordonné de les exterminer.
>
> (H.-C. AGRIPPA).

OUVRAGE ORNÉ DE 158 FIGURES, PLANCHES ET TABLEAUX
ILLUSTRATIONS DE LOUIS DELFOSSE

PARIS
CHAMUEL, ÉDITEUR
29, RUE DE TRÉVISE, 29

1893

(Tous droits expressément réservés).

OEUVRES DE PAPUS
1893

VOLUMES

Traité élémentaire de Science occulte (1887), 1 vol. in-18, 4e éd. (épuisé).

Le Tarot des Bohémiens, 1 vol. in-8° de 372 p. avec 6 planches phototypiques et 200 fig. et tableaux. . . . . 9 fr.

Dans cet ouvrage est donnée une clef de la construction du Tarot applicable également aux arcanes mineurs et aux arcanes majeurs. Ce problème, cherché par tous les occultistes, n'avait pas encore été publiquement résolu avant cette publication.

Essai de Physiologie synthétique, 1 vol. in-8° avec 35 schémas inédits. . . . . 4 fr.

Cet ouvrage, publié sous le nom de Gérard Encausse, est consacré à l'application de la méthode analogique à la physiologie humaine. Il est presque entièrement épuisé.

Traité méthodique de Science occulte. Préface d'Ad. Franck (de l'Institut), 1 vol. gr. in-8° de XXV-1050 pages, avec 2 dictionnaires et 1 glossaire et 400 gravures et tableaux. . . . 16 fr.

Cet ouvrage, véritable encyclopédie pratique des doctrines de l'occultisme, remplace une foule de traités classiques de la question, introuvables en librairie. La partie personnelle à l'auteur est de plus de 600 p. et les reproductions d'anciens traités ou d'anciens manuscrits complètent le volume.

La Kabbale, 1 vol. gr. in-8° de 188 pages. Lettre-préface d'Ad. Franck (de l'Institut). 5 fr.

Cette étude sur la Kabbale est surtout intéressante par les divisions très claires des ouvrages dits kabbalistiques. De plus une bibliographie très soignée établie sur trois plans différents termine cet ouvrage.

BROCHURES

L'Occultisme contemporain (épuisé).

Le Sepher Jesirah, 1re traduction française, (épuisé).

La Pierre philosophale, preuves de son existence, in-18 avec planches, (épuisé).

Les sept principes de l'Homme au point de vue scientifique, (épuisé).

Fabre d'Olivet et Saint Yves d'Alveydre, in-8° (rare). 1 fr.

L'Occultisme, in-16. . . » 20

Le Spiritisme, in-16. . . » 20

Hypothèses, 1 brochure in-18, 1884 (épuisé) (sous le nom de G. Encausse).

La Science des Mages et ses applications théoriques et pratiques, 1 brochure in-8° de 60 pages, texte serré avec 4 fig. » 50

Ce petit ouvrage est un complément indispensable du Traité méthodique de science occulte et constitue un résumé très complet de l'occultisme.

Considérations sur les Phénomènes du Spiritisme. Rapports de l'hypnotisme et du spiritisme, existence des phases chez les médiums, 1 brochure in-8° avec 4 planches. . . 1 fr.

La Chiromancie, résumé synthétique in-8° avec 23 fig. 1 fr.

De l'Expérimentation dans l'étude de l'Hypnotisme, 1 brochure in-8°. . . . . . . » fr. 50
(Sous le nom de G. Encausse).

PRINCIPAUX ARTICLES

REVUES DIVERSES.

Le Diagramme symbolique (Lotus, mai 1887).

La Table d'Emeraude d'Hermès, (Lotus, novembre 1887).

La légende d'Hiram (Lotus, août 1887).

Le cachet de la S. T. (Revue théosophique, mai 1889).

L'Esotérisme (Revue des sciences psychologiques, 1890).

Symboles et Franc-maçonnerie (Bulletin de la grande loge, symb. écossaise, 1889).

La Presse spiritualiste (Bulletin de la Presse, Février. (France et Etranger), avril 1892).

L'Orient et la Turquie. (Lumière d'Orient, 1892).

Numéro de la Magie, (Revue : La Plume 1892).

Une nouvelle psychologie (Light of Paris 1892).

Deux conférences ésotériques (Revue spirite, 1890).

DANS L'INITIATION. — Le symbolisme dans la Franc Maçonnerie, oct. 1888. — Qu'est-ce qu'un initié ? avril 1889. — Les grands initiés, juillet 1889. — La messe bouddhique, sept. 1889. — Congrès spirite et spiritualiste de 1889. Rapport général — Le remords, février 1889. — Correspondances magiques dans l'homme, mai 1890. — Occultisme et spiritisme, juin 1890. — Lumière astrale et Od, mars 1891. — La Tradition hébraïque, juillet 1891. — L'Anatomie philosophique, décembre 1891. — Le Plan astral, avril 1891. Le Microcosme, juillet 1892.

DANS LE VOILE D'ISIS. Histoire de la Société Théosophique.

Etudes diverses.

EN COLLABORATION

LA SCIENCE SECRÈTE, 1 vol. in-18 en collab. avec Barlet, Eugène Nus, le Dr Ferran, etc.

DU TRANSFERT A DISTANCE A L'AIDE DES COURONNES AIMANTÉES, in-8° en collab. avec le Dr Luys (sous le nom de G. Encausse).

PETIT GLOSSAIRE DES PRINCIPAUX TERMES TECHNIQUES, couramment employés dans les livres et revues traitant d'occultisme, de Kabbale, etc., in-8° 1892. En collab. avec Augustin Chaboseau.

L'Isis Bulletin Théosophique (1888).

ETUDE SUR UNE PLANCHE DE KHUNRATH, insérée dans la 2e édit. de Au seuil du Mystère, de Stanislas de Guaïta.

PRÉFACES

Préface à la nouvelle astrale : A Brûler, de Jules Lermina.

Préface à l'Elixir de Vie, du même auteur.

Préface à l'Ame, Les Sept Principes de l'homme et Dieu, de Vurgey.

Préface à l'Unité de Religion, par Mlle O. B. (1893).

Préface aux Recherches psychiques, de M. de Bodisco.

DIVERS

Direction des revues l'INITIATION (mensuelle), 5e année, et le VOILE D'ISIS (hebdomadaire), 3e année.

A

F. Ch. BARLET

Auteur de l'Essai sur l'Evolution de l'Idée, de la Chimie synthétique, de l'Enseignement intégral.

Cher ami,

Permettez-moi de vous dédier ce livre, à vous qui êtes aujourd'hui le représentant le plus éminent de la tradition initiatique d'Occident.

Depuis plus de dix-huit ans vous poursuivez la solution des plus hauts problèmes qui se puissent présenter à l'esprit de l'homme. En dehors de toutes les luttes comme de toutes les sectes, vous avez su réserver vos efforts pour l'étude sérieuse et approfondie de nos sciences contemporaines, et cette étude vous a conduit à la science occulte, considérée par vous comme la seule voie synthétique de réalisation dans tous les ordres de l'intellectualité. Mais vous avez voulu montrer que l'occultisme tirait sa plus grande force de l'adaptation à nos connaissances actuelles de la méthode qu'il révèle. Vos travaux sur la loi d'évolution de l'idée à travers les âges, sur la chimie synthétique, sur la sociologie, et enfin votre programme de réformes raisonnées de notre enseignement à tous les degrés, sont venus révéler à vos lecteurs que l'étude de la science occulte mène à d'autres voies que les redites sur les anciennes initiations et les considérations sur le ternaire auxquelles se livrent les jeunes débutants encore impuissants à rien adapter. Vos ouvrages, qui touchent aux mathématiques autant qu'à la biologie, sont venus nous venger de cette injure, prétendant que nous sommes condamnés à rester pétrifiés dans l'étude de l'antiquité.

C'est en alliant la méthode synthétique que nous a léguée cette antiquité avec la rigueur analytique de l'expérimentation contemporaine, que vous êtes parvenu (et que tous ceux qui suivront vos traces parviendront) à faire œuvre originale et solide. Près de vingt années d'un travail opiniâtre vous furent nécessaires pour mener à bien la tâche entreprise ; mais grâce à vous, l'occultisme est près de sortir de la voie dangereuse où l'entraînaient les étourderies de ceux chez qui l'imagination remplace le travail et la science.

Vivant loin de Paris, connaissant depuis longtemps la plupart de ces pratiques ignorées aujourd'hui, vous êtes plus près qu'aucun de nous de la source même des enseignements de nos maîtres de l'invisible, et je vous dois un public témoignage de gratitude pour les avertissements et les conseils que vous nous avez toujours envoyés inopinément et au moment propice. Grâce à ces avertissements, venus de haut lieu, nous avons toujours été prévenu de toutes les attaques, nous avons pu déjouer toutes les embûches et poursuivre sans faiblesse notre œuvre de réalisation.

C'est sans argent et sans demander la moindre cotisation ni la moindre somme aux membres de nos groupes d'études que nous avons créé ce mouvement en faveur des études ésotériques, et que nous sommes parvenu à enrayer le matérialisme, tout aussi dangereux que le cléricalisme, qui menaçait d'entraîner les esprits de toute la jeune génération à la banqueroute de la conscience et de la morale. L'argent est un moyen et non un but ; c'est en méconnaissant cet enseignement que les sociétés, comme les individus, se suicident. En nous démontrant le triomphe de l'idée, sa souveraineté et son évolution dans l'histoire de l'humanité, vous avez, mon cher ami, rendu à notre cause un service pour lequel elle vous doit une éternelle reconnaissance.

Dans l'œuvre commune, j'ai eu personnellement le grand honneur d'être délégué à la réalisation, et de batailler de la parole et de la plume (parfois aussi de l'épée) pour le succès de nos idées. Vous savez, mon cher ami, comment, dans les moments de désespoir, alors qu'accablé par les calomnies et les sarcasmes, accusé d'agir en dilettante avide de gros sous quand mes pauvres honoraires et mes droits d'auteur alimentaient nos publications, vous savez combien me fut précieuse votre amitié et celle de notre camarade Julien Lejay; comment, après nos réunions là-bas, au contact de votre savoir et de votre exemple, je revenais plus ardent à la lutte et plus opiniâtre au combat quotidien.

Aujourd'hui le succès désiré est venu couronner nos efforts, et ceux qui suivent l'évolution intellectuelle de la jeune génération savent combien la réaction contre le matérialisme est évidente. Mais les esprits timorés craignent les mots d'occultisme, d'ésotérisme et de magie. Après avoir été les initiateurs du mouvement, nous sommes devenus dangereux pour les gens qui seront en place demain, et l'on voudrait bien utiliser les idées en changeant ces vilains mots.

Parmi les nombreuses petites écoles rivales, dont l'existence est aussi nécessaire à l'élaboration d'un mouvement intellectuel que la multiplication des cellules embryonnaires est nécessaire à l'élaboration d'un corps physique, beaucoup sont dignes d'un sérieux intérêt et toutes méritent le respect. Nous ne protesterons personnellement que contre les hommes qui prétendent ramener les intelligences, évoluées par la science contemporaine, dans le giron du cléricalisme agonisant.

« C'est là le grand danger qu'on doit signaler aux jeunes
« esprits avides d'idéal; pour le reste, suivez vos aspirations et
« méfiez-vous de Voltaire autant que de Loyola.

Pour nous, mon cher Barlet, nous avons la certitude que la science occulte possède une méthode synthétique applicable à nos connaissances contemporaines, et vos travaux en sont la meilleure preuve. Nous ne ferons pas banqueroute à nos convictions, malgré le dilettantisme dont on se plaît à nous accuser, et ce traité, auquel je travaille depuis longtemps, je suis fier de l'intituler : TRAITÉ DE MAGIE, et plus fier encore de vous le dédier. Là s'arrête mon ambition, l'avenir montrera si nous avons été de simples rêveurs, ou si, au contraire, nos efforts désintéressés furent utiles à nos frères en humanité.

PAPUS.

INTRODUCTION

« Mort à l'idéal », telle pourrait être la devise du XIX° siècle.

Partout ce qu'on est convenu d'appeler « l'esprit positif » s'est implanté et a manifestement prospéré. En science, les merveilleux travaux des analystes ont eu raison des légendes et des sentimentalités infuses en nos cœurs par nos mères, éducatrices de notre enfance, et le matérialisme a conquis droit de cité dans l'Université. En art, c'est le naturalisme qui règne, encore défendu du reste par un homme de génie. En amour même « l'esprit positif » a remplacé presque partout la fougue généreuse d'antan, et une génération de pessimistes daigne troquer ses incapacités physiques contre les écus d'une demoiselle que ses parents placent à cinq ou dix pour cent, suivant le contrat de mariage. Parlerons-nous de la religion à ces pharisiens qui constituent notre clergé ou à ces idolâtres mesurant leur bigotisme aux dorures de l'Église qui constituent notre clergie ?

Et cependant, combien fut utile à l'émancipation de l'intellectualité générale cette époque toute de calcul et de rationalisme ! Quels progrès immenses cette descente de l'idéal dans les bas-fonds de l'être ne permet-elle pas d'espérer, pourvu que cet idéal remonte en son centre intellectuel tout imprégné encore des souffrances entrevues.

Car, s'il est une vérité éternelle, c'est que le matérialisme porte en lui-même le germe de sa chute.

Voilà pourquoi, à la fin du XIX° siècle, M. Charcot, retrouvant à la Salpêtrière les phases convulsives de l'antique sybille, de la sorcière du moyen âge et de la convulsionnaire moderne, fait de la magie. M. le D' Luys transplantant à la Charité les maladies d'un organisme dans un autre organisme fait de la magie. MM. Liébault et Bernheim créant à Nancy des larves cérébrales par la suggestion font de la magie. De même M. le colonel de Rochas, à l'école polytechnique, faisant éprouver à distance à des sujets tout ce qui déforme une figure de cire fait de la magie au premier chef, tout comme M. le professeur Richet constate des faits de magie, et M. Horace Pelletier, ainsi qu'il résulte d'un rapport d'un ancien élève de l'École polytechnique, M. Louis Lemerle, retrouvant les procédés des fakirs indiens et faisant évoluer à son Verbe, tout comme jadis Orphée, mais avec moins d'autorité cependant, les objets inanimés, est un magicien au petit pied.

Et nous ne parlerons pas de ces fantômes des vivants, de ces images des mourants, de ces apparitions de l'invisible qui viennent secouer la torpeur de nos physiologistes engourdis et poser à la face du matérialisme, du sensualisme, du naturalisme et de l'athéisme, le troublant problème de l'au delà, de cet ordre de connaissances qu'on avait classées parmi les amusettes d'un autre âge, de la magie, pour l'appeler par son véritable nom.

Or les faits s'amoncellent, souverainement logiques dans leur brutalité. Il faut venir à ces études ; mais la lâcheté inhérente à toute indolence et à toute routine cherche une échappatoire à la conclusion qu'on sent imminente.

On institue des enquêtes pour établir des faits, on écrit de gros livres pour résumer les conclusions favorables de l'enquête, on fonde des revues ennuyeuses et scientifiques pour établir la statistique des faits psychiques, et l'on réunit des congrès pour trouver des termes « acceptables » à l'usage des cervelles étroites des néo-philosophes et des conceptions encore plus étroites des jockeys et des poupées qui constituent, dans les cours « chics », l'auditoire parfumé de nos aimables professeurs d'intellectualité.

Il y a deux routes à suivre. On peut se contenter d'assembler ces faits étranges sans jamais oser aborder de front les enseignements qui se dégagent de ces faits. C'est là la carrière dite scientifique que nous recommandons particulièrement aux jeunes médecins avides de gros traitements et de fauteuils académiques. On peut aussi remonter à l'origine de ces sciences occultes, étudier les anciens qui connaissaient ces faits et d'autres analogues, appeler les choses par leur véritable nom, et alors on fait de la magie d'une façon consciente et rationnelle : c'est là la voie des réprouvés, des pestiférés et des maudits. Nous ne la recommandons à personne, car elle ne conduit ni à la fortune, ni aux honneurs officiels, et celui qui l'aborde doit, avant d'entreprendre la route, être prêt à supporter les trois grandes expiations initiatiques et savoir souffrir, s'abstenir et mourir.

Mais quel que soit le sort qui l'attend, le dépositaire de la tradition sacrée ne doit pas faillir à sa mission. Jusqu'à présent, les enseignements de l'ésotérisme ont été renfermés au sein des fraternités occultes qui les ont conservés intacts. Le moment est venu de sortir d'une réserve jusqu'ici nécessaire et de réduire à leur juste valeur les pâles copies et les fausses conceptions que des individualités ridicules ou des expérimentateurs ignorants cherchent à répandre dans la foule. Il faut maintenant que l'esprit de liberté soit enfin vainqueur de l'obscurantisme clérical pour révéler sans crainte les enseignements de la magie pratique en les adaptant à la science de notre époque. Et que ceux qui savent ne s'effrayent point de cette publication, tout cela semblera songes creux ou rêveries d'aliéné à la masse des hyliques, et ceux-là seuls comprendront et agiront qui sont dignes de l'adeptat mystique. Les faits de magie sont dangereux, et à l'exemple d'un des plus grands des maîtres contemporains, Eliphas Lévi, nous prévenons d'avance les imprudents qu'ils s'exposent à la folie ou à la mort en poursuivant ces études dans un simple esprit de curiosité. Quiconque a peur de la souffrance, craint les privations ou recule devant la mort, fera mieux, certes, d'étudier le sport que la magie, et les maillots de nos ballerines seront pour lui spectacles plus accommodants que les visions de l'astral.

Il existe cependant une involution des expériences magiques à l'usage des gens timorés, et nous ne saurions trop conseiller aux personnes qui veulent se divertir après dîner la pratique des phénomènes spirites. Ce n'est pas difficile, et c'est très consolant. Puis, c'est si loin de la magie véritable qu'on peut n'avoir aucune crainte d'accidents sérieux, pourvu qu'on s'arrête à temps.

∗∗∗

Au moment de la chute et de la transformation de l'ancien monde, les sanctuaires autorisèrent la divulgation d'une partie des mystères ; et l'école d'Alexandrie, la gnose et le christianisme naissant appelèrent tout être de raison à la communion sacrée au Verbe divin.

Or notre époque présente de singulières analogies avec les derniers siècles de cet ancien monde. Le catholicisme a pris en Occident la place de l'antique enseignement religieux, et les pharisiens n'ont fait que changer de nom à travers les âges.

Toutes les écoles philosophiques s'agitent, et le catholicisme agonise, frappé à mort par le pharisaïsme clérical.

En même temps les doctrines les plus diverses et les traditions les plus secrètes voient le jour. La tradition orientale représentée par le Bouddhisme a tenté un vain effort pour s'emparer de l'intellectualité de l'ancien continent. Aussitôt les écoles dépositaires de la tradition occidentale se sont montrées au grand jour et ont revendiqué la place qu'essayait d'envahir la nuageuse mystique indoue — qui s'est trouvée subitement réduite à six défenseurs en France — la kabbale a constitué son enseignement, le Martinisme, d'origine plus récente, a étendu son influence et a vu centupler le nombre de ses initiés, la Gnose reparaît à la lumière plus vivante que jamais, et ce mouvement inattendu qui porte les esprits vers la philosophie spiritualiste est si évident que des industriels surgissent qui, sans tradition comme sans savoir, s'apprêtent à fabriquer des ouvrages de magie comme ils fabriquaient hier des traités de « vulgarisation scientifique » et comme ils fabriqueront demain des manuels de sorcellerie. Contre ceux-là une seule arme est efficace : la lumière aussi complète que possible.

Que de titres excentriques, que de réputations édifiées sur l'audace des affirmations creuses et sur l'orgueil injustifié s'écrouleront comme châteaux de cartes quand chacun pourra se rendre compte de l'origine, des transformations et des adaptations des pratiques magiques. C'est pour ceux-là que ces livres sont des « traités dangereux », car ils rapprochent bien trop les bâtons flottants du rivage.

Et cependant, si les analogies basées sur la loi d'évolution de l'idée, telle que l'a magistralement exposée F. Ch. Barlet, sont vraies, aucune de ces écoles actuellement en œuvre ne peut prétendre à la victoire. Toutes ces oppositions, toutes ces luttes ménagent une transition, et c'est pour aider dans la mesure de nos forces à doubler ce cap dangereux, que nous nous sommes décidé à publier hâtivement le résumé de nos travaux, sûr que nous sommes de ne pas apercevoir la terre promise dont la vue est réservée aux générations futures.

Ici on nous pardonnera de donner quelques détails sur le plan de cet ouvrage.

*
* *

Depuis six ans bientôt nous réunissions les documents et nous exécutions les expériences nécessaires à l'édification d'un traité de magie expérimentale qui aurait montré comment toutes les opérations magiques étaient des expériences scientifiques exécutées sur des forces encore peu connues, mais très analogues, dans leurs lois générales, aux forces physiques les plus actives, comme le magnétisme et l'électricité.

La préparation d'un tel ouvrage est longue, et plusieurs années nous sont encore nécessaires pour le mener à bonne fin.

Cependant devant la multiplication des erreurs débitées au nom de la magie, devant le ridicule dont certain auteur, grand artiste, mais piètre expérimentateur, couvre tout ce qui a trait à ces études et surtout sur les instances pressantes de nos amis, nous avons décidé de publier un résumé aussi succinct et aussi scientifique que possible de cette partie pratique de la

Science Occulte. Ce résumé n'a d'autre but que de servir d'introduction à l'excellent « Rituel » d'Éliphas Lévi, auquel on reproche généralement de n'être pas assez pratique, faute de le comprendre.

La première partie de notre travail, la théorie, montre l'application à la psychologie contemporaine des théories de Pythagore et de Platon reprises par Fabre d'Olivet et déformées par tous les traducteurs.

La seconde partie, la réalisation, étudie la manifestation possible des facultés de l'être humain sous l'influence des diverses réactions venues de l'extérieur. Il y a là un essai « d'hygiène de l'intellectuel » qui résume une des parties les plus personnelles de nos recherches. De plus notre chapitre sur l'astrologie aborde déjà la portion purement technique de la magie.

Avec l'adaptation on entre de plein pied dans l'enseignement purement traditionnel. C'est sur ce point que portent nos expériences, et c'est pour bien mettre au jour ces faits que plusieurs années nous sont encore nécessaires. Faute de temps nous avons été obligé de nous en tenir aux documents émanés des manuscrits et des grimoires et nous ne nous faisons aucune illusion sur l'étrange effet que fera la lecture de certains de ces enseignements sur l'esprit d'un contemporain habitué aux théories positivistes. Par contre, les documents fournis dans ce chapitre peuvent être d'un puissant secours au chercheur indépendant et lui éviteront de grandes dépenses de temps et d'argent.

Toutefois, puisque nous traitons un sujet tout personnel, nous demandons au lecteur la permission d'aller plus loin et de lui présenter la personnalité de Papus, dont le nom est tiré du médecin, daïmon de la première heure du Nucteméron d'*Apollonius de Thyane*. On saura ainsi à qui l'on a affaire et l'on pourra fermer dès à présent ce livre ou le jeter au feu suivant le cas.

De notre métier nous sommes médecin à Paris où nous avons fait nos études, et de notre occupation nous sommes étudiant ès-sciences occultes. La carrière médicale ne fut qu'une préparation à l'occupation, car, externe des hôpitaux, nous commençâmes l'étude de l'hypnotisme à Saint-Antoine, puis nous la poursuivîmes à la Charité, où, après avoir obtenu la médaille de bronze de l'Assistance publique, nous devenions chef du laboratoire d'hypnothérapie. Nos soirées étaient consacrées à fréquenter les cercles mystiques où nous fûmes à même d'assister, pendant quatre ans que dura notre enquête, aux phénomènes psychiques les plus troublants qui puissent se présenter. C'est pendant cette époque que nous avons recueilli les notes les plus importantes concernant l'involution des expériences magiques dans les faits du magnétisme et du spiritisme contemporains. En même temps nous entrâmes en relation avec les fraternités occultes d'Europe et d'Orient. Nous ne parlons pas de la Société théosophique, association sans tradition comme sans enseignement synthétique, dont tous les écrivains français se hâtèrent de sortir par toutes les portes possibles. Nous fûmes même obligé de demander personnellement notre expulsion d'un tel milieu, afin que tous les membres de cette société apprissent notre décision qu'on cherchait à garder secrète, et pour cause. Nous avouons donc hautement que le peu de pratiques sérieuses que nous fûmes à même d'expérimenter et de vérifier nous ont été transmises par une société orientale dont F. Ch. Barlet est le représentant officiel pour la France et dont nous sommes membre du degré le plus inférieur. Mais toutes ces histoires ne sauraient avoir d'intérêt pour le lecteur. Qu'il lui suffise de savoir que notre profession de médecin lui garantit un peu nos connaissances physiologiques, et que, pour le reste, nous nous en référons à notre carrière et à nos ouvrages, les seuls garants que nous puissions offrir en réponse aux insinuations et aux calomnies dont a toujours été entourée notre œuvre de réalisation.

Nous ne nous faisons aucune illusion sur les imperfections nombreuses de ce résumé, qui n'est, en quelque sorte, que la préface d'un travail bien plus complet et plus volumineux que nous publierons par fascicules sous le nom de Traité méthodique de magie pratique. Ce traité méthodique sera, si nous réalisons notre désir, une encyclopédie de la question et contiendra la reproduction in extenso des livres, des manuscrits et des grimoires les plus rares.

Ajoutons encore que ce traité élémentaire, qui est constitué par une partie des notes que nous réunissons depuis plusieurs années, a été écrit en six mois dans les milieux les plus divers, au jour le jour de notre vie matérielle. C'est ainsi que les premiers chapitres de la théorie ont été exécutés à la campagne, aux environs de Paris. La réalisation a été écrite à Paris, à la Bibliothèque nationale, fort riche en manuscrits et en livres rares sur ces questions. Enfin, l'adaptation a été commencée à Bruxelles, continuée à Paris et terminée l'hiver, au mois de janvier, à Cannes. Voilà pourquoi nous faisons appel à toute la mansuétude possible de la part du lecteur, tout en affirmant que tous nos soins ont été apportés dans l'agencement de ces matières, si peu familières à beaucoup de nos contemporains.

Papus.

PREMIÈRE PARTIE

THÉORIE

TRAITÉ ÉLÉMENTAIRE
DE
MAGIE PRATIQUE

CHAPITRE Iᵉʳ

DÉFINITION DE LA MAGIE

Vous connaissez, n'est-ce pas, l'histoire de l'œuf de Christophe Colomb ? Je ne vous la raconterai donc pas.
Cette histoire prouve que généralement il n'y a rien de plus difficile à trouver que les choses simples. Or, si la magie semble si obscure et si difficile à comprendre (pour ceux qui l'étudient *sérieusement*, s'entend), c'est bien évidemment à cause des complications dans lesquelles l'étudiant s'embrouille dès le début. Nous passons auprès de nos lecteurs habituels pour un auteur aimant user et même abuser des images et des comparaisons : défaut ou qualité, c'est là une habitude invétérée que nous n'abandonnerons pas plus dans cet ouvrage que dans nos précédents. Aussi ne pouvons-nous mieux commencer notre étude sur la magie que par une question peut-être saugrenue : Avez-vous quelquefois regardé un fiacre déambulant dans les rues de Paris ? — Pourquoi cette demande bizarre, me direz-vous ? — Tout simplement parce que si vous avez sérieusement regardé ce fiacre,

vous êtes à même de connaître très rapidement la mécanique, la philosophie, la physiologie et surtout la magie. Voilà.

Si ma question et surtout ma réponse vous semblent absurdes, c'est que vous ne savez pas *regarder*. Vous voyez, mais vous ne regardez pas ; vous ressentez passivement des sensations, mais vous n'avez pas l'habitude de les raisonner, de chercher les rapports des choses, même les plus grossières en apparence. Socrate, voyant un jour passer dans les rues d'Athènes un homme chargé de bois, *regarda* la manière artistique dont le bois était disposé. Il alla à l'homme, lui parla et en fit Xénophon. C'est que Socrate voyait avec son cerveau plus qu'avec ses yeux.

Or, si vous voulez étudier la magie, commencez par bien comprendre que tout ce qui vous frappe autour de vous, toutes ces choses qui agissent sur vos sens physiques, le monde visible enfin, tout cela n'est intéressant que comme des traductions en un langage grossier de lois et d'idées qui se dégageront de la sensation quand cette sensation aura été non-seulement filtrée par les organes des sens, mais encore digérée par votre cerveau.

Ce qui vous intéresse dans un homme, si vous êtes sérieux, ce ne sont pas ses habits, c'est le caractère, la façon d'agir de cet homme. Les habits et surtout la manière de les porter peuvent bien indiquer par à peu près l'éducation de cet homme ; mais ce ne sont que des reflets, des images plus ou moins exactes de sa nature intime.

Or tous les phénomènes physiques qui frappent nos sens ne sont que des reflets, des habits de principes bien plus élevés : *des idées*. Ce bronze qui est devant moi n'est que l'habit dont l'artiste a revêtu son idée ; cette chaise là-bas est aussi la traduction en physique de l'idée de l'artisan, et, dans la nature tout entière, un arbre, un insecte, une fleur sont des traductions en matériel d'un langage tout idéal, dans le sens vrai du mot.

Ce langage est incompris du savant qui ne s'occupe que des habits des choses, des phénomènes, et qui a déjà fort à faire ; mais les poètes et les femmes comprennent mieux cette langue mystérieuse que toute autre, car les poètes et les femmes savent intuitivement ce qu'est l'amour universel. Nous verrons tout à l'heure pourquoi la magie est la science de l'amour. Pour l'instant revenons à notre fiacre.

Une voiture, un cheval, un cocher, voilà toute la philosophie, voilà toute la magie, à condition, bien entendu, de prendre ce grossier phénomène comme type analogique et de savoir *regarder*.

Avez-vous remarqué que si l'être intelligent, le cocher, voulait faire marcher son fiacre sans cheval, le fiacre ne marcherait pas ?

Ne riez pas et ne m'appelez pas Calino, car si je vous pose cette question, c'est que beaucoup se figurent que la magie c'est l'art de faire marcher les fiacres sans chevaux ou, pour traduire en langage un peu plus élevé, d'agir sur la matière par la volonté et sans aucun intermédiaire.

Donc retenons ce premier point que, dans un fiacre, le cocher ne peut mettre et la voiture et lui-même en mouvement sans un moteur, qui, dans le cas actuel, est un cheval.

Mais avez-vous remarqué que le cheval est *plus fort* que le cocher, et que cependant, au moyen des rênes, le cocher utilise et domine la force brutale de l'animal qu'il conduit ?

Si vous avez remarqué tout cela, vous êtes déjà à moitié magicien et nous pouvons continuer sans crainte notre étude, mais toutefois en traduisant vos remarques en langage « cérébral ».

Le cocher représente l'intelligence et surtout la volonté, *ce qui gouverne* tout le système, autrement dit le PRINCIPE DIRECTEUR.

La voiture représente la matière, ce qui est inerte et *ce qui supporte*, autrement dit le PRINCIPE MU.

Le cheval représente la force. Obéissant au cocher et agissant sur la voiture, le cheval *meut* tout le système. C'est le PRINCIPE MOTEUR, qui est en même temps l'INTERMÉDIAIRE *entre la voiture et le cocher* et le LIEN qui réunit ce qui supporte à ce qui gouverne, ou la matière à la volonté.

Si vous avez bien saisi tout cela, vous savez *regarder* un fiacre et vous êtes bien près de savoir ce qu'est la magie.

Vous comprenez, en effet, que le point important à connaître ce sera l'art de conduire le cheval, le moyen d'éviter ses emballements et ses écarts, le moyen de lui faire rendre le maximum d'efforts à un moment donné et de les ménager quand la route doit être longue, etc., etc.

Or, dans la pratique, le cocher c'est la volonté humaine, le cheval c'est la vie, identique dans ses causes et dans ses effets pour tous les êtres inanimés, et la vie c'est l'INTERMÉDIAIRE, le LIEN, sans lequel la volonté n'agira pas davantage sur la matière que le cocher n'agit sur sa voiture si on lui enlève son cheval.

Demandez à votre médecin ce qui arrive quand votre cerveau n'a plus assez de sang pour assurer ses fonctions. A ce moment-là votre volonté aura beau vouloir mettre votre corps en mouvement, vous aurez un étourdissement, des éblouissements, et, pour peu que cela continue, vous perdrez vite connaissance. Or, l'anémie c'est le manque de dynamisme dans le sang, et ce dynamisme, cette force que le sang apporte à tous les organes, y compris le cerveau, appelez-la oxygène, chaleur ou oxyhémoglobine, vous ne décrivez que son extérieur, ses habits ; appelez-la *force vitale* et vous dépeindrez son véritable caractère.

Et maintenant voyez comme il est utile de regarder les fiacres déambulant dans la rue, voilà notre cheval devenu l'image du sang, ou plutôt de la force vitale en action dans notre organisme, et, tout naturellement, vous trouverez que la voiture est l'image de notre corps et le cocher celui de notre volonté.

Or, quand nous nous mettons en colère au point de perdre la tête, le sang monte au cerveau, c'est-à-dire le cheval s'emporte, et dame, gare au cocher s'il n'a pas la poigne solide. Dans ce cas le devoir du cocher est de ne pas lâcher les rênes, de tirer ferme, s'il le faut, et peu à peu le cheval, dompté par cette énergie, redevient calme. Il en est de même pour l'être humain : son cocher, sa volonté, doit agir énergiquement sur la colère, les rênes qui relient la force vitale à la volonté doivent être tendues et l'être reprendra vite son sang-froid.

Qu'a-t-il fallu à ce cocher pour avoir raison d'un animal cinq fois plus fort que lui? Une lanière de cuir assez longue, un mors bien disposé, et voilà tout. Or nous verrons plus tard combien la force nerveuse, qui est le moyen d'action de la volonté sur l'organisme, aura son importance en magie; mais n'anticipons pas.

Quand on connaît la constitution de l'homme en corps, vie et volonté, est-on magicien?

Hélas ! non, pas plus que quand on voit conduire. Pour être magicien il ne suffit pas de savoir théoriquement, il ne suffit même pas d'avoir appris ce qu'il faut faire dans tel ou tel traité, il faut mettre soi-même la main à la pâte, car c'est en conduisant souvent et des chevaux de plus en plus difficiles qu'on devient cocher.

Ce qui différencie la magie de la science occulte en général, c'est que la première est une science *pratique*, tandis que la seconde est surtout théorique. Mais vouloir faire de la magie sans connaître l'occultisme, c'est vouloir conduire une locomotive sans avoir passé par une école *théorique* spéciale. On prévoit le résultat.

Or, de même que le rêve de l'enfant à qui l'on donne un sabre de bois est d'être général sans passer par la caserne, le rêve de l'ignorant qui entend parler de ces choses est de commander, avec des formules apprises par cœur, des mouvements rétrogrades aux fleuves et de l'obscurité au soleil, le tout pour « poser » devant les amis ou pour séduire une fermière du village voisin.

Et notre homme est tout déconcerté d'échouer piteusement dans son aventure! Mais que diraient les soldats si l'enfant au sabre de bois venait leur donner des ordres? Avant de commander aux forces en action dans un grain de blé, apprenez à commander à celles qui agissent en vous-même, et souvenez-vous qu'avant de monter dans une chaire en Sorbonne, il faut passer par l'école, par le lycée, par la faculté. Si cela vous semble trop difficile ou trop long, faites-vous palefrenier, l'école vous suffira, ou quelques mois d'apprentissage.

La magie étant une science *pratique* demande des connaissances théoriques préliminaires, comme toutes les sciences pratiques. Mais on peut être mécanicien après avoir passé par l'école des Arts-et-Métiers, et alors on est *ingénieur* mécanicien, ou mécanicien après avoir été en apprentissage, et alors on est *ouvrier* mécanicien. Il y a de même dans nos villages des *ouvriers* en magie qui produisent quelques phénomènes curieux et opèrent des guérisons parce qu'ils ont *appris* à le faire en le voyant faire par celui qui les a enseignés. On les appelle généralement des « sorciers » et on les craint, bien à tort, ma foi.

A côté de ces ouvriers du magisme, il existe des chercheurs connaissant *la théorie* des phénomènes produits : ce sont les ingénieurs en magie, et c'est à eux surtout que nous nous adressons dans le présent ouvrage.

La magie étant pratique est une science d'application.

Qu'est-ce que l'opérateur va donc appliquer? *Sa volonté*. C'est là le principe directeur, le cocher du système.

Mais à quoi va-t-il l'appliquer, cette volonté?

A la matière, jamais. Car il se conduirait comme l'ignorant de tout à l'heure, comme le cocher qui voudrait, en s'agitant sur son siège et en hurlant, faire marcher sa voiture pendant que le cheval est encore à l'écurie. Un cocher agit *sur un cheval* et pas sur une voiture. C'est peut-être la troisième fois que nous répétons cette vérité de La Palisse, et il nous faudra la répéter bien souvent encore dans le cours de notre exposition. Un des grands mérites de la science occulte est justement d'avoir déterminé et fixé ce point, que l'esprit ne peut agir sur la matière directement; il agit sur un intermédiaire, et c'est cet intermédiaire qui, lui, réagit sur la matière.

L'opérateur devra donc appliquer sa volonté, non pas directement à la matière, mais bien à ce qui modifie incessamment la matière, à ce qu'en science occulte on appelle le plan de formation du monde matériel, le plan astral.

Dans l'antiquité on pouvait définir la magie : l'application de la volonté aux forces de la nature, car les sciences physiques actuelles rentraient dans son cadre, et l'étudiant en magie apprenait le maniement de la chaleur, de la lumière, et aussi, comme nous le montre l'histoire du rabbin Jodechiel sous saint Louis, de l'électricité.

Mais aujourd'hui cette définition est trop large et ne répond pas à l'idée qu'un occultiste doit se faire de la magie pratique.

Ce sont bien des forces de la nature sur lesquelles l'opérateur va faire agir sa volonté. Mais quelles sont ces forces ?

Ce ne sont pas les forces physiques, nous venons de le voir, car l'action sur ce genre de forces est le propre de l'ingénieur et non de l'occultiste pratiquant. Mais, en dehors de ces forces physiques, il y a des forces hyperphysiques qui ne diffèrent des premières que parce qu'elles sont produites par des êtres vivants au lieu d'être produites par des machines.

Et nous ne parlons pas des dégagements de chaleur, de lumière et même d'électricité produits par des êtres vivants. Encore une fois ce sont là des forces toutes physiques.

Reichembach a prouvé, dès 1854, que les êtres animés et certains corps magnétiques dégageaient dans l'obscurité des effluves visibles pour les sensitifs. Ces effluves constituaient pour Reichembach la manifestation d'une force inconnue qu'il appelle l'OD. Depuis, M. le D' Luys d'une part et M. le colonel de Rochas d'autre part ont retrouvé des manifestations diverses de cette force. Mais un fait aujourd'hui constaté par des centaines de témoins à diverses époques va nous mettre sur la trace de notre définition.

Il y a dans l'Inde des êtres humains dressés pendant de longues années au maniement de ces forces hyperphysiques et qu'on appelle des *fakirs*. Une expérience que font couramment ces fakirs, expérience qui m'a été personnellement rapportée à trois années d'intervalle par plusieurs personnes dignes de foi, et qui, de plus, a été très souvent décrite, est la suivante :

On donne au fakir une graine quelconque qu'on a choisie soi-même. On apporte en même temps un peu de terre qu'on a prise chez soi et l'on met la graine dans la terre, sur les dalles de la salle à manger par exemple. Le fakir, qui est absolument nu, sauf un léger pagne, se place à un mètre environ du tas de terre, assis à l'orientale. Il fixe son regard sur la terre et peu à peu il pâlit

et devient immobile, les bras étendus vers la graine. Un hypnotiseur moderne dirait qu'il est en catalepsie. On constate de plus que son corps se refroidit légèrement.

Le fakir reste dans cette posture pendant une heure ou deux. Après ce temps la plante a poussé d'un mètre ou d'un mètre et demi. Si l'on continue l'expérience, la plante dans l'espace de trois ou quatre heures se charge de fleurs, puis de fruits qu'on peut manger.

Voilà, brièvement décrite, cette expérience que nos lecteurs habituels connaissent bien pour l'avoir lue souvent. Que s'est-il donc passé ?

La volonté du fakir a mis en jeu une force qui anime en quelques heures une plante qu'une année de culture conduirait à peine au même résultat. Or cette force n'a pas dix noms pour l'homme de bon sens, elle s'appelle : la vie.

Que la vie soit une résultante ou une cause du mouvement organique, c'est ce que nous n'avons pas à discuter ici. L'important est de bien retenir le fait, que la volonté du fakir a agi sur la vie en sommeil dans le végétal et a non seulement mis cette force vitale en mouvement, mais encore lui a fourni des éléments d'action plus actifs que ceux que lui fournit habituellement la nature. A-t-il fait pourtant là un acte surnaturel ? Pas le moins du monde. Il a exagéré, précipité un acte naturel : il a fait une expérience magique, mais n'a rien produit qui aille à l'encontre des lois fixes de la nature.

C'est donc en agissant sur la vie de la plante que le fakir actionne la matière de cette plante. Mais avec quoi a-t-il agi sur cette force vitale endormie dans la plante ? Les enseignements de la science occulte nous permettent de répondre sans crainte : *avec sa propre force vitale*, avec cette force qui, dans lui, produirait les phénomènes attribués par les médecins à la vie végétative, à la vie organique de l'être humain.

Le point qui déroute le chercheur habitué à une force physique, c'est que la vie puisse sortir de l'être humain et agir à distance ; mais une étude, même superficielle, des faits de guérison produits par nos modernes magnétiseurs depuis cinquante ans mettra vite le chercheur sur la voie que nous indiquons.

Pour donner cours encore une fois à notre manie, souvent fatigante pour le lecteur, des comparaisons, racontons encore une petite histoire de carosserie à propos du fakir et de son expérience.

Le fakir peut être comparé, nous le savons, à un équipage dont sa volonté est le cocher, sa force vitale le cheval et son corps la voiture.

La graine est un autre équipage dont la voiture est bien lourde pour un pauvre cheval malingre (la vie de la plante) et dont le cocher, tout jeune et encore inexpérimenté, s'est endormi pour le moment.

Or notre premier équipage arrive devant le second. En pensant aux souffrances et à la longueur du temps que va mettre ce pauvre cheval pour gravir la côte, le cocher-fakir est pris de pitié. *Il dételle son cheval*, l'attelle à l'autre voiture, réveille l'autre cocher qui prend les guides. Quant à lui, il prend les deux chevaux par la bride au niveau du mors et les excite de la voix.

En un rien de temps (quatre heures), la côte (évolution du végétal), qui aurait demandé longtemps (un an) pour être gravie dans les conditions habituelles, est montée.

Cela fait, le cocher-fakir ramène son cheval (sa vie) et le rattelle à sa propre voiture (son corps) qui jusque-là était restée en souffrance (en catalepsie) sur la route.

Avez-vous compris l'action du fakir sur la plante? Si oui, vous avez pu juger du rôle de la vie dans les expériences magiques. De tout cela il ressort que la force sur laquelle agit la volonté, c'est la vie. Et c'est au moyen de la vie dont la volonté humaine dispose qu'elle est à même d'agir sur la vie de quelque autre être, qu'il soit visible ou *invisible*. Mais n'anticipons pas.

Nous pouvons déjà définir la magie : l'action consciente de la volonté sur la vie. Mais cette définition n'est pas encore complète à notre avis.

La volonté est une force qu'on trouve dans tous les êtres humains. Mais combien peu savent user convenablement de leur volonté? Il faut donc non seulement posséder de la volonté, mais encore savoir la mettre en usage, et l'éducation, l'entraînement seuls permettent d'obtenir un tel résultat. Au terme volonté nous ajouterons donc l'adjectif entraînée, ou mieux, *dynamisée*, qui indique l'effet de l'entraînement.

D'autre part, le mot vie, ou vie universelle, prête à beaucoup d'interprétations et de discussions et ne rappelle pas assez les rapports qui existent entre toutes les forces de la nature. Nous prendrions bien force vitale, mais ce terme a été pris dans une acception tout humaine. Pour distinguer les forces dont s'occupe la magie des forces physiques, nous allons les appeler d'un nom qui ne manquera pas de nous attirer les foudres des philo-

sophes matérialistes ou autres : FORCES VIVANTES. Ce nom est absurde, diront nos adversaires. Que nous importe, il est clair et correspond à notre avis à une réalité stricte. Nous chercherons à le prouver par la suite.

Groupant tous les éléments produits, nous obtenons en fin de compte comme définition de la magie : La magie est : l'APPLICATION DE LA VOLONTÉ HUMAINE DYNAMISÉE A L'ÉVOLUTION RAPIDE DES FORCES VIVANTES DE LA NATURE.

Cette définition montrera le plan tout entier sur lequel est établi cet ouvrage.

Nous voyons en effet tout d'abord que le générateur des moyens d'action primordiaux, la volonté et la vie, considérée comme véhicule de la volonté, c'est l'homme.

Nous aurons donc à faire une étude de l'être humain considéré surtout au point de vue psychologique.

C'est ainsi que nous serons amené à traiter des différents procédés d'entraînement quand nous connaîtrons sur quelle base cet entraînement peut s'obtenir dans l'être humain.

Mais une fois l'entraînement obtenu, une fois l'action consciente de la volonté développée, cette action doit s'exercer sur des objets bien déterminés et dans un champ d'opération bien délimité.

Aussi traiterons-nous de la nature telle qu'elle est conçue par les magiciens, des aides et des obstacles que cette force humaine dirigée par la volonté est susceptible d'y rencontrer.

C'est là que nous ferons nos efforts pour justifier notre terme bizarre de *force vivante* en montrant comment la vie peut agir dans certains cas comme une force toute physique et en suivant les mêmes lois, si on la matérialise, et comment, au contraire, une force physique subitement évoluée sous l'influence du dynamisme vital peut agir en manifestant des traces d'intelligence.

C'est de ce double jeu de la vie sur les forces physiques, et des forces physiques sur la vie, que résulte toute l'action de l'opérateur sur les plantes, sur les animaux, et en général sur tous les auxiliaires qu'il demandera à la nature pour appuyer sa volonté, ainsi que l'application des influences des astros dont les émanations sont considérées par la magie comme des forces vivantes dans toute l'acception du terme.

Nous ne nous faisons aucune illusion sur l'effet que peuvent produire de telles études en l'esprit des chercheurs qui ont leur siège fait et pour lesquels la science a déjà atteint le *nec plus ultrà* de l'évolution possible.

Ces chercheurs ont rendu à l'humanité, par leurs découvertes analytiques, des services assez éminents pour avoir le droit d'être sévères. Une loi fatale veut aussi que tout ce qui semble sortir des bornes étroites de la routine soit d'avance condamné au pilori.

C'est aux jeunes que je m'adresse, à ceux qui ne redoutent aucune affirmation, aucune audace, à ceux qui sentent qu'il y a autre chose que ce qu'on leur enseigne dans les hautes écoles et dans les Facultés. A ceux-là je dis : Etudiez soigneusement les explications données par la magie, méditez-les et ne les acceptez que sous le contrôle très sérieux de l'expérimentation. Vous êtes appelés bientôt à étudier des *forces douées d'intelligence*, ce qui vous éloignera des études de vos maîtres actuels autant que l'étude de la transformation de l'énergie a éloigné vos maîtres de l'ancienne physique du commencement du siècle. Habituez-vous donc à regarder froidement l'inconnu face à face, sous quelque aspect qu'il se présente, fût-ce celui d'un classique fantôme. Vainqueurs d'hier du bigotisme clérical, ne soyez pas vaincus aujourd'hui par le bigotisme scientifique, aussi dangereux sous ses apparences libérales. Fiers de votre liberté, usez-en, et apprenez à être personnels en tout, même dans la détermination de vos opinions scientifiques.

Et maintenant, si le plan énoncé ci-dessus ne vous effraye pas trop, tournez le feuillet et continuons notre exposé.

CHAPITRE II

L'HOMME

RÉSUMÉ DE SA CONSTITUTION ANATOMIQUE, PHYSIOLOGIQUE ET PSYCHOLOGIQUE.

La base fondamentale de la magie pratique, c'est l'être humain, avons-nous dit. C'est en effet l'homme qui est le générateur de la volonté, sans laquelle il est impossible d'agir consciemment sur quoi que ce soit.

Mais s'il est facile de prononcer ce mot ronflant : l'homme, il est très difficile de bien savoir à quoi ce mot correspond. Depuis quelques milliers d'années qu'on discute sur ce point, on comprend le nombre d'opinions émises, d'autant plus que c'est là un sujet qui nous intéresse particulièrement tous.

Il nous faut donc faire une étude de l'homme aussi résumée, mais aussi nette que possible. Cette étude n'aura d'autre but que de nous préparer à voir un peu clair dans la suite, car n'oublions pas que c'est un traité très élémentaire de magie pratique que nous avons tenté d'écrire et non un traité de physiologie ni de psychologie. Cependant nous serons obligé, de par la constitution même de l'être humain, d'énoncer certains principes élémentaires de physiologie et de psychologie sans lesquels tout ce qui suit serait obscur et incompréhensible.

Ce qu'il faut bien comprendre tout d'abord, c'est ce mot : l'*homme*, qui est un terme synthétique sous lequel on a réuni plusieurs éléments différant essentiellement, quoique ramenés tous à une certaine unité. Quand nous disons l'homme, c'est comme si nous disions : la *nature*, car l'homme est aussi complexe que la nature sous son apparente simplicité. Notre premier travail doit consister à séparer le mieux que nous pourrons les éléments qui constituent l'être humain, puis nous chercherons à voir les rapports de ces éléments entre eux ; enfin nous terminerons en considérant les liens de ces éléments et des autres principes avec lesquels l'être humain peut se trouver en rapport.

La première difficulté qui se présente à nous est de saisir exactement, non pas ce qu'est l'homme, mais au contraire ce qui n'est pas essentiellement lui, tout en se couvrant de son nom.

Ainsi, à propos du sommeil, nous pourrons faire une remarque des plus importantes. L'homme semble se partager en deux morceaux, car le cœur bat, les poumons aspirent et expirent l'air réparateur. Le sang circule, et pourtant l'être humain n'est plus capable d'amour ou de haine, de colère ou de pitié, car *ce qui* habituellement ressent ces sentiments ou manifeste ces passions repose, est endormi. — Il y a là une portion de l'organisme humain qui continue ses fonctions, une autre portion dont les fonctions sont arrêtées. — Où est l'homme véritable dans tout cela ? Est-ce ce qui dort ou est-ce ce qui veille ?

Or le sens commun vous répond unanimement : pendant le sommeil l'homme dort. Ce n'est donc pas lui qui accomplit les fonctions dites organiques. Pas le moins du monde.

Ce qu'on appelle l'homme est doué de la faculté de sentir, de penser et de vouloir. Or cela *dort* pendant le sommeil, et ce qui reste éveillé c'est autre chose qui, indépendamment de la conscience, se charge d'entretenir les mouvements organiques. Les médecins appellent cela la vie végétative ou la vie organique, les philosophes l'appellent généralement l'inconscient : c'est la partie machinale, mécanique presque, de l'être humain. Appelons-la, si vous voulez, l'homme machine; mais ce n'est pas là l'homme véritable, celui que nous concevons comme doué de conscience et surtout de volonté libre. Nous reviendrons plus tard sur ce point. Mais, pour l'instant, notons bien cette distinction fondamentale entre la partie de l'être humain susceptible de s'éveiller et de s'endormir, et la partie qui ne s'endort jamais, d'une façon continue du moins, qu'à la mort.

Mais ces deux parties de l'homme sont étroitement unies l'une à l'autre pendant la vie, et de cette union résulte un ordre de phénomènes qu'il est indispensable de connaître.

L'homme, une fois éveillé, peut en effet nous faire découvrir un nouvel aspect de son être.

Laissons de côté la partie purement organique, machinale, de l'être humain, et occupons-nous un peu de l'homme dit intelligent.

Vous êtes-vous quelquefois demandé pourquoi l'enfant, qui est un homme en période d'évolution, frappe le meuble contre lequel il s'est cogné?

Avez-vous remarqué d'autre part que le *premier mouvement* (retenez cette expression populaire) porte toujours l'homme qui a été frappé à frapper lui-même.

Ainsi, voici un soldat allemand. Il reçoit un soufflet d'un de ses officiers, *son premier mouvement* sera certes de rendre l'outrage à son auteur : la main du soldat subira *une impulsion* violente tendant à la mettre en mouvement. Ce mouvement est presque involontaire, il se produirait même fatalement si ce qu'on appelle la raison n'était pas là.

En effet, au moment où la main du soldat va suivre l'impulsion fatale qui s'est produite, l'idée de la discipline, du devoir d'obéissance passive, et surtout du conseil de guerre, et de la mort se présente à son esprit, et une *impulsion*, CONSCIENTE CETTE FOIS, arrête les efforts du premier mouvement qui n'*était pas réfléchi*.

On peut faire un acte d'une manière irréfléchie ou

d'une manière réfléchie, par impulsion brutale ou par impulsion consciente. Qu'est-ce que cela peut bien vouloir dire?

Cela semble indiquer qu'en dehors de l'être conscient et raisonnable, de l'homme qui pèse ses décisions, il y a en nous *autre chose*, quelque chose qui agit d'une façon brusque et brutale. Nous serions ainsi amené à admettre, à côté de la conscience et de la volonté, un nouveau principe d'action. Cela correspond-il à une réalité quelconque? Notez bien que nous n'avons pas la prétention d'écrire un traité de psychologie, ce qui nécessiterait des discussions sans nombre et des expositions sans fin. Nous cherchons à mettre à la portée de nos contemporains l'enseignement de la magie concernant la constitution de l'homme, et cela, en nous servant, autant que possible, des expressions et des découvertes les plus modernes. Là se borne notre ambition.

Or il est clair que ce qui pousse à rendre giffle pour giffle, et ce qui pousse, au contraire, à se rendre compte avant d'agir de la conséquence de l'acte qu'on va entreprendre, ne constituent pas un seul et même principe.

Et cela est si vrai que l'homme du peuple, tout impulsif, commence par « cogner » avant de réfléchir, tandis que l'homme du monde saura *se retenir*, donner sa carte et constituer des témoins s'il a affaire à un égal en intellectualité.

Nous aurons plus tard à déterminer les relations possibles qui existent entre ces deux manifestations extérieures de l'activité dite psychique. Pour l'instant, évitons les discussions et les détails fatigants.

Résumons. Quand l'homme dort, nous pouvons le diviser en deux parties : 1° la partie machinale, qui est en ce moment en action ; 2° la partie intelligente, qui est en repos pendant le sommeil.

Mais quand l'homme s'éveille et qu'il *agit*, nous sommes amené à faire encore une nouvelle subdivision dans la partie intelligente, suivant les effets produits, et nous déterminons deux modes nouveaux de l'être humain :

1° L'homme impulsif qui obéit *au premier mouvement*;

2° L'homme de raison qui réfléchit avant d'agir et dont tout acte est la manifestation, non plus d'une idée ou d'une sensation, mais bien d'une pensée ou d'un jugement.

En somme, nous avons jusqu'à présent décomposé notre homme en trois modalités :
1° L'homme machine ;
2° L'homme impulsif ;
3° L'homme de raison.

Tous les efforts de la magie sont portés sur les différents procédés qui permettront à l'homme de raison de supplanter partout l'homme impulsif. Mais l'idée que nous avons de l'homme est encore très vague et quelque peu métaphysique. Précisons davantage et abordons maintenant l'étude attentive de chacune de ces trois modalités humaines.

LA MACHINE HUMAINE

La première question qui vient à l'esprit de l'observateur en voyant une machine, c'est de demander : à quoi cela sert-il ?

Après avoir été fixé sur le but de la machine, l'observateur demande à connaître son fonctionnement et les principaux détails de sa construction. Nous tâcherons de suivre, dans la description de la machine humaine, la voie indiquée par les questions de notre observateur.

Nous verrons tout à l'heure que l'homme véritable, l'homme de volonté, agit sur l'organisme, et par suite sur le monde extérieur, au moyen de certaines forces mises à sa disposition par cet organisme.

La machine humaine fabrique donc des forces d'un certain ordre. Mais elle diffère en plus des autres machines que l'homme invente en suivant inconsciemment sa propre constitution, par ce fait qu'étant une machine ou plutôt une série de machines composées d'éléments vivants, elle doit tendre à deux fins : d'une part à fournir des forces et des moyens d'action à l'homme de volonté, nous l'avons dit ; mais d'autre part à entretenir et à réparer sans cesse ses propres rouages qui s'usent au fur et à mesure de leur action.

Pour se faire une idée de l'organisme humain il faut se figurer trois usines superposées, reliées entre elles par des tuyaux et des fils électriques.

L'usine inférieure s'appelle le ventre, l'usine moyenne la poitrine, l'usine supérieure la tête.

L'entrée des matériaux utilisés dans chacune des usines est placée sur la façade de l'usine supérieure, façade qu'on nomme le *visage*.

Au bas du visage on voit, l'entrée du ventre, nommée *bouche* et où les aliments (matière première transformée par le ventre) subissent une première modification. Ils sont hachés par une série de couteaux (incisives) après avoir été déchirés par des pointes effilées (canines), et enfin broyés par des meules (molaires) placées au fond de la bouche. Une sécrétion liquide (la salive) aide le travail et produit une première fermentation d'une partie des aliments (fécules). De là la matière première descend dans l'usine ventre directement par un long tube (œsophage).

Au milieu du visage on voit l'entrée de la poitrine nommée *nez*. Deux trous, ouvertures des pompes pulmonaires, aspirent et expirent alternativement l'air qui forme la matière première sur laquelle agit cette usine. Après avoir été échauffé dans une série de chambres spéciales construites en forme de cônes (cornets), l'air gagne la poitrine directement, au moyen d'un long tube (trachée) qui se divise à sa base pour plonger dans les deux pompes pulmonaires.

Au haut du visage on voit l'entrée de la tête nommée *yeux*. Deux organes, ouvertures des hémisphères cérébraux, reçoivent les impressions lumineuses, qui sont d'abord transformées une première fois en passant par diverses chambres (chambres de l'œil), puis subissent encore l'action d'organes très compliqués et très délicats analogues aux organes électriques des autres machines (bâtonnets) avant d'être envoyées à l'usine centrale. Deux autres organes placés sur les côtés de la tête (les oreilles), ainsi qu'une foule d'autres placés sur le contour de l'ensemble des usines (appareils du toucher) aident les yeux et mettent tout en relation avec l'usine centralisatrice (la tête).

Pour bien fixer les idées, on peut se figurer l'usine ventre comme une usine hydraulique dans laquelle les machines sont relativement grossières. L'usine poitrine est une usine à vapeur avec ses pompes, ses réservoirs, ses moteurs et sa grande quantité de tuyaux. Enfin l'usine tête est une usine électrique avec ses dynamos, ses accumulateurs, ses commutateurs et sa prodigieuse quantité de fils conducteurs.

Dans les sous-sols sont les organes d'excrétion, chargés d'expulser les matières premières inutiles et les produits de transformation hors d'usage.

Ces trois usines ainsi comprises donnent une première idée assez nette de la *machine humaine*. Rappelons-nous que nous en sommes toujours là.

Voyons maintenant à quoi sert particulièrement chacune des trois usines.

L'usine d'en-bas, le ventre, fabrique tout simplement la matière de l'organisme. Elle prend au dehors des aliments divers, les triture et en fait du chyle. Si nous voulons rester dans les limites de notre comparaison, nous dirons que l'usine ventre fabrique les roues et les organes matériels qui supporteront les efforts de toutes les machines en action dans les autres usines et de toutes les forces qui y sont fabriquées. Le ventre remplace donc tous les rouages, tous les tuyaux, tous les fils électriques, dès qu'ils ont servi quelque temps. Pour économiser du temps, il y a, dans beaucoup de points de l'organisme, des dépôts, des réserves, des matières organiques prêtes à être utilisées. Ces dépôts prennent le nom de ganglions lymphatiques. Des vaisseaux lymphatiques unissent l'organisme à ces dépôts et ces dépôts au centre général, le ventre.

L'usine moyenne, la poitrine, s'empare des éléments

matériels que lui envoie l'usine d'en-bas, et *dynamise* ces éléments sous l'action de l'air inspiré. D'autre part, la poitrine redonne aux éléments qui se répandent dans l'organisme tout entier (les globules) la force que ces éléments avaient perdue. Cette force portée par le globule sera l'origine de la force nerveuse. Aussi le magicien doit-il connaître ces principes de physiologie sans lesquels il lui sera impossible plus tard d'appliquer des règles spéciales aux aliments et d'autres à la respiration en vue de modifier et le globule sanguin et la force nerveuse. Pour revenir à la fonction de la poitrine, les deux poumons aspirent l'air et en dégagent les éléments dynamiques, surtout l'oxygène, pour entretenir la force vitale *qui anime* tout l'organisme. Des poumons, le liquide sanguin vient condenser une partie de sa force dans le cœur, et de là le sang est diffusé en tous les points de l'être humain. L'usine poitrine ajoute donc un premier élément dynamique à la matière fabriquée par le ventre.

L'usine supérieure, la tête, s'empare de la force apportée par le sang, et un organe spécial, le *cervelet*, d'après les théories du D' Luys, donne naissance sous cette influence à une nouvelle force, la force nerveuse.

Cette force nerveuse se répand dans tout le système nerveux ganglionnaire, où elle se condense dans les ganglions du grand sympathique agissant comme de véritables accumulateurs électriques, et c'est du grand sympathique que partent *tous les mouvements* qui se produisent dans la machine humaine. Nous pouvons maintenant nous rendre compte des rapports de ces trois usines entre elles ou des liens qui font un seul tout des trois segments de l'organisme.

Le ventre est bien chargé de transformer les aliments, mais sans la poitrine qui lui envoie l'afflux sanguin nécessaire à animer ses machines, et la tête qui lui envoie l'afflux nerveux nécessaire à tout mettre en mouvement, rien ne se produirait. La poitrine et la tête ont donc toutes les deux des centres d'action particuliers dans le ventre, qui contient de plus, ainsi que nous l'avons dit, les organes d'excrétion des trois centres alors que les organes d'entrée sont contenus dans la tête.

La poitrine est bien chargée de dynamiser tous les éléments organiques ; mais si le ventre ne lui envoyait pas continuellement de nouveau chyle pour réparer les pertes matérielles faites, et si la tête ne mettait pas en mouvement, par l'intermédiaire de ses centres nerveux, les poumons et le cœur, rien ne se produirait.

Enfin la tête (ou mieux la partie postéro-inférieure des centres nerveux avec ses dépendances) serait bien en peine de rien mouvoir si la poitrine ne lui fournissait pas le sang, matière première de la force nerveuse. Et n'oublions pas que c'est la machine humaine, ou pour employer une expression quelque peu triviale, *l'homme machine* que nous venons de décrire.

C'est cette portion de l'être humain qui fonctionne pendant le sommeil, tandis que tout le reste est en repos. Voilà pourquoi nous avons pu à juste titre la décrire comme on décrit une machine quelconque, si l'on veut bien remarquer toutefois qu'il s'agit d'une machine vivante plus délicate qu'aucune autre.

La qualité du sang dépend en grande partie de la qualité du chyle, et la qualité de la force nerveuse dépend immédiatement de la qualité du sang.

Voilà pourquoi un bon ou un mauvais régime alimentaire pourra modifier en bien ou en mal la force nerveuse et, par suite, les rapports de l'homme avec l'extérieur, ainsi que nous le verrons par la suite.

L'homme impulsif.

Lors de notre exemple de l'individu qui reçoit une gifle et dont le *premier mouvement* est de frapper à son tour, mais qui *réfléchit* aux conséquences de son acte et parvient à maintenir son premier mouvement, nous avons été amené à distinguer l'homme du premier mouvement, l'homme impulsif, de l'homme de réflexion, l'homme de raison.

Cette distinction est de la plus haute importance tant pour la magie que pour voir un peu clair dans les mouvements psychiques qui naissent en l'être humain. De plus cette distinction correspond à une réalité sans cesse plus patente et permet de se rendre compte d'une façon satisfaisante des phénomènes psychiques produits par l'hypnotisme, par la folie, et quelque peu aussi par l'ivresse.

Le caractère primordial de tout acte impulsif est de suivre presque immédiatement et sans résistance l'incitation qui a précédé l'acte. Cela correspond à ce que les physiologistes modernes appellent un *acte réflexe*.

Une étude rapide et très résumée de la constitution du système nerveux est indispensable pour bien se rendre compte de ce qu'est un acte réflexe et de ce qui n'en est pas un.

Rappelons-nous que la machine humaine est constituée par trois usines superposées et que tous les appareils agissant dans ces usines sont mis en mouvement par un système nerveux spécial qu'on appelle le système nerveux ganglionnaire ou système du grand sympathique. Ce système nerveux représente une série d'accumulateurs ou ganglions, soit isolés, soit groupés par grandes quantités dans l'un des trois centres organiques, tête — poitrine — ou ventre. Ces groupements prennent le nom de *plexus*.

Mais un accumulateur n'est qu'un *réservoir de force* qui régularise le courant mais ne produit rien par lui-même, il faut le charger au moyen d'autres appareils qui, eux, produisent la force sans l'emmagasiner. Nous avons dit un mot du rôle du cervelet à cet égard.

Mais à côté du système nerveux du grand sympathique il en existe un autre dont nous avons surtout à nous occuper pour l'instant.

Une longue colonne osseuse, la colonne vertébrale, parcourt dans le corps humain toute la longueur occupée par les trois usines, tête, poitrine et ventre. Cette longue colonne contient en elle tous les fils électriques qui relient, soit les usines entre elles, soit les usines au centre général, la tête. On appelle ces fils des *cordons* nerveux.

Or, suivant que ces cordons apportent les incitations venues de la tête et allant à la périphérie, ou, au contraire, importent les incitations venues de la périphérie et allant à l'intérieur, on les appelle, dans le premier cas, cordons moteurs, dans le second cas cordons sensitifs. On peut les comparer à la voie montante et à la voie descendante d'un chemin de fer. La voie motrice ou descendante est en avant (cordon antérieur) la voie sensitive ou ascendante est en arrière (cordon postérieur). Tous ces cordons sont *blancs* et disposés symétriquement à droite et à gauche, car tous les organes dépendant de ce système nerveux sont pairs ou symétriques. Mais si vous coupez en travers la moelle épinière, vous ne trouverez pas que la substance blanche, indice des cordons, vous trouverez au centre de la moelle une autre substance, grise celle-là, qui limite un tout petit canal indiquant le centre de tout le système. Quel est donc le rôle de cette substance grise par rapport à la substance blanche? C'est le rôle d'un centre par rapport à un conduit, d'une gare par rapport aux rails du chemin de fer, d'un poste télégraphique par rapport aux fils du télégraphe. Comme nous avons dit que l'usine tête avait plus d'analogie avec l'électricité qu'avec aucune autre force, c'est le télégraphe que nous allons prendre comme exemple.

La moelle nous apparaît donc maintenant en son ensemble. Tout autour des fils télégraphiques, en avant ceux qui emportent les dépêches du centre (cordons moteurs), en arrière ceux qui rapportent les dépêches au centre (cordons sensitifs). Au milieu, une longue file de bureaux télégraphiques auxiliaires. Chaque bureau a deux cabanes : en arrière, l'endroit où l'on reçoit les dépêches ; en avant, l'endroit d'où on les envoie. Les deux cabanes sont reliées, non-seulement entre elles, mais avec les autres cabanes.

Quel est le but de tous ces bureaux auxiliaires? Remplacer le plus souvent possible le bureau central, *la tête*.

Ainsi figurons-nous de nouveau l'ensemble de l'organisme humain : trois usines superposées, reliées directement entre elles, ainsi que nous l'avons déjà vu. Ces usines contiennent tout ce qu'il leur faut pour marcher. Aussi n'ont-elles aucune autre communication *centrale* avec le système nerveux que celle qui s'effectue par le grand sympathique. Voilà pourquoi la tête ne peut pas *diriger* la marche du cœur et celle du foie : ce n'est pas là son domaine. Quel est donc le domaine sur lequel s'étend l'action du système nerveux autre que celui du grand sympathique? C'est maintenant que nous allons le voir.

A chacune des trois usines est annexée une paire d'organes particuliers appelés *membres*. L'usine ventre a ainsi une paire de jambes, l'usine poitrine une paire de bras, l'usine tête une paire de maxillaires inférieurs reliés à un organe symétrique, le larynx.

Or ces paires de membres ne sont pas mues par le même système nerveux que les appareils en marche dans les usines. Le grand sympathique préside bien au mouvement intérieur du sang dans ces membres et aux échanges respiratoires qui s'y produisent localement, mais il n'a aucune action sur les mouvements des membres eux-mêmes.

C'est la moelle qui préside à ces mouvements quand ils sont automatiques, le cerveau quand ils sont conscients. Aussi, au niveau de chaque usine, la moelle présente-t-elle un *renflement caractéristique*, renflement d'où partent et où arrivent tous les cordons qui vont dans les maxillaires ou le larynx, dans les bras ou dans les jambes, suivant la situation du renflement. De même, tous les points sensitifs de la peau qui enveloppe l'organisme tout entier correspondent aux nerfs sensitifs qui se rendent dans la moelle. Pour la facilité de la description, ajoutons que les cordons antérieurs ou postérieurs de la moelle prennent le nom de *nerfs*, moteurs ou sensitifs, quand ils quittent la moelle pour gagner les organes périphériques.

Ainsi chaque usine se divise en deux portions très nettes : 1° la portion centrale, la machinerie, sur laquelle le grand sympathique agit seul ; 2° la portion périphérique, la peau et les membres, sur lesquels l'autre système nerveux a son action. Si nous voulions figurer cela, nous représenterions un cercle dont la partie centrale serait blanche pour indiquer l'action nulle de la moelle et du cerveau et dont le périphérie serait teintée pour indiquer le contraire.

Ce qui est vrai pour chaque usine est aussi vrai pour l'ensemble de l'organisme humain.

Mais revenons à notre système nerveux dit conscient.

Son action s'exerce sur la périphérie, nous l'avons vu ; mais elle peut être de deux nature : réflexe ou consciente.

La figure suivante va nous mettre à même de comprendre tout cela.

Cette figure représente systhématiquement l'usine moyenne, la poitrine. Au milieu on entrevoit le cœur et les poumons actionnés par le plexus cardiaque du nerf grand sympathique P O. Ce plexus prend sa racine à la partie antérieure de la moelle.

A la périphérie on aperçoit deux ordres de fibres se rendant au bras B, le membre thoracique. Ces fibres viennent, soit du cerveau directement (C M. — C S), soit de la moelle (N M. — N S).

De plus les fibres C M et N M sont centrifuges et motrices, ainsi que l'indique la flèche. Les fibres C S et N S sont centripètes et sensitives.

C A est le cerveau moteur (antérieur), C P le cerveau sensitif (postérieur), P est la moelle sensitive (postérieure), A est la moelle motrice (antérieure).

Les nerfs moteurs et les nerfs sensitifs se confondent en un seul faisceau en arrivant dans le bras B.

Voyons maintenant le trajet d'une sensation et d'un mouvement.

Je me pique au bout du doigt. La sensation perçue à ce niveau file en même temps (si je suis bien éveillé et si la sensation est assez forte) par le trajet C S et par le trajet N S. Occupons-nous de ce dernier d'abord.

Par N S la sensation traverse d'abord le ganglion G, puis arrive dans la moelle postérieure (centre gris), c'est-à-dire dans le bureau du télégraphe auxiliaire. L'employé (la cellule nerveuse) envoie immédiatement le courant électrique à son collègue de la moelle antérieure. Celui-ci agit par le fil électrique N M sur les muscles du bras qui *se retire vivement en arrière*. Tel est le mécanisme,

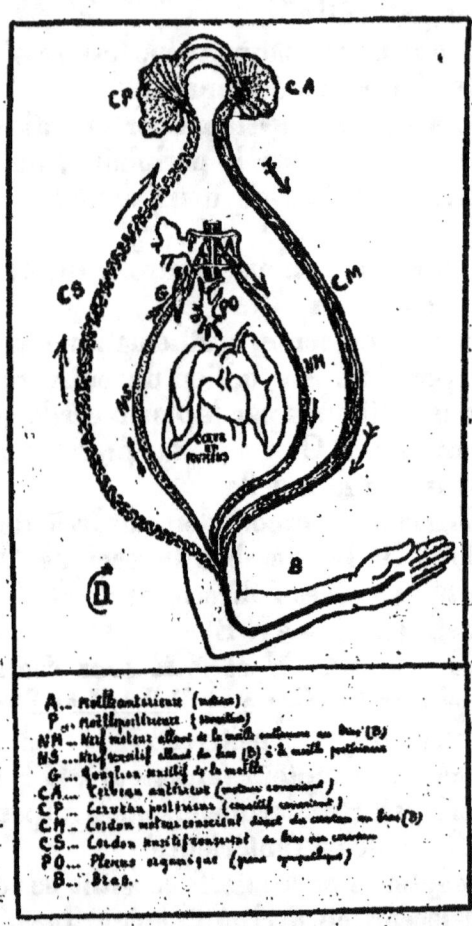

aujourd'hui parfaitement connu, d'un *premier mouvement*, d'un acte dit réflexe.

Mais à l'état normal, deux phénomènes se produisent en même temps et aussi vite. La vibration nerveuse suit aussi la route du cerveau, et par C S arrive à C P où la sensation est perçue comme *douleur*, c'est-à-dire où, au lieu d'un ébranlement nerveux comme dans la moelle, c'est *une idée* qui prend naissance. Ebranlée par cette idée, la volonté agit immédiatement et l'ordre part de C A en suivant la voie C M pour arriver au bras qui, alors, non seulement s'écarte mécaniquement comme dans le cas du réflexe médullaire, mais encore se lève en l'air, est vivement rejeté bien loin en arrière, à tel point que l'action du *premier mouvement* se trouve singulièrement amplifiée par l'action *consciente* de la volonté.

Dans ce cas, la volonté agit dans le même sens que la moelle. Reprenons notre exemple de la gifle pour mieux nous rendre compte encore du mécanisme de ce genre de phénomènes.

Suivons l'exposé sur la figure ci-jointe. L'officier prussien donne une gifle à un soldat au point A.

Immédiatement les deux phénomènes que nous avons décrits tout à l'heure se produisent et la sensation arrive au centre gris de la moelle C où elle donne naissance à un entraînement émotif. Le réflexe immédiat serait le mouvement du larynx; mais ce n'est pas le cas de notre exemple. La partie impulsive de l'homme se met en mouvement aussitôt et les deux centres C et E de la moelle vibrent en même temps, car, dès qu'un ébranlement est assez fort, il peut faire vibrer plusieurs centres médullaires à la fois.

Du centre E l'ébranlement se transmet à F partie antérieure du renflement thoracique de la moelle, et par F, F', F'', le mouvement nerveux gagne le bras, et les centres médullaires entraînent le bras vers le geste pour répondre à l'acte commis vis-à-vis de l'individu.

Mais la sensation a gagné en même temps le cerveau postérieur I par le cordon sensitif direct V.

Là l'idée de douleur se manifeste, mais en même temps les centres psychiques les plus élevés X entrent en action, et les idées de discipline, de conseil de guerre, de mort, viennent vite déterminer un *jugement* qui met les centres volitifs en mouvement dans le *sens contraire* du mouvement réflexe.

L'impulsion volitive V par le cordon direct M gagne le bras et vient agir dans un sens N O, détruisant l'impulsion réflexe F.

Le soldat allemand reste coi, après avoir subi ces deux mouvements psychiques si opposés.

Qu'on me pardonne la naïveté de ces comparaisons et la longueur de cette exposition. Je suis persuadé qu'il est impossible de rien comprendre à l'entraînement magique sans tout cela.

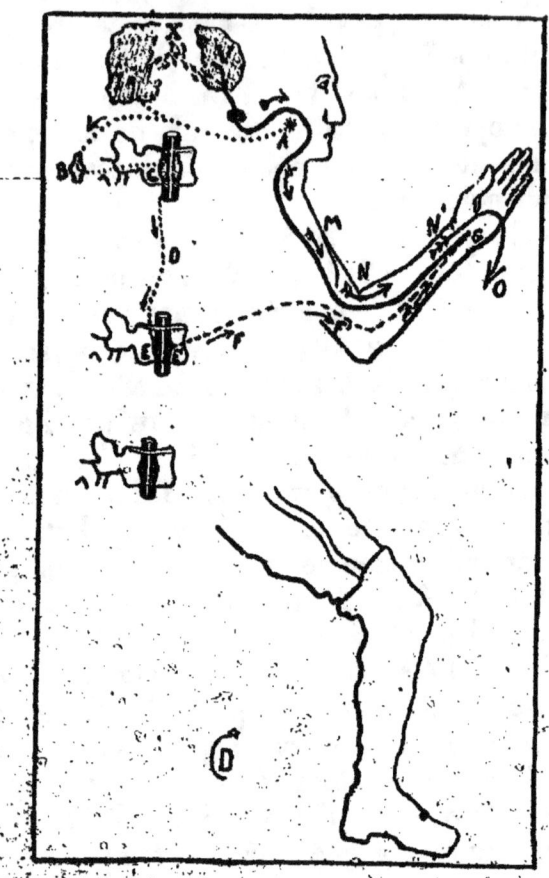

***

En résumé le mouvement conscient, volitif, qu'il soit dans le même sens ou dans le sens contraire du mouvement réflexe, est toujours plus puissant que lui et peut, soit exagérer considérablement, soit arrêter net l'action de ce mouvement réflexe.

Comparer cette fonction à celle d'un frein puissant serait ne rendre compte que de la moitié du phénomène. Il est préférable de la comparer avec d'Olivet à celle d'une sphère de diamètre considérable en laquelle sont contenues toutes les petites sphères qui représentent les actes réflexes.

Ainsi, à côté de la partie purement mécanique de la machine humaine, il existe une modalité de l'être humain douée d'une certaine intelligence et comparable à un être animal par ses appétits et ses effets. Cette modalité que nous avons appelée l'*homme impulsif* peut toujours être domptée par l'homme véritable, l'homme de volonté, mais à condition que l'homme ait appris à faire agir sa volonté et ne soit pas devenu une simple brute subissant et suivant toutes les impulsions, ce qui arrive souvent.

Mais les impulsions que peut subir l'homme, quelles sont-elles, quel est leur caractère différentiel?

Ici nous sommes obligés de demander encore toute l'attention du lecteur, car il s'agit de questions généralement peu connues et qui exigent un travail soutenu.

Tout ce que nous avons dit jusqu'ici, tant sur la constitution des trois segments (tête, poitrine et ventre) superposés, que sur celle de la moelle et de ses renflements, nous montre que l'homme est triple, et que tout se manifeste à lui sous une apparence trinitaire. Il en est de même pour sa constitution psychologique, et c'est là l'écueil qui a fait échouer la plupart des systèmes édifiés par les psychologues modernes.

Interrogez-vous et demandez-vous à quel endroit vous éprouviez une sensation de lourdeur, lorsque, étant étudiant, l'examen allait être passé? Vous répondrez : *au ventre*, et vous sourirez en songeant aux conséquences produites sur certains camarades par ce genre de troubles psychiques.

Au contraire, au moment de révéler votre amour à l'être aimé, où ressentiez-vous une oppression particulière, oppression telle qu'il vous semblait que votre cœur allait éclater? A la poitrine, n'est-ce pas?

Mais, dans le cours de la vie, quand des ennuis graves ou la recherche d'un problème difficile vous rendaient songeur, n'est-ce pas dans la tête que vous ressentiez cette oppression particulière que je vous ai montrée d'abord dans l'abdomen, et tout à l'heure dans le thorax? Oui, n'est-ce pas?

Eh bien, cette constatation que votre bon sens vous enseigne, c'est la clef de la psychologie de Pythagore et de Platon, remise au jour par les travaux considérables d'un de nos maîtres les plus éminents : Fabre d'Olivet.

Mais c'est bien trop naturel, bien trop simple, pour contenter les philosophes modernes, occupés à compter sur leur montre le temps que met une sensation pour devenir un mouvement. Revenons à l'homme impulsif.

L'homme est triple et même tri-un quand il est complètement développé, psychologiquement parlant. Mais combien d'hommes n'ont développé qu'un ou deux de leurs centres intellectuels sur les quatre qu'ils possèdent! Le premier but de la magie sera de demander avant tout à l'étudiant sérieux d'apprendre à se rendre compte de ses impulsions et à savoir les augmenter ou les réfréner, suivant le cas.

Avant d'aborder le fond de la question, rappelons quelques points préliminaires.

Quand l'être humain est endormi, ses portes psychiques, les organes des sens, sont fermées. De même ses organes d'expression sont en repos. Que sont donc ces organes d'expression?

De même que l'homme subit l'influence de l'extérieur sur lui par les organes des sens, il agit sur l'extérieur par le regard (yeux), par le verbe (larynx), par le geste (bras) et par la marche ou l'action (jambes). Ce sont là ses organes d'expression. Mais une considération un peu attentive permet de voir que, si la volonté peut toujours agir sur tous ces organes, certains d'entre eux se rapportent plus spécialement à un des centres de l'homme.

Ainsi les yeux appartiennent en propre à l'homme

lui-même, à l'homme de volonté, qui a le regard comme moyen d'expression. Aussi le regard sera-t-il le premier modifié dans la folie, dans l'ivresse, dans le somnambulisme, etc., etc…

Le larynx, considéré comme origine du verbe, appartient surtout à l'homme intellectuel, celui que nous appelons l'être psychique, et le larynx est l'organe d'expression de cet homme intellectuel[1].

Les bras, considérés comme origine de geste qui, se fixant, deviendra l'écriture, appartiennent à la poitrine, de même que les jambes appartiennent au ventre.

Or, tous ces organes d'expression peuvent obéir, soit à l'homme de volonté, soit aux réflexes. Nous avons déjà mis ce point au jour en parlant de la gifle tout à l'heure.

Quand nous marchons droit devant nous ou quand nous faisons une route parcourue depuis longtemps tous les jours, notre volonté n'a rien à faire en cet acte, les réflexes inférieurs agissent seuls.

De même quand nous travaillons manuellement à une occupation habituelle, notre cerveau est libre et nos mains agissent sous l'influence seule des réflexes.

Souvent également nous récitons des paroles apprises par cœur et sues depuis longtemps, comme des prières ou choses semblables, sans mettre notre cerveau en action.

Dans tous ces cas, c'est l'*homme impulsif* qui fonctionne.

On dresse un réflexe comme on dresse un jeune animal, par l'HABITUDE, et l'idéal de certains hommes consiste à se faire remplacer par leurs réflexes dans toutes les occupations de la vie. Ils disent alors qu'ils sont heureux.

Les moqueries du peuple à l'égard de l'homme de bureau partent souvent de là. Cet homme n'est plus bon à rien. Il a laissé son cerveau s'endormir peu à peu pour le remplacer dans ses fonctions par la moelle, c'est un honnête et bon citoyen, soit, mais c'est surtout un

---

[1] M. Vurgey a très bien caractérisé la fonction du larynx à ce point de vue.

mollusque à tête humaine, un animal, un bon bœuf bien tranquille, mais pas un homme, car l'homme véritable c'est l'homme de *détermination*, et jamais, au grand jamais, l'homme d'*habitude* : c'est un cerveau qui travaille activement et non une moelle qui travaille passivement.

Or le grand ennemi de la magie, c'est l'homme impulsif. C'est celui-là qu'il faut savoir dompter malgré ses protestations en chacun de nous, car c'est de lui que viennent tous les compromis et toutes les lâchetés — car il est mortel, comme nous l'enseigne Platon dans la *Timée* — et l'homme véritable est seul immortel. — Celui qui soumet l'immortel au mortel se matérialise et se crée par l'indolence actuelle un travail énorme pour plus tard. Mais poursuivons. L'homme impulsif, l'homme réflexe, est triple. Il peut se présenter à nous comme sensuel, comme sentimental ou comme intellectuel. Mais son caractère fondamental est la passivité. Il obéit à une suggestion de métier ou d'une autre volonté, mais il n'agit jamais par lui-même. C'est là l'homme-machine de Condillac : c'est un sujet somnambulique qui peut être intelligent, mais ce n'est pas un homme.

La sensation est la seule porte d'entrée qui existe en l'homme physique. Mais, une fois entrée dans l'organisme, la sensation peut être plus ou moins transformée.

Un homme purement instinctif, une brute du bas peuple, ne manifestera, à la suite d'une sensation, que des *besoins*. Il sera guidé dans ce cas uniquement par des appétits. L'idéal de la vie sera pour lui de manger, de boire, de dormir. La joie ultime sera pour lui l'*ivresse*, et c'est en état d'ivresse seulement que la sphère immédiatement supérieure, la sentimentalité, s'éveillera un peu, et que cet être aimera, comme un mâle peut aimer, une femelle. Allez donc appliquer à cet homme les théories psychologiques de nos philosophes. Où est sa raison ? Il n'est cependant pas fou. Sa raison n'est encore que de l'instinct, c'est un homme instinctif, mais ce n'est pas un homme. Poursuivons.

Un homme plus élevé que le précédent, l'ouvrier des

villes, l'artisan des faubourgs, évoluera d'un cran la sensation. La sensation créera d'abord un besoin, mais cet ébranlement sera de peu de durée, et bientôt c'est *une passion* qui deviendra le pivot de toute la machine, car c'est la sphère sentimentale qui entre en action. Que veulent donc dire tous ces mots d'ébranlement et de sphère ?

L'homme considéré, comme nous le faisons, au point de vue psychologique, peut être comparé à un jardin planté sur trois terrasses étagées. Ces terrasses s'appellent, la première l'instinct, la seconde le sentiment, la troisième l'intellect. A la naissance, chaque être a des graines pour ensemencer son premier jardin, l'instinct. Ces graines, une fois semées, produisent des plantes sauvages, sans demander presque aucun soin, car, à côté des jardins, la fontaine des sensations se charge de tout arroser.

Mais quand les plantes à facultés ont poussé, elles produisent des fleurs appelées idées et des graines qui contiennent en germe aussi des facultés.

Ce sont ces graines-là qu'il faut semer dans le jardin des sentiments, et sous l'influence de la fontaine des sensations, aidée cette fois par le travail du jardinier, des plantes poussent, moins sauvages, quoique de la même nature que les précédentes, et de nouvelles facultés viennent orner le jardin psychologique de l'être humain.

Quand ces plantes produisent à leur tour des fruits, il faudra en extraire laborieusement la graine et la semer dans le jardin de l'intellect où de nouvelles facultés prendront naissance, pourvu que le jardinier redouble de soins et d'attention.

Il n'y a donc pas d'idées innées dans l'homme, pas plus qu'il n'y a de chênes tout poussés quand une forêt va prendre naissance en un coin de la nature. Mais il y a dans l'homme une graine innée qui se développera plus ou moins selon la volonté de l'homme, et cette graine donnera naissance à un arbre que la mythologie chrétienne appelle l'arbre du bien ou du mal, car il faut savoir cueillir et cultiver les graines mystiques qui proviendront de cet arbre.

⁂

Voilà que nous avons encore donné cours à notre manie des comparaisons ; mais nous espérons qu'on peut maintenant comprendre les expressions employées par Platon ou par Fabre d'Olivet.

Notre image du jardin a le grand défaut de présenter les facultés humaines sous l'aspect de l'immobilité. Or, comme tout est en mouvement dans l'être humain, il faut se figurer le jardin également en mouvement, et, dans ce cas, il est préférable d'écrire le nom des facultés sur un cercle ou sur une sphère qu'on fait tourner à sa guise. Voilà pourquoi toute sensation arrivant dans l'être humain fait tourner, ébranle un, deux ou trois cercles, suivant que cet être humain a évolué en lui un, deux ou trois ordres de facultés, et c'est de cette évolution que dépend la place de l'homme dans la nature.

L'évolution psychologique ! voilà du travail pour nos jeunes philosophes. En fouillant bien la question, ils arriveront probablement à retrouver Platon, ce qui ne peut manquer d'être profitable à leur avancement universitaire. Mais revenons à l'homme impulsif.

Nous venons de décrire rapidement l'homme passionnel et nous avons montré que l'artisan de nos grandes villes réalise bien ce type d'êtres humains quand la peur d'être mal compris nous a incité à une comparaison qui éclaircira peut-être un peu la question.

Chez un tel homme le sentiment tient la plus grande place. Qui ne connaît l'amour des peintres en bâtiments et aussi de beaucoup d'employés du commerce des nouveautés pour la musique animique, le « genre éminemment français », l'opéra comique et la romance? La joie ultime pour ces bons enfants, c'est l'amour avec beaucoup de campagne, de canot et de musique tout autour. La femme tient la première place dans un tel cerveau et le peuple français, tout animique, est célèbre en Europe à cet égard. Cette variété d'êtres humains tout passionnels ont de grandes qualités ou de grands défauts, mais est aussi susceptible de grands développements par l'éducation et l'instruction.

Nous arrivons à la troisième incarnation de l'homme impulsif, l'intellectuel. La première question qu'on nous fera à ce sujet est la suivante : Comment, vous admettez qu'un homme peut manifester de l'intellectualité en dehors de l'action de l'âme immortelle ? Mais c'est du matérialisme, c'est l'abomination de la désolation, etc., etc. A cela je répondrai en renvoyant mon contradicteur à l'étude de l'hypnotisme ou de la folie, et je poursuivrai ma route tranquillement, car il s'agit ici du point capital de l'étude de l'homme impulsif.

De même qu'il existe des machines à sensations comme la brute de tout à l'heure, des machines à sentiments comme l'artisan, il existe des machines à intelligence comme l'employé de bureau.

L'employé de bureau ne boit pas : c'est une habitude en dehors de sa caste, il court peu les femmes à partir d'un certain âge, car il se marie de bonne heure et rentre chez lui régulièrement. L'employé de bureau est un être raisonnable, équilibré, et sert de modèle aux bourgeois pour les enfants, et cependant ce n'est pas un homme, c'est une machine.

Chez lui la sensation, après avoir ému très peu l'instinct, endormi depuis longtemps, ébranlé légèrement la sphère sentimentale, prend tout son développement dans la sphère intellectuelle. Le raisonnement à vide remplace l'amour, le calcul à propos de minuties infimes remplace la musique. Aussi les questions d'argent tiennent-elles la place la plus importante dans une telle existence, et la route de la vie est marquée par des bornes lumineuses sur lesquelles on lit : 1200 — 1800 — 2000 — 2400 — 2800 — 3000 — 3600 — 4000 — 5000. — Légion d'honneur !

La vie réelle s'écoule entre 1200 francs et la Légion d'honneur. Après, c'est le bonheur longtemps calculé, longtemps mesuré et pesé : la maison de campagne et les petits lapins. Quand l'employé de bureau est resté célibataire, ce qui est rare, la sphère intellectuelle s'arrête à la retraite, et alors la sphère sentimentale, et souvent aussi la sphère instinctive prend sa place, et le gâtisme ou la police correctionnelle terminent cette carrière toute de désintéressement, d'honneur et de fainéantise cérébrale.

Eh bien, cet employé de bureau, c'est une machine à idées, créée par l'État pour son usage, très utile à la société, car les facultés qu'on a développées à force de professeurs et de pensums sont les plus élevées que l'homme impulsif puisse produire : la déduction, l'analyse, la comparaison, la mémoire. Mais ce n'est pas un homme dans le sens psychologique et surtout magique du mot : c'est un organisme dressé au calcul, à tel point que son vice préféré, celui qui distrait ce genre d'êtres, ce n'est pas le vin, ce n'est pas la femme, c'est *le jeu*. Or le récent exemple d'Inaudi vient de nous montrer qu'un être humain peut être un calculateur exceptionnel sans savoir ni lire ni écrire. Le ressort qui meut la machine intellectuelle de l'homme, c'est *le nombre*. De là viennent ces obéissances à heure et même à seconde fixes des sujets somnambuliques, de là la faculté que nous possédons presque tous de nous réveiller à heure dite en y pensant fortement avant de nous endormir. Il n'y a là rien d'intelligent ni d'extraordinaire quand on a bien saisi ces trois modifications de l'homme impulsif que Pythagore, Platon, les néo-platoniciens, les hermétistes et les occultistes de toute époque ont toujours enseignées.

On peut donc laisser s'éteindre pendant la vie l'homme de détermination, qui est l'homme véritable, pour le remplacer par un mouvement passif des sphères instinctive, sentimentale et intellectuelle. C'est là le danger terrible des administrations, des carrières incrustant des habitudes invétérées, et ni l'armée, ni la magistrature n'échappent à ces pernicieuses influences. A côté *du métier* qui met en mouvement la partie mécanique de notre être intellectuel, il faut donc que tout homme digne de ce nom ait une occupation choisie librement. On se repose du travail mécanique par le travail intellectuel, et *jamais on ne se repose en restant oisif*. On se fatigue, on s'use au contraire de son plein gré ; c'est là tout le secret du bonheur, et Maimoni nous l'a révélé dès le XII° siècle.

Maintenant que nous avons parlé de l'homme impulsif, voyons les modifications que peut apporter dans son action l'homme volontaire, et disons quelques mots de la constitution de cet homme volontaire lui-même. Pour terminer, nous reviendrons sur tous ces points en traitant de l'ivresse, de la folie et de l'hypnotisme.

Dominant toutes les impulsions, les percevant et les jugeant, existe une puissance merveilleuse plus ou moins développée en chacun de nous : la volonté humaine, l'homme réel et véritable.

L'homme de volonté peut agir directement sur les incitations réflexes de la sensation, du sentiment ou de l'intellect, il peut agir par le regard, le verbe, le geste et l'action sur les autres hommes et sur la nature, car il incarne en lui une des trois grandes puissances cosmiques de l'univers.

Semblable au mécanicien qui, sur la locomotive, consultant tantôt le manomètre qui lui indique l'état de la machine, tantôt le regard placé devant lui qui lui indique l'état du monde extérieur et les dangers à éviter, ouvre ou ferme la force motrice, ralentit ou accélère le mouvement du train, l'homme de volonté, l'homme immortel, porté par la machine humaine, laissant tourner les roues de l'homme impulsif, éclairé par les sens sur l'état du monde extérieur, par le sens interne sur l'état de son organisme, a cependant à sa disposition la force nerveuse qui lui permettra d'accélérer ou d'arrêter net les mouvements psychiques qui se produisent en lui.

Cet homme-là lutte d'égal à égal avec la nature : il défriche les forêts dont celle-ci couvre la terre et fonde en leur place des villes superbes où les résultats de l'action de son imagination sur sa volonté, les inventions innombrables, rendent la vie plus douce, mais aussi plus dangereuse pour les hommes mal trempés.

L'être de volonté, c'est le défricheur du monde de la

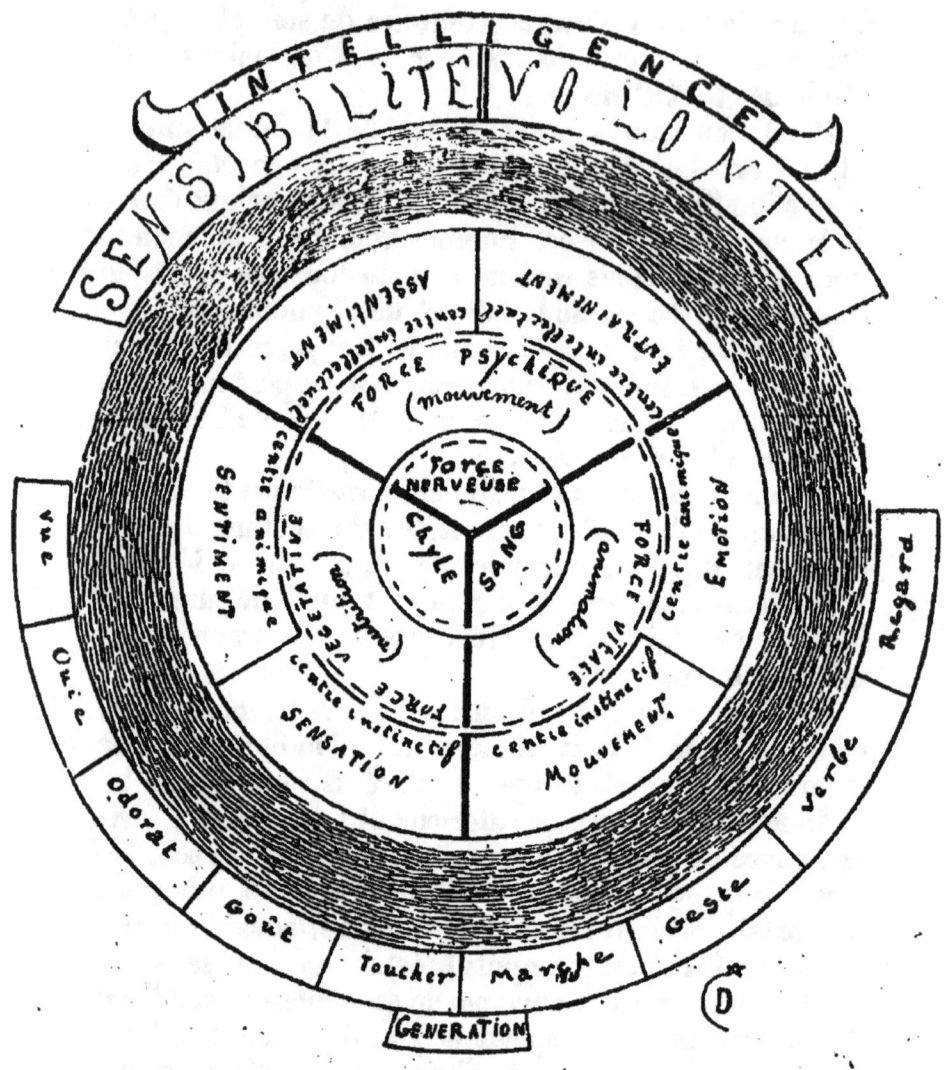

CONSTITUTION PSYCHOLOGIQUE DE L'HOMME — Schéma.

L'homme impulsif, pouvant tourner indifféremment sous une inclination d'en haut (volonté) ou d'en bas (organisme), est au centre de la figure, baigné de toutes parts dans la force nerveuse qui relie cet homme impulsif à l'homme de raison en haut et au corps physique en bas. — A gauche dans la figure est la partie réceptrice et sensitive, à droite la partie volontaire et motrice.

matière ou du monde de l'idée, l'inventeur ou le fondateur de cités, l'explorateur hardi ou le révélateur de l'éternelle vérité, et celui-là sait toujours souffrir, s'abstenir et mourir quand il le faut, car il commande à son organisme et n'est pas mené par lui. C'est un maître et non pas un esclave. Comprend-on maintenant la distance qui sépare Pythagore ou Newton d'un chef de bureau, même décoré? Ce sont des hommes tous pour le vulgaire, et cependant les deux premiers seuls méritent ce nom.

Nous pouvons maintenant chercher à nous faire une idée de l'homme conçu dans son ensemble.

Résumé.

Trois segments, trois étages, trois modalités, comme on voudra les appeler, chacun triplement divisé.

En bas, c'est anatomiquement le ventre, physiologiquement la fabrique de matière, et psychologiquement le domaine de la sensation et de l'instinct.

Au milieu, c'est anatomiquement la poitrine, physiologiquement la fabrique de vitalité, et psychologiquement le domaine du sentiment et de la passion.

En haut, c'est anatomiquement la tête (partie postéro-inférieure) prolongée par la moelle, physiologiquement la fabrique de force nerveuse, et psychologiquement le domaine de l'intellect et de l'inspiration passive.

Au dessus et tout autour de ces trois centres, les enveloppant et les dominant comme un ange enveloppe de ses ailes ceux qu'il garde, dans les légendes mystiques : c'est anatomiquement le cerveau avec ses serviteurs les cinq sens, et les organes d'expression, avec les portes d'entrée et de sortie de tout ce qui circule dans l'organisme ; c'est physiologiquement le centre sublimateur et tonalisateur de toutes les forces organiques ; c'est psychologiquement le domaine de la volonté et de l'intelligence actives.

RAPPORTS DE L'HOMME DE VOLONTÉ
ET DE L'ÊTRE IMPULSIF

Maintenant que nous avons une première idée générale de cet homme véritable, de l'homme de volonté, voyons son influence sur l'être impulsif.

Nous avons déjà constaté plusieurs fois l'action d'arrêt exercée par la volonté sur les centres impulsifs. Poursuivons notre analyse à ce sujet.

Chaque fois qu'une sensation ébranle le centre instinctif, l'homme éveillé et dans les conditions normales de santé psychique perçoit cette sensation en même temps que le réflexe entre en mouvement. Il peut se produire alors plusieurs cas différents.

Si l'homme appartient à la classe des instinctifs, ou s'il est dans un état psychique inférieur, il perçoit la sensation, laisse tourner l'être impulsif qui agit en vue de la satisfaction des appétits, et perçoit passivement les nouvelles sensations des actes accomplis. Dans ce cas, le centre de perception consciente, la sensibilité, a seul été mis en action, mais comme un miroir qui reçoit une image et l'enregistre. Il n'y a eu aucune réaction de l'être supérieur.

Mais si l'homme a pris l'habitude d'agir sur ses impressions, il ne se contente pas d'éprouver passivement la sensation, mais, dès que celle-ci se produit, il s'en empare et lui fait subir un travail tout particulier auquel nous donnerons le nom de *méditation*.

La méditation consiste dans la digestion psychique de l'idée produite par la sensation. C'est alors qu'entrent en jeu des facultés qui peuvent être plus ou moins développées, et dont le travail ultime transforme l'idée première en pensée, d'où dérive le jugement.

Des résultats tout différents seront produits suivant que la sensation sera suivie ou non de méditation. L'usage de la méditation est donc le préliminaire obligé dans l'étude de la magie de l'usage de la volonté, et la méditation est en mode de réceptivité exactement ce que l'entraînement volontaire est en mode d'activité.

Mais nous n'avons fait qu'ébaucher à peine notre étude... Nous avons considéré la sensation comme n'agissant que dans son propre domaine, dans le centre instinctif. C'est là ce qui se produit chez une brute à face humaine, mais chez l'homme moyennement développé d'autres éléments d'action entrent en jeu.

Nous pouvons concevoir cet homme, nous l'avons vu, comme trois centres réflexes et passifs couronnés et enveloppés par un centre conscient et actif.

L'être conscient a trois fonctions primordiales :

1° *Il sent*, il perçoit les images ou idées résultant de l'ébranlement ou du travail de chacun des centres de l'homme impulsif ;

2° Il fait subir à ces idées un travail de digestion particulier, travail plus ou moins compliqué, suivant le développement psychique de l'être humain qui agit. On dit dans ce cas que l'homme *pense* ;

3° Le résultat de ce travail psychique détermine l'action que l'homme conscient va exercer, soit sur l'être impulsif, soit au dehors, soit sur lui-même. C'est là la mise en action de *la volonté*. La distinction de l'être conscient en ces trois aspects, ce qui sent, ce qui pense et ce qui veut, ou la sensibilité, l'intelligence et la volonté, nous suffit pour donner une idée des aspects principaux sous lesquels se présente à l'analyse l'unité fondamentale de la conscience.

Revenons maintenant à la sensation.

La sensation, une fois produite, peut ne mettre en action que le centre impulsif de l'instinct, et nous avons vu ce qui arrivait.

Mais cette sensation peut aussi gagner le centre immédiatement supérieur et aller ébranler la sphère des sentiments. Il se produit alors deux nouvelles actions :

1° Une action réflexe, impulsive, d'origine passionnelle, vers les organes d'expression, une émotion ;

2° Une action particulière sur l'être conscient, qui perçoit, non plus seulement une sensation avec ses caractères de plaisir ou de douleur, mais *un sentiment*, avec son caractère d'amour ou de haine.

Et là ne s'arrête pas l'action possible de la sensation, qui peut encore, après s'être transformée en sentiment, agir comme sentiment sur la sphère de l'intellect, qui se met alors en mouvement et produit encore :

1° Une action réflexe, impulsive, d'origine intellectuelle, vers les organes d'expression, *un entraînement*;

2° Une action particulière sur l'être conscient, qui éprouve alors, non plus un sentiment, mais un assentiment avec son caractère de vérité ou d'erreur.

Ainsi, une sensation entrant dans l'organisme d'un homme dont tous les centres sont développés se manifeste à la conscience successivement comme plaisir ou douleur, amour ou haine, vérité ou erreur, et en même temps produit trois incitations réflexes, appétit, émotion ou entraînement, qui peuvent être positives ou négatives, c'est-à-dire passives ou actives.

L'être humain tout entier, d'après la source de la sensation, s'en rapprochera ou s'en éloignera suivant que la sensation est agréable (plaisir, amour, vérité) ou désagréable (douleur, haine, erreur). C'est là, ne l'oublions pas, le *premier mouvement*, que la volonté peut toujours modifier.

Ainsi, si chacun des centres conçu en lui-même se présente à nous sous son caractère d'impulsivité, l'être conscient, l'homme de volonté conçu en lui-même, se présente au contraire toujours sous son caractère de liberté.

Mais il est une fonction capitale exercée par l'être conscient sur chacun des trois centres impulsifs : c'est la *fonction équilibrante*, faute de laquelle les accidents psychiques les plus graves se produisent. Nous allons voir en quoi consiste cette fonction.

Vous avez vu dans les cirques les équilibristes ou danseurs de corde. Vous vous souvenez que les moins habiles de ces équilibristes sont pourvus d'une longue perche qu'ils tiennent horizontalement et qui facilite singulièrement leurs exercices. Cette perche est un instrument purement passif qui n'a pour fonction que de faire contre-poids *à la poussée* qui pourrait entraîner l'équilibriste hors de sa corde qui est le juste milieu dans lequel il doit se mouvoir.

L'être humain subit aussi dans son esprit une série de *poussées* qui pourraient le jeter hors du juste milieu sans un principe équilibrant. De quoi résulte tout équilibre?

Du rapport harmonique entre deux extrêmes, rapport tel que, quand la tension d'un des extrêmes augmente, la tension de l'autre diminue proportionnellement à cette augmentation. Voilà pourquoi notre équilibriste, dès qu'il se sent poussé vers la droite, penche sa barre vers la gauche et rétablit ainsi l'équilibre.

Tout objet en équilibre suppose donc deux extrêmes et un terme moyen qui sert de pivot. Dans notre exemple l'équilibriste est le pivot et les deux extrémités de la barre sont les deux autres termes.

Dans l'organisme humain, le corps et l'esprit sont les extrêmes et le principe intermédiaire (la vie, le médiateur plastique, le corps astral) constitue le pivot qui transforme l'ensemble en un organisme équilibré.

Or la santé physique comme la santé psychique dépendent de la persistance de cet équilibre. On a souvent comparé l'organisme humain par sa délicatesse à une montre, et l'on a eu raison, car la moindre chose peut apporter dans cet organisme des troubles profonds.

Ce que nous appelons santé pour le corps physique est un équilibre, une résultante de plusieurs forces. Bichat considérait la vie et la mort comme formant les deux pôles, et la santé résultait de l'équilibre de ces deux contraires. La maladie des cellules organiques et, par suite, celle de l'être humain tout entier, peuvent résulter, soit de l'excès, soit du manque de principes nutritifs. Dans le premier cas il y a congestion, dans le second il y a anémie.

Les considérations précédentes nous ont conduit à admettre que tout était étroitement lié dans l'organisme humain, et que tout centre devait être considéré comme étant à la fois un centre de matière, un centre de force vitale, et un centre d'impulsion psychique. A la congestion et à l'anémie n'agissant que sur l'être psychique correspondent des états analogues agissant, soit sur l'être impulsif, soit sur l'être conscient. Autrement dit il y a des maladies du corps astral et de l'esprit tout comme il y a des maladies de l'âme, et ces maladies sont causées, la plupart du temps, par une perte de l'équilibre, soit en plus, soit en moins.

Or l'être inconscient agissant sur les trois centres impulsifs au moyen de la force nerveuse détermine dans ces centres une tension spéciale qui agit comme une véritable force équilibrante.

C'est ainsi que, sous l'influence de cette réaction de la conscience, du moi véritable, le centre impulsif inférieur, l'instinct, devient le *sens commun*. Dans le centre impulsif moyen ou sentimental (vie animique), l'influence de l'être conscient produit ce merveilleux équilibre homme *raison*. Enfin, dans le centre intellectuel, le moi manifeste *la sagacité*.

Encore une fois, ces trois états, sens commun, raison, sagacité, sont la résultante d'un équilibre entre la sensibilité et la conscience, et cet équilibre peut être rompu pour plusieurs raisons. De là divers états psychiques très curieux et très importants à connaître.

Pour nous rendre un compte à peu près exact de ces états, il nous faut maintenant nous occuper des forces physiologiques en contact avec chacun de nos éléments psychiques.

L'action du monde extérieur sur l'esprit et la réaction de l'esprit sur le monde extérieur ne se font pas directement, pas plus que l'action du cocher sur sa voiture.

L'organe du sens ouvert sur le monde extérieur représente la matière (la voiture), l'esprit représente le cocher, mais entre les deux il y a une force physiologique fournie par le travail de la vie : c'est *la force nerveuse ! analogue du cheval*.

La force nerveuse est le lien qui réunit l'esprit au

corps matériel dans les actions comme dans les réactions. Cette force nerveuse n'est en somme, nous l'avons vu, qu'une sublimation de la vie par des organes particuliers. L'esprit utilise cette force nerveuse comme le télégraphiste utilise l'électricité : c'est en augmentant ou en diminuant sur un point la quantité de cette force que l'esprit meut ou arrête les organes qui lui sont soumis.

Or, dans cette action, la cellule nerveuse représente l'appareil télégraphique transmetteur, le nerf représente le fil télégraphique, et la plaque motrice du muscle strié représente l'appareil télégraphique récepteur. Voilà pour les faits de volonté.

Dans les faits de sensibilité, le contraire se produit : l'organe des sens est l'appareil transmetteur, le nerf sensitif le fil télégraphique, et la cellule nerveuse l'appareil récepteur. Mais qui viendra dire que l'appareil électrique fabrique les dépêches de toutes pièces sans télégraphiste ? Cette opinion insoutenable, quand elle est aussi nettement présentée, est toutefois considérée comme un dogme par le matérialiste pour qui la cellule nerveuse est tout, absolument tout. Or, savez-vous le grand argument du matérialisme en faveur de ce système ? C'est que toute altération de la cellule nerveuse correspond à une altération psychique localisable.

Mais il nous semble que toute altération de l'appareil télégraphique se reproduit sur la dépêche, et cela ne veut pas toujours dire que le télégraphiste est un mythe.

Une mauvaise transmission de dépêche peut être due à plusieurs causes :

1° L'absence du télégraphiste qui supprime toute transmission ;

2° Le dérangement des appareils, soit transmetteurs, soit récepteurs ;

3° La rupture du fil électrique transmetteur ;

4° La mauvaise régularisation dans l'apport de l'électricité qui sert d'intermédiaire commun à tout.

Or les troubles psychiques peuvent être dus :

1° A l'absence momentanée de l'action de l'esprit conscient (sommeil par exemple) ;

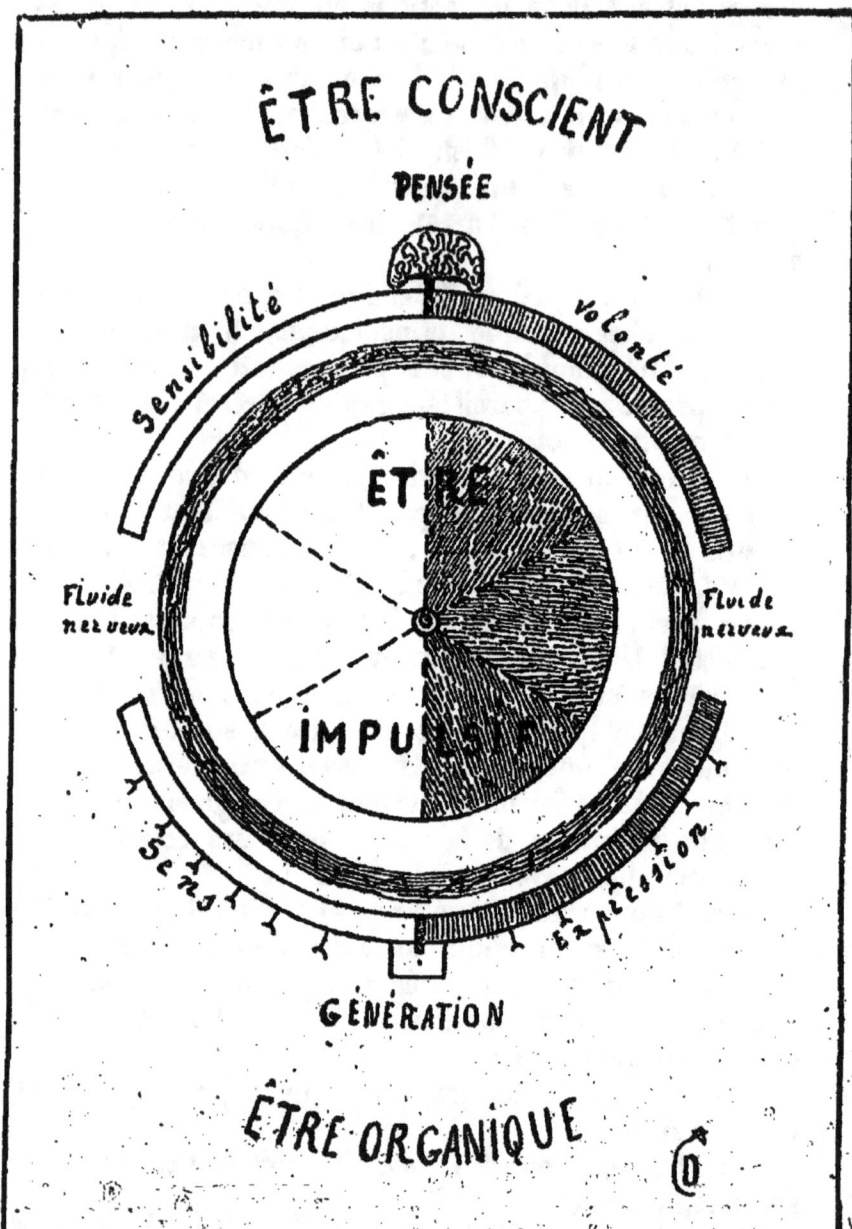

(Voy. la figure p. 51 pour les détails).

2° Au dérangement, soit de la cellule nerveuse, soit de l'organe des sens ou de la plaque motrice ;
3° A la rupture du nerf ;
4° A la mauvaise circulation ou à la production défectueuse du fluide nerveux.

Tout cela peut causer des pertes d'équilibre, tout cela peut causer des affections dites mentales plus ou moins longues ou plus ou moins graves. Mais de là à dire que cela infirme l'existence de l'âme, il y a une certaine distance.

Il est clair que sans appareil télégraphique (cellule nerveuse) l'esprit est comme un cocher sans cheval ; sans électricité (force nerveuse), l'esprit est comme un cocher sans guides, et que dans ces deux cas il sera difficile de faire marcher. Mais qui viendra dire que cela prouve que le cocher n'existe pas ?

La Force nerveuse.

Si jusqu'à présent nous nous sommes occupé de l'action psychique des divers principes qui constituent l'être humain, on voit l'importance qu'acquièrent maintenant les forces physiologiques dans cette action.

La force nerveuse est donc l'outil indispensable dont le maniement permettra à l'esprit une action réellement efficace sur l'organisme et par suite sur le monde extérieur.

Nous connaissons, par une étude précédente, les diverses conditions auxquelles est soumise l'élaboration de cette force nerveuse par la machine organique ; il nous reste à présent à voir l'usage que fait l'esprit de cet outil que lui fournit le corps.

Rappelons-nous que l'être humain comprend, outre ce corps physique, simple support, un autre principe chargé de tout animer et de tout mouvoir, le corps astral. Ce corps astral agit presque toujours d'après la loi des réflexes, c'est-à-dire que l'irritabilité organique est la cause de presque tous les mouvements produits, y compris les mouvements de l'être psychique impulsif.

Ainsi, quand l'estomac est excité par la présence des aliments, le réflexe nerveux organique entre en jeu et les glandes sécrètent le suc gastrique. Il en est exactement de même pour les centres impulsifs. Dès qu'une excitation les atteint, ces centres entrent en action et donnent naissance aux idées qui se manifestent à l'esprit.

L'excitation de ces centres impulsifs peut être produite par la sensation. Mais qu'est-ce donc, au point de vue des forces organiques actionnées, qu'une sensation?

Une sensation est un ébranlement vibratoire spécial, parti de l'organe des sens et transmis au centre psychique par le fluide nerveux. C'est sous l'influence de cette action du fluide nerveux que le centre psychique impulsif entre en action, et que l'idée peut prendre naissance.

Dans le cas qui nous occupe, l'ébranlement du fluide nerveux est centripète, il vient du dehors pour gagner l'organisme.

Mais le centre psychique impulsif, mis en mouvement, va actionner à son tour le fluide nerveux qui le met en communication avec l'organe moteur, et un nouveau courant vibratoire, centrifuge cette fois, c'est-à-dire moteur, va prendre naissance.

Dans ces deux cas, c'est le même fluide nerveux qui est utilisé (il n'y en a pas deux espèces dans l'organisme) et le sens du courant dépend uniquement de l'origine de l'impulsion vibratoire.

Or le centre psychique impulsif peut être mis en mouvement, soit par une excitation venue du monde extérieur, ainsi que nous venons de le voir, soit aussi par une excitation venue de l'esprit conscient.

Grâce à la provision de fluide nerveux que l'esprit a toujours à sa disposition dans l'état de veille, il peut exciter directement un centre psychique quelconque dans le sens qu'il juge préférable, et c'est ainsi que l'esprit peut arrêter net un mouvement réflexe en agissant directement sur le centre producteur du réflexe.

L'être impulsif, dans ses trois modifications, est donc placé entre le corps physique et l'esprit, et il subit indifféremment l'impulsion de l'un ou de l'autre : il se contente d'obéir à l'impulsion la plus forte. Voilà pourquoi l'homme qui perd peu à peu l'habitude d'actionner ses centres impulsifs par sa volonté, habitue ces centres à subir uniquement l'action du monde extérieur et devient rapidement l'esclave de son corps physique au lieu d'en être le maître.

Rappelons-nous que la force nerveuse est le milieu vibratoire qui transmet toutes les impulsions, et nous pouvons maintenant nous rendre bien compte du mécanisme de l'action de l'esprit sur le corps.

A l'état normal les centres psychiques impulsifs sont maintenus par l'esprit dans un état de tension telle qu'ils ne peuvent agir à contre-sens. Mais, pour peu que l'esprit n'ait plus à sa disposition la quantité de force nerveuse nécessaire, cette tension diminue, et le centre psychique se met en mouvement d'une façon exagérée à la moindre excitation venue du dedans. Alors la sensation produite a sa cause dans l'organisme lui-même, et l'idée qui prend naissance ne correspond à rien d'objectif. C'est ce qu'on appelle une *hallucination*. L'origine de cette affection, qui peut avoir de très graves conséquences, n'est pas dans une maladie de l'esprit, car l'esprit étant d'essence divine ne saurait être malade, elle est dans l'insuffisance du moyen d'action mis au service de l'esprit, ce qui n'est pas du tout la même chose. Le danger des hallucinations, c'est de conduire l'être humain à de faux jugements par l'absence de sens commun ou de raison. Voilà pourquoi l'anémie nerveuse est si dangereuse.

Mais cela n'empêche pas l'esprit de pouvoir se représenter des sensations, des sentiments ou des assentiments qu'il produit lui-même en agissant sur les centres impulsifs. Dans ce cas l'esprit ne saurait être trompé sur la cause réelle de ses impressions, car il a non seulement assez de force nerveuse pour maintenir partout l'état de tension normale, mais il en a encore en réserve pour pouvoir la dépenser par le moyen de son *imagination*, qui est la faculté qu'a la volonté de se représenter des idées par le mouvement imprimé aux centres impulsifs et de les grouper à sa guise par l'exercice des facultés particulières de l'esprit conscient. L'imagination est un luxe qui disparaît rapidement à la moindre fatigue excessive, c'est-à-dire dès que le fluide nerveux n'est plus en quantité suffisante pour constituer une réserve au service de l'esprit.

Tout ce que nous venons de dire est difficile à comprendre et semblera peu clair à beaucoup de lecteurs. Nous sommes obligé, de par l'étroitesse de notre cadre, de faire des résumés de sciences qui demanderaient chacune au moins un gros volume. Mais l'étudiant sérieux qui voudra méditer les quelques données précédentes en y ajoutant la lecture du traité de psychologie de Fabre d'Olivet (*Etat social de l'homme*, 1er vol., avant-propos) et du Timée de Platon, en tirera, nous en sommes convaincu, de précieux enseignements.

Résumons ce que nous avons dit tout à l'heure : la clef de l'étude des phénomènes psychiques, et surtout de leur trouble, réside, non pas tant dans la connaissance des appareils organiques que dans celle du fluide nerveux et de son utilisation. C'est par le fluide nerveux *seul* que l'esprit humain possède la sensibilité et la volonté et peut les développer.

Essentiellement, l'esprit humain réside tout entier dans la faculté de penser. Sentir et commander à l'organisme sont des modalités nécessitées par sa présence dans le plan matériel.

Or toutes les preuves invoquées pour nier l'existence en l'homme d'un principe immortel tirent leur origine des troubles du fluide nerveux. C'est en confondant le télégraphiste avec les appareils télégraphiques et le fil avec l'électricité, que le matérialisme a énoncé des arguments qui ne peuvent résister à un examen quelque peu sérieux.

Après avoir lu le résumé qui précède, un philosophe ne manquera pas de dire : « Les voilà bien, ces occultistes ! Après avoir inventé le médiateur plastique pour unir l'âme au corps, en voici un qui dote ce médiateur plastique de facultés psychiques et prétend ainsi résoudre facilement la plupart des problèmes posés. » Ce langage a été tenu à toute époque, et c'est un peu pour répondre d'avance à ce genre d'objections que nous avons essayé d'appuyer les enseignements de Fabre d'Olivet sur la physiologie et l'anatomie. Mais les faits qu'il nous faut maintenant décrire suffiront pour montrer avec quelle facilité l'être impulsif, mis en action en dehors de l'être conscient, peut donner naissance à certains phénomènes passablement gênants pour les néo-philosophes qui ne veulent pas se souvenir des enseignements... de Platon, qui défendait cette théorie des trois modalités de l'être impulsif, qu'il appelait *l'âme mortelle* et qu'il distinguait avec soin de l'âme immortelle ou esprit conscient.

Le Sommeil naturel

A l'état de veille, l'esprit dispose d'une certaine quantité de fluide nerveux, et suivant l'usage bon ou mauvais qu'il fait de son dépôt, il se rend homme de bon sens ou brute à face humaine (centre instinctif), vertueux ou vicieux (centre animique), savant ou ignorant (centre intellectuel). Ce qu'on appelle « faire un travail personnel », « prendre une décision », ne demande en somme qu'un effort initial de la volonté au début de l'action. Après cet effort initial qui met le centre psychique en mouvement, la volonté n'a plus qu'à laisser tourner en guidant le mouvement comme le capitaine guide son navire par le gouvernail, c'est-à-dire par l'émission lente du fluide nerveux.

Quand la quantité de ce fluide nerveux diminue à la fin d'une certaine période de travail, les relations de l'esprit perdent peu à peu de leur intensité, et le fluide nerveux qui donnait la tension aux centres psychiques impulsifs se retire également de plus en plus.

C'est alors que les membres s'engourdissent, l'individu *n'a plus la force de se tenir droit*, ses yeux se ferment, ses organes des sens ne fonctionnent plus, et le SOMMEIL NATUREL se produit.

Le sommeil est causé par la diminution progressive de la quantité du fluide nerveux. De là la perte de la sensibilité extérieure et de la volition, puisque les relations entre l'esprit conscient et l'organisme sont momentanément interrompues.

C'est pendant ce sommeil que le corps astral, facteur du corps physique, répare les pertes organiques des centres nerveux conscients, et produit une nouvelle quantité de force nerveuse.

Quand cette quantité de force nerveuse est assez grande, la communication entre l'esprit et l'organisme se rétablit, et LE RÉVEIL a lieu jusqu'au prochain sommeil. Tout ce mécanisme a été fort bien décrit par Chardel dans sa *Psychologie physiologique* (1825), et nous renvoyons le lecteur sur ce point à cet excellent travail.

Ce que nous disons pour l'esprit s'applique également aux mouvements impulsifs de l'être psychique, ce qui ramène à dire que le sommeil naturel est causé par la diminution du fluide nerveux dans l'organisme.

Nous verrons plus tard comment l'acool et le café permettent de remplacer temporairement le sommeil, mais avec danger d'une réaction considérable dans la suite.

L'Ivresse

A l'état normal et chez l'homme sain, la tension de l'esprit sur les centres impulsifs est toujours égale à la tension de ceux-ci sur l'esprit. De là l'existence d'une sorte d'équilibre, les deux centres étant ainsi équilibrés l'un par l'autre. De là aussi la faculté pour l'être impulsif d'être mis très facilement en mouvement.

L'homme qui se grise par un procédé quelconque donne à son sang un dynamisme plus grand qu'à l'ordinaire. — Tous les organes sont excités et les centres dans lesquels est condensée la réserve de force nerveuse comme les autres organes. — Aussi, au début de l'action, l'esprit semble-t-il plus alerte, l'imagination fonctionne plus que jamais, ayant à sa disposition un luxe considérable de fluide nerveux. C'est là la première phase, la phase excitante, de l'action de l'alcool sur l'économie.

A ce moment le surplus de force nerveuse se déverse dans le centre intellectuel et les idées se produisent plus nombreuses et plus vives que jamais. Mais ces bons effets sont de peu de durée. La tension nerveuse de l'être impulsif dépasse peu à peu celle de l'esprit conscient. Celui-ci essaye en vain d'arrêter les roues psychiques en mouvement, il s'aperçoit avec effroi qu'il n'en est plus capable, n'ayant pas assez de force nerveuse à sa disposition. Le cheval est emporté, et le cocher a beau tirer sur les guides, il ne fait qu'efforts inutiles. Le centre animal de l'homme a vaincu le centre raisonnable : le sens commun, la raison, la sagacité, tous ces résultats de l'action de l'esprit sur l'être impulsif, s'obscurcissent, puis disparaissent. L'être humain perd toute notion d'équilibre, y compris celle de l'équilibre physique, et s'il veut marcher il vacille et est à tout moment sur le point de tomber.

L'équilibre physique est rompu par surcharge de force nerveuse dans les centres impulsifs, et, à ce moment, une idée fixe, généralement absurde, peut devenir le mobile unique des actes de l'ivrogne, sur qui l'esprit n'a plus la moindre prise.

Telle est la seconde phase du phénomène, phase pendant laquelle tous les mauvais instincts, toutes les mauvaises passions réveillés peuvent conduire l'être humain à sa perte, car les réflexes sont tout-puissants et l'homme impulsif conduit à ce moment toute la machine humaine.

Si l'action de l'ivresse augmente d'intensité, toute

la force nerveuse dont disposait encore l'esprit conscient est absorbée, la faible tension que maintenait à grand'peine l'esprit dans l'organisme disparaît ; l'être s'écroule tout d'une masse, endormi, et si la séparation de l'esprit d'avec les centres organiques a été trop rapide ou trop complète, — mort.

C'est là la troisième phase du phénomène. Il y a déjà beaucoup d'analogie entre ces faits et ceux produits par la folie.

L'Hypnotisme. — La Suggestion

Nous avons vu que chacun des trois centres impulsifs pouvait être mis en action, soit par un ébranlement vibratoire nerveux venu de l'extérieur par les sens, soit par un ébranlement nerveux venu de l'intérieur par l'esprit et les cellules nerveuses cérébrales.

Or les différents procédés d'hypnotisation ont pour effet de détruire l'équilibre existant normalement entre l'être impulsif et l'être conscient, et, en agissant sur la force nerveuse, de séparer momantanément l'esprit de l'organisme.

Le but à atteindre consiste à exciter vivement l'être impulsif, de telle sorte que l'action de cet être impulsif prenne le dessus sur celle de l'être conscient.

On obtient ce résultat en produisant une sensation de très grande intensité (miroirs tournants du Dr Luys, point brillant, coup de gong) qui imprime au centre impulsif un mouvement considérable. Il se produit alors des phénomènes analogues à ceux dérivés de l'ivresse, et les relations entre l'esprit et l'organisme se rompent momentanément, ce qui cause un sommeil particulier. Que ce sommeil soit obtenu par un appareil mécanique ou par la suggestion, c'est toujours le même mécanisme, la suggestion auditive n'étant, en somme, qu'un coup de gong plus intelligent. Quand le sommeil est obtenu, l'être endormi est absolument passif et ses centres impulsifs sont tout prêts à recevoir un mouvement quelconque. C'est alors que l'opérateur intervient.

Il commande au sujet de faire telle action. L'être impulsif du sujet obéit à l'hypnotiseur comme il aurait obéi à la sensation du dehors ou à l'excitation de son propre esprit, et, par action réflexe, l'acte commandé se trouve exécuté. A ce moment il ne reste dans le sujet que la partie impulsive de l'être humain, et nous savons que l'essence même de l'être impulsif c'est la neutralité absolue et l'obéissance machinale à la plus forte excitation ressentie. Tel est le mécanisme de toutes les suggestions faites au sujet et exécutées pendant son sommeil. Dans ce cas, c'est l'esprit conscient de l'opérateur qui agit et qui peut obtenir toutes les actions possibles, y compris des actions sur les nerfs vaso-moteurs et sur la vie organique, car l'être impulsif a toute la vie organique sous sa dépendance. C'est ainsi que personnellement nous sommes parvenu à obtenir l'amélioration considérable des tumeurs vasculaires ou *nœvi* (taches de vin congénitales) par simple suggestion, à l'hôpital de la Charité, où nous dirigeons le laboratoire d'hypnotisme du D' Luys depuis bientôt quatre ans. C'est ainsi également qu'on a pu obtenir par suggestion des stigmates et d'autres phénomènes analogues. On pourra juger de la simplicité de l'explication que nous présentons eu égard à la complexité de la plupart des explications présentées par les physiologistes qui veulent bien étudier ces faits.

Mais nous n'avons parlé que des suggestions à l'état de sommeil. Disons un mot des suggestions exécutées à l'état de veille immédiatement, puis de suggestions à terme, c'est-à-dire exécutables dans un temps plus ou moins long (une heure à un an).

Quand on a donné une suggestion et qu'on réveille le sujet, celui-ci prend immédiatement conscience de l'impulsion qu'il ressent. L'être impulsif agit de toutes ses forces, mais l'être conscient est là qui veille. C'est alors que l'éducation antérieure du sujet agit d'une façon capitale.

Si le sujet est un être instinctif, habitué à suivre passivement ses impulsions, une fille du peuple ou de la campagne, elle obéit à l'impulsion suggérée, un peu étonnée, mais en cherchant à expliquer son action aux assistants.

Mais si le sujet est un être volontaire, habitué à s'opposer à ses impulsions, la suggestion n'agira que si la volonté y acquiesce. Je me souviens d'avoir fait de vains efforts pendant une heure pour faire voler, dans le laboratoire, le mouchoir d'un assistant par un sujet issu d'une classe sociale un peu élevée. La suggestion une fois donnée, le sujet se réveillait et sa volonté luttait de toute son action contre l'impulsion de la suggestion.

Dans d'autres cas le sujet s'évanouit, mais n'exécute pas la suggestion, c'est-à-dire qu'il brise le lien nerveux qui réunit l'esprit à l'organisme.

Enfin, le plus souvent, le sujet retombe en somnambulisme, se rendort, au moment précis d'exécuter la suggestion.

Mais on peut non-seulement mettre l'être impulsif en mouvement sur l'heure, on peut aussi lui commander un mouvement qu'il devra exécuter plus tard, à heure fixée, et l'expérience montre que le mouvement s'exécute exactement dans la plupart des cas.

C'est ici qu'apparaît de nouveau la merveilleuse puissance dynamique de l'idée. Quand nous donnons une suggestion à terme, nous semons dans le centre impulsif la graine d'un être dynamique dont nous marquons la date de naissance par notre suggestion. Cet être dynamique devra agir du dedans au dehors : ce n'est donc pas une sensation, car le caractère primordial de la sensation est au contraire d'agir du dehors au dedans. C'est *une idée* revêtue de par notre volonté d'une puissance dynamique spéciale que nous enfouissons en germe dans l'être impulsif, et, au jour marqué, cette idée développera sa puissance d'action et mettra le centre psychique en mouvement.

Les occultistes et les magiciens donnent un nom particulier à ce genre d'êtres impulsifs créés pour un temps par la volonté humaine : ils appellent ces idées dynamiques des *êtres élémentals*. Nous verrons plus tard qu'il y a plusieurs classes de ces êtres. Mais n'anticipons pas. Ce qu'il importe de bien retenir, c'est qu'un mouvement imprimé ainsi par une suggestion peut attendre un certain temps avant de se développer, et peut, lorsqu'il se développe, faire échec à la volonté si celle-ci n'est pas entraînée à briser les impulsions de l'organisme psychique.

Ces phénomènes de l'hypnotisme, soigneusement étudiés, conduisent donc à donner de nouvelles preuves en faveur de l'action de l'esprit conscient libre (libre arbitre), loin de détruire cette action. Mais il faut bien savoir que le libre arbitre n'existe pour l'homme qu'autant qu'il prend l'habitude d'en faire usage et qu'un brave employé de bureau ou un excellent ivrogne sont bel et bien des êtres *déterminés* et très rarement des êtres vraiment libres.

Nous parlerons dans une autre partie des phénomènes du magnétisme et de la double vue, ainsi que des découvertes de M. le colonel de Rochas, qui permettent de rattacher l'ancien magnétisme au moderne hypnotisme qui n'en forme que le début.

Avant de terminer, signalons ce fait curieux que chacune des phases hypnotiques admises par l'école de Paris manifeste l'action d'un centre impulsif particulier. Ainsi la léthargie manifeste le centre tout physique des instincts, la catalepsie manifeste le centre animique des passions, et le somnambulisme manifeste le centre intellectuel. M. Charcot démontrant l'existence des trois âmes de Platon, n'est-ce pas un peu cruel pour M. Charcot?

La Folie

Tous les phénomènes que nous avons vus jusqu'à présent, le sommeil, l'ivresse, les états déterminés par l'hypnotisme, ne sont au fond que l'évolution normale d'une série de faits dérivés d'une cause unique : la rupture de l'équilibre entre l'être impulsif et l'être conscient. Nous allons voir qu'il en est de même de la folie.

Ce qui est dangereux dans les actes organiques, ce sont les passages brusques d'un état à un autre, les secousses, soit physiques, soit psychiques.

La force nerveuse, étant identique pour tous les centres nerveux, ne peut se porter en un point qu'à condition d'en quitter un autre, et ce passage, pour être sans danger, doit être progressif.

C'est pour cela que l'idée fixe de l'ivrogne, quoique dangereuse pour lui et pour les autres, sur le moment, ne persiste plus après le passage de la crise; car le mouvement excessif imprimé au centre intellectuel a été progressif et non instantané.

Mais si une vision effrayante, une nouvelle inattendue, une joie ou une peur subites viennent tout à coup mettre en mouvement d'une manière excessive l'être impulsif, il peut arriver que le mouvement ainsi acquis prenne une telle importance que toute la force nerveuse qui relie l'organisation à l'esprit soit subitement absorbée, et alors l'être humain peut mourir ou devenir fou.

La folie est une ivresse permanente. Dans la folie l'être impulsif a pris définitivement le dessus sur l'être conscient, et celui-ci, s'il reste vaguement en relation avec l'organisme, n'a plus aucune action sur les centres psychiques inférieurs. La conséquence du retrait de l'influence de l'esprit dans les centres impulsifs, c'est la perte de la puissance équilibrante, la destruction du sens commun, de la raison, de la sagacité, le triomphe définitif des réflexes sur la conscience. Le genre de folie dépendra du centre impulsif qui l'emportera sur les autres. Si le centre intellectuel domine, la folie des grandeurs, l'idée fixe et persistante prendront naissance. Dans ce cas, le fou sera semblable à un sujet subissant une suggestion permanente telle qu'elle annihile toutes les autres impressions.

Si le centre animique l'emporte, nous verrons la folie extatique avec tout son cortège prendre naissance.

Enfin, si c'est le centre instinctif qui est touché de préférence, l'hypochondrie et la mélancolie prendront le dessus sur toutes les autres manifestations.

Notons que la séparation absolue est peu fréquente et que souvent le fou passe d'une période à l'autre, au hasard des mouvements imprimés à l'être impulsif.

Un fou est souvent un être à moitié sinon tout à fait mort. Swedenborg affirme cette conséquence et en tire de sombres conclusions au sujet du vampirisme, conclusions sur lesquelles nous reviendrons dans un autre ouvrage.

Nous pourrions multiplier les exemples à l'appui de cette théorie de l'être impulsif et de son indépendance possible ; nous pourrions parler de l'évanouissement, des rêves et des songes, entrer dans de nouveaux détails au sujet des hallucinations, etc., etc., mais nous ne voulons faire ni un traité de psychologie, ni un traité de pathologie mentale. Le lecteur attentif et impartial *sentira* bien les conséquences très nombreuses qu'on peut tirer de cette théorie toute platonicienne et l'avenir montrera si Platon s'est trompé, si Pythagore a mal conçu l'être humain et si Fabre d'Olivet a mal exposé les opinions du célèbre mathématicien. Quoi qu'il en soit, l'ancienne magie explique tous ces faits par la même cause. Souhaitons aux contemporains de remplacer cette explication par une meilleure.

Résumé

Essayons maintenant de résumer en quelques lignes la constitution de l'être humain d'après tout ce que nous avons dit jusqu'ici.

Platon concevait l'homme comme une tête à qui les dieux, ministres et serviteurs de Dieu, avaient ajouté des membres et un corps pour pouvoir se transporter. C'est également l'idée que nous nous ferons de l'homme véritable si nous considérons le cerveau comme un instrument de réception et d'action.

Mais l'homme, étranger par son essence au monde physique, ne pourrait entrer en rapport avec le plan matériel sans une série d'intermédiaires. De là l'existence, au-dessous de l'homme véritable, d'un centre psychique triplement différencié : l'homme impulsif, chargé de transmettre au monde matériel les ordres de l'homme et de transmettre à l'homme les impressions

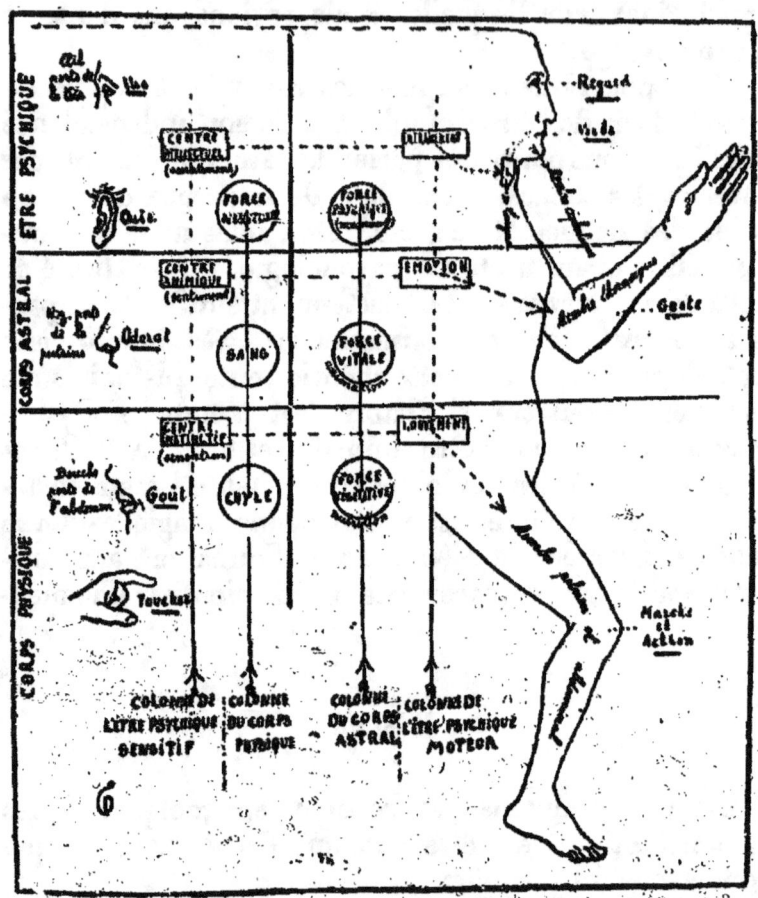

du monde matériel, enfin de remplacer au besoin l'action de l'homme sur la nature, quand, dressé par l'habitude, l'homme impulsif agit automatiquement (actes réflexes). Si l'être humain était constitué par des organes d'acier comme les machines que nous fabriquons, ces deux principes seraient bien suffisants. Mais il n'en est pas ainsi.

La partie matérielle de l'être humain est composée de cellules qui se groupent pour former des organes, lesquels se groupent à leur tour pour former des appareils. Or tout cela constitue la partie machinale de l'organisme humain, qui a trois buts principaux :

1° Comme les appareils organiques en action dans l'homme s'usent à tous moments, il faut réparer et refaire les cellules quant à leur substance : c'est là la fonction des principes albuminoïdes contenus à l'état de dissolution dans la partie liquide du sang qui circule en tous les points de l'organisme.

2° Mais il est nécessaire, pour que la machine humaine fonctionne bien, que non seulement ses organes constituants soit renouvelés et que les déchets soient expulsés, il faut encore que ces organes qui sont vivants soient continuellement animés, c'est-à-dire reçoivent une certaine quantité de force, de même qu'ils ont reçu la substance nécessaire à leur entretien. Aussi le sang contient-il des organes spéciaux appelés globules rouges ou hématies qui apportent sans cesse l'oxygène, origine du dynamisme organique.

Ainsi les deux premières fonctions de la machine humaine sont accomplies par le sang et n'ont pour but que d'entretenir cette machine elle-même.

3° Mais certains organes, dits nerveux, tirent du sang une nouvelle force : la force nerveuse, qui, répandue à son tour dans l'organisme et condensée dans des ganglions spéciaux, met tous les appareils en mouvement.

D'autre part, cette force relie directement l'esprit à l'être impulsif et par suite à l'organisme lui-même.

Si donc nous laissons de côté les fonctions toutes personnelles de la machine humaine pour ne nous occuper que des fonctions utiles à l'homme véritable, nous verrons qu'en somme le but de cette machine humaine est de fabriquer la force nerveuse qui reliera l'homme conscient à l'organisme par la sensibilité et la volonté.

BIBLIOGRAPHIE

Ouvrages utiles à consulter pour les développements.

Pour la Science occulte :
- PAPUS .... *Traité méthodique de Science occulte.*
  (1re Partie. La Doctrine).
  La Science des Mages (chap. I).

Pour la psychologie : *Essai de Physiologie synthétique.*
- FABRE D'OLIVET ...... *Histoire philosophique du Genre humain* (introduction).
  Les Vers dorés de Pythagore (notes sur la volonté).
- PLATON .... *Le Timée.*
- CHARDEL .... *Psychologie physiologique.*

Pour les points de science:
- MATHIAS DUVAL ...... *Physiologie.*
  Le Cerveau.
- LUYS .... *Les Emotions dans l'Hypnotisme.*

CHAPITRE III

LA NATURE

Résumé de sa constitution anatomique, physiologique et psychologique

L'étude précédente sur l'homme est encore bien incomplète, mais elle suffit cependant pour montrer comment le magicien doit avoir une idée toute particulière des objets sur lesquels il porte son attention. Avant de revenir à l'être humain, qui constituera toujours le point de départ et le point d'arrivée de toute étude sérieuse de la magie, il nous faut nous occuper de la nature. De même que le mot *l'homme* renferme, nous l'avons vu, une série de principes divers, le mot *la nature* synthétise sous un terme général des entités différentes que l'analyse doit mettre au jour.

Ainsi, lorsque je suis assis sous un arbre au bord d'une route, tandis qu'un ruisseau coule à quelques pas, que les insectes affairés circulent dans les herbes, et que là-haut, dans le ciel, le soleil éclaire toute la scène de ses rayons, le mot nature résume pour moi toutes les impressions que je ressens. Ce caillou qui est là devant moi, l'arbre sous lequel je suis et les herbes qui m'entourent, les insectes et les oiseaux que je vois, tout cela constitue la manifestation de la nature à travers ses trois règnes, minéral, végétal et animal.

Mais la terre sur laquelle tout s'appuie, l'eau qui rend la terre féconde et l'air que je respire et qui entretient ma vie, de même que la chaleur, la lumière, l'électricité, modifications à divers degrés du feu subtil constituant le soleil, tout cela c'est encore la nature.

Enfin, lorsque la nuit viendra, toutes ces étoiles fixes, tous les astres errants et tous leurs satellites que je pourrai percevoir, si j'en ai le désir, sont encore un aspect de ce que nous appelons la nature.

En somme, la nature, telle que nous venons de la décrire, est constituée par l'ensemble de tout ce qui est visible autour de nous, et qui n'est pas nous hommes. De là le nom de *non-moi* que lui ont donné certains philosophes.

Mais concevoir la nature comme l'ensemble du monde visible et l'étudier sous ce rapport, c'est encore ne considérer l'homme que sous son aspect visible, extérieur : c'est s'exposer à prendre l'habit pour le moine. La nature est donc aussi autre chose que ce monde visible qui nous entoure, de même que l'homme réel est autre chose que ce corps que nous sommes habitués à confondre avec lui. Approfondissons un peu cette question.

La route au bord de laquelle je suis assis n'existerait certainement pas en cet état si la volonté de l'homme ne s'était appliquée à modifier l'œuvre primordiale de la nature en cet endroit. Si même la route n'était pas régulièrement entretenue, c'est-à-dire si l'homme n'exerçait pas continuellement sa volonté en ce point, nous savons tous que peu à peu la nature reprendrait ses droits et que les herbes folles, les arbres et les insectes détruiraient bientôt l'œuvre de l'homme.

Les œuvres humaines ne se maintiennent qu'au prix d'une lutte de tous les instants avec cette force qui dirige l'évolution de tout ce qui vit en dehors de nous. Si la nature, considérée dans son aspect extérieur, nous est apparue comme l'ensemble du monde visible, considérée dans sa marche, la nature se présente à nous sous le nouvel aspect d'une force particulière d'un caractère fatidique qui préside à la marche de tous ces êtres et de tous ces mondes que nous avions admirés tout à l'heure.

Par rapport à l'homme, la nature représente la partie

organique, machinale de l'être humain, et nous savons qu'un même principe diversement modifié préside aux deux grandes fonctions organiques : la nutrition d'une part, le mouvement de l'autre.

Cette force agit dans l'homme en dehors de la conscience. De là le nom d'*inconscient* que lui ont donné les philosophes, et de *corps astral* que lui donnent les magiciens. Nous verrons bientôt pourquoi.

Dans l'homme il existe des cellules de formes et de fonctions très différentes, et cependant c'est un même principe, le dynamisme du sang ou la vie, qui entretient dans toutes l'animation et qui, transformé en force nerveuse, préside à leurs mouvements.

Le médecin qui veut agir sur une cellule déterminée, quelle que soit sa situation, sait bien qu'en agissant sur le sang il arrivera sûrement à ses fins. Le seul danger à craindre en ce cas est que cette action sur la masse du sang ne se fasse sentir en même temps sur plusieurs centres cellulaires.

Or, dans la nature, tous les êtres vivants, quelles que soient leur forme et leur constitution, représentent des masses cellulaires équivalentes aux organes chez l'homme, et sont animés par un même principe qui circule dans la nature tout entière, comme le sang circule en tous les points de l'organisme humain.

Nous touchons là au point capital de l'étude de la nature dans ses rapports magiques : aussi faut-il redoubler d'attention, et, pour éviter autant que possible l'obscurité en ces matières, il nous faut partir du visible pour nous élever à l'invisible qui nous intéresse particulièrement.

Si vous demandez à votre médecin *qu'il vous fasse voir* de la force vitale, il ne pourra pas vous satisfaire facilement. Cependant il pourra vous montrer du sang et vous faire remarquer que, si l'on empêche le sang d'arriver à un organe, l'organe ne tarde pas à mourir, ce qui indique que le sang contient la force qui fait vivre cet organe, la force vitale, que vous pouvez apprendre à connaître, mais que vous ne pouvez pas plus *voir* que vous ne voyez l'élasticité dont l'utilisation fait marcher votre montre. On peut donc se rendre compte de l'existence de ces forces invisibles en étudiant les principes matériels qui servent de supports à ces forces comme le sang sert de support à la force vitale ou le ressort de montre sert de support à l'élasticité.

Or une autre remarque des plus importantes que nous devons faire avant d'aller plus loin, c'est que, tout étant analogue dans la nature, la fonction du globule du sang par rapport à une cellule organique est absolument identique à la fonction de l'air par rapport à l'homme tout entier. Le globule sanguin apporte en effet à la cellule de quoi *respirer*, et c'est de cette respiration locale que résulte l'entretien de la vie de la cellule, de même que notre planète fournit à l'homme l'air nécessaire à sa respiration, c'est-à-dire à l'entretien de la vie de cet homme tout entier. Par rapport à la cellule du sang, c'est de l'air atmosphérique ; par rapport à l'homme tout entier, l'air atmosphérique c'est du sang, mais du sang de la terre, sur laquelle est placé l'être humain.

La différence essentielle est que la cellule est fixée en un point de l'organisme et que le courant sanguin vient circuler autour d'elle, tandis que l'homme circule lui-même dans l'atmosphère qui le baigne de toutes parts.

Mais ce que nous avons dit pour l'homme s'applique à tous les êtres vivants sur terre, car un oiseau, un insecte et une plante, mis sous une cloche dans laquelle on enlève l'air en faisant le vide, ne tardent pas à mourir plus ou moins rapidement.

Voilà donc l'air atmosphérique qui représente pour nous le principe matériel qui supporte la vie terrestre. De même qu'on ne peut se rendre compte de l'existence de la force vitale qu'en étudiant l'action du sang, de même on ne peut se rendre compte de l'action de la vie sur les êtres terrestres qu'en étudiant l'action de l'air atmosphérique.

Mais vous allez me poser de suite cette objection et me

dire : Au point de vue de la cellule de notre organisme, le sang est bien ce que l'air est au point de vue de l'homme tout entier, je veux bien l'admettre, mais ce sang qui vient baigner la cellule organique va lui-même renouveler ses forces en se mettant en contact avec l'air atmosphérique dans les poumons. Posons donc ce premier point :

$$\begin{matrix} \text{Cellule} \\ | \\ \text{Sang} \\ | \\ \text{Air atmosphérique} \end{matrix} \quad \text{dans l'organisme humain.}$$

Si je revois ce que vous m'avez dit, pour l'homme je retrouve :

$$\begin{matrix} \text{Cellule} = \text{homme} \\ \text{Sang} = \text{air atmosphérique} \\ \text{Air} = ?\ \textit{fluide solaire} \end{matrix} \quad \text{par rapport à la terre.}$$

Il me manque quelque chose : c'est ce qui agit par rapport à la terre sur l'atmosphère, comme l'air agit par rapport à l'homme sur le sang.

A cela je répondrai en vous remerciant, car nous touchons maintenant au but.

En effet, la cellule organique est baignée par le sang, l'homme est baigné par l'atmosphère, et il nous suffit de savoir dans quoi baigne la terre pour trouver le rapport qui nous manque.

Or la terre, comme toutes les planètes de notre système, baigne dans *le fluide solaire* qui est l'origine réelle de toutes les forces qui se manifestent en elle comme autour d'elle. Le fluide solaire est donc la substance qui supporte la force mystérieuse qui préside à la vie dans la nature tout entière, car, encore une fois, toutes ces choses visibles ne sont que des rapports des principes invisibles, et le fluide solaire n'est pas lui-même et matériellement parlant la vie universelle, pas plus que le sang n'est lui-même la force vitale.

Ainsi, si nous prenons ce terme sang comme base de nos définitions, nous dirons :

Le sang de l'homme, c'est le sang.

Le sang de la vie terrestre, c'est l'air atmosphérique ;

Le sang de la vie planétaire, c'est le fluide solaire, en nous rappelant bien que tous ces éléments : sang, air, fluide solaire, sont les transformations les uns des autres, et qu'en définitive l'origine de la vie universelle, quant à la base matérielle, c'est le fluide solaire.

C'est de la réaction de chacune des planètes de notre système sur ce fluide solaire que résulte l'atmosphère de chacune de ces planètes, et c'est de la réaction de chacun des êtres de la planète sur l'atmosphère locale que résulte la vie propre de chacun de ces êtres.

Laissons là, pour l'instant, les autres planètes de notre système, et considérons seulement la terre, car c'est elle qui intéresse au plus haut degré l'étudiant en magie.

La terre, considérée sous le point de vue le plus extérieur, le plus sensible, se compose d'une carcasse minérale, c'est-à-dire formée par le règne minéral, qui supporte des fluides liquides (mers, fleuves, sources, lacs, etc., etc.) et gazeux (atmosphère). Sur cette base évoluent les végétaux et les animaux formant les deux autres règnes, et le tout est réactionné par des forces physico-chimiques diverses. La terre ainsi constituée est isolée dans l'espace, où elle se meut suivant une certaine courbe.

Si nous n'allions pas plus loin dans notre étude, nous resterions dans les données élémentaires d'astronomie et nous suivrions les traces de nos contemporains qui ne cherchent partout que le côté vulgaire, le côté visible des choses, sans s'occuper du côté invisible, le seul qui nous soit réellement utile. Les constatations toutes physiques que nous venons de faire ne forment que le début de nos recherches. — Poursuivons.

Chacun des êtres minéraux, végétaux ou animaux vivant sur terre, est l'analogue de chacune des cellules de l'homme ; l'air atmosphérique qui baigne tous ces êtres est l'analogue du sang, et les fluides solaires et astraux qui portent partout le mouvement sont analogues au fluide nerveux.

Cela nous permet déjà d'entrevoir une physiologie

de la terre, comme nous avons décrit rapidement son anatomie, et de penser que la terre pourrait bien être un organisme vivant tout comme chacun de nous.

Je sais bien que cette idée semble bizarre à un esprit contemporain, mais je répète que celui qui ne saura pas concevoir le jeu de la vie universelle dans cet organisme déjà colossal qui est une planète ne sera jamais un magicien. Ce sera un physicien émérite, un observateur de phénomènes et un analyste de premier ordre ; il aura la perception des forces physiques, mais il ne pourra jamais s'élever à la compréhension de la vie et des forces vivantes. — Continuons.

**

La terre doit être conçue par le magicien comme un organisme, c'est-à-dire comme une machine animée.

Cet organisme n'est pas fixé et n'attend pas que la force vitale vienne le trouver : c'est lui, au contraire, qui est en mouvement dans le fluide solaire, origine et support de la force vitale qui anime et meut la terre.

Pour éviter, autant que possible, l'obscurité inhérente à de tels objets, reportons-nous à l'organisme humain, qui doit être constitué analogiquement comme tous les autres organismes de la nature. Faisons plus et reportons-nous à l'un des segments de l'organisme humain (tête, poitrine ou ventre), car nous savons que les segments ne diffèrent entre eux que par leurs fonctions physiologiques ou psychiques, mais sont analogues quant à la loi générale qui préside à leur marche et à leur constitution. Prenons la poitrine comme exemple.

La poitrine est constituée par une foule de cellules de formes et de fonctions très différentes, analogues aux êtres animés qui peuplent la terre. La classification de ces cellules (anatomie générale) sera analogue à celle des êtres terrestres. Mais c'est là un point secondaire.

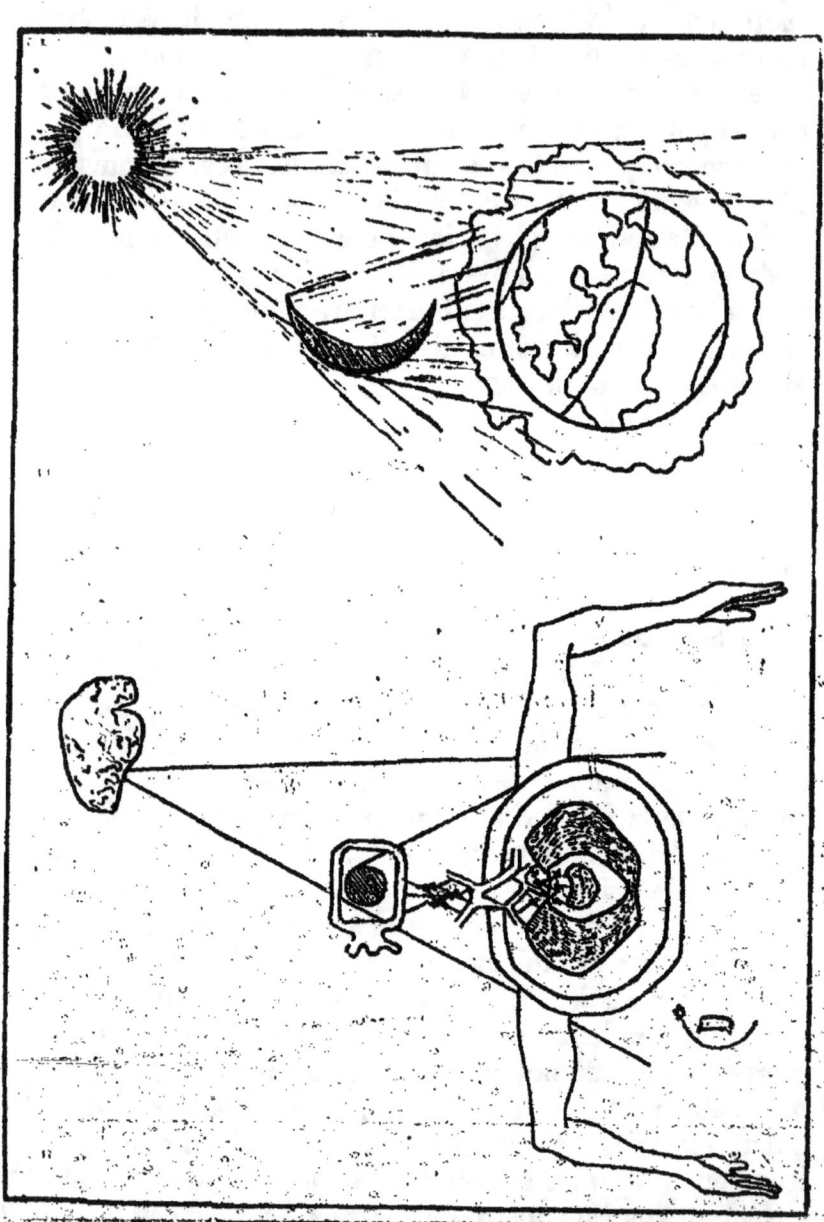

Toutes ces cellules sont baignées par un fluide réparateur, le sang, et tous les mouvements, ainsi que la direction de la nutrition de tout le système, sont réglés par le fluide nerveux. Ce fluide nerveux, ne l'oublions pas, est l'instrument dont se sert l'inconscient pour agir sur l'organisme en agissant d'abord sur la cellule nerveuse. Or, dans l'organisme humain, le fluide nerveux d'un segment comme la poitrine émane de sources différentes : 1° il y en a une certaine quantité *en réserve* dans les plexus sympathiques ; 2° mais cette réserve même est sans cesse modifiée par l'apport du nouveau fluide venu de la moelle antérieure.

En somme, si nous admettons qu'un principe intelligent, quoique non perçu par la conscience, dirige les échanges et les mouvements dont la poitrine est le siège, nous localiserons son action principale dans le renflement médullaire, véritable cerveau de la poitrine, et son action secondaire dans les plexus sympathiques.

A la poitrine elle-même se trouverait donc annexé un centre d'action particulier, le centre médullaire, qui sert d'intermédiaire entre le segment organique et le centre cérébral. — Revenons maintenant à la terre.

La terre possède, dans ses sphères particulières d'action, un organe qui lui est adjoint : la lune — son satellite. — Cherchons les rapports de ce satellite avec la planète au point de vue magique.

Les êtres terrestres correspondent aux cellules organiques de l'homme, l'atmosphère terrestre correspond au sang. Qu'est-ce qui correspond donc, pour la terre, au fluide nerveux de l'homme ? Les émanations venues des astres qui entourent cette terre.

En première ligne nous placerons le fluide solaire, émanation dynamique du centre du système, strictement analogue à l'émanation du centre cérébral dans l'homme.

Mais, quand l'action du soleil et de son fluide n'est plus prépondérante sur un point de la terre, quand le phénomène de la nuit vient à se produire, l'émanation du centre du système est remplacée par celle du reflet de ce centre et le fluide lunaire entre en action.

La lune agit ainsi vis-à-vis de la terre comme le centre réflexe médullaire et sympathique vis-à-vis de la poitrine, et non plus comme le centre cérébral. Ce satellite est, pour la planète, un organe de condensation chargé de suppléer momentanément à la fonction du centre d'action. Aussi voyons-nous les satellites augmenter à mesure qu'on s'éloigne du soleil.

Ainsi le fluide lumineux que reçoit la terre est analogue au fluide nerveux chez l'homme et manifeste la même action, c'est-à-dire qu'il préside à la marche et à l'entretien des organismes terrestres.

La marche de la vie sur la terre, comme celle de beaucoup de phénomènes physiques, sera donc étroitement liée à l'influx des astres ou *influx astral*, et si les phénomènes de la marée nous indiquent une action toute physique de ces astres, une observation plus sérieuse nous indiquera bien vite d'autres influences, non seulement physiques, mais encore physiologiques et psychiques.

Comme la position de la terre par rapport au soleil et celle de la lune par rapport à la terre varient à chaque instant, il existe *des phases* particulières pendant lesquelles l'influx astral subit des modifications en plus ou en moins. La connaissance de ces phases, qui s'appellent *matin*, *midi*, *soir*, *nuit*, quand on les rapporte au mouvement propre de la terre ; *premier quartier*, *pleine lune*, *dernier quartier*, *nouvelle lune*, quand on les rapporte à la position de la lune vis-à-vis de la terre, et *printemps*, *été*, *automne*, *hiver*, quand on les rapporte à la position de la terre vis-à-vis du soleil, est capitale à connaître pour le magicien.

Mais si nous revenons un peu en arrière, et si nous nous rappelons que la terre avec son satellite ne représente en somme qu'un segment de l'être humain, nous remarquerons que nous avons bien parlé de la constitution de ce segment et même de l'action nerveuse du centre cérébral sur ce segment, mais que nous avons complètement laissé de côté les autres segments de cet être humain. Nous avons fait de même pour la nature.

La poitrine et son centre médullaire, physiologiquement et psychologiquement, sont l'objet de certaines réactions de la part des autres segments de l'organisme : c'est là un point que nous avons assez mis au jour dans le chapitre précédent. Ces réactions sont moins fortes que celles dont nous venons de parler, mais elles n'en existent pas moins.

Or, dans la nature, il en est de même. Le soleil est bien le centre de notre système, mais à ce centre se rattachent plusieurs segments ou *planètes* qui, non seulement subissent une action de ce soleil, mais encore agissent les unes sur les autres d'une certaine façon.

La terre n'échappe pas à cette règle, et dans l'étude de l'*influx astral* il faut tenir grand compte de l'action exercée sur cet influx par les diverses planètes de notre système solaire. Aussi a-t-on donné un nom particulier à chacune des révolutions terrestres ou *jour* qui s'exécute pendant un quartier de la lune, et a-t-on consacré chacun de ces jours à une des sept planètes de l'ancienne astrologie. De là les noms des jours de la semaine.

**

Ici nous sommes obligé d'ouvrir une parenthèse pour parler de ces sept planètes et du choix de ce nombre. Les anciens, opérant sur des principes et non sur des phénomènes, s'inquiétaient fort peu des localisations exactes de ces principes, il leur suffisait d'en connaître l'action.

Ainsi les mots terre — eau — air — feu désignaient des principes et non des substances. De là les bourdes merveilleuses de nos contemporains qui ont voulu voir là ces substances elles-mêmes, et qui, par suite, n'ont plus rien compris du tout à la science de ces anciens. Nous divisons aujourd'hui notre physique en : étude des solides, étude des liquides, étude des gaz, et étude des forces. Eh bien, cela correspond exactement à la division de l'ancienne physique en terre (solide), eau (liquide), air (gaz) et feu (forces). Nous n'avons pu faire mieux dans nos divisions que les Egyptiens n'ont fait, et pour cause. Mais cela n'a pas empêché nos chimistes, quand ils ont décomposé l'eau, de dire que les anciens étaient des naïfs et des enfants d'avoir considéré l'eau comme un élément simple. Il n'y avait qu'un léger défaut à cela, c'est que les anciens appelaient eau tout ce qui était liquide. L'*eau régale* était chimiquement différente de l'eau ordinaire, tout autant que l'*eau-forte* ou l'*eau-de-vie*, et pourtant toutes ces substances étaient de l'EAU puisqu'elles étaient liquides, de même que la magnésie s'appelait *terre absorbante*, le phosphate de chaux *terre animale*, le phosphate de fer pulvérulent *terre bleue*, et l'acétate de mercure *terre foliée mercurielle*. Presque toutes ces substances étaient SOLIDES.

Un peu de bonne foi suffira pour comprendre la naïveté, non pas des anciens, mais bien des modernes. Il en est exactement de même pour les sept planètes.

La terre fait sept révolutions sur elle-même pendant ce que nous appelons un quartier de lune. Chacune des nouvelles positions de la terre par rapport à l'ensemble du ciel détermine un état particulier auquel on a donné le nom d'*influence*, le même que nous avons donné à l'électrisation dans certaines conditions analogues. Il y a donc sept influences particulières agissant successivement sur la terre et qui subissent elles-mêmes une certaine modification suivant les rapports du soleil et de la lune avec la terre, puisque l'influence de ces astres est prépondérante, le premier étant le principe de la dynamique dans tout le système, et le second étant plus rapproché qu'aucun autre. On peut calculer pour chaque jour et même pour chaque heure ou chaque tiers d'heure de jour les influences astrales agissant sur la terre ; de là l'astrologie, aussi décriée des modernes que l'alchimie, et cependant M. Selva nous montre qu'un astronome instruit peut tirer de l'astrologie de très sérieuses connaissances sans sortir du domaine purement scientifique.

Les anciens ont donné à ces sept influences dont nous avons parlé le nom de sept planètes et ont calculé ces influences d'après la position de ces planètes à un moment donné. Le ciel a été divisé en sept sphères concentriques, et chacune des sept parties du ciel a été considérée présidant à un genre d'influence astrale. Maintenant, qu'une planète ou que 36 planètes se meuvent dans cette sphère, peu importe. L'influence se produira toujours et sera calculée sur l'astre prépondérant sur les autres, voilà tout. Mais y aurait-il 200 planètes se mouvant autour du soleil, que l'influence astrale dérivée du point de l'espace dans lequel se meuvent les planètes ne serait pas changée. Bien plus, si demain on venait à démontrer que le système de Copernic et de Newton est faux, et qu'ainsi que le veut Alcide Morin (treize nuits), ce que nous prenons pour d'autres mondes sous le nom d'étoiles fixes ne soit que la réflexion dans notre atmosphère des émanations lumineuses des pointes de montagnes terrestres ; que le soleil est une émanation électrique de la terre et en soi très rapproché, etc. ; si toutes ces choses si absurdes en apparence venaient un jour à être enseignées officiellement, tout cela ne changerait pas un mot à l'astrologie, basée sur des principes et non sur des localisations matérielles, tout comme les quatre éléments dont nous avons parlé au début de cette déjà longue parenthèse.

Or la connaissance des éléments de l'astronomie et plus tard des principes élémentaires d'astrologie est absolument indispensable à connaître pour celui qui veut faire tant soit peu de magie pratique. Aussi devons-nous maintenant aborder cette question.

*
* *

Nous pensons que le lecteur est assez au courant des enseignements de la science occulte pour savoir que tout ce qui se produit dans le monde visible est le résultat de l'action du monde invisible sur la matière[1].

---

[1] Voir pour tous les développements qu'on a pu aborder ici le *Traité méthodique de science occulte*.

Dans l'organisme humain, quand un accident ou une maladie a détruit un certain nombre de cellules et que les centres sympathiques sont demeurés intacts, l'inconscient répare les organes, et cela *dans leurs formes primitives*. L'étude histologique de la pneumonie *au point de vue* des modifications de l'alvéole pulmonaire est typique comme preuve de cette assertion. De même, à l'état normal c'est encore cet inconscient qui préside aux échanges nutritifs et respiratoires dont chaque point de l'organisme est le siège.

L'école de Paracelse a donné à cet inconscient le nom de *corps astral*. Nous verrons tout à l'heure pourquoi. Retenons simplement ceci, c'est que chez l'homme c'est le corps astral qui dirige toutes les manifestations de la vie organique, sans que la volonté ait rien à y voir.

L'outil employé par ce corps astral, c'est le fluide nerveux.

Or nous avons vu que la correspondance dans la nature du fluide nerveux de l'homme, c'était le fluide astral généralement lumineux, mais ce fluide astral n'est, tout comme le fluide nerveux, que l'*outil* employé par la nature dans son action.

Toutefois nous pouvons poser dès à présent les conclusions suivantes. Toute évolution des êtres terrestres se fera sous l'influence de l'influx astral agissant par son fluide spécial, et la lenteur ou la rapidité de cette évolution dépendra de la quantité de fluide mise en action. Aussi, à l'équateur, la vie terrestre sera-t-elle bien plus active qu'aux pôles.

Il y aura donc des moments où une plante subissant une influence astrale particulière sera dans un état spécial. Cueillie à cet instant, elle aura des propriétés différentes de celles qu'elle avait habituellement ou tout au moins bien plus fortes. Là se borne toute la science des sorciers de village, chercheurs de « simples ».

L'évolution de tous les êtres terrestres est donc dirigée en dernier lieu par cette puissance particulière que nous avons appelée nature ou destin. Mais cette puissance agit sur les organismes par la lumière des astres ou lumière astrale, qui est l'intermédiaire universel (le cheval) de la création. Chaque organisme individualise une portion de cette lumière astrale qui, condensée dans ses centres nerveux, devient le corps astral de cet organisme et évolue les formes matérielles dudit organisme. Or la qualité de cette lumière astrale dépendra de plusieurs causes, entre autres de la position de la terre dans l'espace au moment où l'individualisation de la lumière astrale s'est produite pour former le corps astral.

Le corps physique n'étant que la traduction matérielle pour nos sens de l'action du corps astral, on pourra, en étudiant *les formes* de cet organisme matériel, déterminer la qualité du corps astral qui a présidé à l'évolution de ces formes, et par là remonter à l'influence de l'astre qui dominait au moment de l'individualisation dudit corps astral. De là toutes les sciences de divination par l'inspection des formes. Chaque organisme est considéré par le magicien comme *signé* par un ou deux astres. Aussi a-t-on donné à ces sciences de divination le nom d'*étude des signatures astrales*.

Il suit de là que le corps astral de n'importe quel organisme, n'étant qu'une modification de la lumière astrale qui circule dans notre monde, reste toujours en relation avec cette lumière astrale qui entretient ses propriétés sous la direction de la nature, de même que le corps astral lui-même entretient les propriétés de l'organisme qu'il dirige.

Le profane, voulant agir sur un organisme, cherchera toujours à modifier le corps physique et sera dans l'obligation de lutter à chaque instant contre le corps astral, qui, suivant une route fatale, cherchera toujours à rétablir l'équilibre détruit, tandis que le magicien agissant sur le corps astral modifiera *le plan d'action* et par suite le corps physique sans dépenser presque aucun effort. Toute la différence entre l'allopathie et l'homéopathie est là.

La nature, ou le destin, dirige donc la marche de tous les organismes terrestres dans les trois règnes, et, résultat digne d'une très grande attention, l'organisme humain n'échappe pas à cette loi en tant qu'organisme.

Le corps humain représente en effet le règne minéral par son ossature, le règne végétal par sa vie végétative dont le centre est dans l'abdomen, et le règne animal par sa vie animique dont le centre est dans la poitrine.

Nous savons qu'une même force, diversement modifiée, préside à toutes ces actions dans l'homme. Or

cette force n'est, en dernière analyse, que de la lumière astrale fixée par les fonctions organiques.

Aussi, si nous avions à représenter la situation de l'homme dans la nature, le ferions-nous ainsi.

La tête seule de l'homme, siège de l'âme immortelle, domine la nature.

L'organisme humain, au contraire, est entièrement soumis aux lois et à l'influence de cette nature, qui est elle-même le fameux « inconscient » de nos modernes physiologistes. L'homme ainsi conçu est bien le résumé de la nature, le petit monde (microcosme), contenant en lui non seulement les trois règnes, mais de plus l'étincelle divine qui lui permettra d'agir d'égal à égal avec la nature.

Que faut-il donc faire pour agir sur cette nature ? Si l'on a bien compris ce qui précède, on voit qu'il suffira d'agir consciemment sur son propre organisme ; car les forces en action dans l'organisme humain étant *exactement les mêmes* que celles qui agissent dans n'importe quel être terrestre, minéral ou animal, dès que la volonté, au moyen de son fluide nerveux, domine l'organisme et lui commande, elle agit de même sur la lumière astrale et par suite sur les forces de la nature. Là gît le secret de la magie dans toutes ses manifestations, depuis l'alchimie jusqu'à la théurgie.

Mais l'homme qui n'a pas dompté ses passions, qui est encore susceptible d'être mû, d'être ému, ou d'être entraîné sous l'influence réflexe de son organisme, celui-là appartient tout entier à la nature et est esclave de son corps : il n'a pas le droit de songer à lui commander et par suite de songer à commander à n'importe quel autre organisme.

Toutes les paroles magiques du monde, tous les talismans, toutes les cérémonies, mis en usage par un tel homme, ne produiront que des effets nuls ou ridicules, car un cheval de sang n'a pas l'habitude de se laisser conduire par un enfant inexpérimenté.

Le fakir indou, qui, CONSCIEMMENT, produit la catalepsie de son organisme pendant un temps plus ou moins long, celui-là peut changer la forme d'un animal ou faire pousser rapidement une plante, car il agit sur le principe même des formes en agissant sur son propre corps astral. Telle est la seule voie licite des opérations magiques : l'*entraînement*.

Nous reviendrons, dans la seconde partie, sur ces questions. Parlons maintenant des astres et des modifications qu'ils font subir aux organismes terrestres.

Si les astres n'étaient doués d'aucun mouvement particulier, l'influence astrale serait on ne peut plus facile à déterminer. Mais il n'en est pas ainsi. De là certaines données que l'étudiant en magie, même le moins avancé, doit posséder intégralement sous peine d'échouer dans la plupart de ses travaux.

Pour commencer, il faut se rendre bien compte de la différence capitale qui sépare l'action de la vie dans l'homme de cette action dans notre monde. Dans l'homme, les centres générateurs du mouvement, les ganglions sympathiques, comme les autres centres nerveux, sont immobiles et fixés à des places différentes les unes des autres. Le caractère imprimé au fluide nerveux par ces centres dépend donc uniquement de la position de ces centres, et la cellule cérébrale donnera à ce fluide nerveux une action différente de celle que lui donnera la cellule nerveuse d'un ganglion sympathique présidant à la circulation du sang, dans le foie par exemple. Dans l'homme, les centres d'émission sont fixés et des conducteurs matériels unissent ces centres d'émission à l'organe qui va être impressionné. C'est ainsi que le bras est en relation avec le cerveau directement, puis avec la moelle grise (renflement thoracique) qui est elle-même en relation avec les autres centres médullaires. Le fluide nerveux émané de ces divers centres se rend dans le bras, mais ces centres restent immobiles.

Supposez au contraire qu'à certains moments le renflement médullaire abdominal se mette en mouvement et vienne se placer en rapport avec le bras pour agir sur lui, qu'à d'autres moments ce soit le cerveau qui se meuve ainsi pour agir à son tour, et vous aurez une idée de la physiologie de notre monde.

Là, en effet, ce sont les centres d'action, les astres, qui circulent et qui viennent se placer, à des périodes fixes, de telle manière qu'ils influencent tout ce qui subit alors leur action. Pour nous, nous considérerons l'action de ces astres, véritables organes du monde, au point de vue de la terre, et c'est d'après l'action de ces astres sur la terre que nous les étudierons.

Ainsi une cellule de l'organisme subit l'influence du sang qui est porté jusqu'à elle par des canaux particuliers depuis la poitrine, puis l'influence du fluide nerveux qui est porté jusqu'à elle par des nerfs depuis la tête.

Par contre, un être terrestre, une plante par exemple, subit l'influence astrale quand l'astre qui se déplace lui-même se trouve en rapport attractif avec cette plante. Dans la nature ce sont les centres qui se déplacent, tandis que dans l'homme c'est seulement leur émanation.

Cela est peut-être obscur ou difficile à saisir ; cependant c'est un point capital à retenir si l'on veut comprendre quelque chose à l'action des astres sur la terre.

Mais il ne suffit pas de savoir que les astres se meuvent, il faut encore savoir la route que ces astres parcourent, en nous plaçant, bien entendu, au point de vue exclusif de l'observation terrestre.

Nous allons décrire les choses telles qu'elles *semblent se passer* en les voyant de notre planète, supposant que notre lecteur connaît assez son astronomie pour comprendre que, quand nous dirons que le soleil marche, nous imiterons le professeur qui décrit le sensible avant de redresser par le raisonnement la première opinion fournie pas les sens.

Si donc vous prenez un jour la peine de regarder la route que semble suivre le soleil dans le ciel, voici à peu près ce que vous verrez, supposant que vous commenciez le 21 décembre et que vous connaissiez vos quatre points cardinaux.

Le soleil se lèvera à l'Orient, en A, et montera dans le ciel depuis le matin jusqu'à midi, où il atteindra le point M. A partir de cet instant le soleil redescendra, et le soir il ira se coucher à l'Orient, au point B. Le soleil a ainsi décrit dans le ciel un demi-cercle A M B, et vous savez n'est-ce pas, que quand il se couche pour nous il se lève pour les habitants de l'autre moitié de la terre, ce qui veut dire qu'il achève de décrire le cercle dont nous n'avons vu que la moitié.

Mais si vous avez bien noté le point du ciel M où est aussi le soleil à midi le 21 décembre, et que, quelques mois après, le 20 mars, vous recommenciez votre ob-

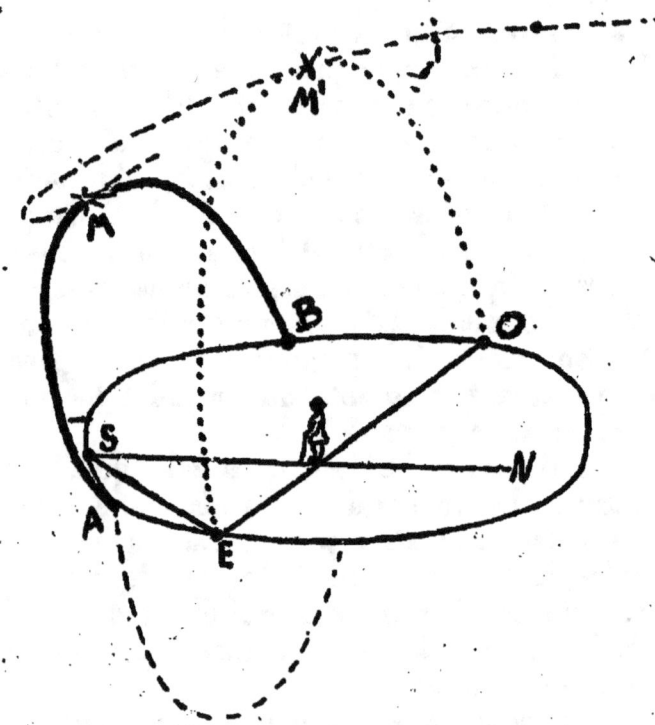

LA MARCHE DU SOLEIL.

servation, vous constaterez que des changements se sont produits dans la marche de l'astre du jour. Il se lèvera toujours dans la direction de l'Orient, mais en se rapprochant plus que la première fois du point astronomique exact E. Enfin il atteindra dans le ciel, à midi, un point M' plus élevé que le point atteint la première fois. Le demi-cercle E M' O est plus grand que le demi-cercle précédent, ce qui veut dire que le soleil restera plus longtemps visible, et que, par suite, le jour sera plus long à cette époque qu'à l'époque précédente.

En notant ainsi, au moyen de plusieurs observations, la route du soleil dans le ciel, on voit que pendant six mois, du 21 décembre au 21 juin, le soleil s'élève de plus en plus à midi dans le ciel, et qu'à partir du 21 juin il revient au contraire sur sa route primitive en s'abaissant chaque jour à midi, ce qui diminue la longueur du jour jusqu'au 21 décembre, où il recommencera à remonter, et ainsi de suite.

La route apparente du soleil dans le ciel pendant l'espace qui sépare son retour au même point a été divisée en douze parties. Comme le soleil met une année (365 j. 1/4) à faire cette route, chacune de ces divisions correspond à un douzième d'année ou un mois. On a donné à chacune de ces douze divisions dans le ciel un nom particulier, d'après les étoiles fixes qui s'y trouvaient au moment de cette division. De là les douze signes du zodiaque.

En résumé, le soleil semble décrire en une année un cercle autour de la terre, comme l'extrémité de l'aiguille des heures d'une montre décrit autour du milieu de cette montre un cercle en 12 heures. Chacune de ces heures marquées par le soleil dans le ciel a 30 jours, et voici quel est le nom de ces 12 maisons parcourues par le soleil en un an :

Le Bélier	Mars
Le Taureau	Avril
Les Gémeaux	Mai
Le Cancer	Juin
Le Lion	Juillet
La Vierge	Août
La Balance	Septembre
Le Scorpion	Octobre
Le Sagittaire	Novembre
Le Capricorne	Décembre
Le Verseau	Janvier
Les Poissons	Février

Ainsi vous pourriez donner ces noms aux heures marquées sur votre montre et donner le nom de soleil à l'extrémité de l'aiguille des heures, et vous auriez la représentation exacte du zodiaque et de ses signes.

Mais je vous vois sourire malicieusement et me dire : Je possède un chronomètre qui a trois aiguilles, une pour les heures, une pour les minutes, une pour les secondes. Or il se trouve que mon aiguille des heures met bien en effet 12 heures, de midi à minuit, ou réciproquement,

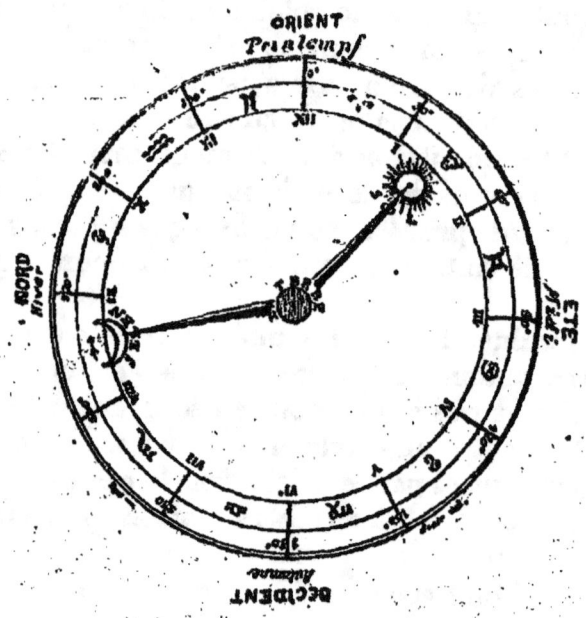

pour faire le tour de mon cadran, c'est-à-dire de mon zodiaque; mais l'aiguille des minutes ne met qu'une seule heure pour passer dans les 12 signes de ma montre. Comment rapportez-vous cela au ciel ?

Je répondrai à cette objection très facilement, car si le soleil, comparable à l'aiguille des heures, met un an à faire le tour du ciel, il est un autre astre, la lune, qui ne met qu'un mois à faire ce même tour, c'est-à-dire à passer dans tous les signes du zodiaque. Aussi la lune peut-elle être comparée strictement à l'aiguille des minutes. Vous voyez que le soleil et la lune sont les aiguilles de cet immense cadran qui est le ciel, si nous nous en tenons aux apparences : voilà pourquoi les hommes ont divisé le temps d'après cette horloge céleste, voilà pourquoi le magicien doit savoir regarder l'heure qu'il est dans la nature, s'il veut être habile dans son art.

Mais le ciel, arrondi comme un cadran, possède non pas une, ni deux, mais sept aiguilles, qui vont plus ou moins vite. Nous en connaissons deux, le soleil et la lune. Nommons les autres, ou plutôt nommons-les toutes en partant de la terre :

Nous avons d'abord la lune, notre satellite.
Puis le rapide Mercure.
La gracieuse Vénus.
Le majestueux Apollon, le soleil.
Le fougueux Mars.
Le placide Jupiter.
Enfin le sombre Saturne, le plus éloigné.

D'après le point de vue auquel nous nous sommes placé, ces astres semblent tourner autour de la terre et passer dans les maisons du zodiaque, chacun en une période déterminée. Ce sont les aiguilles d'une montre, mais dont l'une, la plus rapprochée, la lune, fait le tour du cadran en un mois, tandis que l'autre, la plus éloignée, Saturne, met 30 ans à accomplir la même course. Nous n'avons pas l'intention de faire un traité d'astronomie, pour cause. Aussi nous allons résumer tout ce que nous avons dit jusqu'ici.

*
**

Après avoir constaté que le mot nature indiquait, de même que le mot homme, un groupement particulier d'êtres et de choses sous la direction d'un principe unique, nous avons été amené à établir certaines catégories en poursuivant notre analyse.

C'est ainsi que nous avons constaté que les trois règnes qui renferment les êtres terrestres doivent leur entretien presque uniquement à la couche atmosphérique et aux forces physiques qui baignent tous ces êtres terrestres.

Mais une analyse plus profonde nous a conduit à voir, dans ce milieu dynamique qui entoure la terre, un simple effet de la réaction de cette terre sur les influences auxquelles elle est soumise de la part des autres astres faisant partie de notre système solaire d'un côté et de la part de son satellite, la lune, d'un autre côté.

Cela nous a conduit à décrire la constitution de notre monde pris comme type de la constitution de tous les

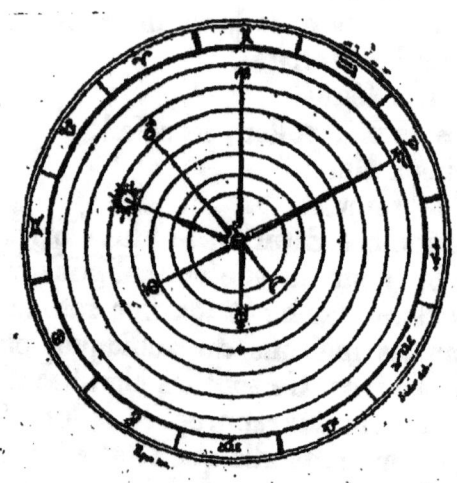

autres mondes dont l'ensemble compose l'univers. Nous avons vu que, pour un observateur se fiant uniquement à ses sens et négligeant momentanément les enseignements de l'astronomie, les astres de notre monde forment, avec leurs satellites, les organes d'un immense organisme qui est la nature ou le macrocosme. Ces organes sont tous en marche et semblent se mouvoir plus ou moins vite autour de la terre. C'est pendant cette course et suivant les points du ciel ou « maisons célestes » dans lesquelles se trouvent ces astres, suivant le moment où on les considère, que l'influence de ces astres sur la terre et les êtres qui la peuplent peut être déterminée.

L'analogie nous montrant que les autres mondes

doivent être constitués à très peu de chose près comme le nôtre, nous pouvons étendre à la nature tout entière ce que nous disons concernant notre monde. Mais pour la magie l'étude des influences que subit la terre est seule indispensable à bien connaître.

Tel est le point où nous en sommes, si nous avons toutefois soin d'ajouter que nous avons été amenés à voir dans la lumière astrale l'analogue du fluide nerveux dans l'homme, en considérant chaque astre comme formant un appareil cosmique. Nous nous en tiendrons là, malgré qu'une analyse plus profonde nous conduirait à voir que les astres, étant considérés comme des organes et non plus comme des appareils du macrocosme, la lumière visible deviendrait l'analogue du sang dans l'homme et que ce serait la force attractive qui agirait dans ce cas comme le fluide nerveux. Mais encore une fois nous pouvons, sans crainte de trop grosse erreur, nous en tenir aux considérations qui précèdent. Cela nous suffira amplement pour la suite de nos études.

Nous venons donc de faire ce qu'on pourrait appeler l'anatomie d'un cours de la nature; nous avons aussi parlé un peu de sa physiologie. Existe-t-il une physiologie?

Voilà la grosse question, celle qui a valu de tous temps à la magie et aux magiciens les persécutions ou les sarcasmes (suivant l'époque) de tous les esprits dits « bien pensants ».

Quand nous avons décrit les astres et leurs émanations, c'est comme si nous avions parlé des centres nerveux et de leur action. Or nous savons bien que la force nerveuse est actionnée par une cellule particulière dans l'être humain, cellule nerveuse volontaire ou cellule spéciale d'un organe du sens, peu importe. Il y a toujours une cellule à l'origine de tout mouvement du fluide nerveux, et, par suite, à l'origine de tous les mouvements de l'être humain, organique ou psychique. Mais, pour nous, cette cellule, quoique possédant son individualité particulière, n'est encore qu'un outil, un moyen d'action, au pouvoir, soit de l'âme quand celle-ci agit sur le monde extérieur, soit du monde extérieur quand celui-ci agit sur l'âme — c'est comme la touche du piano, qui est bien l'origine d'un son et d'un son particulier suivant la touche mise en action, mais qui ne peut se mettre en mouvement toute seule. « Toute cellule du corps humain est représentée dans la nature par un être », nous dit la Magie ; aussi nous faut-il maintenant parler de ces êtres en action dans la nature tout entière et agissant d'après les impulsions fatales du destin.

On peut dire que cette conception particulière de la nature a dès l'origine séparé les chercheurs en deux camps toujours opposés et quelquefois ennemis. Ceux qui s'en tiennent au côté physique, au monde visible, n'admettent pas le plus souvent d'autre réalité que celle perçue par leurs sens. Pour eux, ce sont les forces générées par la matière qui sont la cause de tout, d'après les lois du hasard (?) et de la probabilité (?). Aussi font-ils des gorges chaudes de tous ces rêveurs qui viennent parler de l'existence d'autre chose que de ce monde visible. Nous ne nous faisons aucun doute sur l'accueil réservé à une étude aussi stricte que possible sur la Magie, auprès de ce genre de critiques. Il suffit de relire, dans les dictionnaires faits par des gens bien pensants, la biographie de tous les occultistes à travers les âges, pour être édifié sur ce point.

Mais ceux qui ont compris comment, dans l'homme comme dans la nature, la forme donnée à la matière est l'effet de l'action d'un principe invisible localisé, soit dans le centre nerveux, soit dans l'astre, et agissant, soit au moyen du fluide nerveux, soit au moyen du fluide astral, ceux-là sauront chercher avec nous l'intelligence qui préside à toutes ces formes et à tous mouvements.

Ne voir dans la nature que le côté physique, c'est s'en tenir au premier degré de l'étude, au degré physique, et n'étudier dans la nature que des forces transformant la matière, c'est déjà aborder le degré physiologique. Beaucoup s'arrêtent là — effrayés déjà — mais il faut avoir le courage d'aller jusqu'au bout dans l'étude et se rappeler que le psychique existe aussi bien dans la nature qu'il existe dans l'homme ; mais, en même temps, il faut prendre garde de séparer l'étude du psychique de celle du physiologique ou du physique, car alors on risque de devenir mystique, ce qui est un excès tout aussi dangereux que le panthéisme pur des chercheurs qui s'arrêtent au second degré ou le matérialisme étroit de ceux qui s'en tiennent au premier degré. — Ouvrez un ouvrage alchimique du XV° siècle ou une étude magique du XVI°, vous trouverez toujours enseignée l'existence des trois plans connexes des faits, des lois et des principes désignés sous le nom des trois mondes.

Or s'il est vrai qu'un astre soit un organisme vivant, cet organisme, comme tout organisme possible, possède : 1° un principe directeur, origine de la cohésion générale ; 2° des émanations de ce principe directeur localisées dans les principaux centres d'action.

On pourra nous objecter qu'un astre n'est pas un organisme et qu'en avançant une telle affirmation nous commettons une hérésie scientifique. Comme nous n'écrivons pas en ce moment un traité à l'usage des candidats au baccalauréat, on nous permettra de dire ce qui nous semble devoir être enseigné aux étudiants en magie, et ce qui, nous en sommes persuadé, sera presque sûrement demandé aux bacheliers dans une trentaine d'années, ne serait-ce qu'à titre d'histoire des théories du XVI° siècle. Ces réserves établies, continuons notre exposé.

La nature conçue comme vivante doit aussi être conçue comme intelligente : tel est l'enseignement qui se dégage de tout ce qui précède.

Ainsi l'évolution d'un être quelconque sur la terre dépend de l'emploi des forces astrales, génératrices de cet être, par une intelligence.

Nos études contemporaines, basées sur le matérialisme, nous ont tellement habitué à ne voir dans l'univers qu'un immense cadavre mu par des forces toutes physiques, que cette conception d'un univers peuplé d'intelligences agissant d'après les impulsions du destin nous semble pour le moins bizarre, tant elle démonte nos préjugés. Les critiques polis se tirent d'affaire en disant qu'elle est « poétique »; c'est pour eux la suprême injure qu'on puisse adresser à un système philosophique.

Eh bien, le chercheur indépendant ne doit pas reculer devant un mot, et si la magie a toujours enseigné la théorie de l'univers — vivant et intelligent au lieu de la théorie de l'univers cadavre, — sachons avoir assez de courage pour conserver les intelligences en entier dans la nature, si la pratique que nous étudierons bientôt nous permet d'entrer en rapport avec ces intelligences.

Une masse matérielle quelconque, une pierre de taille par exemple, ne peut être mue qu'en agissant sur sa périphérie, en appliquant extérieurement à cette masse des forces physiques qui la mettent en mouvement. L'action est dans ce cas une action du dehors au dedans.

Un être vivant, au contraire, dès qu'il est assez évolué pour se mouvoir, se meut en agissant sur sa périphérie par des forces qu'il possède intérieurement. L'action motivée est dans ce cas une action du dedans au dehors et le travail est d'un tout autre genre.

Or les physiciens nous ont appris à ne voir dans les astres que d'énormes blocs matériels dont le mouvement ne peut être conçu que comme le résultat de l'application des forces physiques à la périphérie de l'astre.

Les magiciens enseignent au contraire que les astres se meuvent sous l'influence des forces agissant de l'intérieur à l'extérieur, et que l'action du noyau de chaque astre n'est en rien différente de l'action du noyau d'une cellule organique quelconque. L'avenir montrera qui est dans le vrai.

Pour l'instant, contentons-nous de constater cette différence capitale et poursuivons.

Ceux qui sont au courant de la science occulte savent que toute réalisation sur le plan physique est le produit de l'action du plan astral sur la matière. Dans l'organisme humain nous pouvons vérifier ces données. En effet, nous savons qu'une légère coupure, qui a détruit un peu de peau et aussi quelques-unes de ces petites lignes en spirales si fines qu'on trouve au bout des doigts, est réparée en quelques jours et de telle façon, que tout a été refait dans sa forme primitive, y compris les lignes en spirales. La physiologie nous enseigne que ce sont les cellules nerveuses du ganglion sympathique les plus proches qui ont présidé à cette action. Nous savons aussi que si la blessure est assez profonde pour intéresser les filets nerveux ou le ganglion lui-même, celui-ci ne peut plus reconstruire les formes primitives et une cicatrice persistante se produit. La mémoire des formes à construire est donc localisée en quelque sorte dans les cellules nerveuses de ce ganglion qui ont pour mission d'entretenir et de conserver ces formes. Chaque point de l'organisme humain possède ainsi de petits centres chargés de veiller à la conservation d'un certain nombre de cellules, et ces centres jouissent d'une sorte d'autonomie dans leur action, puisque, lorsqu'ils sont détruits, le centre général ne peut rien pour remplacer leur action.

Ce que nous voyons dans l'homme nous pouvons le retrouver dans la nature.

La forme des êtres terrestres qui se perpétue par la génération est aussi le résultat de l'action constante du plan actuel et des êtres qui le peuplent sur la matière. Les sujets en état de vision lucide chez lesquels les barrières de la matière sont enlevées voient parfaitement ce monde des intelligences agissant sur la matière, monde qui est aussi fermé à nos sens physiques que la vue d'une cellule mise en action dans l'homme est impossible à celui qui s'en tient uniquement aux renseignements que lui fournissent lesdits sens physiques.

C'est en agissant sur ces intelligences qu'on peut faire *évoluer rapidement* les formes ; mais pour modifier les résultats normalement produits par la nature, d'autres actions sont nécessaires qui sont presque impossibles à produire par un être humain. Un fakir pourra bien faire pousser une plante en deux heures ; mais il lui sera presque impossible de faire produire une poire à une vigne, car cela serait surnaturel, et le surnaturel ne saurait exister plus que les miracles.

On peut donc agir sur la nature de trois façons.

1° *Physiquement*, en modifiant la constitution d'un être ou d'un coin quelconque de la nature par l'application extérieure des forces physiques utilisées par le travail de l'homme. L'agriculture dans toutes ses divisions, l'industrie dans toutes ses transformations rentrent dans ce cadre d'action.

2° *Physiologiquement ou astralement*, en modifiant la constitution d'un être par l'application de certains principes et de certaines forces, non plus à la constitution extérieure, mais bien aux fluides qui circulent dans cet être. La médecine dans toutes ses branches rentre dans ce cadre d'action, en ajoutant toutefois que la magie admet qu'on peut agir sur les fluides astraux en action dans la nature, comme on agit sur ceux qui actionnent l'être humain.

3° *Psychiquement*, en agissant directement, non plus sur les fluides, mais sur les principes qui mettent ces fluides en mouvement.

Telle est la théorie magique concernant la nature. Dans la seconde partie nous en verrons l'application.

Tâchons maintenant de bien mettre au jour la position de l'homme dans la nature.

L'homme véritable, ayant ses organes d'action dans la tête, domine la nature et peut agir d'égal à égal avec elle, dans certaines conditions.

Par son organisme, l'homme est plongé au centre même des forces de la nature, et c'est en agissant d'abord sur son organisme que l'homme pourra avoir une action quelconque sur les forces naturelles.

La nature est double : physique et astrale ; mais l'astral se polarise en deux modalités : physiologique et psychique, ce qui fait qu'on peut considérer la nature comme triple en dernière analyse.

Par la marche et par le geste (jambes et bras) l'homme agit surtout sur la nature physique ; par le verbe et le regard sur la nature astrale. Nous saurons bientôt l'importance de ces considérations en magie.

Retenons bien toutefois que ce sont les forces mêmes

de la nature qui circulent dans l'organisme humain et qu'en définitive cet organisme n'est qu'un être terrestre, un animal, mis par la nature au service de l'esprit immortel, de l'homme véritable. La clef de toute action magique consciente est là.

*
* *

Je suis assis sous un arbre, au bord d'une route, tandis qu'un ruisseau coule à quelques pas, que les insectes affairés circulent dans les herbes, et que là-haut, dans le ciel, le soleil éclaire toute la scène de ses rayons.

Toutes les impressions que je ressens en ce moment viennent de la nature physique, du monde des formes manifestées. Mais j'ai appris que ces formes n'étaient que le vêtement que revêt chaque parcelle de la force conservatrice de l'univers, et je sais que dans le caillou qui est là devant moi comme dans l'arbre sous lequel je suis et dans les herbes qui m'entourent, comme aussi dans les insectes et les oiseaux que je vois, une même force circule qui entretient partout la vie sous l'impulsion du principe conservateur de l'univers, de la nature. Cette force qui circule en moi et qui préside aussi à l'élaboration de la sève dans cet arbre, c'est la vie; la vie, source des illusions d'ici-bas dont le ressort secret est l'amour et qui unit tous les êtres créés par la chaîne subtile des correspondances. Alors que tous les êtres terrestres semblent étrangers les uns aux autres par leurs formes, celui qui possède la science des correspondances, c'est-à-dire la science de l'amour, saura toujours trouver le lien vital qui unit en un seul tout la création tout entière.

Mais la terre sur laquelle tout s'appuie, l'eau qui rend la terre féconde et l'air que je respire et qui entretient ma vie, de même que la chaleur, la lumière, l'électricité, modifications à divers degrés du feu subtil constituant le soleil, tout cela vient aider la vie dans ses manifestations. Et nous dirons plus encore, tout cela constitue les sources diverses grâce auxquelles la vie qui circule dans les êtres terrestres vient sans cesse s'épurer, se transformer et se renouveler.

Lorsque la nuit viendra, toutes ces étoiles fixes, tous les astres errants et tous leurs satellites que la science me permet de percevoir viendront m'enseigner comment la terre n'est qu'une des cellules de cet organisme géant dénommé l'univers.

Et c'est alors que je pourrai comprendre comment la diffusion de la force animatrice est réglée dans l'univers par le mouvement des astres ; c'est alors que je verrai, de la terre où je me trouve, apparaître dans le ciel le majestueux cadran zodiacal, sur lequel le soleil, la lune et les planètes de notre monde marquent, en traits de feu, l'heure de la Nature.

C'est alors seulement que j'apprendrai les modifications apportées dans la vie universelle par les différentes heures du ciel, et à ce moment, sublimée par la prière, ma volonté mettra la parcelle vitale qui anime mon organisme en communion d'amour avec la Nature vivante, principe conservateur des formes d'ici-bas.

Je saisirai l'Unité première en action dans l'infinie diversité, et, tout vibrant d'enthousiasme, mon esprit libéré percevra, comme en un songe, la réintégration future de l'étincelle divine qui le constitue dans l'éclatante majesté de l'éternelle divinité.

Dans l'ordre invisible comme dans le visible, rien ne se perd, et la substance première d'un astre quelconque garde imprimés en elle, dans sa lumière secrète, jusqu'au mouvement d'une volonté, jusqu'à la radiation d'une passion, jusqu'à l'image d'une pensée.

(SAINT-YVES D'ALVEYDRE. — *Lumière d'Orient*).

BIBLIOGRAPHIE

Pour la Science occulte :
   Papus................ *Traité méthodique de Science occulte.*
                                 (La Doctrine).
                                 La science des Mages (chap. II).
   Saint-Yves d'Alveydre. *Mission des Juifs* (chap. IV).

Pour l'Astrologie :
   Auger Fervier......... *Jugements astronomiques sur les nativités*
   Selva................ *Traité d'astrologie.*

Pour les Éléments :
   Poisson.............. *Théories et symboles des Alchimistes.*

Pour l'Astronomie :
   Camille Flammarion .. *Qu'est-ce que le Ciel ?*
   Pon du Bureau des Longit. *La connaissance des Temps.*

RAPPORTS DU MACROCOSME ET DU MICROCOSME, D'APRÈS ROBERT FLUDD.

CHAPITRE IV

L'ARCHÉTYPE

La magie, considérée comme une science d'application, borne presque uniquement son action au développement des rapports qui existent entre l'homme et la nature.

L'étude des relations qui existent entre l'homme et le plan supérieur, le plan divin, dans toutes ses modalités, se rapporte bien plus à la théurgie qu'à la magie.

Comme le présent traité est un ouvrage élémentaire de magie et non une étude de la théurgie, étude qui demanderait des développements considérables, nous ne nous appesantirons pas à décrire les intelligences de différents ordres en action dans le monde divin, intelligences formées en grande partie par la réintégration partielle, en mode d'androgynat, des entités humaines évoluées, suivant la Kabbale. Nous nous contenterons de reproduire ici le résumé que nous avons donné dans « la Science des Mages » sur l'Archétype et l'Unité.

Lorsque nous voulons nous figurer l'homme, c'est toujours l'image de son corps physique qui se présente la première à notre esprit.

Et cependant, un peu de réflexion suffit pour nous faire comprendre que ce corps physique ne fait que supporter et manifester l'homme véritable, l'esprit qui le gouverne.

On peut enlever des millions de cellules de ce corps physique en coupant un membre, sans que pour cela l'unité de la conscience subisse la moindre atteinte. L'homme intellectuel qui est en nous est indépendant en lui-même des organes, qui ne sont que des supports et des moyens de communication.

Il n'en est pas moins vrai cependant que, pour nous, dans notre état actuel, ces organes physiques sont des plus utiles, sont même indispensables pour nous permettre de remonter à l'action de l'esprit et de la comprendre. Sans cette base toute physique, nos déductions prendront le caractère vague et mystique des données exclusivement métaphysiques.

Mais une analyse toute superficielle peut seule nous conduire à confondre l'homme intellectuel avec l'homme organique, ou à rendre la volonté entièrement solidaire de la marche des organes.

Or, quand il s'agit de traiter la question de Dieu, on tombe la plupart du temps dans un des excès que nous venons de signaler à propos de l'homme.

L'ensemble des êtres et des choses existants supporte et manifeste la divinité comme le corps physique de l'homme supporte et manifeste l'esprit.

Vouloir traiter de Dieu sans s'appuyer sur toutes ces manifestations physiques, c'est risquer de se perdre dans les nuages de la métaphysique, c'est demeurer incompréhensible pour la plupart des intelligences. C'est donc en nous appuyant sur la constitution de l'homme, d'une part, et sur celle de l'univers, de l'autre, que nous allons nous efforcer de nous faire une idée de Dieu.

Dans l'homme, nous avons vu un être physique, ou plutôt organique, fonctionnant d'une façon machinale aussi bien durant la veille que pendant le sommeil. Au-dessus de cet être organique nous en avons déterminé un autre, l'être intellectuel, entrant en action dès le réveil et se manifestant presque exclusivement pendant l'état de veille.

La partie organique de l'être humain répond à l'idée que nous nous sommes faite de la nature. C'est la même loi fatale et régulière qui dirige la marche de l'homme organique comme celle de l'univers, ce dernier étant formé d'organes cosmiques au lieu d'être formé d'organes humains.

L'être intellectuel dans l'homme répondra, par suite, mais d'une façon très élémentaire, à l'idée que nous pouvons nous faire de Dieu. Les rapports de l'homme physique à l'homme intellectuel nous éclaireront sur les rapports de la nature et de Dieu, comme les rapports entre l'être physique et l'esprit, dans l'homme, peuvent nous éclairer analogiquement sur les rapports de l'homme avec Dieu.

Par là nous pouvons dès maintenant poser en principe que, si notre analogie est vraie, Dieu, quoique manifesté par l'Humanité et par la Nature, quoique agissant sur ces deux grands principes cosmiques, a cependant une existence propre et indépendante.

Mais l'unité première ainsi conçue n'a pas plus à intervenir dans la marche des lois naturelles que l'esprit conscient de l'homme n'intervient, à l'état normal, dans la marche du cœur et dans celle du foie.

L'homme est le seul créateur et le seul juge de sa destinée; il est libre d'agir à sa guise dans le cercle de sa fatalité, autant qu'un voyageur peut, dans un train ou dans un steamer, agir comme il lui plaît dans sa cabine ou dans son compartiment. Dieu ne peut pas plus être rendu complice des fautes humaines que le chef du train ou le capitaine du steamer ne sont responsables des fantaisies des voyageurs qu'ils conduisent en avant.

Il faut donc, afin d'éviter toute erreur dans la suite, bien distinguer que Dieu, tel qu'il apparaît au premier abord, est l'ensemble de tout ce qui existe, de même que l'homme est l'ensemble de tous les organes et de toutes les facultés qui apparaissent en premier lieu.

Mais l'homme véritable, l'esprit, est distinct du corps physique, du corps astral et de l'être psychique, qu'il perçoit et qu'il domine. De même Dieu-Unité est distinct de la nature et de l'humanité qu'il perçoit et qu'il domine. A parler d'une façon grossière, la nature est le corps de Dieu, et l'humanité est la vie de Dieu, mais autant que le corps matériel est le corps de l'homme et le corps astral et l'être psychique sont les principes vitaux de l'homme ; il s'agit là de l'homme organique et non de l'homme esprit, qui, encore une fois, n'use de ces principes que comme moyen de manifestation[1].

Il n'en est pas moins vrai cependant que l'esprit de l'homme est en relation par le sens interne avec la moindre parcelle de son organisme, parcelle sur laquelle il ne peut agir, mais qui, elle, peut se manifester à l'esprit par la souffrance. De même, Dieu est présent médiatement ou immédiatement dans la moindre parcelle de la création, il est en chacun de nous comme la conscience humaine est présente à titre de réceptrice ou de motrice consciente dans chacune de nos cellules corporelles.

La nature et l'homme agissent donc librement, entourés de toutes parts par l'action divine circonférentielle, qui entraîne l'univers vers le progrès, sans intervenir despotiquement dans les lois naturelles ou dans les actions humaines. Ainsi le capitaine du steamer qui agit sur le gouvernail de son navire vogue vers le but du voyage sans intervenir dans le détail de la machinerie motrice (image de la nature) ou dans les occupations des passagers. Le capitaine gouverne circonférentiellement le système général ; il n'a que faire de ce qui se passe à l'intérieur des cabines.

En Kabbale, on appelle *Père* le principe divin qui agit sur la marche générale de l'univers (action sur la barre),

---

[1] D'abord Dieu n'existe qu'en puissance dans l'unité ineffable : c'est la première personne de la Trinité ou Dieu le Père ; puis il se révèle à lui-même et se crée tout un monde intelligible ; il s'oppose comme la pensée, comme la raison universelle : c'est la seconde personne de la Trinité, ou Dieu le Fils ; enfin, il agit et il produit, sa volonté s'exerce et sa pensée se réalise hors de lui : c'est la troisième personne de la Trinité ou l'Esprit. Dieu, passant éternellement par ces trois états, nous offre l'image d'un cercle dont le centre est partout et la circonférence nulle part.

(*Philosoph. mor.* sect. I, liv. II, ch. IV.)

R. FLUDD (XVI° siècle).

Fils le principe en action dans l'humanité, et *Saint-Esprit* le principe en action dans la nature. Ces termes mystiques indiquent les diverses applications de la force créatrice universelle.

L'Unité

L'Univers, conçu comme un tout animé, est composé de trois principes qui sont : la Nature, l'Homme et Dieu, ou, pour employer le langage des hermétistes, le Macrocosme, le Microcosme et l'Archétype[1].

L'homme est appelé microcosme, ou petit monde, parce qu'il contient *analogiquement* en lui les lois qui régissent l'univers[2].

La nature forme le point d'appui et le centre de manifestation générale des autres principes.

L'homme agissant sur la nature par l'action, sur les autres hommes par le verbe, et s'élevant jusqu'à Dieu par la prière et l'extase, constitue le lien qui unit la création au Créateur.

Dieu, enveloppant de son action providentielle les domaines dans lesquels agissent librement les autres principes, domine l'univers, dont il ramène tous les éléments à l'unité de direction et d'action.

Dieu se manifeste dans l'univers par l'action de la Providence qui vient éclairer l'homme dans sa marche, mais qui ne peut s'opposer dynamiquement à l'effet des deux autres forces primordiales[3].

---

[1] Il y a trois mondes, le monde archétype, le macrocosme et le microcosme, c'est-à-dire Dieu, la nature et l'homme.
R. Fludd (xvi₀ siècle).

[2] L'homme forme à lui seul tout un monde, appelé *le microcosme* parce qu'il offre en abrégé toutes les parties de l'univers. Ainsi la tête répond à l'empyrée, la poitrine au ciel éthéré ou moyen, le ventre à la région élémentaire.
R. Fludd (xvi₀ siècle).

[3] C'est la nature qui préside à notre naissance, qui nous donne un père, une mère, des frères, des sœurs, des relations de parenté, une position sur la terre, un état dans la société ; tout cela ne dépend pas de nous, tout cela pour le vulgaire est l'ouvrage du hasard ; mais pour le philosophe phythagoricien, ce sont les conséquences d'un ordre antérieur, sévère, irrésistible, appelé fortune ou nécessité.

Pythagore opposait à cette nature contrainte une nature libre qui, agissant sur les choses forcées comme sur une matière brute, les modifie

L'homme se manifeste dans l'univers par l'action de la volonté, qui lui permet de lutter contre le Destin et d'en faire le serviteur de ses conceptions. Dans l'application de ses volitions au monde extérieur, l'homme a toute liberté de faire appel aux lumières de la Providence ou d'en mépriser l'action.

La nature se manifeste dans l'univers par l'action du Destin, qui perpétue d'une manière immuable et dans un ordre strictement déterminé les types fondamentaux qui constituent sa base d'action.

Les faits sont du domaine de la nature, *les lois* du domaine de l'homme, *les principes* du domaine de Dieu.

— Dieu ne crée jamais qu'en principe. La nature développe les principes créés pour constituer les faits, et l'homme, établissant, par l'emploi que fait sa volonté des facultés qu'il possède, les relations qui unissent les faits aux principes, transforme et perfectionne ces faits par la création des lois.

Mais un fait, quelque simple qu'il soit, n'est jamais que la traduction par la nature d'un principe émané de Dieu, et l'homme peut toujours rétablir le lien qui relie le fait visible au principe invisible, et cela par l'énonciation d'une loi (fondement de la méthode analogique).

⁎
⁎ ⁎

Un steamer est lancé sur l'immense Océan et vogue vers le but assigné pour le terme du voyage.

Tout ce que contient le steamer est emporté en avant.

Et cependant chacun est libre d'organiser sa cabine comme il lui plaît. Chacun est libre de monter sur le

---

et en tire à son gré des résultats bons ou mauvais. Cette seconde nature était appelée puissance ou volonté : c'est elle qui règle la vie de l'homme et qui dirige sa conduite d'après les éléments que la première lui fournit.

La nécessité et la puissance, voilà, selon Pythagore, les deux mobiles opposés du monde sublunaire où l'homme est relégué ; les deux mobiles tirent leur force d'une cause supérieure que les anciens nommaient *Némésis*, le décret fondamental, et que nous nommons Providence.

FABRE D'OLIVET (*Vers dorés*, 5ᵉ examen, 1825).

pont contempler l'infini ou de descendre à fond de cale. Le progrès en avant s'effectue chaque jour pour la masse totale, mais chaque individualité est libre d'agir à sa guise dans le cercle d'action qui lui est dévolu en partage.

Toutes les classes sociales sont là, sur ce navire, depuis le pauvre émigrant qui couche tout habillé dans un sac, jusqu'au riche Yankee qui occupe une bonne cabine.

Et la vitesse est la même pour tous, riches, pauvres, grands et petits, tous aboutiront en même temps au terme du voyage.

Une machine inconsciente fonctionnant d'après des lois strictes meut le système tout entier.

Une force aveugle (la vapeur), canalisée dans des tubes et des organes de métal, générée par un facteur spécial (la chaleur), anime la machine tout entière.

Une volonté, dominant et la machine organique et l'ensemble des passagers, gouverne tout : le capitaine.

Indifférent à l'action particulière de chaque passager, le capitaine, les yeux fixés sur le but à atteindre, la main à la barre, conduit l'immense organisme vers le terme du voyage, donnant ses ordres à l'armée des intelligences qui lui obéissent.

Le capitaine ne commande pas directement l'hélice qui meut le steamer, il n'a d'action immédiate que sur le *gouvernail*.

Ainsi l'univers peut être comparé à un immense steamer dont ce que nous appelons Dieu tient le gouvernail ; la nature est la machinerie synthétisée dans l'hélice qui fait marcher tout le système aveuglément d'après des lois strictes, et les humains sont les passagers.

Le progrès existe, général, pour tout le système, mais chaque être humain est absolument libre dans le cercle de sa fatalité.

Telle est l'image qui peint assez clairement les enseignements de l'Occultisme sur cette question.

DEUXIÈME PARTIE

RÉALISATION

CHAPITRE V

RÉALISATION DE L'HOMME

Préliminaires. — Ce qui sent.

Dans la première partie nous avons résumé la constitution de l'homme et celle de la nature, telles qu'elles doivent être comprises du magicien. Nous allons maintenant voir comment on peut réaliser et développer les divers éléments dont nous avons parlé. Enfin, dans la troisième partie, nous montrerons comment on utilise le développement ainsi obtenu pour les divers genres de pratique magique.

Le développement des divers éléments en action dans l'être humain demande une étude toute particulière. Nous savons, en effet, qu'avant d'agir sur la nature l'homme devra être assez maître de lui-même pour résister aux émotions de son être impulsif, et nous savons aussi que l'outil matériel utilisé dans ce cas est la force nerveuse. Or la qualité de la force nerveuse dépend de la qualité du sang, et la qualité du sang dépend, d'une part, de la qualité des aliments d'où est sorti le chyle et, d'autre part, de la qualité de l'air inspiré et du rythme respiratoire; nous aurons donc à décrire une série de procédés d'entraînement applicables à ces divers éléments : l'aliment, l'air inspiré, ou la sensation que l'homme reçoit de la nature et sur lesquels sa volonté peut s'exercer tant qu'ils n'ont pas encore pénétré dans l'organisme.

Ce sera la partie la plus grossière des préparations auxquelles devra s'astreindre celui qui veut étudier sérieusement la pratique et obtenir quelques résultats.

Nous avons vu, en traitant de l'homme, combien l'usage de la *méditation* importait au magicien ; nous dirons aussi quelques mots sur ce point.

Nous devrons ensuite aborder l'éducation des divers organes d'expression grâce auxquels l'être humain agit sur l'extérieur.

L'éducation du regard et l'emploi des miroirs, l'éducation du verbe, prélude de l'étude des formules, l'éducation du geste qui, fixé, deviendra l'origine des pantacles, enfin l'éducation de la marche et la confection du cercle attireront également notre attention.

L'homme, développé d'après les moyens que nous aurons à résumer en nous reportant aux manuscrits de Kabbale pratique, deviendra ainsi un générateur conscient de volonté *dynamisée* et pourra s'exercer d'abord à des pratiques demandant peu d'entraînement, puis, progressivement, à des essais de plus en plus difficiles. Nous traiterons de ces pratiques dans la troisième partie.

Mais nous avons pu prévoir, grâce à l'exposé précédent sur la nature, qu'il n'est pas indifférent d'opérer à tel ou tel moment. Voilà pourquoi nous devrons reprendre avec de grands détails l'étude des éléments d'astrologie indispensables pour le magicien. En même temps nous publierons les tableaux donnés par la Kabbale sur ces questions, ainsi que les caractères et les pantacles des planètes et des maisons du zodiaque. Ce sera l'étude du dynamisme dans la nature, corollaire de l'étude du dynamisme de la volonté humaine.

Nous arriverons ainsi à posséder les deux termes de toute opération magique : 1° dynamisme de l'être humain et surtout de sa volonté ; 2° utilisation des forces de la nature sur lesquelles devra opérer cette volonté.

Ici s'arrêtera notre seconde partie : les préparations ou la réalisation, si nous avons soin d'ajouter que les concordances magiques entre les herbes, les animaux et les minéraux se rapportant aux astres seront nommées aussi clairement que possible dans notre étude sur la nature.

Nous répétons encore que le présent travail traite de la MAGIE, c'est-à-dire de l'action de l'homme sur la nature, et n'aborde pas plus la théurgie (action de l'homme sur les êtres du plan divin) que la psychurgie (action de l'homme sur le monde des âmes humaines). Toutefois nous serons obligés de dire quelques mots de cette dernière.

Nous avons tenu à résumer dès le début le plan de notre étude, nous pouvons maintenant aborder sans crainte notre sujet.

ALIMENTS

(Réalisation de l'Être instinctif).

D'après ce qui précède, on peut juger de l'importance qu'acquiert la question des aliments pour le magicien.

L'idéal à atteindre par l'entraînement magique, c'est la mise à la disposition de la volonté de la plus grande quantité possible de force nerveuse dans un temps donné. Ce symptôme par lequel nous sentons que la volonté possède la force qui lui est nécessaire est désigné sous le nom de « liberté de l'esprit ».

Ainsi l'esprit libre correspond en effet, comme sensation psychique, à l'état physiologique dans lequel la Volonté est à même de manier librement une assez grande quantité de fluides nerveux.

Or cet état se manifeste surtout le matin, ou à jeun, c'est-à-dire dans les moments ou l'être humain est le moins occupé par le travail physiologique de l'organisme, surtout par la digestion.

Aussi verrons-nous la plupart des pratiques magiques tendre à cet état de dématérialisation progressive de l'être, de séparation entre l'organisme et l'être psychique.

et cela au moyen du jeûne, de la fatigue corporelle, et même de la fatigue spirituelle.

Mais il ne faut pas oublier que l'état psychique de l'homme à jeun, s'il indique le but à atteindre, n'est qu'un état transitoire qui ne saurait persister chez les gens non entraînés, car le fluide nerveux ne se renouvelle pas dans ce cas et les réserves en sont vite épuisées.

Pour bien fixer nos idées, représentons-nous l'être humain d'une façon grossière, comme un ballon qui peut gagner diverses hauteurs suivant le poids plus ou moins grand qu'il doit enlever. Le ballon figurera l'*esprit*, le poids l'*organisme*, et les crochets *la force nerveuse*. Les différentes couches horizontales dans lesquelles peut se tenir le ballon indiquent les différents états d'esprit.

Or la « liberté d'esprit » ne peut s'obtenir que par la diminution du poids de l'organisme qui attire le ballon sur la terre. De là toutes les pratiques mystiques relatives au corps, pratiques insensées si l'on perd de vue qu'elles doivent être *périodiques*, *passagères*, et jamais, au grand jamais, continues. J'ai vu des dames américaines fort riches, entourées d'un luxe inouï, et *mourant littéralement de faim* sous prétexte de se dématérialiser en suivant un régime enseigné par une des nombreuses sociétés mystiques qui foisonnent en Amérique. Les fondateurs de ces sociétés, dont la célèbre *Société théosophique*, de charlatanesque mémoire, est le type, empruntent aux religions orientales ou aux initiations d'Occident des pratiques qui sont exécutées par les prêtres ou les initiés à certaines époques seulement, et poussent leurs adhérents à poursuivre ces pratiques d'une façon régulière et continue pendant toute leur vie, sans s'inquiéter du changement de climat ou de la constitution physiologique du candidat à l'initiation. De là des accidents et des maladies dont le pauvre imprudent est la première victime.

On peut s'entraîner progressivement pour libérer une quantité de plus en plus grande de force nerveuse et la mettre au service de l'esprit. C'est vrai; mais à condition de ne pas oublier que le renouvellement de la force nerveuse est immédiatement lié à l'absorption des aliments. Cela nous ramène à notre sujet.

L'état de santé psychique est obtenu par un harmonieux équilibre entre l'esprit et l'organisme. Quand, sans transition, l'être intellectuel prend le dessus sur l'organisme, il y a rupture d'équilibre *en haut*, avec danger d'évanouissement et de folie ; quand, au contraire, l'organisme l'emporte sur l'être intellectuel, il y a rupture d'équilibre *en bas*, avec danger de somnolence et d'abrutissement. Notre volonté, cherchant toujours à ranimer l'équilibre détruit, emploira à cet effet divers moyens que nous devons maintenant apprendre à connaître.

Supposons qu'étant à jeun, dans cet état de « liberté d'esprit » dont nous avons parlé tout à l'heure, nous introduisions dans notre estomac des aliments abondants et lourds. Que se passe-t-il ? Nous savons tous qu'à mesure que la sensation instinctive du bien-être de l'estomac prend de l'acuité, les idées s'obscurcissent d'abord, puis se confondent, et enfin diminuent progressivement en nombre et en clarté. Physiologiquement une partie de la force nerveuse tout à l'heure au service de l'esprit a changé de destination, et le centre dynamique de l'être humain qui était dans la sphère intellectuelle a passé dans la sphère instinctive : le corps vient, pour un moment, d'accaparer à son profit l'outil de l'esprit, la force nerveuse.

L'homme instinctif, pour qui cet état de satisfaction stomacale constitue une des formes du bonheur, se laisse aller aux joies de l'abrutissement progressif qui le gagne et favorise même l'action du corps par la sieste. Un tel homme est tout entier l'esclave de son organisme et ne saurait accomplir une action magique quelconque.

L'homme chez qui l'intelligence est au contraire bien développée, celui qu'on appelle « l'intellectuel », est gêné dans son action par cet état d'abrutissement et fait tout son possible pour en sortir aussi rapidement que possible. C'est ici qu'arrive l'emploi *des excitants*.

Exciter son organisme, c'est diminuer le temps pendant lequel le corps prend le dessus sur le travail intellectuel. Aussi, au lieu de se laisser aller au sommeil qui augmente l'emprise matérielle, l'homme d'action peut employer divers moyens principaux : 1° le travail physique ; 2° une substance tirée de la nature et dynamisée par un moyen physique, *un excitant* proprement dit (café — thé — alcool — sucre, etc. etc.).

La voie normale consiste à se reposer d'un travail psychique par un travail physique, et la méthode d'excitation artificielle par le café ou l'alcool est cependant plus couramment employée, quoique bien plus dangereuse.

Les excitants demandent une étude spéciale que nous ferons tout à l'heure. Pour l'instant, notons simplement leur existence et le but qu'on poursuit en les employant.

L'étudiant en magie doit donc commencer la pratique par le maniement conscient de ses forces organiques. Or, s'il se souvient qu'il possède, dans les aliments et dans les excitants, les deux pôles d'action sur sa force nerveuse, il aura déjà fait un grand pas. En effet, l'aliment employé seul diminue l'enthousiasme et permet d'éviter quand il le faut les emballements du mysticisme. L'excitant, de son côté, employé seul et à jeun, est dangereux, mais permet à l'esprit des envolées magnifiques dans le monde des idées. Enfin la combinaison de l'action de l'aliment avec celle de l'excitant permet d'accomplir les œuvres patientes dont l'Allemagne est aujourd'hui considérée comme la patrie presque exclusive.

Le cadre de ce petit traité tout élémentaire ne nous permet pas d'entrer dans de longs développements touchant la classification des aliments. Bornons-nous donc aux données indispensables à la pratique.

On a pu voir comment l'être humain était capable d'agir sur la force nerveuse suivant que l'estomac était en repos ou en période de travail, et comment l'esprit était plus ou moins indépendant de l'organisme suivant ces différents états de l'estomac, centre anatomique de la sphère instinctive.

Mais un nouveau choix peut encore s'exercer sur les

aliments eux-mêmes, suivant qu'ils proviennent du règne végétal ou du règne animal, sans compter les appoints fournis, comme le sel, par le règne minéral. De plus, dans nos contrées, l'emploi presque quotidien d'excitants divers (alcool, thé ou café entre autres) vient encore donner à la volonté de nouveaux moyens d'action sur les forces organiques.

Ainsi l'homme est semblable au chauffeur de la locomotive qui n'a pas d'action immédiate sur les organes d'acier de la machine, mais qui peut, suivant le combustible employé, produire plus ou moins de chaleur dans un temps donné, et, par suite, donner naissance à une quantité plus ou moins grande de vapeur au moment voulu, d'où une pression variable qui permet d'agir ensuite sur les organes d'acier.

Il en est de même pour celui qui veut s'exercer au maniement des aliments.

Résumons les effets produits dans les cas les plus généraux.

Du végétarisme. — Nous verrons dans la 3ᵉ partie que pendant la période d'entraînement magique, période qui varie entre 7 et 40 jours, le régime exclusif des végétaux doit être seul employé. Nous pouvons nous demander dans quel but.

Si nous nous souvenons que l'homme organique n'est qu'une création de la nature prêtée par elle pour une existence terrestre à l'homme-esprit, nous saurons que l'organisme humain plonge dans deux règnes, le règne animal par la poitrine, le règne végétal par l'abdomen.

Les aliments tirés du règne végétal agiront donc presque uniquement au point de vue instinctif et produiront, par un emploi constant, le calme dans l'organisme ; la volonté, pour agir sur un organisme ainsi entraîné, n'aura presque pas de forces à dépenser car les révoltes de l'être impulsif sont, dans ce cas, presque entièrement suspendues. Si donc vous voulez vous laisser aller à la rêverie, si vous voulez en goûter tous les charmes sans crainte d'ennui, placez-vous comme *milieu* à la campagne et adoptez comme *régime* alimentaire le végétarisme, mais en ayant soin de ne boire que du lait ou de l'eau, et bientôt la paix profonde naîtra dans votre organisme jadis agité.

Mais si vous désirez aller plus loin encore et faire naître en vous les facultés transcendantes endormies, ajoutez à ce régime végétarien le thé plusieurs fois par jour et pratiquez chaque matin et chaque soir la méditation pendant une heure ou une heure et demie, et vous serez susceptible d'avoir des phénomènes très nets de télépathie ou de vision en astral.

Le régime végétarien, duquel sont exclus le poisson, la viande et l'alcool, peut donc être employé avec fruit *à la campagne* et son emploi peut être, dans ce cas, poursuivi pendant de longues années sans aucun danger, bien loin de là. Ce régime, qui fait disparaître très vite la résistance de l'organisme à la volonté et rend l'homme passif, est indispensable à pratiquer pour l'étudiant en magie, qui devra s'exercer à des périodes de sept jours d'abord, puis de quinze jours ensuite de ce régime; mais à condition, nous ne saurions trop le répéter, d'être à la campagne ou dans un milieu analogue et à l'abri de tout souci matériel.

Le lait, les œufs, le fromage sont usités dans le régime végétarien de longue haleine; les œufs et le fromage sont supprimés lors des périodes d'entraînement magique. Le régime suivi dans ce cas est le pur régime pythagoricien.

Mais une considération qui prime toutes les autres est celle de la saison et du climat quand on a tenu compte du milieu, campagne ou ville.

Dans les régions froides plus ou moins voisines du pôle, l'organisme humain ne saurait se maintenir sans un usage continu de graisses et d'huiles très lourdes; la choucroute et la bière des Allemands sont une adaptation de l'individu au climat du pays. Mais dans l'Inde, en Égypte et dans les régions équatoriales, la nutrition dynamique exercée par l'influence solaire suffit presque, et quelques grains de riz remplacent l'énorme plat de choucroute nécessaire à l'Allemand.

Le régime, végétarien ou non, devra donc varier comme abondance et comme quantité d'huile employée suivant le climat, et il faut être ignorant comme un théosophiste pour imposer à des Anglais le même régime alimentaire qu'à des Indous. C'est la non-observation par les prêtres de ces préceptes tirés du climat et du milieu qui ont mis à jour toutes les superstitions alimentaires qui accompagnent la plupart des religions fondées dans les pays d'Orient. Ce qui est curieux, c'est de voir la façon dont de nouvelles superstitions tendent à s'implanter en Occident sous l'influence du végétarianisme.

Le Végétarianisme sentimental.

Partant de ce fait véritable que le régime végétarien procurait le calme organique, diverses sectes se sont créées enchérissant à l'envi sur la rigueur du régime à imposer à leurs adhérents sans se soucier plus de la physiologie que du milieu ou du climat.

C'est alors que les arguments issus de la sentimentalité ont fait leur apparition. Il ne faut pas tuer pour nourrir l'homme, a-t-on dit ; oubliant que dans la nature la vie végétale ne s'entretient que par la dissolution lente des minéraux et la vie animale des herbivores, cités comme un exemple, que par le sacrifice incessant d'êtres végétaux.

Mais un végétal est un être vivant, objecta un autre chef de secte ; et aussitôt naquit une nouvelle école, qui ne se nourrit que de graines et de fruits ; et de déductions en déductions les végétariens purs, devenus des réceptacles de sentimentalité étroite, en arriveront à ne plus se nourrir que de terre... et encore.

Un peu de réflexion suffit pourtant à concevoir qu'à tous moments nous tuons des êtres vivants, soit dans nos promenades à la campagne, soit dans ces hécatombes végétales qui s'appellent la moisson ou la fenaison, soit encore, et le cas est plus général cette fois, en respirant et en engloutissant dans les profondeurs de notre organisme les millions d'êtres microscopiques qui s'agitent dans l'air et qui sont, malheureusement pour nous, bien trop vivants.

Il faut savoir sortir de ce sectarisme étroit et bien se rendre compte que l'organisme humain est un assemblage d'êtres vivants qui empruntent à la nature d'autres êtres vivants pour se développer. Notre être intellectuel, l'homme-esprit, qui ne se nourrit que de sensations et qui ne sent ni n'agit que par la force nerveuse, peut bien jouer au sentimentalisme; mais l'organisme qui fournit la force nerveuse n'a pas plus le droit d'être sentimental que le *drosera*, cette douce plante, qui aspire lentement le sang des insectes, ou l'*araignée* qui se jette sur les mouches, ou même le *bœuf*, ce calme végétarien, qui broie sans pitié la plus tendre des sensitives.

Et si nous protestons de toutes nos forces contre de telles pratiques, c'est que nous avons été témoins de faits qui révolteraient le bon sens du dernier des paysans.

A Londres, dans le quartier général d'une société mystique, nous avons vu deux membres : la comtesse de W... et une autre Madame M... mourant littéralement de faim pour éviter de manger des « êtres vivants », tandis que les fondateurs, sous prétexte de maladie, engouffraient à table de grandes tranches de poisson, suivies de monumentaux plats de riz et de légumes divers. Les dames désiraient avoir « des visions ». En attendant, elles s'étaient procuré une jolie dose d'anémie cérébrale.

En France, nous avons suivi avec intérêt le cas de Madame L..., femme d'un petit médecin de campagne, qui en était arrivée à ne prendre qu'une tasse de lait par jour..., toujours pour « se spiritualiser ». Elle fit si bien qu'elle se « spiritualisa » tout à fait en un an de ce régime, et son décès fut dû uniquement à l'inanition. Mais elle put se consoler en songeant qu'à part les microbes du lait et ceux qu'elle respirait, c'est-à-dire quelques centaines de millions par jour, aucun « être vivant » ne franchissait le seuil de son organisme.

Dans ces questions de pratique le grand écueil à éviter,

c'est le mysticisme, nous ne saurions trop le répéter, et le mysticisme, devenu la règle des sectes spiritualistes, conduit les adhérents aux turpitudes sensuelles sous prétexte que l'âme n'a rien à voir dans les actions du corps, ou à l'imbécillité quand ce n'est pas la folie, sous prétexte de « spiritualiser » l'immonde organisme.

L'esprit, dirigeant en maître les actions extérieures de l'être humain, est parfaitement responsable de *toutes* les actions accomplies, de même qu'on ne se « spiritualise » réellement qu'en agissant patiemment et d'une manière continue sur les fonctions organiques qui donnent naissance à la force nerveuse.

Avant donc de se livrer à une pratique magique entraînant un régime quelconque, il faut se rendre bien compte du but à atteindre et des forces de l'opérateur. C'est en prenant pour base de calcul ces deux facteurs, et en considérant le milieu et le climat, qu'on déterminera le nombre de jours pendant lesquels le régime préparatoire doit être suivi.

On ne passera du régime ordinaire au régime végétarien que progressivement, en supprimant d'abord les excitants comme le café et l'alcool, qu'on remplacera par de l'eau ; puis en supprimant la viande un repas sur deux, puis des deux repas. C'est alors qu'on pourra tenter la suppression du poisson, en conservant le plus longtemps possible l'usage du beurre et de l'huile.

Il ne faut pas oublier que c'est seulement dans les huit jours qui précèdent la plus difficile et la plus longue des expériences magiques, l'évocation consciente des formes astrales, qu'on pourra user du régime rigoureux des légumes sans sel, cueillis par l'opérateur et uniquement bouillis dans l'eau. De toutes façons ces régimes doivent être suivis à la campagne. Dans une ville fiévreuse comme Paris, où tout gravite autour de la sphère passionnelle, et non autour de la sphère instinctive comme à la campagne, les essais de régime végétarien exclusif sont désastreux. Nous avons constaté des phénomènes évidents d'anémie cérébrale chez plusieurs personnes qui avaient voulu suivre strictement ce régime, auquel aucune n'a pu résister plus de six mois.

En résumé, le régime végétarien dans nos climats peut être suivi, mais par séries périodiques, à la campagne, et en évitant les pratiques issues du sentimentalisme.

Du Régime animal

Les aliments tirés du règne végétal agissent surtout sur le centre instinctif, ainsi que nous l'avons dit. Par contre les aliments tirés du règne animal agissent sur le centre passionnel et développent d'une manière considérable la résistance de l'organisme aux impulsions venues soit de l'extérieur, soit de la volonté. Le régime animal convient donc surtout aux hommes d'action, dans la vie courante, ou, dans une faible proportion, aux citadins astreints à la vie fiévreuse des grandes villes. Ce régime doit être exclu de l'entraînement magique ; mais il sera bon, pour celui qui désire se rendre bien compte de l'action des aliments sur l'organisme, de faire quelques essais assez instructifs.

Après une période de régime végétarien d'environ quinze jours, faite durant la lune croissante, l'organisme peut être considéré comme ramené à 0, au point de vue de l'impulsivité. Qu'on essaye alors en assez grande quantité (1/2 livre à 3/4 de livre) l'ingestion de viande de bœuf, et qu'on note les effets. Qu'on attende deux jours en se remettant au régime végétarien et qu'on essaye le mouton puis, dans les mêmes conditions, le porc, et l'on se rendra compte, surtout si la température est assez élevée, des changements considérables que le régime alimentaire est susceptible de produire dans un organisme humain.

De l'emploi des Excitants matériels

Nous savons maintenant comment agir par les aliments tirés du règne végétal sur le centre instinctif, comment développer au contraire l'impulsivité du centre passionnel par l'emploi des aliments tirés du règne animal, occupons-nous des substances qui agissent sur les réserves nerveuses et, par suite, sur le centre intellectuel ; nous avons donné à ces substances le nom d'*excitants*.

Physiologiquement, l'excitant agit, ainsi que nous venons de le dire, sur les réserves nerveuses. Par exemple vous êtes fatigué, vous avez une tendance à vous endormir, c'est-à-dire que votre volonté n'a plus à sa disposition assez de force nerveuse. Vous voulez résister pour un moment au sommeil ; alors vous prenez du café, et bientôt le travail devient plus facile jusqu'à la prochaine réaction. Que s'est-il donc produit dans ce cas ?

On sait qu'à l'état normal une réserve de force nerveuse existe dans les plexus nerveux du grand sympathique. La première action d'un excitant est d'aller agir sur ces réserves et de mettre au service de l'organisme la force nerveuse emmagasinée jusque-là. La première conséquence de cette action est un nouveau dynamisme du centre intellectuel ; mais la conséquence médiate est une fatigue profonde de l'organisme qui, si elle se prolonge, peut amener des troubles graves.

Rien ne se paye plus cher, pour l'homme, que la dépense exagérée de ce dépôt précieux qu'est la force nerveuse, et alors qu'un trouble du système digestif est réparé en quelques heures, les troubles du système nerveux demandent un traitement très délicat, sinon très long.

Balzac a écrit un merveilleux « traité des excitants modernes » que nous avons réédité dans le *Voile d'Isis* et auquel nous renvoyons le chercheur attentif. Pour nous tenir dans les limites de notre étude nous ne traiterons ici que des excitants suivants : l'alcool — le café — le thé, la morphine, le haschish. Il y a bien d'autres substances employées dont nous reparlerons dans une étude plus étendue que celle-ci.

L'ALCOOL.

Produit, comme la plupart des excitants, de l'action de la volonté humaine sur une production de la nature, l'alcool est un des agents les plus précieux et, aussi, les plus dangereux que l'homme ait à son service.

L'action de l'alcool employé sous la forme d'eau-de-vie est très rapide, mais peu profonde et, par suite, de très peu de durée. Sous l'influence de l'alcool, une très grande quantité de force nerveuse est libérée, et l'esprit se trouve comme illuminé par la richesse et le nombre des idées qui naissent et se heurtent dans le centre intellectuel. A ce moment il ne faut pas songer à faire un travail de déduction ou de longue haleine, il faut se contenter de noter les idées qui passent, aussi rapides que des éclairs, pendant les quelques minutes que dure l'action de cet excitant. Aussi un petit verre à liqueur d'eau-de-vie, pris une demi-heure avant un exercice intellectuel violent, permet-il de faire de véritables tours de force, mais combien fugaces; nous pouvons citer à ce propos un fait personnel. Pendant le congrès de 1889 nous étions parvenu, en prenant un demi-verre à liqueur de fine champagne avant la séance, à traduire exactement et instantanément, avec les intonations des orateurs, les discours faits par les délégués espagnols, et cela à tel point que plusieurs sténographes qui se trouvaient là vinrent demander notre « méthode » et négligèrent de sténographier un de ces discours, étant persuadés que nous avions un procédé nouveau à cet effet. Mais ce petit exercice intellectuel, que nous répétions presque chaque jour, nous demandait chaque fois deux heures de sommeil supplémentaire à la fin de la journée.

L'action de l'alcool ne s'exerce que pendant un temps très faible, et il ne faut jamais revenir deux fois de suite à cet excitant dans un même effort. Et c'est là le danger de l'alcool sous toutes ses formes; charmé du résultat obtenu et ravi de voir la sphère intellectuelle si bien mise en mouvement, sans presque aucun effort de la volonté, l'homme faible a une pernicieuse tendance à reprendre de l'alcool quand la première excitation est sur le point de prendre fin. N'obtenant pas de résultat satisfaisant, l'individu augmente la dose, et bientôt il devient ivrogne et paye de longues heures d'abrutissement les quelques minutes d'excitation du début. Pour le mécanisme de cette action, voyez ce que nous avons dit de l'ivresse dans la première partie.

A côté de l'eau-de-vie sous toutes ses formes, l'industrie moderne a créé une foule d'excitants nouveaux par l'alliance de l'alcool avec un autre excitant : le sucre. De là sont nées les liqueurs, dont quelques-unes sont de véritables médicaments composés.

L'action de la liqueur est plus lente que celle de l'alcool ; mais elle développe davantage la volonté, tandis que l'alcool non sucré agit plutôt sur la sensibilité. Aussi doit-on préférer la liqueur à l'alcool, quand il faut plutôt agir que s'abandonner à la méditation.

LE CAFÉ.

Le café constitue l'excitant le plus puissant, quant à la durée de son action, qu'on puisse toujours avoir à sa disposition.

Le café, fait comme on le prépare ordinairement, a deux actions assez tranchées :

1° Pendant l'heure qui suit son ingestion, il agit localement sur les plexus nerveux de l'abdomen, et, aidé par la chaleur, il facilite le travail digestif et permet ainsi à l'esprit de disposer d'une plus grande quantité de force nerveuse.

2° Deux heures ou trois après son ingestion, le café commence à agir sur la sphère intellectuelle et cette action dure de une à deux heures pour une tasse de café. Ainsi le café étant pris à 1 heure, l'action psychique commence à 3 heures et se continue jusqu'à cinq. A partir de cet instant, l'état de vacuité de l'estomac agissant à son tour comme excitant, le travail intellectuel devient de plus en plus facile à condition toujours de prendre des notes, de faire des esquisses ou des schémas, et non de rédiger ou d'exécuter. L'exécution doit se faire, soit le matin, à jeun ou presque à jeun, soit le soir, pourvu qu'on dîne légèrement.

3° Il y a une troisième action produite par le café chez les gens nerveux, c'est la crise de tristesse qui éclate au moment où cesse l'action excitante du café sur le centre intellectuel, c'est-à-dire cinq heures environ après l'ingestion de ce café. Le mécanisme de ce phénomène est assez curieux à décrire.

En effet le café, comme tous les excitants, agit en mettant à la disposition de l'esprit une partie de la force nerveuse en réserve dans les plexus ganglionaires. La force, la tension que donne le café à l'organisme est donc un leurre, puisque cette action ne se produit qu'au prix d'une usure de réserves organiques. Aussi l'emploi du café comme fortifiant n'est-il possible que chez les sujets vigoureux et pas du tout chez les êtres faibles et anémiques. Mais passons.

Chez un homme à l'état normal, quand le café a produit son action intellectuelle et que cette action a été tant soit peu exagérée par le travail de l'individu, la sensation de vide des centres nerveux condensateurs se manifeste à l'esprit sous forme de cette crise de tristesse et de pessimisme qui dure de dix minutes à une heure, et qui doit toujours être enrayée par l'ingestion d'une substance alimentaire quelconque.

L'action psychique du café semble en résumé porter surtout sur la sensibilité. Aussi le café constitue-t-il, entre les mains de l'étudiant en magie, le moyen de développer à volonté la réceptivité artistique d'un individu. En effet, on constate que la faculté d'être impressionné par l'art dépend généralement de l'état nerveux de l'individu, et nous savons d'autre part que le café permet de développer et même d'exagérer cet état nerveux.

On peut encore prendre le café à la turque, mode de préparation dans lequel l'infusion est remplacée par la décoction, ce qui augmente d'une façon considérable la puissance de l'excitant, car l'on absorbe une certaine quantité de café en nature.

Enfin l'ingestion à jeun du café légèrement concassé, suivant le procédé indiqué par Balzac, donne le maximum d'action qu'on puisse attendre de ce précieux excitant.

LE THÉ.

Si le café donne, à la fin de la période d'excitation, une crise violente mais passagère de pessimisme, le thé agit bien plus insidieusement.

L'excitation intellectuelle fournie par le thé est intermédiaire entre celle de l'alcool et celle du café ; mais cette excitation est très douce et ne présente jamais les périodes brusques des autres excitants. Le thé rend mélancolique et anémie peu à peu, mais progressivement, les centres nerveux. Il est rare de voir naître des accès de pessimisme sous l'influence du thé ; mais nous avons vu très souvent, par contre, des anémies nerveuses graves survenues chez des étudiants russes faisant abus du thé.

La qualité de cet excitant est de permettre un travail intellectuel soutenu. Aussi est-il le seul qu'on puisse employer dans les périodes de réalisation.

Mais le défaut capital du thé, c'est d'agir assez profondément sur les centres nerveux pour que la période de réparation soit plus longue qu'avec toute autre substance. L'anémie nerveuse qui prend ainsi naissance se manifeste par l'absence totale d'initiative et de courage.

L'individu qui fait abus du thé laisse mélancoliquement marcher le temps, il se plaint doucement s'il est malheureux, mais ne songe nullement à réagir, et il présente le type le plus net qu'on puisse trouver du fatalisme dans toute l'acception du terme.

HASCHISCH — OPIUM — MORPHINE.

Beaucoup de personnes se figurent que le haschisch, qui rentre dans la classe des drogues les plus dangereuses au point de vue psychique qu'on puisse manier, donne immédiatement des visions sublimes et plonge l'expérimentateur dans l'extase. Or, ainsi présentée, l'action de haschisch ne répond en rien à la réalité. Cette substance, de même que l'opium, mais avec bien plus d'intensité, agit sur les centres de réserve de la force nerveuse, vide en un instant toute cette réserve, et la jette en masse dans la sphère intellectuelle. Aussi les idées sont-elles exagérées, amplifiées, embellies d'une manière prodigieuse; mais encore faut-il que l'idée primordiale et la sensation physique primordiale existent.

Ainsi une lampe devient, sous l'influence du haschich, un palais magnifique éclairé de 10 000 lumières et ruisselant de pierreries; par contre, quand l'idée incidente est vulgaire, les impressions le sont aussi. Ainsi un débutant ayant pris du haschisch sans idée préconçue et attendant *ce qui allait arriver*, rêva tout simplement qu'il était pipe et qu'il se fumait.

Le haschich est donc un amplificateur et non un créateur. Mais cette action enivrante est suivie d'une épouvantable réaction. Les centres de réserve, vidés de leur contenu, angoissent le malheureux imprudent, et les cauchemars les plus affreux, les douleurs les plus poignantes sont la suite naturelle des rêves enchantés et des sensations astrales.

L'opium, la morphine qui en dérive, ont la même action, mais avec moins d'intensité, et le malheureux esclave de cette substance, voulant fuir la réaction, qui est imminente, augmente progressivement la dose du poison jusqu'à l'épuisement complet, bientôt suivi de la mort.

Au point de vue magique, le danger de ces drogues est considérable, car elles augmentent l'empire de l'être impulsif sur la volonté, et il faut une volonté bien forte pour ne pas se laisser dominer par ces substances, incarnation de l'âme du monde dans la matière.

Nous ne voulons pas allonger outre mesure cet exposé et nous pensons que ce que nous venons de dire suffira pour faire comprendre la théorie de ces excitants.

RÉALISATION OU INVENTION

Maniement des Excitants.

Ainsi le praticien possède, dans les quelques substances que nous venons de passer en revue, des auxiliaires précieux, non seulement pour la magie proprement dite, mais encore pour le maniement courant de ses forces organiques dans la vie de chaque jour.

S'agit-il de produire un effort intellectuel violent, mais de très peu de durée, l'alcool (la fine champagne non sucrée, à la dose d'un petit verre seulement), pris une demi-heure avant l'action, est un auxiliaire précieux. Mais il ne faut pas oublier qu'une attente d'une heure peut tout détruire et surprendre l'individu en pleine période de réaction.

S'agit-il d'exécuter un plan déjà conçu dans ses lignes générales, de développer une idée précédemment trouvée, ou de mener à bien un travail de recherches bibliographiques ou biographiques, en un mot s'agit-il de *réaliser*, il faudra combiner l'action de l'alcool, qu'on prendra à la fin du déjeuner, après le café, avec l'action d'un aliment gras et lourd dont la choucroute garnie peut être considérée comme le type et qui formera la base du déjeuner.

Faut-il au contraire faire un travail d'*invention* plutôt qu'un effort de réalisation, il faudra user d'aliments très légers et en petit nombre, et faire suivre le déjeuner soit d'un café seul, soit d'une liqueur sucrée, comme la chartreuse jaune. On passera la première partie de l'après-midi à relire des notes antérieures ou à une promenade dans un musée favori, et on se mettra au travail vers quatre heures, si l'on a déjeuné à midi. Au bout d'une heure les idées se presseront en foule ; mais il faut seulement prendre des notes et se garder de rédiger en état d'excitation intellectuelle. Nous verrons bientôt comment on peut joindre le rythme respiratoire, l'emploi des parfums et de la prière à ces divers procédés.

Nous sommes persuadé que l'étudiant sérieux qui voudra bien mettre ces conseils en pratique vérifiera par lui-même les résultats, que nous ne publions qu'après les avoir contrôlés pendant plusieurs années, tant sur nous-même que sur plusieurs autres individus. Il y a là le germe d'une hygiène intellectuelle qui demanderait de longs développements, impossibles à faire dans un petit manuel.

Il suffit, du reste, d'avoir toujours présente à l'esprit la théorie de l'envoi des plexus dans le cerveau ou au contraire de l'appel du cerveau dans l'estomac, de la force nerveuse. Dans le premier cas il y a production d'idées, mais grande difficulté de réalisation ; dans le second cas il y a manque d'invention, mais faculté de condenser la force nerveuse en un seul point, par suite d'agir en profondeur au lieu d'agir en surface sur les centres psychiques. — *Dissoudre ou coaguler* l'influx nerveux en alternant les excitants et les aliments, telle est la clef de cette première phase de l'entraînement magique de l'être physique.

L'AIR INSPIRÉ

(Réalisation de l'Etre animique)

Nous avons passé rapidement en revue les modificateurs du corps physique, les aliments et les excitants. Nous arrivons maintenant aux modificateurs du corps astral : l'air atmosphérique et les parfums, ou en général les substances volatiles capables de se mélanger à l'air inspiré et d'agir directement sur les poumons.

Nous rappellerons pour mémoire ce que nous avons été amené à dire, dans la théorie de la nature, touchant les relations de l'air atmosphérique avec le fluide astral et son rôle d'animateur général des êtres terrestres. L'important à retenir pour l'instant c'est que l'air inspiré constitue le modificateur du sang le plus rapide qu'on puisse avoir à sa disposition et que, par suite, toute action produite sur l'organisme par la voie pulmonaire demande à être très sérieusement étudiée. L'aliment ou l'excitant, avant d'arriver dans le torrent circulatoire, doit en effet traverser divers organes, tandis que toute substance volatile aspirée vient agir immédiatement sur le sang et au moment même où le globule subit l'action vitalisante de l'air atmosphérique inspiré.

Nous allons donc avoir à considérer :

1° L'action de l'air sur le sang au point de vue de la force nerveuse;

2° Le rythme respiratoire et les modifications que peut lui faire subir la volonté humaine;

3° L'action des excitants du corps astral, ou *parfums*, et des substances volatiles, comme l'éther ou le chloroforme.

Après avoir appris à manier les aliments et les excitants, l'étudiant en magie abordera donc cette étude, deuxième phase des exercices préparatoires.

Après une course, ou après avoir monté rapidement quelques étages, vous êtes essoufflé, c'est-à-dire que, pour compenser l'usure de forces organiques que vous venez d'éprouver, votre respiration devient plus rapide, votre cœur bat plus vite, et une quantité de sang plus considérable qu'à l'état ordinaire se rend dans vos centres nerveux; par suite la force nerveuse est produite en assez grande quantité pour compenser les pertes subies. Dans ce cas la respiration agit comme réparatrice rapide. Mais le rythme respiratoire est assez lié au rythme du cœur pour que toute augmentation dans la fréquence inspiratrice se traduise presque aussitôt par une augmentation dans la fréquence des mouvements cardiaques.

Cette constatation que chacun est à même de faire grâce au phénomène de l'essoufflement nous donne la clef de l'action consciente de la volonté sur le corps astral par l'intermédiaire de la respiration.

En effet, l'inspiration rapide agira comme excitatrice des centres nerveux ; l'inspiration lente ou mieux l'expiration prolongée et espacée calmera au contraire l'excitation des centres nerveux ; voilà donc, dans le rythme respiratoire, l'analogie de l'état de vacuité ou de réplétion de l'estomac avec toutes ses conséquences psychiques. Cela nous amène à bien déterminer le rythme respiratoire.

La respiration ou circulation de l'air se fait en deux temps, séparés l'un de l'autre par un intervalle.

Le premier temps ou inspiration est celui pendant lequel l'air atmosphérique est aspiré dans le poumon ; ensuite arrive un court intervalle, puis le second temps ou expiration de l'air chargé d'acide carbonique se produit ; enfin un intervalle assez grand sépare l'expiration de la nouvelle inspiration ; puis le cycle recommence.

Un peu d'attention suffit pour remarquer que le cœur reproduit analogiquement les mêmes phases, mais dans un rythme plus rapide. Ainsi en une minute on compte environ 20 mouvements respiratoires pour 60 mouvements cardiaques. Mais le schéma des mouvements du cœur est de tous points analogue au schéma de la respiration que nous avons reproduit ci-dessous. Deux silences, un petit et un grand, séparent deux battements égaux.

Le poumon et le cœur peuvent être considérés comme deux roues à engrenage montées l'une avec l'autre, ce qui fait que toute augmentation dans le rythme respiratoire se trouve reproduite et multipliée dans le rythme cardiaque et, par suite, dans la circulation tout entière. La respiration est donc le grand balancier de l'organisme chargé de rétablir l'équilibre dès que cet équilibre est détruit par une déperdition dynamique quelconque.

Lorsqu'un excitant matériel comme l'alcool aura épuisé une partie de la réserve de force nerveuse, c'est par la respiration que la réparation immédiate se fera, si elle peut se faire : l'inspiration apportera le dynamisme réparateur et l'expiration éliminera une partie de l'alcool absorbé. Mais il faudra bien graduer sa respiration pour

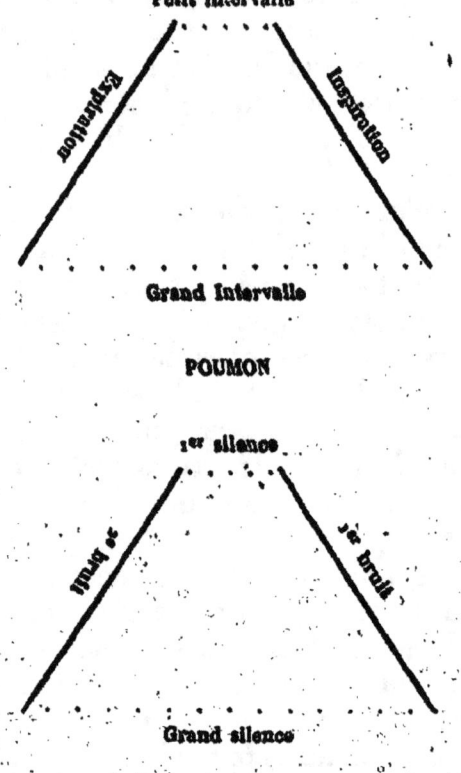

obtenir le résultat, et la rendre surtout *très lente et très profonde* ; car une respiration rapide ferait un effet tout contraire en ajoutant une nouvelle excitation à celle produite déjà par l'alcool ; elle amènerait une réaction aussi brusque que violente. De là le danger de l'air pour les ivrognes, qui, sortant de table à l'état de fièvre, respirent très vite et sont, suivant une de leurs expressions, « assommés » par le milieu extérieur.

Les exercices pratiques d'entraînement de la respiration doivent porter sur l'augmentation de l'intervalle qui sépare l'expiration de l'inspiration.

Les traités de Yogisme indous portent presque tous sur ce point, dont le résultat consiste à diminuer progressivement la quantité d'acide carbonique expiré.

Mais le magiste doit s'exercer à faire souvent de larges inspirations et à constater soigneusement l'effet produit sur son organisme ainsi que la durée de cet effet. Chaque action importante devra toujours être précédée de trois inspirations profondes faites en pensant fortement à l'action qu'on doit entreprendre.

L'effet de la respiration agissant comme excitant intellectuel sera encore augmenté si l'on se déplace tout en faisant de grandes inspirations. Voilà pourquoi une promenade après le repas remplace facilement les excitants matériels.

Nous verrons plus tard comment le rythme respiratoire doit être parfaitement réglé pendant la journée qui précède une expérience de haute magie.

Mais l'air inspiré n'est en somme que l'aliment du corps astral, et nous avons su qu'à côté des aliments il existe des substances capables d'agir non seulement sur le centre instinctif, mais encore sur les autres centres de l'être humain : ce sont les excitants.

A propos de notre étude des excitants matériels, nous avons étudié le temps d'action approximatif de chacun de ces excitants, et nous savons qu'en somme ce temps est assez long.

Il existe aussi des substances capables d'exciter le corps astral, l'être animique, et ces substances entrent dans l'organisme mélangées à l'air inspiré : ce sont les *parfums*.

Il y aurait à établir une liste générale des parfums en les classant suivant qu'ils agissent davantage, soit sur le centre instinctif, soit sur le centre animique, soit sur le centre intellectuel. Mais nous réserverons ces détails pour un ouvrage plus complet que celui-ci, ce qui évitera au lecteur des complications trop nombreuses.

Le parfum type est le musc issu du règne animal, et agissant très rapidement et avec force sur le centre animique, à tel point que la présence du musc peut quelquefois remplacer un peu la beauté, détails que n'ignore aucune de nos coquettes.

Le musc produit *en animique* les effets de l'alcool, et, quand les deux excitants se combinent, l'être impulsif subit un tel entraînement que peu de volontés savent résister à cet instant, surtout s'il y a un peu de musique à l'appui, comme nous le verrons bientôt.

L'emploi de l'éther et surtout du chloroforme comme succédanés en animique de l'alcool en physique peuvent nous donner la clef de l'action de ce genre d'excitants. L'individu qui aspire les vapeurs du chloroforme réunit et manifeste presque tous les effets produits par l'absorption de grandes quantités d'alcool. Mais ces effets demandent quelques minutes à peine, alors que les différentes phases de l'ivresse ne se produisent qu'au bout d'un temps bien plus long, une ou deux heures au moins.

Le mécanisme de l'action est du reste le même pour tous les excitants. L'affaissement que produit le chloroforme et l'anesthésie consécutive sont l'effet d'une hyper-excitation primitive des centres nerveux, comme le montre d'une façon patente la période dite *d'excitation* qui précède le sommeil réel. Cette période est analogue, mais non semblable, à celle du somnambulisme hypnotique, résultat médiat, nous l'avons vu, de l'excitation exagérée d'un organe des sens ou, pour mieux dire, d'un des centres psychiques de l'homme.

La distance qui sépare l'action du musc de celle du chloroforme nous indique bien la possibilité d'une classification des parfums. Plusieurs chercheurs contemporains, et en première ligne M. Charles Henry, inventeur de l'*olfactomètre*, sont lancés sur cette voie. D'une façon générale, le magiste retiendra que l'action élective d'un parfum ou d'une substance volatile dépend de son origine minérale, végétale ou animale.

Mais quand un des centres de l'être humain a été

excité, il est rare que les autres centres n'entrent pas en action ; de là la difficulté apparente des classifications.

Le magiste doit simplement retenir trois parfums principaux, au point de vue de leur action.

L'encens et ses analogues, qui agit sur l'être psychique et peut être considéré comme un excitant intellectuel.

Le musc, qui agit sur l'être animique, mais avec des effets très instinctifs.

La fumée de tabac, dont l'action principale est instinctive, avec une légère excitation intellectuelle au début.

L'encens porte à prier, le musc à aimer, la fumée de tabac à dormir (le dernier par la rapidité de sa réaction).

Voilà donc trois adjuvants au maniement desquels il sera bon de s'exercer. A ceux toutefois qui prétendraient que l'éther est d'un maniement difficile nous conseillerons, comme portant également au calme et agissant sur le centre instinctif, la fumée de tabac, dont l'action est bien plus lente, mais aussi plus facile à observer que celle de l'éther.

DE LA SENSATION

(Entrainement de l'Etre psychique).

Le but de l'entraînement magique, c'est la soumission totale de l'être impulsif à l'homme de volonté. Le magiste ne doit tolérer aucun entraînement, aucune émotion réflexe, sans être à même d'y résister immédiatement et avec succès.

Nous venons de dire comment le maniement convenable des aliments, l'étude de la respiration permettaient d'aider cet entraînement ; il nous reste à considérer la sensation à ce point de vue spécial.

Vous rencontrez journellement des personnes qui vous disent : « Moi, je ne puis toucher du velours sans que tout mon être se révolte. » Une autre dit : « Moi je ne puis voir un crapaud sans m'évanouir. » Un autre core : « Moi je ne puis supporter l'odeur du lis ». etc...

Eh bien, toutes ces répulsions instinctives, toutes ces émotions purement réflexes doivent être impitoyablement domptées par l'étudiant en magie, et c'est là un procédé très facile et en même temps très actif de dressage de la volonté.

Les organes des sens, conçus philosophiquement, peuvent être considérés comme des modifications à degrés divers d'un seul organe récepteur. C'est ainsi que les sons divers émanés d'une harpe sont produits par une même matière constituant les cordes et modifiée seulement quant à la longueur et à la tension pour chaque corde.

Toutefois, pour la facilité de l'exposition, nous conserverons la division généralement établie en rappelant seulement que le toucher et le goût se rapportent davantage au corps physique et aux instincts, l'odorat au corps astral et au centre animique, l'ouïe à l'être psychique et au centre intellectuel (celui dont nous nous occupons surtout maintenant), enfin la vue à l'homme de volonté.

Nous dirons seulement quelques mots à propos de chacun de ces sens.

Toucher. — Quelle que soit la sensation, visqueuse ou autre, produite par le contact d'un animal ou d'un corps quelconque, il faut s'entraîner à la percevoir sans la moindre émotion, surtout si cette sensation était jusque-là antipathique. De plus, une propreté constante et minutieuse est indispensable pour maintenir les organes du toucher et l'organisme tout entier en parfait état.

Aussi conseillons-nous vivement à ceux qui pourront le faire le bain quotidien presque froid pris au lever et suivi d'une friction d'huile, ou mieux d'une friction faite avec une infusion de verveine.

Quoi qu'il en soit, cette pratique est indispensable dans les huit jours qui précèdent une opération magique de quelque importance.

Goût. — Il faut s'entraîner à aimer des mets qu'on mange généralement et qui seraient peu appréciés de l'expérimentateur. Il en est de même pour les boissons courantes, comme le lait ou la bière.

Ces pratiques, en apparence inutiles, sont de la plus haute importance pour dompter l'instinct, qui, s'il n'est pas dominé, entrave plus tard tous les efforts du magiste. Il ne faut pas oublier en effet que le goût est le seul sens qui soit en relation directe avec le centre instinctif.

Il faut aussi s'entraîner à varier les heures de repas et à diminuer les repas progressivement, quitte à reprendre ensuite le train train habituel; car l'habitude, si merveilleuse pour éduquer l'être impulsif, est aussi très dangereuse quand elle est causée par les réflexes et enraye souvent les efforts les plus violents de la volonté.

Odorat. — L'éducation graduelle de l'odorat par les parfums doit être poursuivie ; car elle permettra de bien se rendre compte de l'action des divers parfums sur le centre animique. Il faut aussi s'exercer à vaincre l'antipathie qu'on pourrait avoir pour telle ou telle fleur odorante ; car cette antipathie est d'origine réflexe.

Et quand nous parlons de vaincre ces impulsions antipathiques des sens, ce n'est pas à dire que nous espérions que la sympathie remplace l'impulsion contraire, loin de là. Nous désirons simplement que la volonté soit assez développée pour s'opposer à la manifestation impulsive de ces antipathies. Le réflexe se produira toujours, c'est presque certain, mais il faut que la volonté soit à même d'arrêter net l'action extérieure de ce réflexe. C'est là le *criterium* d'une volonté véritablement puissante.

Ouïe. — L'éducation de l'audition est des plus importantes pour le magiste, car c'est, avec la vue, la clef du sens esthétique. Aussi faut-il s'entraîner à comprendre d'une façon générale, sinon dans les détails, la beauté des impressions musicales. Pour cela, la fréquentation assidue des concerts symphoniques et, quelque peu aussi, des grandes scènes musicales, comme l'Opéra, est utile. Le travail théorique précédant chaque fois la séance d'audition et l'emploi du café quelques heures avant cette séance, les conversations et les discussions avec les amateurs vrais ou même les « snobs » de la musique, aideront puissamment le magiste dans cette tâche, capitale entre toutes pour les essais futurs. Ne jamais se décourager de la lenteur des progrès accomplis : avec du travail, de la régularité, et l'habitude imposée par la volonté à l'organisme d'entendre et de comprendre les impulsions que fait naître en nous la musique, on arrivera sûrement à avoir la perception du rythme, si importante pour le développement intellectuel.

Vue. — La fréquentation des musées et la méditation devant les œuvres des maîtres, le matin surtout, faciliteront l'éducation esthétique de la vue. Le thé pourra être employé pour aider, dans certains cas, au développement.

Mais le point sur lequel le magiste doit porter principalement son attention, c'est la domination absolue par la volonté des émotions que fait naître la vue des choses étranges ou inattendues. Ces émotions peuvent bien se produire; mais elles doivent être, à l'instant même, dominées par l'action énergique de la volonté.

La plupart des épreuves des anciennes initiations portaient sur ce point; nous allons montrer pourquoi cet entraînement de la vue est si utile.

Le plus grand danger que puisse craindre l'expérimentateur dans une séance magique, c'est la perte de son sang-froid.

« Perdre la tête », c'est abandonner le contrôle de la volonté sur l'être impulsif et soumettre l'être immortel aux effrois que cause à l'être mortel toute vision de l'au-delà.

Or les entités astrales ne peuvent employer que la peur contre l'expérimentateur isolé dans son cercle et armé magiquement. Aussi l'individu qui se livre à ce genre d'expérience pour « s'amuser » et par « dilettantisme » doit-il avant tout être très courageux sous peine d'accidents cérébraux très graves dont le moindre est l'évanouissement prolongé. Le courage en pareille occurrence fera bien plus que la science.

A ce propos rappelons quelques anecdotes caractéristiques.

Deux jeunes Indous se livrant depuis peu à l'étude de la magie ont l'idée de faire une évocation et, après quelques jours de préparation, font leur expérience, tant bien que mal, à la lisière d'un bois. Ils se placent dans le cercle et commencent les conjurations. Au même instant ils voient arriver d'assez loin un taureau furieux, les cornes abaissées, et qui se dirige droit sur eux. L'un des deux expérimentateurs perd la tête et se jette en dehors du cercle où il tombe aussitôt évanoui. L'autre eut la sagesse de ne pas bouger et constata que cette vision du taureau furieux n'était qu'une hallucination consciente.

L'évanouissement de l'imprudent fut très long à se dissiper.

Le récit de cette expérience a été fait dans un journal de Madras : le *Theosophist*.

Mais voici un fait du même genre, et tout récent, celui-là. Cette année (1892), un de nos membres, connaissant assez les pratiques magiques pour les avoir lues et étudiées, eut l'occasion d'accompagner un expérimentateur dans les environs de Lyon. Le cercle une fois formé au carrefour de trois routes, vers minuit l'évocation commence, et bientôt notre étudiant aperçoit un équipage arrivant au galop par l'une des routes. Il distingue très bien les lanternes éclairées de la voiture, les pas des chevaux et les claquements du fouet. Sentant que la voiture arrivait sur eux, notre jeune homme veut se garer et, pris de peur, va se jeter hors du cercle, quand l'expérimentateur, habitué à ces surprises, l'empoigne vivement et le retient de force. C'était encore une hallucination à laquelle le jeune débutant avait failli succomber.

On comprend pourquoi l'entraînement de la vue et le contrôle constant de la volonté sur les émotions est si important pour ceux qui veulent faire les expériences difficiles de l'évocation consciente. Mais, hâtons-nous de le dire, ces expériences sont rares dans la pratique magique, et il en existe beaucoup d'autres qui ne demandent ni ces minutieuses préparations ni ce rigoureux entraînement.

De toutes façons, il est bon que le magiste se rende compte du parti qu'il peut tirer de la sensation, qui constitue la porte d'entrée directe de la nature dans l'être humain.

DES EXCITANTS INTELLECTUELS

La Musique.

Nous avons vu qu'à côté de chaque ordre de substances entrant dans l'organisme, aliments ou air, il existait des excitants qui permettent une action rapide sur les centres organiques. Existe-t-il pour la sensation quelque chose d'analogue aux excitants dont nous venons de parler ?

Certainement : c'est le rythme et la mesure appliqués à la sensation et donnant naissance aux sensations musicales. L'ouïe est directement en relation avec le centre intellectuel et les impressions auditives, qu'elles parviennent de l'être humain ou de toute autre source, viennent frapper directement ce centre intellectuel. L'éducation moderne des sourds-muets, où la vue, sens supérieur, remplace l'ouïe, nous montre qu'on peut agir *médiatement* sur l'être psychique ; mais l'oreille est la seule porte *immédiate* du centre intellectuel, nous ne saurions trop le répéter.

La musique émeut directement l'âme, et les ordres religieux ont toujours tenu compte de cette observation, de même, du reste, que les anciennes sociétés d'initiation. Mais le centre psychique n'est ému qu'autant qu'il est assez développé ; aussi y a-t-il une grande différence entre la façon dont un ouvrier, un bourgeois ou un homme du monde perçoit la musique, ou plutôt entre les différents genres de musique capables d'agir sur ces différentes classes d'êtres humains.

Ainsi, alors que l'instinctif pur aimera par-dessus tout le bal-musette, tout en s'élevant quelquefois jusqu'à la musique militaire, l'ouvrier des villes et le petit employé trouveront leur idéal au café-concert, où la fumée du tabac, les flons-flons de l'orchestre et le verbe des dames de l'endroit constituent une excitation physique en mode mi-instinctif et mi-animique. Mais placez un artiste véritable dans un tel milieu, il s'ennuiera fortement et tout son être intellectuel se révoltera contre l'abrutissement qui l'envahit. Ainsi, ce qui est un excitant pour l'homme instinctif devient un supplice pour l'artiste, et la réciproque est tellement vraie que la petite bourgeoisie française, si friande de cafés-concerts et d'opéras comiques, est célèbre par l'incompréhension et le sommeil que développent en elle une symphonie ou un bel opéra.

La musique, en sa qualité d'excitant intellectuel, est donc si variée qu'elle peut s'adapter aux besoins d'idéal de tous les êtres humains, quelle que soit leur élévation psychique. Aussi comprend-on quel puissant parti le magiste doit tirer de l'emploi de cet excitant direct de l'intellectualité.

On peut établir une classification de la musique d'après l'effet magique, de bien des façons, soit qu'on étudie au point de vue de la triple action sur les centres organiques l'orchestre considéré comme un être idéal tripliforme, composé d'instruments corporels (caisses et bois), animiques (cuivres) et intellectuels (cordes), dont le chef d'orchestre est l'esprit ; soit au contraire qu'on s'occupe surtout du rythme et de la mesure ; soit enfin qu'on classe l'action musicale d'après les genres d'individus qu'elle impressionne surtout, et alors nous trouvons, comme grandes lignes, la musique instinctive, représentée par la chansonnette, le bal-musette et le café-concert ; la musique animique, représentée par « le genre éminemment français », depuis la marche militaire et le chant national, modèle du genre, jusqu'à l'opéra comique ; enfin la musique intellectuelle, qui pour le peuple est la romance et pour l'artiste un opéra de Wagner. Chacun de ces genres sera lui-même susceptible d'une triple division.

Or les marches lentes et graves, accompagnées de l'encens comme parfum, doivent être particulièrement étudiées par le magiste au point de vue de l'auto-révélation de l'âme dans la prière.

La poésie, qui est la musique du verbe, doit être aussi bien étudiée à ce point de vue du rythme et des correspondances ; mais nous reviendrons bientôt sur ce sujet. Nous en avons dit assez pour ceux qui voudront travailler par eux-mêmes.

RÉSUMÉ GÉNÉRAL

Il est temps maintenant de résumer tout ce que nous avons dit jusqu'ici concernant l'entraînement de l'homme en groupant les éléments considérés isolément.

La volonté, ayant tout pouvoir sur le choix des substances de l'air inspiré ou des sensations qui pénètrent dans l'être humain, peut modifier les tendances de cet être, soit en exagérant la puissance des forces organiques, soit, au contraire, en diminuant cette puissance. L'emploi des excitants permet d'atteindre rapidement, mais pour un temps très court, des résultats qui ne sont obtenus d'une façon continue que par le travail et l'habitude. Mais cet emploi doit être passager, car l'habitude du travail progressif est excellente, mais l'habitude des excitants est, au contraire, des plus dangereuses.

Possédant bien sa gamme d'aliments et d'excitants, le magiste est placé devant son organisme comme l'artiste devant son piano : suivant qu'il atteindra tel ou tel centre, c'est-à-dire telle ou telle octave, suivant qu'il appuiera sur telle ou telle note, un son différent prendra naissance. Il faut donc bien avoir présent à l'esprit le but à atteindre et l'on pourra ensuite partir sans crainte.

Entraînement de l'Être instinctif.

Avez-vous de la difficulté à réaliser vos idées, alors que vous les concevez facilement ; avez-vous de la peine à vous mettre au travail suivi, alors que le travail d'imagination se fait de lui-même, cela veut dire que le centre intellectuel l'emporte trop dans votre être sur le centre instinctif, et qu'il faut absolument réagir ; car, si un malheur subit ou des nécessités matérielles puissantes ne vous forcent pas à revenir à la vie réelle, vous ne réaliserez jamais rien de solide et vous deviendrez peu à peu un de ces causeurs d'estaminet ou de brasserie artistique qui étonnent leur auditoire par l'originalité et la puissance de leurs idées, mais qui, impuissants à rien bâtir, donnent naissance à cette catégorie de « ratés » envieux qui encombrent les administrations le jour et les brasseries la nuit. Le travail de réalisation est une souffrance qu'il faut s'habituer à supporter progressivement sous peine de mort intellectuelle. Pendant la réalisation, en effet, l'esprit se matérialise, et c'est pour lui une douleur contre laquelle il réagit de toutes ses forces ; et pour vaincre cette douleur il n'existe, à notre connaissance, que deux moyens : 1° l'habitude de toujours réaliser à la même heure ; 2° l'abrutissement conscient, la matérialisation de l'esprit, obtenus par le développement de l'être instinctif.

Aussi est-ce une erreur capitale que de mépriser le corps physique et ses besoins : c'est la source de l'impuissance intellectuelle d'abord, du mysticisme improductif ensuite (qu'il ne faut pas confondre avec l'extase), et de la folie enfin. La nature a donné à l'homme un triple attelage pour se conduire dans la vie, et ce n'est pas en tuant le bœuf de cet attelage, sous prétexte qu'il est trop lent, qu'on arrive à quelque chose ; car alors on perd la possibilité des marches lentes, mais longues et soutenues.

Il faut donc savoir matérialiser son esprit, comme il faut savoir le dynamiser, et l'androgyne hermétique porte sur un de ses bras *coagula* s'il porte sur l'autre *solve*.

Or la faculté de *coaguler* la force nerveuse, nous la possédons, et voici comment :

Aliments.... Aliments lourds et végétaux (Ex. : la choucroute).

Boissons....	(Excitants) Le lait ou la bière.
Respiration.	Lente et peu profonde.
Parfums....	La fumée du tabac.
Sensation...	Contentement du goût.
Musique....	(Facultative) Lente, monotone et facile.
Temps......	L'après-midi ou mieux le soir.

Dans l'état psychique ainsi produit, il est nécessaire d'avoir son plan, son schéma ou son esquisse préparés, car, si l'on veut avoir des idées nouvelles, on perdra son temps.

Certains artistes au tempérament naturellement actif remplacent instinctivement cet entraînement matériel par l'habitude de la régularité du travail à un moment déterminé.

C'est ainsi qu'Emile Zola, dit-on, a pour habitude d'écrire (de réaliser définitivement) cinq à six pages de son œuvre prochaine tous les matins dès son réveil.

Ce moment est en effet celui où l'esprit, sortant du sommeil avec son maximum de force, est le plus calme possible.

Il y aurait des règles particulières à fixer pour chaque classe d'individus ; mais ces détails ne peuvent trouver place ici et nous les renvoyons à un traité plus volumineux que celui-ci.

Entraînement de l'Être animique.

Il existe certains hommes au teint pâle, au regard profond, penseurs remarquables, réalisateurs souvent féconds, mais qui, s'ils ne sont pas défendus contre l'adversité matérielle par une amitié solide ou par une fortune suffisante, ne tardent pas à succomber sous les coups du destin implacable, talents merveilleux détruits dès leur naissance. Ceux-là n'ont pas assez de résistance organique, pas assez d'activité matérielle, et l'origine de cette activité c'est le sang. Combien d'artistes ou de littérateurs de génie rentrent dans ce cas, et Villiers de l'Isle-Adam, pour n'en citer qu'un, fut un exemple malheureux de cette vérité.

Or l'être animique n'est pas assez entraîné chez de tels hommes, et c'est avec raison que les Égyptiens, puis plus tard les Grecs, exigeaient de leurs philosophes les épreuves physiques, dont la préparation était la gymnastique.

La mysticité inhérente à ces natures de rêveurs les porte à exagérer ce caractère, et le végétarisme sentimental ne manque pas d'exercer ses ravages dans de tels milieux intellectuels. L'exercice tout contraire, pour l'individu conscient du maniement de ses forces organiques, est seul le vrai. L'entraînement magique demandant avant tout l'équilibration complète de l'être humain, le premier devoir du magiste est de réaliser en lui l'activité des centres endormis ou affaiblis. Aussi l'entraînement de l'être animique doit-il être l'objet d'un soin tout particulier de la part de l'étudiant sérieux.

La base de cet entraînement est la suivante :

Aliments.... Viandes rôties. Gibier.
Boissons.... (Excitant) Le vin.
Respiration. Rapide et profonde.
Parfums... Musc.
Sensation... Contentement de l'odorat.
Musique.... Marches.
Temps favorable... Immédiatement après les repas.

Quelques jours de cet entraînement suffiront déjà pour montrer à ceux qui s'y prêteront l'utilité des enseignements du magisme. Plusieurs fois nous avons eu l'occasion d'appliquer ces enseignements, et nous avons pu ainsi obtenir en un ou deux mois l'édification d'un ouvrage qui était poursuivie depuis bien longtemps déjà.

Notons encore que ce sont là des règles générales et que c'est du groupement de tous les effets physiologiques précédemment décrits que résulte l'action cherchée. Un ignorant qui, sans se rendre compte de l'action organique des aliments ou des parfums, ouvrirait le traité à cette page, ne manquerait pas d'être étonné que le vin ou le muse aient une influence quelconque sur les idées. Mais nous écrivons le résultat de nos essais pour les chercheurs sérieux, et nous renvoyons les autres à la lecture du « Dragon rouge » et du « Grand Grimoire », bien plus amusante certes que nos élucubrations, trop physiologiques sans doute pour les gens pressés d'évoquer Charlemagne entre la poire et le fromage.

Entrainement de l'Être intellectuel.

Possédez-vous de grosses mains et de gros doigts accompagnés d'une puissance très grande de travail unie à une grande difficulté d'assimilation rapide et de compréhension artistique? Avez-vous cependant *le désir* intense d'affiner votre être intellectuel, de mettre votre travail et jusqu'à votre appétit au service de votre cerveau? fiez-vous à la mémoire, que vous avez excellente, quoique lente au début, et je vous promets une carrière élevée, malgré la longueur du chemin à parcourir. Retenez bien cependant qu'il vous faudra apprendre à vaincre à tout propos les besoins et les appétits qui constituent presque toute votre existence ; qu'il vous faudra surtout dompter à tout jamais ces accès de colère qui vous envahissent à la moindre contrariété ; qu'il vous faudra enfin suivre exactement la gymnastique intellectuelle que nous avons esquissée à propos de la sensation et de la musique.

Ajoutez à cela le régime suivant, comme base de votre entraînement, et dans les six mois je vous promets, d'après les essais faits actuellement, la première vibration de votre âme aux accents de la divine musique.

Aliments..... Fruits et laitage. — Œufs. — Peu de viande. — Sucre.

Boissons..... (Excitants) Le café une fois par jour. — Le thé deux fois en un jour, chaque semaine.

Boisson habituelle. L'eau pure ou très peu coupée de vin.

Respiration.. Lente avec expiration retardée.
Parfums..... L'encens avec entraînements psychiques (prière) fréquents.
Sensation.... L'ouïe doit être développée ainsi que la vue. — Étude attentive et suivie de la musique.
Musique..... Sacrée. — Concerts symphoniques. — Opéra. — Musique allemande moderne (Wagner).
Heure de trav. Toujours à jeun le matin, de 7 h. à 11 h. — L'après-midi, de 5 h. à 7 h. — Réalisation le matin, invention l'après-midi.

BIBLIOGRAPHIE

BALZAC............... *Traité des Excitants modernes*, reproduit dans le journal *Le Voile d'Isis*, 1ʳᵉ année.
BAUDELAIRE........... *Les Paradis artificiels.*
ELIPHAS LÉVI......... *Rituel de la Haute Magie.*
STANISLAS DE GUAITA... *Le Serpent de la Genèse* (p. 360. Le Haschisch).
Dʳ NOBIN-CHUNDER PAUL. *La Philosophie yoga.*
LOUIS LUCAS.......... *La Médecine nouvelle.*

APOLLONIUS DE TYANE

Ce portrait provient des collections particulières d'Eliphas Lévi et devait figurer dans l'histoire de la Magie. (Livre III, chap. II.)

CHAPITRE VI

DE LA MÉDITATION

(Ce qui pense)

A-t-on réfléchi aux nombreuses transformations par lesquelles passe une parcelle d'aliments avant de devenir partie intégrante de l'organisme? Or l'analogie nous enseigne que la sensation, qui n'est en somme que l'aliment de l'être psychique, doit subir aussi de sérieuses transformations avant sa complète assimilation.

Le travail physique peut être considéré sous trois points de vue très généraux : 1° filtration des sensations par les organes des sens et condensation de ce travail pour produire les idées ; 2° fixation des idées ; 3° digestion des idées constituant l'origine de la pensée.

Les organes des sens représentent pour la sensation ce que la bouche, l'estomac, l'intestin représentent pour les aliments, des organes de séparation et de première transformation.

Ces idées une fois produites, analogues au chyle, sont condensées dans la mémoire comme le chyle est condensé (en grande partie) dans le foie. Chardel définit la mémoire une réaction de l'intelligence sur la sensibilité, et les phénomènes de la double conscience et de l'hypnotisme viennent donner un singulier appui à cette définition.

Mais là s'arrête le travail de l'homme impulsif, de l'homme réflexe, dont le type idéal est l'employé de bureau, méticuleux, routinier et sans initiative. Là, par contre, commence l'action du magiste, qui considère la mémoire, si chère aux pédagogues actuels, comme une faculté purement passive.

Quand le chyle a été condensé dans le foie, il n'a pas terminé son évolution : car la circulation s'en empare de nouveau et l'entraîne dans le poumon, où, d'après Louis Lucas, corroboré par les modernes histologistes, certains globules blancs se transforment en globules rouges.

Or dans la circulation psychique, à ce premier travail tout rudimentaire de la filtration et de la fixation des sensations succède un autre travail bien plus compliqué : celui de la digestion des idées produites et emmagasinées. A *ce qui sent* va succéder l'action de *ce qui pense*, action bien plus élevée et à laquelle n'atteignent que quelques-uns d'entre les êtres humains. « Avoir des idées, dit Fabre d'Olivet, c'est sentir ; avoir des pensées c'est créer. »

Or *la méditation* est l'exercice de la pensée : c'est l'origine du développement des facultés latentes en l'homme, *y compris la prophétie et l'extase*.

Le développement spécial de la mémoire que donne l'instruction, telle qu'elle est actuellement faite, n'est pas nécessaire le moins du monde à l'exercice de la méditation, et la prophétie se développera bien plus rapidement en l'âme d'un berger, contemplatif par nature, qu'en l'esprit d'un pédant surchargé de diplômes et de préjugés ridicules.

L'instruction est un outil, un moyen, souvent un danger si elle est incomplète, jamais un but, sauf pour l'Occidental dit « pratique ».

De même que les divers procédés que nous avons décrits jusqu'ici aident à l'entraînement de *ce qui sent* en nous, l'exercice de la méditation développe rapidement et sûrement *ce qui pense*, et c'est là un des effets sur lesquels le magiste doit porter particulièrement son attention.

Mais comment doit-on s'y prendre pour exercer la méditation, me direz-vous ?

Gœthe voulant pénétrer un secret de la nature, touchant l'anatomie philosophique par exemple, prenait le crâne d'un animal quelconque et, s'asseyant à l'écart, dans le jardin, contemplait longuement l'objet de ses recherches. Peu à peu les idées venaient, les rapports, obscurs jusqu'alors, devenaient patents, les analogies se groupaient, et l'existence d'un os intermédiaire entre les maxillaires, l'existence des vertèbres céphaliques devenaient évidentes sous l'influence de la méditation. Edgar Poë, démontrant dans son *Eureka* que la méditation seule a conduit le fondateur de l'astronomie contemporaine à la découverte de ses lois, nous enseigne aussi la voie à suivre; car la vérité se dégage toujours de la contemplation directe de la nature par l'homme qui sait assez s'abstraire pour entendre le langage éternel et simple de la puissance créatrice. Le démon de Socrate n'était-il pas un meilleur guide que tous les codes de morale alors connus?

Si donc vous n'avez pas encore bien compris comment on peut se livrer à la méditation, laissez-moi m'efforcer de vous faciliter la besogne de mon mieux en établissant quelques règles et quelques divisions, bien arbitraires sans doute, mais qui pourront malgré tout être utiles, à mon avis :

1° Le premier exercice psychique auquel on doit se livrer, c'est de remplacer toujours les réponses et les idées purement réflexes, issues uniquement de la mémoire, par des réponses réfléchies et mesurées. Il n'y a pas de plus terrible ennemi des efforts de la méditation que la masse flottante des idées « qu'on sait par cœur », des réponses toutes prêtes données par les livres d'enseignement aux questions élevées qu'on peut journellement être appelé à résoudre. L'individu qui exhibe le nombre d'idées fixées dans sa mémoire pour faire preuve de sa valeur intellectuelle est semblable à celui qui récite de vieux calembourgs pour faire preuve d'esprit.

Aussi la discussion contradictoire et la polémique doivent-elles être évitées soigneusement par l'homme sérieux. Ce sont là des exercices purement inutiles; car on blesse presque toujours ses adversaires, et, l'amour-propre aidant, on transforme les demi-convaincus en ennemis définitifs des idées exposées. L'assentiment intellectuel est une production toute personnelle ; aussi, croyez-moi, laissez les impulsifs discuter à leur aise et sachez garder le silence chaque fois qu'une discussion violente naîtra devant vous. Au besoin, relisez les « vers dorés » de Pythagore ; enseignez, dites votre pensée aussi clairement que possible, mais respectez-vous assez pour ne jamais discuter ; car, encore une fois, c'est là un emploi bien inutile des facultés intellectuelles.

En résumé, le premier exercice de méditation consiste à se rendre compte des idées qu'on exprime et à toujours donner le pas à l'intelligence active sur la mémoire dans le travail psychique.

2° Outre cela, il faut s'habituer à regarder bien plus qu'à voir les faits qui se présentent à nous journellement ; il faut autant que possible chercher toujours à se rendre compte de l'idée *invisible* déguisée sous la sensation visible et matérielle.

Rappelons-nous les enseignements fournis par cette sensation si grossière d'un fiacre passant dans la rue.

Ainsi, de même qu'on n'émettra pas une idée qui n'ait pas été digérée par le travail intellectuel, on n'admettra pas une sensation qui n'ait été arrachée du travail tout réflexe de l'être impulsif pour être livrée au travail conscient de l'esprit. Cet exercice, fait avec assiduité, développe autant la volonté que les pratiques les plus longues et les plus compliquées.

3° Lorsque, par la réflexion apportée dans le travail des sensations, on aura étudié l'invisible qui se dégage du visible, l'idée qui se dégage de la forme, l'ésotérique, comme nous disons, qui se déguise sous l'exotérique, il faut aller plus loin et chercher les rapports des idées entre elles.

C'est là où le maniement de l'analogie jouera un rôle considérable. Telle plante, telle pierre, qui pour le profane n'ont pas de signification, manifestent au magiste les signatures astrales qui relient cette plante ou cette pierre à tel ou tel animal, à telle ou telle position planétaire. C'est là la seule science des « guérisseurs » et des

« sorciers de village », et, aidés par leur foi, ces gens font plus pour les simples que le pédant docteur qui les bafoue sans réflexion ne peut faire avec ses médicaments, cadavres d'éléments fabriqués sans volonté et administrés sans foi ! La magie est la science du rapport des choses, a dit Kircher, et cette définition est merveilleuse, quoique restreinte.

Rechercher *par soi-même* et *en dehors des livres* les analogies naturelles, tel doit être le troisième exercice psychique du magiste.

4° Outre l'application de la méditation aux œuvres de la nature, nous recommanderons aussi vivement les longues stations devant les œuvres d'art. Ces stations doivent être faites autant que possible en dehors des jours ou des heures où la foule est là et dans les moments les plus silencieux. Il est utile de donner plusieurs séances à la méditation d'un seul chef-d'œuvre, sans jamais consacrer une même séance à deux œuvres différentes.

Quand il s'agit d'un ouvrage, il faut agir de même. Consacrer plusieurs séances à la lecture assidue, et la plume à la main, de l'ouvrage en question, sans jamais lire deux œuvres différentes à la fois. Ce procédé, recommandé jadis par Montaigne, n'a rien perdu de sa valeur. Il vaut mieux ne pas entreprendre une lecture et ne pas fatiguer son intelligence inutilement que de la faire à la hâte et sans méditation. Ajoutons cependant que ce procédé doit être appliqué aux chefs-d'œuvre incontestés et que la lecture du « *Petit Journal* » par exemple, qui n'émeut que les réflexes, ne demande aucune dépense d'intelligence, loin de là.

DEUXIÈME PÉRIODE

PSYCHOMÉTRIE — TÉLÉPATHIE

On comprend sans peine que ce sont là des lignes très générales et qui peuvent beaucoup varier touchant les entraînements psychiques préliminaires ; nous arrivons maintenant à quelques pratiques plus difficiles, mais bien plus importantes pour le magiste. Ceux qui éprouvent une certaine difficulté à prendre resolûment une décision, ou même ceux qui veulent pousser assez loin l'entraînement psychique, feront bien d'user de la pratique suivante:

Tous les matins au réveil, et autant que possible au lever du jour, ils s'envelopperont dans une couverture de laine dont un coin sera rabattu sur la tête, et resteront assis dans leur lit, concentrant leur pensée sur les travaux à entreprendre dans la journée et passant en revue leur organisme d'après les impressions fournies par le sens interne. Ils feront cet exercice de méditation d'abord pendant 10, puis 15, puis 20 minutes chaque matin, six fois par semaine. Pendant ce temps la respiration sera lente et profonde. Au bout de quelques jours de pratique de ce procédé, indiqué par F.-Ch. Barlet, un grand bien-être se fait sentir et l'être de volonté prend de plus en plus d'autorité sur l'être impulsif. On peut alors essayer la psychométrie, puis la télépathie.

On s'exerce à la psychométrie autant que possible dans l'obscurité et d'abord avec des lettres de personnes connues, lettres qu'on mélange avant l'opération et qu'on pose, une à une sur le front, en accordant cinq minutes de méditation à chacune d'elles.

Au bout de quelques jours d'exercices les images se précisent, deviennent plus nettes, et la vision ou l'impression des personnes qui ont écrit se manifestent avec plus d'intensité.

On remplace ensuite les lettres par des objets anciens, et les visions des antiques civilisations se présentent au voyant et d'une manière consciente, s'il est assez développé.

On trouvera du reste des détails complémentaires sur la psychométrie, soit dans l'ouvrage du créateur de la méthode, soit dans la revue l'*Initiation*.

Lorsqu'on est arrivé à obtenir quelques résultats satisfaisants par l'emploi de la psychométrie, on peut essayer la communication de pensée à distance, nommée *télépathie* par certains observateurs contemporains.

Deux opérateurs s'appliquent à la méditation à une même heure, à deux points différents. L'un de ces opérateurs pense fortement à une chose, l'autre ressent la pensée du premier. Les Arabes excellent dans ce genre de pratique, grâce à leur habitude de la méditation.

Pour détails complémentaires, voir dans les *Annales des sciences psychiques* les expériences très curieuses de deux hommes de lettres, M. Léon Desbeaux, actuellement directeur de l'Odéon, et M. L. Henrique, l'auteur de « *Amour* », merveilleux drame ésotérique, et aussi nos expériences personnelles entre Paris et Marseille, dans *le voile d'Isis* et dans l'*Initiation*.

Des résultats également très concluants ont été obtenus dans l'étude de la psychométrie au *Groupe indépendant d'études ésotériques*.

DE L'AMOUR

EXCITANT DE L'HOMME DE VOLONTÉ

Il existe des substances, des parfums, des sensations capables d'influencer chacun de nos trois centres organiques ; mais l'être total, l'homme de volonté, l'homme immortel, est-il à l'abri d'une action pareille ? Non certes.

Mais ce n'est plus une substance, ce n'est plus un parfum, ce n'est plus même une sensation quelque élevée qu'elle soit, fût-ce la musique la plus divine, qui peut ébranler l'esprit immortel en sa retraite profonde, c'est quelque chose de pire ou de plus élevé, suivant l'emploi qu'en fait l'être humain : c'est *l'amour*.

L'amour, depuis l'affinité mystérieuse qui pousse l'atome vers l'atome, depuis l'impulsion insensée qui porte l'homme vers la femme aimée à travers tous les obstacles, jusqu'à l'entraînement mystérieux qui jette l'intelligence, affolée d'inconnu, aux pieds de la beauté ou de la vérité, l'amour est le grand mobile de tout être créé agissant en mode d'immortalité, et l'amour a deux voies de réalisation : la génération en bas, l'extase en haut ; car le centre pivotal de l'esprit immortel est le même que le centre de la sphère animique ; le rayon seul est plus étendu.

Voilà pourquoi la magie, considérée synthétiquement, est la science de l'amour, amour des astres pour le soleil ou amour de l'atome pour la force ; voilà pourquoi la femme, prêtresse instinctive de l'amour ici-bas, soit qu'elle agisse en mode lunaire comme mère de famille, soit qu'elle agisse en mode de Vénus comme amante, épouse ou courtisane, la femme est la magicienne née de l'humanité, et telle gardeuse de pourceaux de la veille trône aujourd'hui dans un hôtel luxueux par la vertu magique de son regard servi par les enseignements d'HÉVÉ qui illumine toute femme venant en ce monde.

Or celui qui fuit l'amour ne saura jamais lui résister, et un merveilleux écrivain doublé d'un vrai connaisseur de l'âme humaine, Anatole France, a fort bien exposé cette loi magique dans « Thaïs », où le moine Paphnuce est définitivement terrassé par cette puissance qu'il avait mal comprise.

Aussi l'imprudent qui fait appel à la magie pour suivre sa passion amoureuse n'est qu'un ignorant ou un sot ; car il demande des armes pour combattre au moment même où il s'avoue vaincu. Le magiste ne doit pas être dompté par l'amour plus qu'il ne doit l'ignorer : la chasteté absolue n'est exigée de l'expérimentateur que dans les 40 jours qui précèdent l'œuvre magique.

Mais si le magiste doit pouvoir résister à la colère comme à la haine qu'il sent naître en lui, il doit encore plus pouvoir diriger cette puissance dynamique formidable qu'est l'amour, quand il est mis à même de le rencontrer sur son chemin.

Quand un bel attelage de merveilleux chevaux se présente à vous, au cours de votre route, et que vous avez la faculté de monter dans le char qu'ils traînent et d'abréger ainsi votre chemin, que ferez-vous ? Perdrez-vous votre temps, déjà si précieux, à lutter contre la fougue de ces chevaux en leur barrant la route, ou, vous jetant dans le char, saisirez-vous les guides d'une main sûre pour aller de l'avant ?

Concluez ; car dans la vie le problème se présentera journellement à vous. Vous avez deux dangers à redouter : si vous demeurez sur la route, d'être piétiné par les coursiers, ou tout au moins de perdre votre temps sans aucun profit ; si vous montez dans le char et que vous n'ayez pas l'énergie nécessaire, de voir les chevaux s'emporter. Souvenez-vous que l'audace est la première des qualités requises du magiste après le savoir, et apprenez à résoudre vous-même l'énigme du sphinx. Nous vous avons suffisamment montré la route de notre côté, laissez les chevaux agir, mais tenez bien les guides.

L'homme ne saurait oublier qu'il ne forme qu'un des pôles psychiques de l'humanité, et que son idée ne deviendra dynamique que lorsqu'elle aura été réactionnée par un cerveau féminin. Montrez-moi le réalisateur religieux ayant réussi dans son œuvre sans l'aide des femmes ? Platon, dans le *Banquet*, nous donne la clef de la séparation primitive de l'être humain en deux pôles ; toute la science magique réside dans l'emploi psychique et non physiologique de l'étincelle produite, et c'est là sans contredit la force la plus puissante qu'il soit donné au magicien de connaître et de diriger. Les poètes, ces prophètes de la nature, l'ont toujours enseigné à travers tous les âges. Or ne méprisez jamais les enseignements des poètes, si vous voulez connaître et pratiquer la science éternelle des mages.

Mais à mesure que l'être psychique prend de l'essor, des amours nouvelles se révèlent à l'homme, et la sainte Kabbale nous enseigne que le sage consacrant ses efforts et ses veilles au culte désintéressé de la vérité sera aidé dans ses travaux par la présence de plus en plus perceptible de *l'âme sœur*, entité astrale sacrifiant son évolution personnelle à celle du bien-aimé. C'est là un des arcanes les plus profonds des « mystères de l'amour » ; ceux qui étudieront la Kabbale en pénétreront seuls tout le secret.

Mais à côté de cette poursuite ardente de la vérité, combien d'appétits bas et vulgaires existent, dépensés sous cette étiquette regrettable. Ceux-là qui ont sacrifié toute leur vie à la recherche des plus hauts problèmes qui aient ému jamais l'humanité sont traités de fous et de rêveurs par les autres. Les autres : ce sont ceux pour qui l'étude n'est qu'une chimère qui mène à la fortune et aux situations grassement rétribuées, ce sont ceux qui, mollement installés dans une chaire que leur ont permis d'atteindre les protections et les rentes de leurs parents, critiquent vertement les rêveries de ces bons alchimistes du moyen âge. M. X..., n'a pas assez d'indignation pour flétrir la conduite de Paracelse, indignement calomnié par un élève renégat.

Et quand on voit la carrière de ce merveilleux génie que fut Paracelse, pauvre toute sa vie et sacrifiant toujours les traitements au culte de la vérité, voyageant à pied toute l'Europe et une partie de l'Asie pour arracher leurs secrets aux quelques centres d'initiation subsistant encore, et, fort du génie qu'il avait enfermé dans le pommeau de son épée, faisant des cures miraculeuses et brûlant devant son auditoire les livres de l'enseignement officiel, enfin mourant aussi misérable que glorieux, et crucifié depuis en chaque exemplaire de chaque dictionnaire « historique »; quand on voit cela, ce n'est pas devant M. X..., malgré ses 12.000 fr. de traitement, qu'on a envie de s'agenouiller; car M. X..., c'est la courtisane de la vérité vendant ses études, comme la courtisane vend ses caresses... au plus offrant et dernier enchérisseur.

Or s'il se trouve à travers les âges des savants réels comme Bichat ou Claude Bernard, combien cela suppose-t-il de MM. X..., critiques acerbes et ennemis jurés de toute innovation et de tout progrès?

Or, de même que le grand savoir de l'homme du monde consiste à distinguer les amoureuses des vendeuses d'amour, le premier devoir du magiste consiste à reconnaître l'amour véritable partout où il se manifeste, comme à démasquer sans pitié les vendeurs qui déshonorent le parvis de ce temple, le plus sacré de tous, car il a permis la manifestation de deux grandes figures du christianisme : Madeleine et sainte Thérèse.

DES OBSTACLES

RÉACTION DE L'ÊTRE IMPULSIF

Il ne faut pas croire cependant que l'action volontaire dans une sphère quelconque soit aussi facile à accomplir qu'on se le figure tout d'abord.

Chaque affirmation de la puissance de la volonté est en effet précédée et surtout suivie d'une réaction en sens contraire de la part de l'être impulsif, réaction si énergique parfois que l'individu tout disposé à agir est envahi par un découragement et une lassitude tels qu'il remet son action au lendemain, au grand détriment de sa puissance volitive.

En effet, le travail intellectuel ne peut s'obtenir qu'au prix de la soumission absolue de l'homme impulsif à l'homme de volonté, pour quelques instants. Mais un entraînement tout particulier est nécessaire à cet effet, sous peine d'impuissance complète dans la réalisation.

Ces choses paraîtront naïves ou paradoxales aux individus peu habitués à l'action personnelle et surtout à la réalisation ; mais il n'est pas un artiste, pas un écrivain qui n'ait senti naître en lui les phénomènes dont nous allons parler[1].

Supposons en effet qu'après des atermoiements successifs, après des crises de paresse et de pessimisme, vous soyez enfin attelé à votre travail de réalisation intellectuelle. Vous vous figurez que l'effort de volonté que vous avez dépensé pour en arriver là est le seul nécessaire et que, maintenant, tout va marcher sans encombre.

Mais à peine êtes-vous sur le point d'écrire ou de des

---

[1] Là, devant la feuille blanche, quand on arrive avec son idée, indécise, vague, flottante, et qu'il faut couvrir cette feuille de papier de pattes de mouches noires donnant une solidification exacte, logique, rigoureuse, au brouillard de votre cervelle, les premières heures sont vraiment dures, sont vraiment douloureuses.
(DE GONCOURT, *Mémoires. Echo de Paris*, du 5 décembre 1891.)

siner qu'un immense besoin de sortir et de marcher s'empare de votre être. Il vous semble que, dehors, l'idée actuellement quelque peu obscure va se préciser. Ce besoin prend bientôt une telle importance que, si vous n'êtes pas instinctivement habitué, vous vous levez, vous laissez là votre travail, et vous sortez. Vous avez succombé au piège tendu par l'être impulsif, que le repos physique accablait, et bien entendu votre idée n'est pas plus claire qu'auparavant, loin de là. Dans ce cas c'est le centre instinctif, dont la marche est le moyen d'action caractéristique, qui a trompé votre vigilance.

Supposons cependant que vous connaissiez déjà ce piège et qu'au lieu de céder, votre volonté se tende au contraire davantage vers l'effort à accomplir. Alors l'action de l'être impulsif se manifeste d'une autre façon.

Le besoin d'action physique disparaît comme par enchantement et une soif assez vive se fait sentir progressivement, à mesure que le travail cérébral s'accentue. Encore un piège du centre instinctif ; car chaque gorgée de liquide absorbée entraîne une partie de la force nerveuse en ce moment dans le cerveau et reculera d'un peu la réalisation projetée.

Mais vous dominez encore cette sensation et la plume écrit enfin sur le papier. C'est alors que les autres centres impulsifs entrent en action. Les besoins physiques se taisent ; mais les émotions sentimentales viennent les remplacer. Les images des luttes passées, des affections d'autrefois, des ambitions de demain se dessinent peu à peu, et une force en apparence invincible vous pousse à laisser tomber la plume, à vous renverser en arrière, et à laisser aller votre esprit à la douceur mélancolique ou à l'ardeur impétueuse des rêveries qui s'ébauchent. Combien de jeunes réalisateurs peu aguerris se laissent prendre à la tentation, et combien de fois l'œuvre reste-t-elle encore une fois en suspens ! Et nous ne parlons pas de l'action combinée du besoin d'activité et des sentiments qui s'ajoute souvent à ces deux impulsions isolées. Ce sont là des réactions que chaque auteur croit personnelles et qui ne sont dominées que par une habitude instinctive de régularité très grande dans le travail ou par l'âge ; car ces réactions sont causées par la sphère animique.

Il nous reste maintenant à décrire le plus dangereux des pièges à éviter, celui auquel se font prendre à coup sûr presque tous ceux qui ont su résister aux précédentes réactions.

Quand le réalisateur a su résister au besoin d'action, d'aliments ou d'excitants, à la colère, à l'énervement, aux émotions sentimentales et qu'il poursuit sa route opiniâtrement, il s'arrête tout à coup illuminé d'une idée merveilleuse, jusque-là inaperçue, et qui va lui ouvrir de grandioses horizons encore inexplorés. Après cette idée une autre encore, puis une série, et tout cela est tellement inespéré, tellement ravissant, que vite on se jette sur son papier ou sur sa toile et l'on prend fiévreusement des notes... éloigné progressivement de son sujet. Quand on revient à soi, le cerveau, fatigué par l'effort qu'il vient d'accomplir, n'a plus la force d'aller plus loin. On range soigneusement les notes précieuses qu'on vient de prendre, et c'est ainsi qu'on emplit chaque jour ses tiroirs de notes et qu'on ne peut jamais venir à bout d'écrire son œuvre. C'est là en effet le mode de réaction de la sphère intellectuelle, qui, ne voulant pas se plier au despotisme de la volonté qui la contraint pour un moment à l'immobilité, tente l'esprit de l'auteur par la beauté de ses idées et secoue bientôt tout à fait le joug de la puissance qui la tenait en respect tout à l'heure.

La connaissance de ces réactions de l'être impulsif est des plus utiles, car c'est là le moyen de les éviter. En effet, la patience et l'opiniâtreté opposées à cet être impulsif permettent d'atteindre vivement et sûrement le but qu'on s'est fixé et le réalisateur ne doit pas perdre un instant de vue la fin qu'il poursuit : rappelez-vous la légende des sirènes, dans l'antiquité.

BIBLIOGRAPHIE

Pour la partie artistique :
- ANATOLE FRANCE.... *Thaïs*, 1 vol. in-18.
- EMILE MICHELET...... *L'Ésotérisme dans l'art*, in-18, 1890. *Conférences ésotériques*.
- DE GONCOURT........ *Mémoires*.

Pour la science occulte :
- PAPUS............... *Traité méthodique de science occulte*, p. 21.
- WILLIM DENTON...... *The soul of Things*.
- LOUIS DRINHART...... *Psychométrie*, Brunschwig, 1891.
- YVON LE LOUP........ *La Psychométrie* (Initiation n° 6, 5ᵉ année, mars 1892).
- GURNEY ET MYERS.... *Les Hallucinations télépathiques*, Alcan, 1892, in-vol. in-8°.

CHAPITRE VII

RÉALISATION DE LA VOLONTÉ.

La philosophie classique a le singulier mérite d'avoir choisi, comme base de ses affirmations touchant l'âme humaine, un ternaire qui répond en tous points aux enseignements de l'occultisme : ce qui sent, ou sensibilité ; ce qui pense, ou intelligence ; ce qui veut, ou volonté.

Nous avons vu comment un entraînement spécial permet de développer en l'homme ce qui sent et ce qui pense ; il nous reste à considérer la dernière partie de notre étude. Le développement de la volonté commencé par les divers exercices physiologiques ou psychiques dont nous avons déjà parlé se réalise dans l'entraînement des organes d'expression de l'homme, qui sont au nombre de quatre : le regard, le verbe, le geste, et la marche ou action générale. Or la magie, considérant par dessus tout les marques extérieures des rapports occultes des choses, attribue à chacun de ces organes d'expression divers instruments symboliques dont la connaissance est indispensable pour l'étudiant. Ainsi les miroirs magiques servent surtout à l'éducation du regard, le bâton magnétique et l'épée à l'éducation du geste, de même que les figures pantaculaires, vulgairement appelées talismans. Enfin les cercles et les marches concourent à l'éducation du dernier des organes d'expression de l'homme. Nous allons avoir à nous occuper maintenant de ces divers ordres d'entraînement.

DE L'ÉDUCATION DU REGARD

MIROIRS MAGIQUES. — MAGNÉTISME.

Les miroirs magiques sont essentiellement des organes de condensation de la lumière astrale ; aussi le charbon, le cristal, le verre et les métaux pourront-ils être employés dans leur construction suivant l'usage qu'on en veut faire.

Sans nous occuper ici des diverses opérations qui concourent à la consécration rituelle d'un miroir magique, nous allons traiter surtout de la construction matérielle et des effets produits par ce genre d'objets.

Le plus simple des miroirs magiques est un verre *de cristal* rempli d'eau pure. On place un verre sur une nappe blanche et on dispose une lumière derrière ce verre.

Avec ce dispositif rudimentaire nous avons pu obtenir des résultats très intéressants. C'est ainsi que, voulant convaincre un sceptique, nous avons fait fixer par un de ses enfants, une jeune fille, le centre du verre d'eau, en tenant notre main droite sur la tête de l'enfant. La jeune voyante a immédiatement décrit une scène se passant assez loin de là et, vérification faite, tout se trouva exact.

Nous avons même expérimenté ce procédé, dévoilé par Cagliostro, sur des femmes absolument réfractaires à l'hypnotisme, et nous avons pu obtenir des résultats immédiats aussi probants que curieux. Dans ce cas il faut faire une consécration rapide du miroir et un appel à ANAEL d'après le rituel décrit dans la troisième partie. Les résultats gagnent beaucoup en rapidité et en intensité.

Mais il existe une autre catégorie de miroirs employés par les magiciens arabes et très faciles à exécuter. Il suffit en effet de noircir avec du cirage l'ongle du pouce d'un enfant assez nerveux, en faisant l'évocation prescrite et en brûlant les parfums convenables à l'heure ou au jour de l'opération, pour obtenir des résultats satisfaisants.

On peut aussi noircir plus ou moins complètement

avec du charbon, ou mieux avec du fusain, un carré de papier à grains (papier à dessin), pour obtenir un excellent miroir, susceptible d'impressionner des sujets quelque peu nerveux.

Les voyageurs ont décrit plusieurs miroirs magiques employés en Orient[1].

Nous avons personnellement expérimenté un miroir magique rapporté de l'Inde et qui est formé d'une boule de cristal réfléchissant la lumière. Au-dessous de cette boule de cristal est un petit compartiment destiné à recevoir l'objet au sujet duquel on désire consulter la voyante. Les expériences faites avec des sujets hypnotiques ordinaires ont donné de très curieux résultats.

En résumé, tous ces miroirs ont pour unique effet de concentrer en un point une parcelle de lumière astrale et de mettre la vie individualisée en chacun de nous en rapport direct avec la vie universelle, conservatrice des formes.

Il ne faut pas se figurer qu'il suffit de regarder dans un miroir magique pour se distraire un peu après dîner et qu'on verra aussitôt apparaître les formes évoquées. Les opérations magiques, même les plus futiles, demandent une grande tension d'esprit, un calme absolu, et surtout un sentiment profond de la difficulté de la tâche entreprise. C'est donc par l'entraînement progressif qu'on s'habituera à la vision dans le miroir, et ici quelques conseils sont nécessaires pour l'opérateur.

Supposant donc que l'expérience est faite avec le calme et le recueillement nécessaires, voici les obstacles à vaincre. Quand on a regardé fixement pendant quelques instants le centre du miroir, on sent un picotement caractéristique dans les yeux et l'on est souvent forcé de fermer momentanément les paupières et, par suite, de détruire tous les efforts faits jusque-là. Le clignement des paupières est dû à l'être impulsif et est purement réflexe ; aussi faut-il le combattre par la volonté et c'est une affaire de quelques jours seulement, en faisant chaque

---

[1] Voy. Un Badaud *Coup d'œil sur la Magie*, Dentu, 1892.

jour une séance de vingt minutes au maximum. Au moment donc où se sent le picotement caractéristique des yeux, il faut tendre sa volonté pour empêcher les paupières de se fermer, et on y arrive assez vite, nous l'avons dit.

Ce premier résultat étant obtenu, on verra d'abord le miroir prendre une teinte différente de celle qu'il présente habituellement, des effluves rouges, puis bleuâtres et semblables aux effluves électriques se montreront, et c'est alors seulement que les formes apparaîtront. On trouvera dans la 3ᵉ partie tous les détails complémentaires au point de vue des parfums et de la consécration. Les chercheurs studieux pourront aussi lire avec fruit le chapitre consacré par *Cahagnet*, dans sa *Magie magnétique*, aux miroirs magiques et à leur fabrication.

Ce que nous avons dit touchant l'éducation du regard dans le sens de la fixité à obtenir s'applique exactement aux procédés magnétiques de *fascination*. Dans ce dernier cas l'œil du fasciné agit comme miroir et reçoit les impulsions fluidiques émanées de l'œil du fascinateur. Le véritable magnétisme exige une autre pratique que celle de l'émission du fluide ; c'est sa *condensation*, son accumulation autour du magnétiseur. C'est là le seul secret des guérisons obtenues par l'usage de *l'amour* de *l'humanité* en se rappelant qu'on peut vouloir de deux façons : soit en émettant une grande quantité de fluide en plissant le front et en prenant un air farouche, c'est le procédé *répulsif*, ou tout au plus pour se défendre contre une attaque d'êtres psychiques ; soit au contraire en *désirant avec intensité* le résultat à obtenir. Il y a alors attraction de fluide vers le magnétiseur, qui n'a plus qu'à le renvoyer après l'avoir dynamisé. En espagnol *querer* veut dire en même temps aimer et vouloir ; c'est toute la clef du magnétisme dit curatif. On doit magnétiser plus avec le cœur, qu'avec la tête, image peut-être un peu grossière, mais qui répond strictement à la réalité des faits. Nous reparlerons sans doute encore du *désir* et de sa puissance bien plus grande que celle de l'impulsion volitive brutale.

LE VERBE

On sait la place que tient dans la science actuelle l'étude des vibrations ; mais cette étude a été portée presque exclusivement dans le domaine des faits physiques et c'est à peine si les captivantes conceptions de Camille Flammarion ont attiré l'attention sur les résultats psychiques qu'on peut obtenir de ces études. Or la science occulte enseigne que toute vibration du plan physique détermine des changements d'état particuliers dans le plan astral et dans le plan psychique ; c'est en se rendant bien compte de cette affirmation et de ses résultats qu'on peut concevoir l'influence considérable qu'exerce le verbe humain sur tous les plans de la nature.

L'émission du verbe comprend en effet trois effets simultanés.

1° L'émission d'un son mettant en action le plan physique de la nature.

2° L'émission d'une certaine quantité de fluide vital mettant en action le plan astral.

3° La libération et la création d'une entité psychique qui est *l'idée*, à laquelle le son donne un corps et l'articulation donne la vie. Chaque idée ainsi réalisée et manifestée dans le monde matériel agit pendant un certain temps comme un être véritable, puis s'éteint et disparaît progressivement, du moins dans le plan physique. La durée d'action de cette idée dépend de la tension cérébrale avec laquelle elle a été émise, c'est-à-dire de la quantité de vitalité dont elle a été revêtue. Dans certains cas, l'homme tout entier sacrifie sa vie particulière au bénéfice de l'idée qu'il défend, et alors se créent en astral et surtout dans le monde divin des courants d'une puissance considérable. C'est là qu'il faut chercher la véritable influence des persécutions et des martyrs sur l'avenir des doctrines philosophiques ou religieuses.

Le verbe est l'instrument de génération de l'esprit, et cette vérité, proclamée par Malfatti de Montereggio en 1839, a été remise au jour et éclairée davantage encore grâce aux travaux contemporains de M. Vurgey sur l'anatomie philosophique. Une vieille légende chrétienne enseigne du reste que le diable est incapable de saisir les pensées tant qu'elles n'ont pas été matérialisées par la parole.

Il existe une science du verbe synthétisée en quelques noms et soigneusement conservée par les deux initiations : l'orientale, avec ses *mantras* en langue sanscrite ; l'occidentale, avec ses formules kabbalistiques en langue hébraïque. La seconde, plus conforme à notre esprit, nous intéresse seule pour l'instant.

Les étudiants tant soit peu avancés en science occulte connaissent assez la kabbale que nous avons particulièrement étudiée, pour qu'il soit inutile de revenir sur ce sujet.

Qu'il suffise de se rappeler que les kabbalistes, généralement fort experts en Magie, attribuent une influence particulière aux mots hébraïques dans les opérations sur l'astral. C'est de là que viennent tous ces mots, souvent écorchés dans les grimoires, et qu'on trouve répandus dans les conjurations et les oraisons.

Nous allons simplement résumer les noms les plus importants à bien connaître pour opérer suivant les rites établis. Ces noms, simples vêtements d'idées sublimes, sont le plus souvent des formules synthétiques rappelant aux êtres de l'astral la science de l'homme. De plus, l'opérateur dynamise ses formules de toute la foi que lui donnent la réussite des expériences précédemment tentées soit par les maîtres, soit par lui-même. De là une projection fluidique considérable surtout chez l'ignorant sorcier du village, qui a une confiance d'autant plus inébranlable dans ses formules qu'il en saisit moins le sens. Aussi ce sorcier, possesseur d'une recette vulgaire ou d'une phrase hébraïque banale, obtiendra-t-il souvent des résultats remarquables, non pas à cause du mot hébraïque, simple corps de son émanation volitive, mais bien à cause de l'intensité vitale dont son imagination revêt le verbe émis par lui.

L'entraînement de la parole est donc du plus haut

intérêt pour le magiste, et les règles de cet entraînement sont implicitement contenues dans le rituel de la prière, tel que nous le donnerons dans la troisième partie.

Qu'il suffise pour l'instant de se rappeler que la seule difficulté qu'on pourrait rencontrer dans la pratique c'est d'avoir la parole coupée par une violente émotion ; aussi le magiste doit-il être assez maître de son être impulsif pour éviter cet accident qui pourrait avoir de funestes conséquences. L'entraînement personnel portera donc surtout sur ce point.

LE GESTE

Le regard et le verbe, considérés comme organes d'expression, ont le grand défaut de n'être point permanents. Voilà la principale raison d'être de l'importance exceptionnelle du geste, considéré comme l'organe de fixation des idées. C'est en effet par des transformations plus ou moins grandes du geste que naissent le dessin, l'écriture, la peinture, la sculpture, et tous les arts qui laissent aux générations futures une empreinte permanente de leurs réalisations. L'écriture n'est en somme que la matérialisation des idées, ainsi que le dessin. Or ceux qui ont quelque peu étudié la science occulte savent que les formes existent en essence en astral avant d'être réalisées sur le plan physique ; ce qui veut dire que tout ce qui peuple le plan astral n'est impressionné que par les formes des êtres physiques, origine future de ces êtres eux-mêmes. Voilà pourquoi l'image synthétique d'une puissance physique, le schéma de cette puissance, correspondant directement au plan astral, aura une influence très marquée sur les êtres qui peuplent ce plan.

Par exemple, un être humain dont la volonté est assez développée n'impressionne pas une intelligence astrale comme il impressionnerait un homme physique. L'homme, tel qu'il est sur la terre, est perçu par les autres hommes au moyen des yeux, organes tout physiques. On voit ses habits, la couleur de ses cheveux, son maintien ; mais, à moins d'habitude et d'inductions, on n'a aucune perception de son être moral. Au contraire, à l'état astral on ne perçoit que cet être moral, et l'homme apparaît alors comme un être plus ou moins lumineux, suivant son élévation psychique, formé de lignes fluidiques de diverses couleurs, dont l'ensemble représente assez bien la figure du *pentagramme magique*.

Quand on présente donc un pentagramme à une puissance de l'astral mise à même, grâce aux fluides vitaux terrestres, de percevoir cette figure, la puissance astrale est impressionnée aussi fortement que si elle avait devant elle un homme de grande volonté, car la perception est identique puisqu'on ne perçoit que des schémas synthétiques dans ce plan.

Telle est l'origine des signes bizarres appelés *signatures planétaires* ou *angéliques* et qu'on retrouve figurés sur la plupart des talismans, ce sont des résumés synthétiques de lois morales de la plus haute importance. Cela paraîtra sans doute bien paradoxal, bien étrange, à beaucoup de lecteurs peu au courant de l'occultisme, mais les expériences que nous avons faites depuis trois ans sur les sujets hypnotiques et les résultats obtenus d'autre part nous suffisent pour maintenir nos affirmations. Dans une cinquantaine d'années on connaîtra aussi bien ces forces astrales qu'on connaît aujourd'hui la chaleur, et alors on verra bien si les enseignements secrets de la Kabbale sont des mensonges ridicules ou, au contraire, l'expression de vérités incompréhensibles aux profanes.

Mais un geste, pour agir sur l'astral, n'a pas besoin d'être fixé sur une substance physique, et le signe de la croix, figuré par un simple mouvement de la main comme on l'enseigne aux chrétiens, est un talisman d'une singulière puissance quand il est exécuté avec volonté et avec grande foi ; car c'est le résumé de l'union de l'homme et de Dieu pour lutter contre les impulsions de la substantialité.

Aussi la magie met-elle à la disposition du disciple une série d'instruments destinés à appuyer son geste, instruments dont nous allons dire quelques mots, les détails techniques de fabrication et de consécration étant contenus dans la troisième partie.

La baguette magique.

Pour indiquer et pour diriger la projection de sa volonté, le magiste possède un instrument formé de bois et de fer magnétique qu'on appelle le *bâton* ou *baguette magique*.

Cette baguette n'a d'autre but que de condenser une grande quantité de fluide émané de l'opérateur ou des substances disposées par lui à cet effet, et de diriger la projection de ce fluide sur un point déterminé. C'est le soutien de la force astrale condensée par l'opérateur autour de lui, et cet instrument facilite beaucoup les expériences.

Mais par lui-même il n'a aucun pouvoir mystérieux et ne subit que les réactions des forces physiques ; aussi les gens qui se figurent qu'il suffit de posséder une baguette magique pour opérer des phénomènes magiques sont semblables aux ignorants qui croient qu'il suffit de se procurer une belle flûte pour en jouer... Il faut avant tout savoir se servir de l'instrument de musique et un bon musicien saura vous ravir avec une flûte de deux sous. De même un opérateur expert pourra prendre comme soutien fluidique n'importe quelle baguette formée d'une substance isolante ; car c'est là tout le secret.

L'épée.

La baguette sert donc à agir sur l'astral, aussi est-elle formée d'anneaux et de masses métalliques ne présentant aucune pointe. Il n'en est pas de même de l'épée. L'épée magique a pour but de servir à la défense de l'opérateur, et la pointe qui la termine lui donne toute sa qualité. Voilà pourquoi Paracelse avait remplacé l'épée par un trident ; voilà pourquoi un vieux clou emmanché dans un morceau de bois peut à la rigueur tenir lieu de la plus belle et de la plus précieuse des épées magiques, ainsi que nous le montre l'histoire du sorcier de Cideville.

Les conglomérats fluidiques formés par l'union d'une puissance astrale agissant comme âme avec les fluides vitaux ambiants agissant comme corps, ont une très grande analogie avec les conglomérats électriques. L'astral ne peut agir sur le physique qu'au moyen des fluides de la vie physique, nous pourrions dire de l'électricité vitale. Aussi quand l'opérateur présume que la puissance astrale qui se présente à lui veut abuser de sa force pour agir à l'encontre du but poursuivi, cet opérateur n'a d'autre détermination à prendre que de présenter la pointe de son épée à l'être fluidique qui se présente. La pointe métallique soutire instantanément les fluides astro-électriques qui formaient le corps de l'être doué de mauvaises intentions et cet être est soudainement privé de tous ses moyens d'action sur le plan physique. Il va sans dire que des grains de plomb violemment lancés par un fusil ou même une balle de révolver agissent à peu près de la même façon, ainsi que le prouve maints récits entr'autres celui publié par le comte de Larmandie (*Eoraka*, p. 135) ou le suivant tiré de l'*Initiation* (avril 1893).

Dissolution d'une larve par une pointe d'acier.—Répercussion sur le corps physique de la sorcière.

« Les faits suivants m'ont paru dignes d'attention, parce qu'ils m'ont permis de chercher une explication du phénomène de l'apparition lumineuse cité dans le n° 5 (février).

« Je tiens à dire d'avance qu'en fait de conclusions je ne ferai qu'émettre une hypothèse.

« Comme je l'ai dit précédemment, la population de P. se composait de vingt-six personnes, demeurant dans six maisons. Je n'avais pas fait mention d'une septième maison, qui se trouvait au milieu du village et qui, avec la ferme, était devenue propriété de mes parents. Cette maison était inhabitée. A côté d'elle était située une maisonnette, espèce de cabane plutôt, et habitée par une femme vivant seule. Cette femme B. était dans toute la contrée réputée comme sorcière! Les paysans lui attribuaient toute sorte de pouvoirs occultes, à commencer par savoir faire disparaître presque instantanément des durillons, jusqu'aux plus noirs des maléfices, tels que jeter le sort, provoquer des maladies des bestiaux, faire avorter les vaches, etc.

« J'ai eu l'occasion de voir cette femme pour la première fois quelques mois après que mes parents se furent fixés à P., pendant les vacances.

« La femme B. venait régulièrement tous les samedis à la ferme pour acheter des œufs, du beurre et des fromages, lesquels elle revendait au marché dans les environs.

« C'était une personne âgée de quarante à quarante-cinq ans, petite, trapue, un peu grassouillette, avec une figure désagréable, sans être laide. La bouche large, avec des lèvres assez épaisses, était tracée un peu de travers, s'abaissant du côté droit ; le nez court et gros, aux narines largement ouvertes, le front très bas, et les cheveux châtain-foncé qui commençaient à grisonner. Ses yeux étaient d'une particularité remarquable : ils n'étaient pas de couleurs égales. Petits, d'un vif perçant, l'œil droit était de couleur grise ; l'œil gauche, en sa partie supérieure, était bleu très clair, verdâtre ; la partie inférieure était brun foncé.

« J'étais au courant des histoires qui circulaient sur cette personne, et, sans y prêter la moindre attention, je l'observais néanmoins avec quelque curiosité.

« Je dois ici intercaler un détail dont l'importance se dégagera par la suite.

« Lorsque mes parents avaient fait acquisition de la ferme, celle-ci, appartenant à un grand seigneur autrichien, était administrée par une sorte de régisseur, paysan sans aucune instruction et qui, de notoriété publique, était sous la domination de la femme B. L'exploitation de la ferme n'apportait aucun bénéfice à son propriétaire ; c'est pourquoi cette ferme avait été vendue. Dans la vente étaient inclus tous les animaux, y compris un chien. C'était un chien berger de grande taille, au poil roux, bon gardien la nuit, mais qui, dans la journée, était absolument inoffensif. Toutefois, le chien n'était guère familier avec d'autres personnes en dehors des membres de la famille ; il avait surtout une affection remarquable pour moi.

« Ce chien avait des yeux particuliers : l'œil droit était de couleur grise ; l'œil gauche, en sa partie supérieure, était bleu très clair, verdâtre ; la partie inférieure était brun foncé. En un mot, le chien avait des yeux identiques à ceux de la femme B. En outre, l'animal, qui ordinairement n'était pas du tout méchant, était d'une animosité extraordinaire envers cette personne. Le jour où B. venait à la ferme, on devait avoir soin de mettre le chien à la chaîne. Il aboyait furieusement, il hurlait, et n'arrêtait pas jusqu'à ce que B. fût sortie. Le chien avait fini par savoir le jour où B. venait faire ses achats, et dès le matin il se montrait de mauvaise humeur et cherchait à se soustraire à ce qu'on l'attachât.

« Les causes de cette animosité étaient inconnues. La femme B., à qui j'avais demandé un jour si elle aurait peut-être dans le temps fait du mal au chien, niait cela et répondait seulement que c'était une méchante bête, qui un jour fera encore du mal à quelqu'un si on ne s'en débarrassait pas à temps. Il est à remarquer que le chien, en dehors de la maison, avait peur de B. ; il s'enfuyait de loin, s'il la voyait sur la route.

« A la ferme, on s'était habitué à ses caprices et on n'y faisait plus autrement attention, quitte à le mettre à la chaîne tous les samedis matin.

« Au mois d'août 1876, quelques jours après l'apparition de la *lanterne*, la veille de mon départ pour mon régiment, j'allai faire une promenade en compagnie de M. N. déjà nommé. Le chien nous suivit comme d'habitude. Nous nous dirigeâmes vers la maison inhabitée, où je voulais entrer en passant pour voir quelques bric-à-brac qui s'y trouvaient au grenier.

« Comme je l'ai mentionné, la femme B. demeurait à côté.

« B. avait dû nous voir entrer. Lorsque, une demi-heure après, nous sortîmes, B. était à sa porte, appuyée contre le mur. Le chien suivait derrière nous. A peine sorti du couloir, il poussa un cri, absolument comme un chien qu'on aurait frappé d'un bon coup à l'improviste, et s'enfuit à toutes jambes dans la direction de la ferme. M. N. et moi, nous regardâmes avec surprise pendant quelques instants le chien courir, lorsque la femme B., qui toujours était restée à sa porte à côté de nous, sans que nous y fassions attention, se mit à rire.

« Je me retournai vers elle ; j'étais très vexé, sans savoir pourquoi. Ne sachant que dire, je fis demi-tour dans l'intention d'aller chercher le chien. Mais celui-ci s'était arrêté à une centaine de mètres peut-être et nous regardait. Nous restions là où nous étions et je l'appelai en sifflant après lui. Le chien obéissait à mes appels réitérés. Il commençait à s'approcher lentement, les oreilles basses, la queue entre les jambes, en s'arrêtant pour ainsi dire à chaque pas et en se couchant par terre. Au fur et à mesure qu'il se rapprochait plus près de nous, en entendant ma voix (je lui causais tout le temps), il devenait visiblement plus hardi. Le chien était arrivé à une douzaine de mètres environ. Il se couchait par terre et se mettait à gronder sourdement. Je l'appelai avec insistance. Il ne bougeait pas, mais sa colère semblait augmenter.

« J'avais un sentiment qu'il allait se passer quelque chose (M. N. me disait plus tard qu'il se trouvait presque mal). Instinctivement, je jetai un regard sur la femme B. et je fus frappé de l'expression dure et haineuse de son visage, dont l'aspect avait complètement changé. Je n'ai jamais oublié l'expression étrangement méchante de cette figure, ainsi que la colère intense et déraisonnée qui m'envahissait moi-même en ce moment.

« J'appelai le chien d'un ton bref, sec ; j'avais la certitude qu'il s'approcherait. L'animal se dressa, les oreilles debout, les yeux étincelants ; puis, en poussant un hurlement furieux, il se jeta en quelques bonds contre la porte de la cabane. La femme B., au moment où le chien s'élança, s'était retirée précipitamment et avait jeté derrière elle la porte avec fracas.

« Le chien, debout contre la porte, hurlait et grattait furieusement contre celle-ci, comme s'il eût voulu forcer l'entrée. J'eus beaucoup de peine à lui faire quitter la place ; il nous fallut tous les deux le prendre par le collier et le traîner ainsi jusqu'à la maison.

« M. N. et moi, nous n'étions plus disposés à sortir, et nous discutâmes longuement l'attitude bizarre de la femme et du chien, en nous perdant dans les conjectures.

« Le lendemain, je partis pour ma garnison.

« Fin décembre, j'obtins un nouveau congé à l'occasion du nouvel an et je rentrai chez nous à P.

« Comme la place, à la maison, était limitée et toutes les chambres occupées (des parents étaient venus nous voir), je me fis monter un lit dans la maison vide au village.

« Je m'y rendis vers 11 heures du soir, accompagné de la bonne, qui m'apportait de l'eau, des serviettes, etc. Notre chien berger me suivait. La bonne, après avoir arrangé le lit, partit en emmenant le chien avec elle.

« La chambre où je couchais était au premier. On y arrivait par un couloir sur lequel donnait la porte d'une première chambre. Cette chambre était vide, complètement dépourvue de meubles. Elle était, par une seconde porte en face de la première, en communication avec ma chambre à coucher. Mon lit était dressé dans le coin, à côté de la porte de communication des deux chambres et de sorte que cette porte, qui s'ouvrait en tournant dans ma chambre, touchait, quand elle était ouverte, le pied du lit.

« Après le départ de la bonne, je fermai à clef la porte d'en bas de la maison et je montai. Je fermai derrière moi la porte de la première chambre, mais pas à clef, et j'entrai dans ma chambre à coucher en laissant la porte à demi ouverte ; celle-ci était appuyée contre le pied de mon lit

« Je me déshabillai (j'étais en uniforme) en appuyant mon sabre de cavalerie contre une chaise qui me servait de table de nuit. Je me couchai et je soufflai ma bougie.

« Dès que j'eus éteint la lumière, j'entendis un grattement très fort à la porte de la première chambre.

C'était un bruit identique à celui que produit un chien qui gratte à une porte pour entrer ou sortir. Seulement le grattement que j'entendais était un grattement très intense, comme si le chien eût voulu forcer la porte.

Le premier moment de surprise passé, je pensai que notre chien était resté dans la maison ; pourtant le grattement me paraissait être produit contre *le côté intérieur* de la porte de la première chambre et non pas venant du côté du couloir. J'appelai à plusieurs reprises le chien par son nom « Sokol. » Pour toute réponse, le bruit augmentait encore.

« Comme je l'ai dit plus haut, j'avais laissé la porte de communication entre les deux chambres ouverte. Cette porte, qui s'appuyait contre le pied du lit, je pouvais l'atteindre avec mes pieds. D'un mouvement brusque, je poussai avec mon pied droit violemment la porte qui se ferma avec fracas. Au même instant, le grattement se produisit avec une violence extrême contre cette porte, du côté de la première chambre.

« Je dois avouer que, après avoir appelé inutilement le chien et le bruit étrange s'accentuant encore, je fus effrayé un instant, et c'est cela qui me fit pousser la porte. Mais, au moment où j'entendais le bruit à cette porte, tout près de moi, le sentiment de frayeur avait disparu subitement. Je m'apprêtai à allumer ma bougie. Avant que j'eusse fait de la lumière, le grattement avait cessé.

« Je descendis du lit, je mis mon pantalon, et j'allai visiter la première chambre.

« J'avais toujours le chien dans l'idée, malgré l'impossibilité matérielle de sa présence. Rien dans la chambre.

« Je sortis dans le corridor, je descendis l'escalier, je visitai le rez-de-chaussée, j'appelai le chien : toujours rien.

« Je ne pouvais faire autre chose que de remonter dans ma chambre, et, ne comprenant rien, je me remis au lit en soufflant la bougie.

« A peine fus-je couché que le vacarme recommença avec plus d'intensité si possible, et à nouveau du côté extérieur de la porte de communication, que j'avais fermée cette fois-ci derrière moi.

« J'éprouvai alors un sentiment d'agacement, de colère, j'étais énervé, et, sans prendre le temps de faire de la lumière, je sautai hors du lit, je saisis mon sabre que je tirai de son fourreau et me précipitai dans la première chambre. En ouvrant la porte, je ressentis une résistance, et dans l'obscurité je crus voir une lueur, une ombre lumineuse, si je puis dire ainsi, se dessinant vaguement sur la porte d'entrée de la première chambre.

« Sans réflexion, je ne fis qu'un bond en avant, et je portai un formidable coup de sabre dans la direction de la porte.

« Une gerbe d'étincelles jaillit de la porte comme si j'avais touché un clou enfoncé dans le panneau. La pointe du sabre avait traversé le bois et j'eus de la peine pour retirer l'arme. Je me dépêchai de retourner dans ma chambre pour allumer la bougie, et, sabre en main, j'allai d'abord voir la porte.

« Le panneau était fendu du haut en bas. Je me mis à chercher le clou que je pensais avoir touché, mais je ne trouvai rien : le côté tranchant du sabre ne paraissait pas non plus avoir rencontré du fer.

« Je descendis à nouveau au rez-de-chaussée, je visitai partout, mais je ne trouvai rien d'anormal.

« Je remontai dans ma chambre ; il était minuit moins le quart.

« Je songeai aux choses qui venaient de se passer. Aucune idée d'explication ne se présenta à mes réflexions, mais j'éprouvai un sentiment réel de quiétude après avoir été surexcité, et je me souviens très bien que je caressai presque involontairement l'âme de mon sabre en me couchant à nouveau, et je plaçai l'arme à côté de moi dans le lit, sous la couverture.

« Je m'endormis sans autre incident et je ne me réveillai que vers huit heures du matin.

« A la lumière du jour, les incidents de la nuit avec cette porte brisée me parurent plus étranges encore.

« Je quittai enfin le lieu et me rendis à la maison, où

tout le monde était déjà réuni pour déjeuner et où on m'attendait. Je racontai naturellement mon aventure, qui paraissait bien invraisemblable aux jeunes gens venus en visite. Quant à mes parents, ainsi qu'à M. N., ils en étaient très impressionnés.

« Le déjeuner terminé, — il était près de dix heures, — tout le monde voulut voir la porte brisée, et mes parents, nos jeunes gens, M. N. et moi, nous nous dirigeâmes vers la maison du village.

« A mi-chemin, une femme du village venait à notre rencontre et nous disait qu'elle voulait précisément venir chez nous pour prier M. N. de venir voir la femme B. qui était malade. Une autre femme, qui était allée trouver B. pour une affaire quelconque quelques instants auparavant, l'avait trouvée sur son lit sans connaissance et tout ensanglantée.

« Nous pressions nos pas. Moi, j'étais singulièrement ému des paroles de notre interlocutrice.

« Arrivé chez B., un spectacle terrible se présentait.

« La femme, en délire, couchée sur son lit, avait la figure presque entièrement couverte de sang coagulé, les yeux fermés et collés par le sang, qui sortait encore lentement d'une blessure mortelle au front. La blessure faite par un instrument tranchant, commençait à deux centimètres au-dessus de la lisière des cheveux et se prolongeait en ligne droite jusqu'à la racine du nez, parcourant ainsi sept centimètres et demi. Le crâne était littéralement fendu et la masse cérébrale sortait à travers la fente.

« M. N. et moi, nous courûmes à la maison : M. N. pour chercher le nécessaire à faire un pansement, moi pour faire atteler notre voiture à l'effet d'aller chercher le médecin dans une petite ville voisine

« La voiture partie, je retournai chez B., laquelle entre temps avait été pansée provisoirement par M. N. La cabane s'était remplie de tous les habitants du village, y compris l'hôtesse de l'auberge. Personne n'avait une idée de ce qui pouvait être arrivé à B. La blessée, qui avait toujours été crainte par la population, n'inspirait d'autres sentiments que la curiosité aux personnes présentes, à l'exception de l'hôtesse de l'auberge, qui paraissait non seulement être venue par curiosité, mais qui semblait visiblement satisfaite et ne se gênait pas de dire hautement : « Enfin B. a attrapé ce qu'elle mérite. »

« Je dois dire dès maintenant qu'à l'instant où, en entrant chez elle, j'ai vu B. étendue sur son lit avec le crâne ouvert, j'ai eu le sentiment que quelque chose d'obscur s'éclairait subitement dans ma tête. En ce moment, j'ai compris que c'était B. la « Sorcière » qui avait été touchée par la pointe de mon arme lorsque, la nuit, j'avais frappé le coup de sabre qui avait fendu la porte de la chambre vide.

« La blessée étant pansée et nettoyée, je sortis avec M. N. Nous montâmes au premier de la maison vide, vers la porte brisée. M. N. la regarda sans rien dire : il était visiblement émotionné. Quant à moi, je ne l'étais pas moins. Je rompis enfin le silence et fis part à M. N. de mes idées.

« Il faut dire qu'à l'époque dont je parle je n'avais aucune notion des sciences ou forces occultes ; M. N. non plus. Les rapprochements que je faisais entre ce qui s'était passé la nuit et l'état dans lequel on avait trouvé B. n'était donc que purement intuitifs.

« M. N. ne répondait sur mes explications, si on peut ainsi les nommer, que par : « Je n'y comprends rien, mais il se passe ici des choses horribles. » Moi, je n'y comprenais pas davantage, et nous tombâmes d'accord tous les deux de ne plus parler à qui que ce soit des événements de la nuit, quoi qu'il arrivât avec la femme B. Nous descendîmes et nous rendîmes à nouveau chez B.

« Celle-ci était dans un état comateux ; le délire avait cédé à un abattement profond d'où elle ne devait plus sortir.

« Après avoir recommandé aux femmes s'y trouvant de renouveler toujours, jusqu'à l'arrivée du médecin, les compresses d'eau froide, nous rentrâmes tous à la ferme. Les membres de la famille avaient complètement perdu de vue le premier but de notre sortie, c'est-à-dire la porte brisée ; et moi, ainsi que M. N., nous nous gardâmes bien d'y revenir. Toutes les idées et toutes les conversations tournaient autour de l'accident de B. et lorsque l'un des jeunes gens me rappela qu'on avait oublié de visiter la porte, je répondis que la chose ne valait pas la peine de se déranger à nouveau et que je croyais moi-même m'être laissé impressionner outre mesure par un rêve.

« À une heure de l'après-midi, le médecin arriva. M. N. et moi nous l'accompagnâmes chez B.

« Le médecin ne put que constater la gravité de la blessure et nous prévint que B. n'avait plus que quelques heures à vivre. À ses questions concernant les causes possibles de la blessure, nous nous abstînmes, comme c'était convenu, de toute indication.

« En prévision d'une issue fatale à brève échéance, le médecin resta chez nous, à P. Il dressa un rapport sur le fait, et je fis immédiatement partir un homme pour porter ce rapport au plus proche poste de gendarmerie, qui devait venir faire une enquête sur la cause de l'accident.

« Un brigadier arriva à 7 heures du soir. Il dressa un procès-verbal dans la chambre même de B., où le médecin était présent, ainsi que M. N., moi, la femme qui la première avait trouvé B. sans connaissance, et d'autres habitants encore.

« L'enquête du gendarme se continuait encore à 7 h. 3/4, lorsque B. se dressa subitement sur son lit, en s'appuyant sur ses coudes ; elle ouvrit démesurément les yeux, resta quelques instants ainsi, puis s'abattit en arrière avec ses yeux ouverts. Elle était morte. Le médecin lui ferma les paupières.

« Comme personne ne pouvait donner une indication quelconque sur la manière dont B. avait été blessée, le brigadier termina son procès-verbal et partit. Un magistrat arriva le lendemain matin, 1ᵉʳ janvier, pour procéder aux constatations d'usage avec le médecin, qui était resté chez nous, et dans la soirée B. était enterrée au cimetière du village le plus proche.

« Une enquête, ordonnée purement pour la forme par la justice, resta sans résultat et fut abandonnée après quelques jours : on avait conclu à une chute accidentelle.

« Je n'ai rien à ajouter aux faits proprement dits, mais j'ai à mentionner une coïncidence : c'est que depuis la mort de la femme B. on cessa à P. et aux environs de parler de *lanterne*. Personne ne l'a plus revue, au cours des années qui suivirent.

« Depuis l'époque de cet événement, donc depuis dix-sept ans, il m'a été donné d'observer un grand nombre de faits d'aspect surnaturel, ou du moins inexplicables par les procédés ordinaires. Mais je n'ai jamais eu occasion de voir se produire un phénomène spontané ayant une analogie avec la *lanterne*. J'ai toujours trouvé que les phénomènes les plus miraculeux avaient leurs premières causes dans des forces humaines (ce qui ne veut pas dire que je voudrais nier à priori l'existence des forces autres que celles-là) et j'ai cru pouvoir conclure :

« 1° Que la femme B. avait été un très fort « médium à effets physiques », mais un médium agissant consciemment ;

« 2° Que, partant, B. avait été, ou bien douée de facultés extraordinaires pour l'émission de son corps astral, ou bien qu'elle avait été initiée dans certaines pratiques à cet effet ;

« 3° Que le bruit nocturne dans ma chambre avait été produit par B., c'est-à-dire par son corps astral, et cela dans l'intention de me faire peur, pour se venger de ce que j'avais amené notre chien à résister au pouvoir occulte que B. exerçait sur lui en dehors de notre maison. C'est pourquoi elle avait résolu d'imiter le bruit que le chien avait fait à sa propre porte lorsqu'il s'était élancé sur elle ;

« 4° Que, en portant le coup de sabre contre la porte, ou contre l'ombre lumineuse, l'acier avait touché le corps astral, et qu'une disjonction moléculaire de celui-ci, due au contact de la pointe d'acier, le traversant avec une vitesse considérable, avait provoqué la blessure de B. ;

« 5° Enfin, que l'apparition de la *lanterne* n'était

qu'une émanation astrale de B. qui se plaisait à impressionner les gens et à leur faire peur.

« A ce dernier sujet, je suis amené à supposer que si, lors de l'apparition de la *lanterne*, j'avais pu tirer un coup de fusil sur le phénomène, comme c'était mon intention, j'aurais probablement tué B. en ce moment.

« Gustave Bojanoo. »

La baguette et l'épée sont les deux instruments vraiment indispensables à posséder pour le magiste ; tous les autres, la lampe, la coupe, etc., etc., sont des objets de luxe qui ne servent que dans des occasions exceptionnelles. Dans la pratique courante on peut même réunir les deux instruments en un seul, et voici comment. On se procurera une canne à épée terminée à la partie supérieure par une boule en fer magnétique fortement aimantée et sur laquelle on fera graver en or un signe magique et les caractères nécessaires. La partie inférieure de la canne se terminera par un culot de plomb enchâssé dans un étui de cuivre argenté. Un anneau formé d'un alliage d'étain et de mercure sera ajouté à la partie supérieure de la canne qui sera autant que possible un jonc assez gros. La partie extérieure de l'instrument est ainsi une baguette magique qui passera inaperçue des profanes.

L'épée qui sera contenue à l'intérieur de cette baguette devra être aussi longue qu'une petite épée ordinaire, triangulaire et revêtue des signes nécessaires. De plus la garde de cette épée sera formée par une longueur de jonc assez grande pour que la main qui l'enserre ne touche que du bois verni et soit, par suite, absolument isolée de la lame métallique. Nous possédons un instrument de ce genre qui nous a rendu de grands services dans nos études pratiques ; car on peut toujours l'avoir avec soi et étudier son action à propos de toutes les manifestations psychiques.

Tels sont donc les précieux auxiliaires de l'action du geste dans les opérations magiques.

Les talismans.

Nous avons précédemment indiqué la théorie des talismans, considérés comme les figures exactes des formes créatrices de l'astral.

La connaissance et le maniement des pantacles sont donc, si l'on nous permet cette comparaison, la preuve des diplômes que l'opérateur peut présenter aux puissances astrales ; c'est en quelque sorte le baccalauréat de la magie. Aussi l'ignorant qui porte sur lui un talisman dont il ignore le sens et l'action, que ce soit un nègre avec son gri-gri ou un chrétien avec l'image de Notre-Dame de la Salette (une figure d'Isis, entre parenthèses), est-il semblable au sauvage à qui l'on donne un exemplaire des œuvres d'Homère... dans le texte. Les figures pantaculaires ont donc une valeur en magie cérémonielle, et l'Urim et le Thummim des Juifs, pas plus que l'hostie chrétienne, qui sont des talismans n'échappent à cette règle, le culte n'étant, le plus souvent, qu'une cérémonie magique incomprise des assistants autant que de l'opérateur. Les grimoires et les clavicules contiennent une foule de talismans. Sans entrer dans toutes ces complications, nous allons donner une des figures les plus estimées et les plus intructives par leur enseignement symbolique, le grand talisman d'Agrippa.

Le talisman constitue donc une seconde application magique du geste. Il nous reste à parler de la consécration indispensable dans toute opération, quelque petite soit-elle.

En lisant les *Mille et une Nuits*, ces contes arabes si remplis de rites magiques (et dont le traducteur français Galland a soigneusement émondé les détails érotiques), on rencontre fréquemment l'histoire d'une magicienne qui, voulant agir sur un être quelconque, trempe ses doigts dans un verre d'eau en prononçant quelques paroles mystérieuses, puis projette quelques gouttes de cette eau sur le visage de la personne qui subit son action, et, subitement, le malheureux être se trouve changé en bête, à moins que ce ne soit la réciproque qui ait lieu.

« La fée se fit apporter sous le vestibule de son palais une cassolette d'or pleine de feu et une boîte de même métal qui lui fut présentée. Elle tira de la boîte un

PARTIE ANTERIEURE

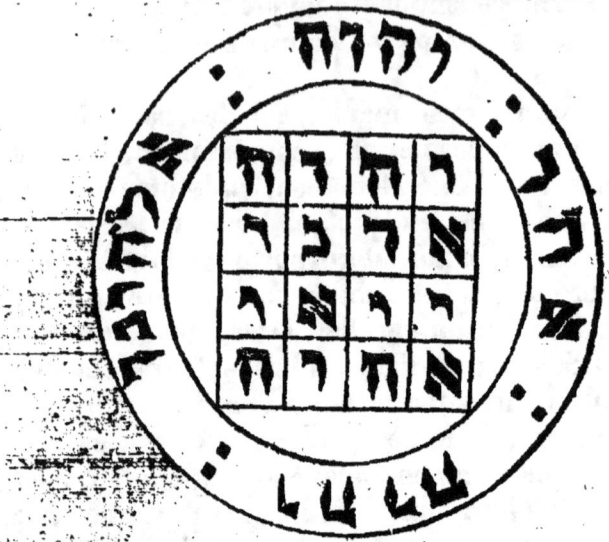

PARTIE POSTERIEURE

DE LA CONSÉCRATION.

parfum qui y était conservé, et quand elle l'eut jeté dans la cassolette il s'en éleva une fumée épaisse. »

(*Histoire de la reine Ahmed et de la fée Lara Banou*).

« Alors cette fille prit un vase plein d'eau, prononça

dessus des paroles que je n'entendis pas et s'adressant au veau : « O veau, dit-elle, si tu as été créé par le Tout-Puissant et souverain Maître du monde tel que tu parais en ce moment, demeure sous cette forme ; mais si tu es homme et que tu sois changé en veau par enchantement, reprends ta figure naturelle par la permission du souverain Créateur. »

En achevant ces mots, *elle jeta l'eau sur lui*, et à l'instant il reprit sa première forme.

Mille et une Nuits (5ᵉ *nuit*).

« Le calife envoya quérir les deux chiennes chez Zobéide, et lorsqu'on les eut amenées on présenta une tasse pleine d'eau à la fée, qui l'avait demandée. Elle prononça dessus des paroles que personne n'entendit et elle en jeta sur Amine et sur les deux chiennes. Elles furent changées en deux dames d'une beauté surprenante et les cicatrices d'Amine disparurent.

(69ᵉ *nuit*).

« La magicienne prit une tasse d'eau et prononça dessus des paroles qui la firent bouillir comme si elle eût été sur le feu. Elle alla ensuite à la salle où était le jeune roi son mari ; elle jeta de cette eau sur lui en disant : « Si le Créateur de toutes choses t'a formé tel que tu es présentement ou s'il est en colère contre toi, ne change pas ; mais si tu n'es dans cet état que par la vertu de mon enchantement, reprends ta forme naturelle, et redeviens tel que tu étais auparavant. »

A peine eut-elle achevé ces mots que le prince se leva librement.

(26ᵉ *nuit*).

Or cela correspond à une réalité magique : la consécration.

Jamais un magiste ne doit se servir d'un instrument, ni brûler un parfum, ni employer du feu et de l'eau qui n'aient pas été consacrés.

La consécration est une sorte de magnétisation des objets par l'action combinée du verbe et du geste. L'emploi du goupillon, dans le culte catholique, est intimement lié à cette partie de la magie pratique et rappelle l'emploi de l'eau dynamisée par les sorciers des *Mille et une Nuits*. Une expérience très curieuse de M. de Rochas, expérience que nous avons souvent vérifiée personnellement, vient nous montrer la théorie de cette action magique (Voy. la 3ᵉ partie, chapitre l'Envoûtement).

Par tout ce qui précède on voit l'importance considérable du geste dans les études qui nous occupent. Et cela se conçoit, le geste dépendant de la mise en action des membres thoraciques, organes d'expression de l'être animique, doit constituer la synthèse des actions dépendant, soit de l'être impulsif, soit de l'homme de volonté.

Nous pourrions encore parler du geste dans la chorégraphie ou de la symbolique des gestes au théâtre ; mais ces données sortiraient tout à fait du cadre actuel de notre travail. Aussi nous en tiendrons-nous là pour l'instant.

LA MARCHE

Le regard, le verbe, le geste viennent d'être passés en revue ; il nous reste maintenant à parler de la marche, grâce à laquelle l'être humain transporte la totalité de son action en des lieux différents.

Le déplacement du corps physique dans le plan matériel est accompagné du déplacement de couches fluidiques dans l'astral. A chaque pas l'homme attire ou repousse les fluides qui sans cesse se croisent dans le plan de formation de la nature. La plupart des hommes, véritables jouets des puissances fatales, n'ont aucun souci ni aucune conscience de cette action, et les noirs pressentiments, voix mystérieuses de l'infini, n'émeuvent le plus souvent que les poètes et les femmes soumis au despotisme d'Éros. Or celui qui, après avoir tendu sa volonté, décrit une marche particulière, laisse sur la route qu'il a suivie une trace fluidique et dynamique de son passage. Ainsi le magiste qui décrit un cercle et qui affirme encore sa volonté en revenant deux fois sur la même trace élève dans l'espace renfermé par sa marche une enceinte visible pour les voyants et infranchissable pour les êtres de l'astral.

Rappelez-vous le triple tour exécuté par les sorcières autour de leur chaudière, dans *Macbeth*, et vous verrez une fois de plus combien toutes ces traditions étaient familières à Shakespeare.

Avant de cueillir une plante, avant d'aborder un lieu redouté et dans lequel on veut enfermer les puissances malfaisantes, le magiste formulera sa volonté par la triple enceinte fluidique ensorrant l'endroit de l'opération.

La marche, ainsi comprise dans son action sur l'astral, est l'équivalent du geste, suivi d'un dessin ou d'un schéma matériel.

Mais un entraînement recommandé par Eliphas Lévi, et qui a une importance considérable, consiste à vaincre la fatigue résultant d'une marche prolongée pour réaliser sa volonté sur un objet matériel quelconque. Ainsi, s'il vous arrive de rentrer chez vous le soir assez tard, après une marche fatigante; si tout votre être tend au repos bien gagné, faites un effort de volonté, repartez pour un lieu situé à une demi-heure de chez vous et allez ramasser la première pierre que vous y rencontrerez ou quelque autre objet que ce soit, puis rentrez définitivement chez vous. Cet objet, symbole de l'effort volontaire que vous avez accompli, est un talisman personnel plus efficace que toutes les amulettes ou tous les chapelets que vous achèteriez aux environs des églises célèbres. Tout le secret de l'action psychique des pèlerinages est dans la pratique de cet entraînement de la marche.

Une petite pierre que nous fûmes chercher une nuit à deux heures du matin au haut de la Butte-Montmartre, alors que nous rentrions, très fatigué par une longue marche, à notre domicile, nous a permis d'accomplir des actions magnétiques du plus grand intérêt.

ENTRAINEMENT TOTAL DE L'ÊTRE HUMAIN

Chasteté. — Amour

Parallèlement à l'étude des excitants des divers centres de l'homme, nous avons établi l'étude de l'entraînement des divers organes d'expression. Mais nous avions déterminé un excitant de l'être total : *l'amour.* A cet excitant correspond un centre d'expression également synthétique : *la génération.*

La génération peut être ou psychique ou physiologique ou physique, et l'union de deux cerveaux vers un même but crée des idées vivantes, comme l'union de deux cœurs vers un même idéal crée des sentiments survivant à la mort physique, et comme aussi l'union physique de deux êtres complémentaires crée des enfants. La science du magiste consiste à remplacer progressivement les plaisirs que procure l'amour physique par les jouissances plus délicates des sentiments durables, puis par les enthousiasmes moins trompeurs encore des créations intellectuelles. Aussi le découragement et l'apathie, qui s'emparent d'un viveur pour qui l'amour physique était tout, quand l'âge arrive, sont-ils inconnus, non pas seulement du mage, mais même du sage quelque peu entraîné aux travaux intellectuels.

Mais cet entraînement doit être long et progressif, et il faut toute l'ignorance d'un théologien ou d'un théosophiste pour imposer, du jour au lendemain, une chasteté absolue à des jeunes gens à peine entraînés et qui ignorent tout de la vie... pratiquement parlant. Les plus grands d'entre les fondateurs d'ordres religieux étaient au contraire d'anciens militaires ou d'anciens viveurs, et ce n'est que dans un âge avancé qu'un être humain peut vraiment prendre une détermination sérieuse à cet égard.

Il est évident que l'être qui vise aux pouvoirs exceptionnels doit se trouver à même de résister aux suggestions féminines ; mais les rites les plus rigoureux imposent cinquante jours d'abstinence avant l'opération magique aux praticiens les plus entraînés.

Il n'est pas défendu au magiste d'aimer ; mais il lui est défendu absolument de se laisser dominer par l'amour à tel point que sa volonté soit anéantie par une volonté féminine. Les impulsions de l'amour doivent être traitées comme des réflexes sur lesquels l'homme de volonté doit garder un contrôle de tous les instants et absolu. Fabre d'Olivet a toutefois merveilleusement élucidé les mobiles qui font agir l'homme et la femme. L'homme voulant jouir de son bien avant de posséder, la femme voulant être sûre de la possession entière par elle de l'être aimé avant de se sentir satisfaite, il en résulte une lutte plus ou moins sourde dans laquelle Ève l'emporte presque toujours sur Adam.

Aussi la femme n'admettra-t-elle jamais de partage, et l'amour que l'intellectuel consacre à la vérité ou à la magie sera pour une amante une souffrance de tous les instants, car elle sent dans l'étude une rivale d'autant plus dangereuse que ses charmes augmentent avec le temps, tandis que la beauté féminine passe comme tout ce qui touche au plan physique. Or l'individu non entraîné cédera peu à peu aux désirs de sa bien-aimée et perdra progressivement l'empire qu'il devait acquérir sur le centre impulsif.

L'entraînement du magiste doit donc porter sur la possibilité de se laisser aller ou de résister à l'amour dès qu'il le veut et comme il le veut. Un homme dont la sphère supérieure est développée doit pouvoir arrêter à l'instant un amour en voie d'éclore, car dans ce cas il s'agit d'une passion, c'est-à-dire d'une tendance de l'être passif à prendre le dessus sur l'être qui doit seul commander en maître. Voilà pourquoi le développement de l'intellectualité nécessite des périodes plus ou moins longues de continence ; mais un physiologiste ne doit jamais perdre de vue les inconvénients psychiques très graves qu'entraîne une continence absolue imposée à un gros paysan revêtu d'une robe noire et dont tout l'entraînement intellectuel consiste à lire un livre écrit en mauvais latin et à faire marcher son larynx sous l'impulsion réflexe d'une série de paroles incomprises, dénommées prières. L'individu revêtu d'une fonction sacerdotale doit être chaste et s'abstenir de viande durant les quinze jours qui précèdent et les quinze jours qui suivent l'accomplissement de son sacerdoce, car cet accomplissement est un acte de haute magie ; mais faire du culte un métier salarié au lieu d'en faire une occupation, faire des prêtres des fonctionnaire voués à l'abstinence au lieu d'en faire des initiés et des hommes libres, cela mérite dix fois la mort d'une religion aussi piteusement organisée.

Aussi ne saurions-nous trop répéter au magiste que les illusions de la génération physique sont purement du domaine matériel, mais qu'il ne faut pas perdre de vue que dans notre état terrestre nous avons un corps matériel qui nous demandera compte du mépris que nous montrerons à son égard.

Toutes les associations plus ou moins prospères en vue de « l'amour pur » et de la « continence forcée » des êtres humains sont le produit ou de l'hypocrisie ou de l'ignorance. Laissons y pulluler les vieilles dames avides de sentimentalité ; mais ayons assez de bon sens pour nous souvenir toujours que, si les intestins sont peu poétiques, du moins nous en avons tous, et que nous ne sommes pas sur la terre pour mépriser ce corps, instrument indispensable de l'évolution des principes purement spirituels.

Dominer les suggestions de l'amour de toute la puissance d'une volonté fortement trempée, mais ne jamais les ignorer ; s'entraîner à supporter des périodes plus ou moins longues de continence absolue, périodes remplies par l'étude et le travail et alternées avec d'autres périodes remplies par les occupations ordinaires de la vie journalière, telles doivent être les deux règles dominantes dans la conduite du magiste vis-à-vis des gracieuses représentantes de la vie universelle : EVE pour les profanes.

La génération cache du reste de très profonds mystères, que nous jugeons inutile d'aborder dans une étude tout élémentaire.

Résumé

Le cycle de notre étude élémentaire concernant les principales réalisations dont est susceptible l'être humain est maintenant terminé.

Nous avons pu voir comment *ce qui sent* en nous était susceptible d'être développé sous l'influence des aliments, de l'air inspiré et des sensations, aidés par les excitants matériels, par les parfums et la musique.

Nous avons pressenti comment *ce qui pense* en nous était également susceptible de grands développements sous l'influence de la méditation, et cela malgré le mépris qu'affecte l'instruction moderne, faite pour la mémoire, vis-à-vis des facultés vraiment supérieures de l'homme.

Enfin nous avons abordé rapidement les prémices de l'éducation de *ce qui veut*, en parlant du regard, du verbe, du geste, de la marche et de la génération, réalisation des arcanes de l'amour.

On trouvera peut-être ces détails trop diffus ou trop fastidieux; on sera tenté de rejeter sur la magie elle-même les imperfections et les erreurs dues uniquement à notre propre faute. Ces détails sont nécessaires, à notre avis, pour montrer à ceux qui se figurent que la magie est l'art de séduire les femmes rapidement ou de « poser » devant les camarades, qu'il s'agit au contraire d'études longues et difficiles et, en plus, fort dangereuses pour des êtres faibles. Aussi ceux-là feront-ils mieux de consulter des somnambules pour savoir l'avenir, d'aller dans les cercles spirites pour avoir des émotions à prix réduit, et d'étudier le bouddhisme dit ésotérique pour amuser les salons. Tout cela est peu dangereux et vaut certes mieux que la pratique de la méditation et l'entraînement de la volonté.

La réalisation de l'être humain ne suffit pas pour l'opération magique; il faut encore se rendre compte des réalisations possibles auxquelles se prête *la nature*, cet auxiliaire précieux de l'homme : c'est là ce qui va faire l'objet de l'étude suivante.

BIBLIOGRAPHIE

Ouvrages utiles à consulter pour les développements théoriques :

A. — MODERNES.

PAPUS.	*Traité méthodique de science occulte* (3ᵉ part.).
	La Science des Mages (chap. 1ᵉʳ).
MARC HAVEN.	*Une planche de Khunrath* (Initiation de décembre 1892).
U. N. BADAUD. . . .	*La Magie au XIXᵉ siècle*, in-8°, Dontu.

B. — CLASSIQUES.

ELIPHAS LÉVI.	*Rituel de la Haute Magie.*
FABRE D'OLIVET. . .	*Vers dorés de Pythagore.*
LOUIS LUCAS.	*Médecine nouvelle.*
CHARDEL.	*Psychologie physiologique.*
AGRIPPA.	*Philosophie occulte.*
LÉON L'HÉBREU. . .	*Le Livre d'amour.*

C. — ADAPTATEURS.

SHAKESPEARE. . . .	*Macbeth. — Hamlet.*
GALLAND.	*Traduction des Mille et une Nuits.*
PLATON	*Le Banquet.*

Pour la philosophie :

AD. FRANCK.	*Dictionnaire philosophique* (article Amour).

CHAPITRE VIII

RÉALISATION DE LA NATURE

Supposons l'être humain convenablement entraîné et capable d'une grande tension de volonté quand il le désire. Cela suffit-il ?

Nous savons que non ; car si la magie est l'action de la volonté humaine dynamisée sur l'évolution rapide des forces de la nature, nous ne possédons que la résolution du premier terme du problème. Il nous reste à étudier comment fonctionne le dynamisme de la nature.

L'homme doué d'assez d'initiative pour agir librement est enveloppé dans un tel réseau de forces fatales que tous ses efforts demeureront vains s'il ignore le moment propice pour mettre sa volonté en action. Par contre, le dernier des sorciers de village, agissant toujours dans le sens voulu, grâce à la simple connaissance des mouvements lunaires, produira des effets sûrs sans grande dépense de volonté.

Nous avons déjà appris dans la première partie de ce traité à connaître les forces en action dans la nature et leur origine : les astres et leur situation. Aussi ne reviendrons-nous pas sur ce sujet. Nous devons nous contenter maintenant d'exposer en quelques pages les principes élémentaires, mais pratiques, d'astrologie, nécessaires à l'exercice de la magie. Nous renvoyons pour la partie technique de l'astrologie au remarquable ouvrage de M. Selva, directeur de ces études au Groupe indépendant d'études ésotériques. Nous aurons ensuite à parler des intelligences en action dans le monde sublunaire. Quoique cette question soit plus du domaine de la psychurgie que de la magie, nous nous y arrêterons cependant un instant. C'est alors que le magiste se trouvera en pleine possession du *savoir* nécessaire à toute entreprise, et qu'il pourra aborder avec quelque fruit l'adaptation de ces connaissances qui formera le sujet de notre troisième partie.

Éléments d'Astrologie astronomique

Le fluide astral qui circule dans les êtres et les choses terrestres passe par des états de condensation ou de dilatation successifs, et ces états dépendent, d'après l'ésotérisme, de la position des corps célestes à cet instant.

Pour plus de clarté, on a divisé la route parcourue en apparence par chacun des astres en 12 sections ou *maisons*, correspondant chacune à un des 12 signes du zodiaque.

Nous rappelons ici notre comparaison du cadran d'une montre, dont chaque heure représente un signe du zodiaque. De même que sur une montre l'aiguille des secondes, l'aiguille des minutes et l'aiguille des heures font le tour du cadran avec une vitesse différente, de même les astres font le tour du ciel avec des vitesses plus ou moins grandes. Afin d'éviter des calculs assez compliqués, nous conseillons à l'expérimentateur de se procurer chaque année la *Connaissance des temps* publiée par le bureau des longitudes, dans laquelle il trouvera tous les renseignements nécessaires, ainsi que nous le verrons ci-après. Pour revenir à notre exemple, rappelons que la lune, qui représente dans le ciel l'aiguille des minutes de notre cadran, fait le tour complet du zodiaque en un mois (lunaire), tandis que le soleil, qui représente l'aiguille des heures, n'avance chaque mois que d'une seule division, de même aussi que l'aiguille des heures n'avance chaque heure que d'une division[1].

La connaissance des signes du zodiaque et de leur action, la connaissance des planètes et de leurs propriétés et correspondances sont absolument indispensables au magiste sous peine d'échec complet dans tous ses travaux. Nous réduirons toutefois l'exposé des principes nécessaires à connaître au strict nécessaire, et nous rejetterons de cet exposé tous les enseignements de convention qui ne correspondent pas à une réalité naturelle.

Nous allons donc nous occuper tout d'abord des signes du zodiaque ou heures du ciel.

Les signes du Zodiaque.

Les signes du zodiaque sont au nombre de 12. Leur numération commence au Bélier, qui correspond au mois de mars, et chacun d'eux occupe sur la sphère céleste 30 degrés. Comme, dans « la Connaissance des temps », on trouve la position des astres indiqués *en degrés*, il est important de bien se rappeler les positions des signes du zodiaque par rapport à la sphère céleste. Les positions sont les suivantes :

    Mars. — Le Bélier,   0 à 30° Hiéroglyphe ♈
    Avril. — Le Taureau,   30 à 60   —   ♉
    Mai. — Les Gémeaux,   60 à 90   —   ♊
    Juin. — L'Écrevisse,   90 à 120   —   ♋
            ou Cancer.
    Juillet. — Le Lion,   120 à 150   —   ♌
    Août. — La Vierge,   150 à 180   —   ♍
Septembre. — La Balance,   180 à 210   —   ♎
Octobre. — Le Scorpion,   210 à 240   —   ♏

---

[1] Inutile, pensons-nous, de rappeler que les 12 mois lunaires ne correspondent pas strictement à l'année solaire. Ce sont des principes élémentaires d'astronomie, négligeables pour l'instant, mais que tous nos lecteurs possèdent sûrement.

NATURE

Novembre. — Le Sagittaire, 240 à 270° Hiéroglyphe ♐
Décembre. — Le Capricorne, 270 à 300 — ♑
Janvier. — Le Verseau, 300 à 330 — ♒
Février. — Les Poissons, 330 à 360 — ♓

Prenez votre montre et comparez avec la figure suivante, en vous rappelant que chaque heure représente un mois ou même 30 degrés :

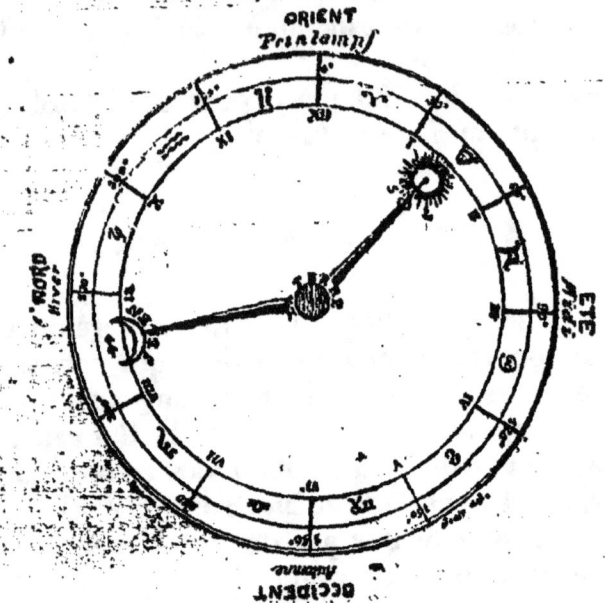

Vous avez devant les yeux le champ d'action dans lequel vont opérer les sept astres que la magie considère comme les seuls utiles, ne tenant aucun compte des autres.

Ces astres sont, dans l'ordre adopté par la magie :

Saturne ♄
Jupiter ♃
Mars ♂
Le Soleil ☉
Vénus ♀
Mercure ☿
La Lune ☾

On sait que cette classification est basée sur les apparences et en prenant la terre comme centre. Astronomiquement, l'ordre des astres est, nos lecteurs le savent, le suivant (Neptune — Uranus) : Saturne — Jupiter — Mars — Terre et Lune — Vénus — Mercure — le Soleil, en prenant comme point de départ le véritable centre du système : le Soleil.

Les sept astres tournent dans le ciel comme les extrémités des aiguilles d'une montre tournent autour du cadran. Mais l'horloge céleste aurait, dans l'enseignement des hermétistes, sept aiguilles douées de mouvements plus ou moins rapides.

Comme les astres sont pour la majorité des centres intelligents d'émission de force astrale, il est de la plus grande importance de se faire une idée aussi nette que possible à leur égard ; aussi n'aborderons-nous que progressivement les détails les plus techniques, de façon à éviter autant que possible l'obscurité inhérente à ces sortes de questions. Voyons d'abord chacun des astres individuellement, sans nous occuper de ses rapports avec les autres ou avec les maisons célestes, en commençant par notre satellite.

La Lune. — La lune domine particulièrement ce que nous appelons le monde physique sur terre, ce qu'on appelle en hermétisme le monde sublunaire. Ce satellite qui n'est qu'une quantité presque négligeable, si l'on considère seulement notre système solaire, acquiert cependant une importance exceptionnelle pour l'habitant de la terre, importance telle qu'en magie pratique la lune marche toujours de pair avec le soleil et qu'à la rigueur *il suffit de se guider uniquement sur ces deux astres pour réussir, presque à coup sûr, toutes les opérations entreprises.*

La lune est la matrice astrale de toutes les productions terrestres dont le soleil est le père vivant. Nous avons parlé déjà du reste de l'action des satellites considérés comme les ganglions nerveux de la planète à laquelle ils sont attachés. Tout ce qui vient sur terre, les fluides et les âmes, passe par la lune, et tout ce qui part de la terre y passe également.

La lune reproduit analogiquement dans ses phases la loi universelle d'involution et d'évolution en quatre périodes. Pendant la première moitié de son cours (N. L. à P. L.), la lune croît, d'après les apparences. C'est le moment *et le seul* que doit utiliser le magiste pour ses opérations de lumière ; c'est également le moment où les influences lunaires sont vraiment dynamiques.

A ce propos permettez-nous d'ouvrir une parenthèse. Un riche industriel, bon vivant et se moquant « des préjugés » comme il convient, avait autrefois l'exploitation d'une coupe de bois dans le Jura. S'apercevant que ses concurrents se gardaient soigneusement de faire couper les arbres à la période décroissante de la lune (P. L. à N. L.), il rit beaucoup de leur superstition et profita du bon marché de la main d'œuvre à ce moment pour exploiter largement son bien. Deux ans après notre industriel était devenu plus superstitieux que les autres ; car toutes les coupes faites à cette période de la lunaison ne tardaient pas à pourrir... on ne sait pourquoi, nous dit-il, car c'est de lui que nous tenons l'histoire.

Ainsi la phase ascendante de la lune a une importance très grande d'après les enseignements de la magie. Nous reviendrons bientôt plus longuement sur cet astre à propos des maisons lunaires.

La couleur correspondant à la lune est le blanc.

MERCURE. — La plus rapide des planètes et la plus proche du soleil, Mercure, représente l'enfance avec son débordement de vitalité et de mouvement. Il accomplit son cycle en 88 jours, ce qui permet d'utiliser son influence au point de vue magique au moins 4 fois par an. La couleur correspondant à Mercure est celle du prisme dans son ensemble, c'est-à-dire la juxtaposition de couleurs différentes, ce qui indique bien la tendance au changement qui affecte tout ce qui dépend de Mercure. Dans les anciens grimoires on écrit le nom de cette planète avec une couleur différente pour chacune des lettres qui composent son nom.

VÉNUS, l'étoile du matin. — La jeunesse féminine avec toutes ses coquetteries, ses séductions et ses dangers, la déesse de l'amour dans toutes ses modalités, règne sur l'amante alors que la chaste Diane, la lune, règne sur la mère. Le cycle de Vénus s'accomplit en 224 jours 16 heures, ce qui donne une grande importance aux opérations faites sous l'influence de cette planète, car une date manquée recule presque d'un an le retour du moment favorable.

Vénus se rapporte à la couleur verte.

Le Soleil, le bouillant Apollon. — La jeunesse avec ses générosités, ses nobles ambitions et son orgueil et aussi sa témérité et son inexpérience des choses pratiques; l'art avec son intuition divine, son horreur et son dédain du vulgaire.

Le soleil est le père, le générateur universel dans notre monde; aussi son influence en magie est-elle considérable.

Cette influence est calculée d'après la position occupée par l'astre du jour par rapport aux signes zodiacaux.

Les fêtes du christianisme, Noël, Pâques, la Saint-Jean, sont des fêtes solaires, ainsi que nous aurons l'occasion de le voir sous peu.

La couleur correspondant au soleil est le jaune d'or.

Mars, la planète la plus proche de la terre. — Rougeâtre et violente, elle est l'image de l'homme de guerre. Mars en possède le courage, l'énergie, la colère et la violence. Les influences de Mars sont utilisées en magie pour l'action. Mais le cycle de cette planète étant de 687 jours, presque le double de l'année terrestre, on n'emploie pas bien souvent les influences directes de Mars pour la confection des pantacles. On utilise soit les jours et les heures consacrés, soit les rapports analogiques de la lune dans les signes.

Le rouge du feu correspond comme couleur à Mars.

Jupiter, l'homme de raison et de volonté en qui les violences et les emportements de la jeunesse se sont apaisés et qui est véritablement maître de lui-même : tel est l'aspect sous lequel Jupiter se montre à nous. — Calme et méthodique, Jupiter est 12 fois moins rapide que la terre, mettant exactement 11 ans 10 mois et 17 jours à accomplir son cycle. Il est vrai que l'influence vivifiante du soleil disparaît plus vite que sur notre planète, le jour étant deux fois moins longs que sur terre.

En magie l'influence de Jupiter qui donne les honneurs et la gloire ne peut donc être utilisée que dans des cas exceptionnels. Pendant l'année 1893, Jupiter sortira du Bélier le 10 février et entrera dans le Taureau où il se tiendra jusqu'à la fin de l'année.

La couleur de Jupiter est le bleu métallique.

Saturne, le vieillard, l'homme triste, mais de grande expérience. — Met presque 30 ans (29 ans et 187 jours) à accomplir son cycle complet et donne longue mais sombre vie à tous ceux qui naissent sous son influence. Saturne est l'astre chéri des magiciens noirs, ainsi que la lune décroissante.

La couleur de Saturne est celle du plomb : le noir, métallique.

Telle est la première idée qu'on peut se faire des astres vivants de notre système. Comme on le voit, Mercure, le Soleil, Mars, Jupiter et Saturne représentent les différents stades de la vie humaine depuis l'enfance jusqu'à la vieillesse et indiquent aussi le caractère moral et intellectuel de chacune de ces périodes que traverse l'être humain. Il est des saturniens qui sont déjà des vieillards à 16 ans et il est des mercuriens qui ont encore la gaîté et l'enthousiasme de l'enfance à 70 ans. La Lune et Vénus se rapportent au féminin dans ses deux grandes modalités : la maternité et l'amour, et respectivement ont la couleur verte de la mer et la couleur blanche de l'eau pure comme symboles.

Rappelez-vous de plus que chacun des jours de la semaine correspond à une des sept influences planétaires : le dimanche au Soleil, le lundi à la Lune, le mardi à Mars, le mercredi à Mercure, le jeudi à Jupiter, le vendredi à Vénus, et le samedi à Saturne, et vous compléterez la première idée que vous devez avoir des astres au point de vue magique.

Amitiés et inimitiés

Lorsque vous êtes reçu dans une société jusque-là peu familière, une des premières règles élémentaires de la politesse exige que vous vous informiez des amitiés et

PLANÈTE	AMIE DE	ENNEMIE DE
SATURNE	MARS	Toutes les autres.
JUPITER	Toutes sauves.	MARS
MARS	VÉNUS	Toutes les autres.
LE SOLEIL	JUPITER ET VÉNUS	♄ ♂
VÉNUS	SOLEIL-MARS MERCURE, LA LUNE	SATURNE
MERCURE	Bon avec les bonnes.	Mauvais avec les mauvaises.
LA LUNE	NEUTRE	NEUTRE

des inimitiés de vos hôtes, afin de ne pas commettre d'impair.

Aussi, admis à la connaissance des supérieurs de notre monde planétaire, prenez bien garde d'en froisser quelqu'un en faisant appel à lui, alors qu'un de ses ennemis tient les clefs du ciel. Voilà pourquoi le tableau ci-dessus vous sera d'une très grande utilité.

En général méfiez-vous de Saturne et de Mars, les deux planètes les plus méchantes du système.

Au contraire faites-vous aider le plus possible par Jupiter, le Soleil et Vénus.

POSITION RESPECTIVE DES PLANÈTES

(Aspects)

Nous arrivons à une autre question importante, également du domaine de l'astrologie, mais qu'il nous semble utile d'élucider pour nos lecteurs : celle des oppositions et des conjonctions des planètes. Puisque ces planètes passent toutes par la même route et avec des vitesses différentes, et que cette route est circulaire, il doit arriver des moments où elles se croisent avec les autres, d'autres moments au contraire où elles s'éloignent beaucoup les unes des autres.

Pour bien nous rendre compte, une fois pour toutes, de ces états appelés ASPECTS et des noms qu'on leur a donnés, prenez votre montre et rappelez-vous que l'extrémité de chacune des deux aiguilles (heures et minutes) représente une planète différente et les signes de l'heure des points particuliers du ciel.

Conjonction

A trois heures et quart ou quatre heures vingt, les deux aiguilles de votre montre se superposant dans le même plan perpendiculaire, les deux astres ont la même longitude dans le ciel.

Quadrature

A trois heures juste ou neuf heures juste, les deux aiguilles formant un angle droit, les deux astres ont des longitudes qui diffèrent de 90°.

Opposition

A six heures juste, les deux aiguilles forment une ligne droite. Ces deux astres présentent des longitudes qui diffèrent de 180°.

Nous ne saurions entrer, vu le cadre étroit de ce traité, dans toutes les considérations qui découlent de l'aspect des astres entre eux. Rappelons simplement que la lune a son maximum d'influence quand elle est en conjonction avec le soleil, et comme ce phénomène se reproduit chaque mois (de même que les aiguilles d'une montre se superposent une fois chaque heure), le magiste doit être au courant de ce fait qui lui suffit pour la plupart des opérations courantes.

DES RELATIONS QUI EXISTENT ENTRE LES PLANÈTES
ET LES SIGNES DU ZODIAQUE

MAISONS PLANÉTAIRES

Maintenant que nous avons vu le caractère des planètes considérées isolément et les influences de ces planètes les unes par rapport aux autres, occupons-nous de l'influence de la position sur les planètes les plus utiles au magicien pour ses opérations.

Il faut tout d'abord savoir que chacun des signes du zodiaque est considéré comme la demeure préférée, *la maison* d'une planète. Aussi comprend-on combien la planète est heureuse de revenir chez elle après son voyage, et combien les influences particulières de cette planète, bonnes ou mauvaises, prennent alors d'intensité.

Voici quelles sont ces maisons :

SATURNE   a pour maisons le Capricorne et le Verseau.
JUPITER   —   le Sagittaire et les Poissons.
MARS   —   le Bélier et le Scorpion.
LE SOLEIL   —   le Lion.
VÉNUS   —   le Taureau et la Balance.
MERCURE   —   les Gémeaux et la Vierge.
LA LUNE   —   le Cancer.

Voir du reste la figure de tarot astronomique dans mon ouvrage sur le Tarot, et qui indique tous ces rapports. Il y aurait cependant des rectifications à faire au sujet des domiciles *diurnes ou nocturnes* des planètes dont plusieurs sont ici intervertis.

La lune dans les 12 signes

Nous arrivons maintenant à l'étude des rapports de la lune avec les signes du zodiaque. Cette étude est capitale pour le magiste.

On sait que chaque signe contient 30 degrés. Pour la rapidité de la description on a divisé, dans l'étude suivante, quelques-uns des signes en trois portions : tête, milieu et fin, de chacune 10°. Nous tirons les traditions suivantes d'une de nos « Clavicules » manuscrites.

BÉLIER (*Tête*, 1 à 30°). — La lune répand dans ce temps de très heureuses influences pour la prospérité des voyageurs et du négoce. Les caractères, les talismans qui sont formés sous cette influence garantissent des dangers et périls les voyageurs et négociants.

(*Milieu*, 10 à 20°). — La lune influe sur les richesses et la découverte des trésors. Le moment est favorable pour faire des talismans et caractères pour être fortuné au jeu, principalement si la lune est en aspect bénin avec Jupiter (conjonction).

TAUREAU (*Tête*, 30° à 60°). — L'influence sur les caractères et talismans tend à la ruine des édifices, des puits et des fontaines, à la rupture des amitiés, des mariages commencés et autres choses semblables.

(*Fin*, 60°). — Vingt-cinq minutes après la sortie du Taureau, la lune influe une heureuse santé, une grande disposition à apprendre les sciences et à concilier la bienveillance des gens de distinction, et si, dans ce temps, elle est en conjonction avec Vénus, les talismans et autres figures que l'on fera sous cette constellation seront infaillibles pour se faire aimer du beau sexe.

GÉMEAUX (60° à 90°). — Chasse heureuse, réussite des entreprises militaires. Les influences de la Lune à ce moment rendent insurmontables ceux qui portent des talismans, figures mystérieuses ou caractères formés sous les auspices de cette constellation.

Cancer (90° à 120°). — Influences malignes, réussite des trahisons, des conspirations et autres attentats. Si pourtant la lune se trouve en aspect fortuné avec Jupiter, Vénus et Mercure, les talismans seront favorables à l'amour, au jeu de hasard et à la découverte des trésors.

Lion (120° à 150°). — En aspect avec Saturne influe sur toutes les entreprises funestes au début de son entrée dans le signe. Mais au moment de sortir de ce signe (10 derniers degrés), cette constellation est libérale en toutes sortes de prospérité.

Vierge (150° à 180°). — Bonnes influences, à moins d'aspect avec Saturne. Les talismans et caractères dressés sous cette constellation sont fort avantageux aux joueurs, aux voyageurs, de même qu'à ceux qui aspirent à de grands honneurs.

Balance (180° à 210°). — Favorise les entreprises sur les trésors, la découverte des richesses, mines de métaux et de fécondes sources de fontaines.

Scorpion (210° à 240°). — Fort nuisible aux voyageurs, à ceux qui se marient ou qui commencent quelque société.

Sagittaire (240° à 270°). — Bonnes influences pour les honneurs et la longueur de la vie.

Capricorne (270° à 300°). — Favorisée d'un regard bienveillant de Vénus ou de Jupiter, elle influe la santé, ainsi que l'amour du beau sexe, de sorte que les talismans et caractères dressés sous cette constellation dénouent infailliblement l'aiguillette et empêchent les maléfices qui nuisent au mariage, entretiennent l'amitié et la bonne intelligence parmi les gens mariés.

Verseau (300° à 330°). — Mauvaises influences pour la santé et pour les voyages.

Poissons (330° à 360°). — Il n'y a que le seul aspect de Saturne à craindre pour ceux qui veulent dresser des talismans et caractères sous cette constellation; car, pourvu qu'elle soit regardée aimablement de Jupiter, Mercure ou Vénus, elle influe infailliblement pour les jeux de hasard.

.·.

On voit par ces quelques notes comment la connaissance des influences lunaires peut à la rigueur suffire pour la pratique courante de la magie. Les sorciers de campagne n'ont du reste pas d'autre connaissance.

Voici un résumé synthétique, et qu'on peut consulter rapidement, de l'influence lunaire.

Si l'on ne peut observer les heures, on se contentera de s'en rapporter aux signes.

Pour l'art magique,	Que la Lune soit dans les signes de Terre : MIDI
Pour l'Amour, les grâces et l'invisibilité,	Qu'elle soit dans les signes d'Air : OCCIDENT
Pour faire les choses extraordinaires,	Qu'elle soit dans les signes d'Eau : NORD
Gloire, victoire, empire, entreprises,	Qu'elle soit dans les signes de Feu : ORIENT

Lune ascendante = bonnes opérations.
 — descendante = mauvaises.

Bonnes opérations.	Lune, même nombre que soleil.
Mauvaises opérations.	Lune, nombres impairs au soleil.

Ces divisions ont du reste été beaucoup plus loin, et l'astrologie, même élémentaire, étudie les influences différentes de la lune dans chacun des jours de sa révolution, ce qui donne en chiffre rond *28 maisons lunaires*, origine véritable des jours heureux ou malheureux du mois. Nous ne pouvons entrer dans tous ces détails et nous nous contenterons de donner pour mémoire le tableau suivant :

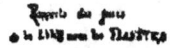

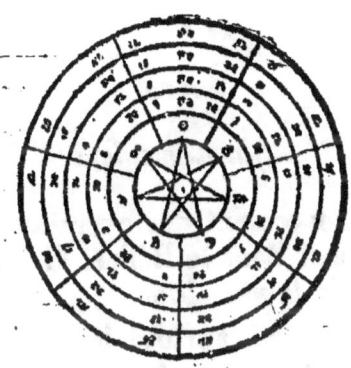

Influence de la Lune sur le sexe des enfants

Certaines traditions très curieuses existent à ce sujet. Voici en résumé comment elles sont formulées :

1° *Pour le premier enfant,*

La mère se reportera à la position de la lune lors de sa propre naissance (ce qu'on verra facilement sur un almanach de l'année de cette naissance). Si la lune s'est renouvelée dans les neuf jours qui ont suivi cette date, le futur enfant sera une fille. Dans le cas contraire, s'il n'y a pas N. L. dans les neuf jours en question, ce sera un garçon.

2° *Pour les autres enfants,*

On consulte le jour de la naissance du dernier né. Si la lune se renouvelle dans les neuf jours suivant cette naissance, il y a changement dans le sexe de l'enfant qui viendra. En cas contraire il n'y aura pas de changement de sexe.

Des autres planètes

Nous ne pouvons plus nous étendre sur les détails concernant les autres planètes, détails se rapportant plus à l'astrologie proprement dite qu'à la magie. Signalons simplement par rapport au *soleil* les dates suivantes comme tout particulièrement favorables à la bonne réussite des grandes opérations. Les dates sont établies par genre d'influence :

Soleil

Agenda magique

Pour le commencement des opérations, *Mars* et tout le passage du soleil dans le Bélier. C'est à ce moment qu'on doit cueillir la verveine.

Pour l'amour, *Avril*, surtout le 26, ainsi que Mai, le 1ᵉʳ (la veille de Pâques est le jour le plus favorable de l'année).

En *Juin* doit être préparé le parchemin vierge. Les talismans pour les voyages se font aussi dans ce mois.

Le 20 juin est un jour très propice à toutes les opérations. La veille de la Saint-Jean doit être préparée la baguette magique. On doit aussi cueillir les herbes à cette époque.

Juillet. — Excellentes influences pour les richesses et la recherche des trésors (surtout le dimanche). A partir du 24 juillet, préparer la peau de grenouille pour le mois de décembre suivant (voy. ce mois).

On doit cueillir à ce moment les herbes magiques et surtout l'héliotrope, le lis et l'ortie.

Août. — Bonnes influences pour les évocations et les apparitions conscientes d'esprits.

Le 15, jour particulièrement favorable aux talismans d'amour.

Le 21 (le mercredi le plus proche de cette date), talisman de jeu.

Septembre. — Le 12, faire le talisman d'amour suivant :

Pour l'amour

Environ le 12 septembre au jour, heure de Vénus, tu feras faire une médaille de cuivre rouge sur laquelle tu feras graver ces caractères d'un côté, de l'autre côté ces paroles Jeova de Nona, ensuite tu la pendras à ton col avec un 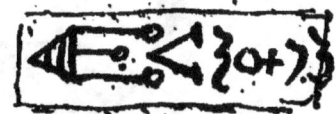 cordon, où il y ait de la laine des bas de la personne que tu désires, tous les matins avant soleil levé. Pendant tout le mois d'octobre tu iras à la porte et diras définitivement ces paroles : Amapoylfac, les répétant douze fois, et le premier jour du mois suivant, cette personne ne pourra s'empêcher de venir te trouver pour te demander ce que tu désires et pourra faire ce que tu voudras.

Octobre. — A jour et heure de Mars, faire le talisman de guerre :

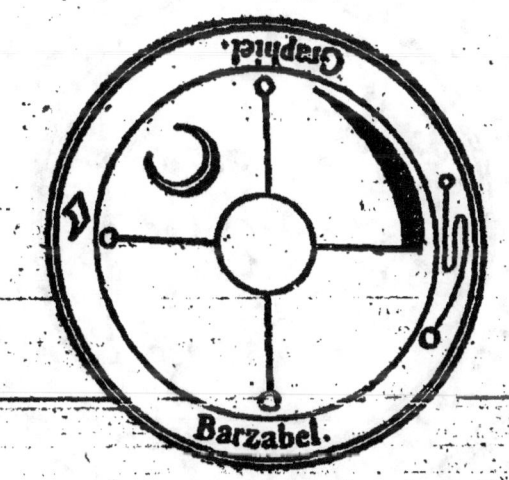

Le 22 octobre on fera le second de ces talismans :

Novembre. — Favorable pour les évocations des esprits de Jupiter.

Le 23 novembre est aussi très favorable pour l'évocation des esprits belliqueux de Mars et de Sagittaire:

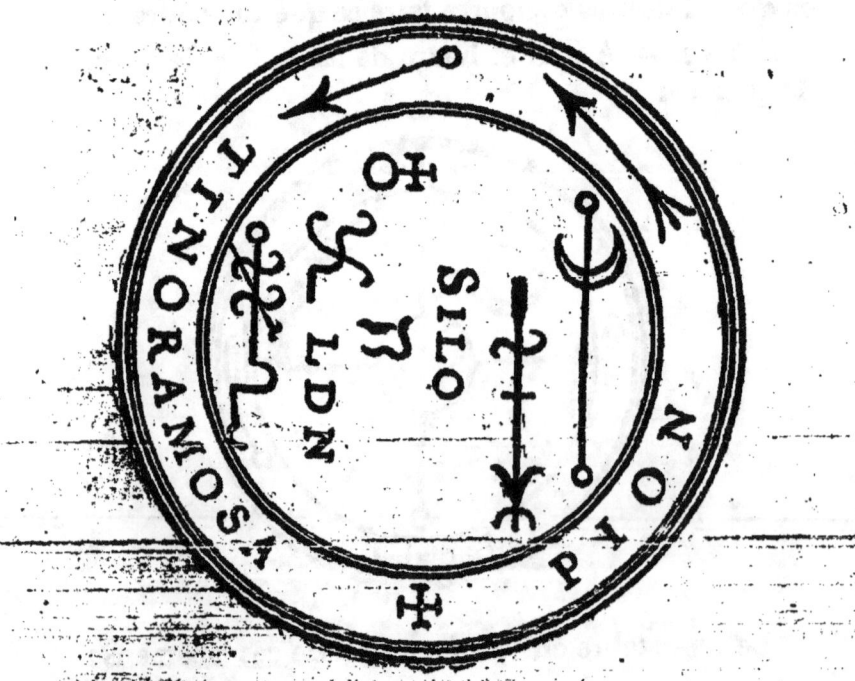

Décembre. — Au moment de la nouvelle lune, à jour et heure de Saturne, on peut faire, dans ce mois, un très curieux pantacle très favorable à l'élevage et à l'achat des bestiaux. C'est un des bons secrets de la magie des campagnes :

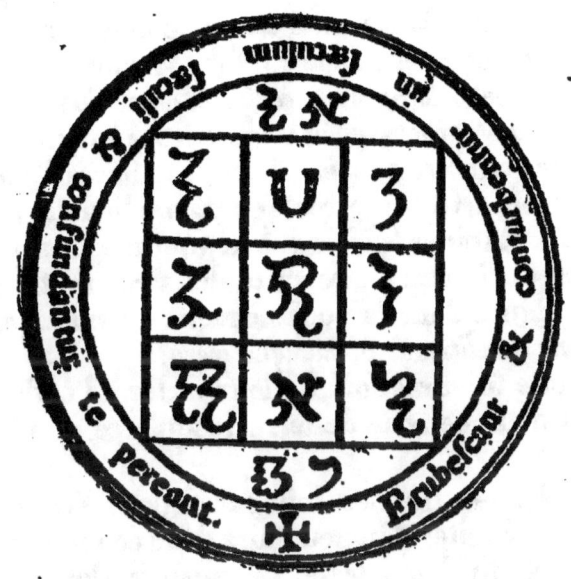

Janvier. — Très favorable aux évocations des esprits de Saturne.

Voici d'autre part un secret des plus curieux et que nous n'hésitons pas à transcrire intégralement. Il est tiré d'un exemplaire des *Clavicules* de la Bibliothèque nationale :

Pour se rendre invisible

Il faut faire une petite figure de cire jaune ressemblant à celle d'un homme, dans le mois de janvier, au jour et heure de Saturne, et dans le moment tu graveras avec une aiguille au dessus de la tête et sur le crâne que tu auras adroitement levé le caractère qui suit : Après quoi tu remettras proprement ledit crâne à sa place. Ensuite tu écriras, sur une petite bande de peau de grenouille du buisson, qui aura été tuée dans le temps de la canicule, avec du sang de la même grenouille, au même jour qu'elle aura été tuée, les mots et caractères suivants, HELS, HEL, HELS, et tu iras pendre ladite figure par un de tes cheveux à la voûte d'une caverne à l'heure de minuit, et l'encensant avec l'encens convenable, tu diras : METRATON, MELACH, BEROT, NOT, VENIBBET, MACH, *et vos omnes, conjuro te figura cerca per Deum vivam, ut per virtutem horum caracterum et verborum me invisibilem reddas, ubique te portavero mecum. Amen*. Et, après l'avoir derechef encensé, tu l'enterreras au même lieu dans une boîte de sapin, et toutes les fois que tu voudras passer ou entrer en quelque lieu sans être vu tu diras ces mots en portant ladite figure dans ta poche gauche : *Veni ad me et nunquam me derelinquas ubicùmque ivero.*

Ensuite tu auras soin de le reporter à l'endroit précédent et de le couvrir de terre jusqu'à ce que tu en aies besoin.

Février. — Bonnes influences pour l'évocation des esprits de Jupiter. On peut faire dans ce mois le talisman suivant contre l'apoplexie. Ce talisman doit être fait sur de l'acier au jour et heure de Mars.

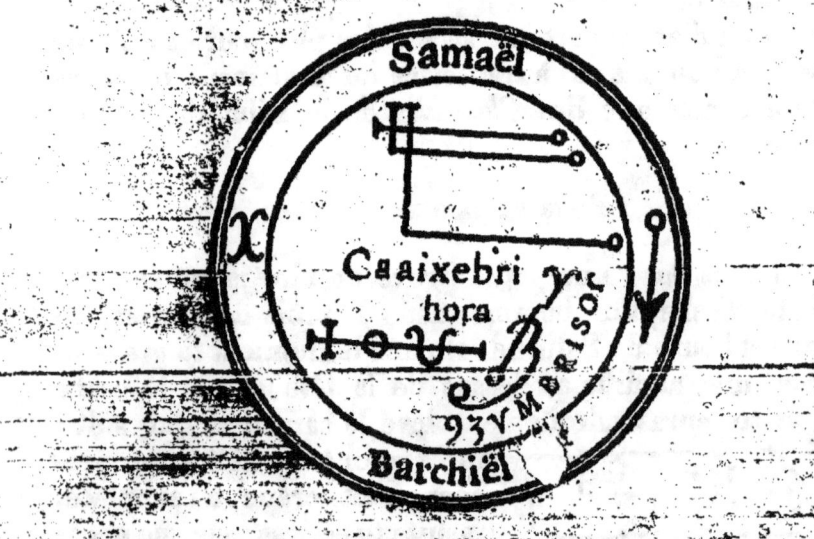

∗
∗ ∗

Pour tout ce qui se rapporte aux autres planètes et qui est, en somme, accessoire dans un traité élémentaire, nous renvoyons aux ouvrages techniques d'astrologie, surtout au travail très scientifique de M. Selva.

Des heures attribuées aux planètes

Les divisions que nous avons étudiées jusqu'à présent correspondent à peu près à des phénomènes naturels et sont tirées de la position effective des astres dans le ciel. Or nous pensons qu'il faut, autant que possible, s'en tenir à ces simples divisions.

Toutefois la tradition magique attribue une influence considérable aux rapports théoriques établis entre les planètes et les heures.

Pour obtenir exactement les heures magiques on divise par 12 le temps qui sépare le lever du coucher du soleil et l'on a ainsi les heures du jour qui, en hiver, ont bien moins et, en été, plus de 60 minutes, comme on le voit. Pour les heures de nuit on divise également par 12 le temps qui sépare le coucher du lever du soleil.

Nous avons établi une *horloge magique* qui donne immédiatement la planète qui domine une heure déterminée d'un des jours de la semaine, ainsi que le nom du génie de l'heure et quelques autres indications complémentaires.

Voici cette horloge[1] :

---
[1] Pour se servir de cette horloge magique, il faut la recopier sur une feuille blanche et détacher ensuite la partie centrale (séparée par un trait double) du reste. On fixe alors cette partie centrale, devenue mobile, à sa place, par un clou ou une pointe quelconque. Quand on veut savoir à quelle influence correspond une heure quelconque d'un jour de la semaine, on agit de la façon suivante :
1° On amène le jour de la semaine voulu devant la première heure (Yayn) en faisant tourner la partie centrale.
2° Il ne reste plus qu'à chercher l'heure choisie et à lire le nom de la planète qui se trouve au-dessus. Les chiffres arabes indiquent les heures du jour et les chiffres romains les heures de nuit.

Pour se servir de cette figure il faut détacher le centre au delà du trait double et amener le nom du jour dans lequel on opère en face de la 1ʳᵉ heure (Yayn). On a alors la correspondance de toutes les heures de ce jour.

HORLOGE MAGIQUE

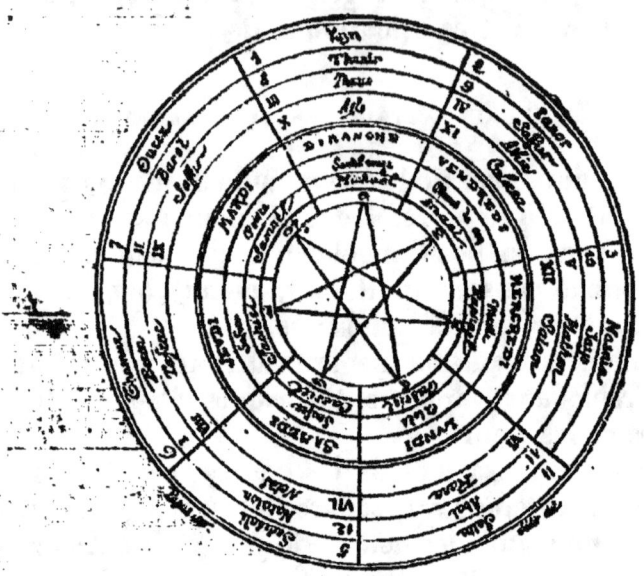

Les heures de ♄, ♂, ☿ et ☽ sont excellentes pour faire les opérations magiques et parler aux esprits. La 1ʳᵉ heure d'apparition du soleil les jours de ces planètes est la meilleure.

Les heures de ☉ et de ♀ et leurs jours sont très bonnes pour l'amour.

Les heures de ♄ et de ♂ sont excellentes pour les actions d'inimitié.

Les heures de ☿ pour les choses les plus curieuses et les plus difficiles.

Enfin les heures de ♃ et de ♀ pour l'amour et les expériences extraordinaires.

BIBLIOGRAPHIE

Camille Flammarion... *Le Ciel.*
Ragon............... *Initiation hermétique.*
Oger Ferrier....... *Jugements astronomiques. — Clavicules de Salomon* (mss. de la Bibl. nationale).

CHAPITRE IX

DE L'INFLUENCE DES PLANÈTES
DANS LES TROIS RÈGNES DE LA NATURE SUBLUNAIRE

(Astrologie naturelle)

Nous avons à peu près terminé l'étude de l'action des planètes dans le ciel ; mais cette action n'est pas la seule qui s'exerce, et, pour nous, habitants de la terre, l'influence exercée par le fluide astral sur les trois règnes de la nature sublunaire acquiert une importance toute spéciale.

Etant donnée la théorie magique qui admet que toutes les créations naturelles sont produites par l'action du plan astral, on comprend que chaque être terrestre dépendra d'une influence astrale déterminée. On dit que cet être est *signé* par l'astre qui domine le plus en lui et les hommes sont soumis comme le reste de la création à des signatures du monde invisible.

Notre but est avant tout d'être aussi clair que possible dans cette étude ; aussi laisserons nous là tous les détails de ces correspondances des planètes avec notre monde pour nous en tenir uniquement aux lignes générales et indispensables à connaître.

Dans toute opération le magiste peut avoir à grouper dans son cercle toutes les influences d'une planète dans les trois règnes ; aussi donnerons-nous à propos de chaque astre une échelle de correspondance aussi simplifiée que possible et réduite le plus souvent à un représentant de chaque règne. On trouvera des détails plus complets dans le petit dictionnaire de magie pratique, qui termine notre traité, au nom de chacune des planètes.

Nous prévenons toutefois nos lecteurs que chaque planète dominant sur un grand nombre de planètes ou de pierres précieuses, nous nous sommes arrêté à la classification la plus pratique. On trouvera d'autres correspondances dans tous les grimoires et les livres spéciaux.

RÈGNE MINÉRAL

Métaux divers

Le règne minéral fournit au magiste les métaux et les pierres magiques.

Métaux. — Les métaux ont une foule d'usages et sont surtout employés comme conducteurs du fluide astral.

Les sept métaux correspondant aux planètes sont les suivants :

Plomb	correspondant à	Saturne.
Etain	—	Jupiter.
Fer	—	Mars.
Or	—	Soleil.
Cuivre	—	Vénus.
Vif-Argent	—	Mercure.
Argent	—	La Lune.

Les métaux servent à faire des médailles, des pantacles, des talismans, des bagues, des instruments, etc.

Pierres

Il y a un très grand nombre de pierres plus ou moins précieuses qui servent à orner les anneaux et les esprits magiques. On trouvera un très curieux traité des pierres, tirées d'un livre sur les nombres *d'Evax et d'Aaron* (?), dans le *Grand Albert* ; mais les matières contenues dans ce traité ne sont pas classées d'après les rapports planétaires et nous avons dû faire un travail tout spécial à ce sujet.

Nous avons définitivement adopté les rapports suivants après avoir compulsé les différentes tables présentées, soit par les « Clavicules », soit par les traités spéciaux d'Agrippa et de Kircher.

Pierres attribuées aux Planètes

Saturne	*Pierre d'aimant, calcédoine.*
Jupiter	*Le saphir, le béril.*
Mars	*L'améthiste, le diamant, le jaspe.*
Le Soleil	*L'escarboucle, la chrysolithe, la pierre héliotrope.*
Vénus	*Le lapis-lazuli.*
Mercure	*L'émeraude, l'agathe.*
La Lune	*Le cristal, les perles, le corail blanc.*

Nous avons, autant que possible, éliminé de cette énumération toutes les pierres plus ou moins fantastiques qu'on trouve dans les nids des oiseaux, dans le ventre des animaux ou dans certains arbres inconnus, comme cette fameuse pierre du nid de la huppe (lisez, comme dit Eliphas, de la *Dupe*), qui rend invisible.

Toutefois, nous exposerons, *à titre de simple curiosité*, les propriétés merveilleuses attribuées aux pierres qui se rapportent aux sept planètes par les grimoires qui constituent le catéchisme de nos sorciers de campagne.

TRADITIONS CURIEUSES CONCERNANT
LA VERTU DE CERTAINES PIERRES

Saturne

La pierre d'aimant. — Très utile pour le magiste, car elle entre dans la confection de la baguette. Il ne faut pas confondre cette pierre d'aimant qui est un produit naturel avec le fer magnétique obtenu industriellement.

Si un homme veut savoir si sa femme est chaste et sage, qu'il prenne la pierre que l'on appelle *aimant* et qu'il la mette sous la tête de sa femme ; si elle est chaste et honnête, elle embrassera son mari, sinon elle se jettera aussitôt hors du lit.

De plus si on met cette pierre, après l'avoir réduite en poudre, sur les charbons aux quatre coins d'une maison, tous ceux qui y seront couchés en sortiront et abandonneront tout, et pour lors les larrons y pourront faire ce qu'ils voudront sans crainte (sic) (Grand Albert).

La calcédoine. — Pour chasser les illusions et toutes sortes de vaines imaginations, qu'on prenne la pierre calcédoine, qui est pâle et obscure : si on la perce par le milieu et qu'on la pende au cou avec une autre pierre appelée *serenibus* (?), on ne craindra point les illusions fantastiques. Par sa vertu on vient à bout de tous ses ennemis, et elle conserve le corps en force et vigueur.

Jupiter

Le saphir. — Pour mettre la paix entre quelqu'un on prendra la pierre de *saphir*; la jaune qui n'est pas si luisante est la meilleure. Cette pierre, portée sur soi, donne la paix et la concorde, rend dévot et pieux, inspire le bien, modère le feu et l'ardeur des passions intérieures.

Le béril. — Celui qui voudra se moquer de ses ennemis et finir ses procès et ses différends prendra du béryl qui a la couleur pâle et transparente comme de l'eau. Si on la porte sur soi, on ne craindra pas ses ennemis ; on gagnera ses procès, si on en a. Elle a aussi une vertu admirable pour les enfants, car elle les rend capables de s'avancer dans les lettres.

Mars

L'améliste. — Pour avoir un bon esprit et ne s'enivrer jamais on prendra une pierre d'améliste qui est de couleur de pourpre ; la meilleure se trouve dans les Indes : elle est merveilleuse pour les ivrognes et rend l'esprit propre aux sciences.

Le diamant. — Ceux qui voudront être au dessus de leurs ennemis prendront la pierre qu'on nomme diamant, qui est d'une couleur brillante et si dure qu'on ne peut la rompre qu'avec du sang de bouc. Si on l'attache au côté gauche, elle est admirable contre les ennemis, conserve la raison, met en fuite les bêtes farouches et venimeuses et empêche les mauvais desseins de ceux qui vous veulent assassiner ou faire quelque autre tour semblable, finit et termine les différends et les procès. De plus, le diamant est fort bon contre les poisons et contre les esprits follets.

Soleil.

L'escarboucle (nous n'avons pu trouver au sujet de cette pierre d'autre tradition que celle qui concerne sa propriété de luire dans les ténèbres).

La chrysolithe. — Si on veut devenir sage et ne point faire de folie on n'a qu'à prendre une pierre qui se nomme chrysolithe : elle a une couleur verte et brillante ; il faut l'enchâsser dans de l'or et la porter sur soi Chasse les fantômes et délivre de la folie et est admirable pour la peur.

La pierre héliotrope. — Pour faire que le soleil paraisse être de la couleur du sang il faut prendre la pierre qu'on appelle héliotrope, qui a la couleur verte et qui ressemble à l'émeraude et est toute bigarrée comme des gouttes de sang. Tous les nécromanciens l'appellent communément la pierre précieuse de Babylone ; que si on frotte cette pierre avec le suc de l'herbe du même nom, elle fait voir le soleil rouge comme du sang, de la même manière que dans une éclipse.

C'est de cette pierre, comme je l'ai appris, dont se servaient autrefois les prêtres des temples pour deviner et interpréter les oracles et les réponses des idoles.

Cette pierre se trouve dans l'Ethiopie, en Chypre et dans les Indes.

Vénus

Lapis-Lazuli. — Si l'on veut guérir quelqu'un de mélancolie et de fièvre quarte, il faut prendre la pierre *lazule* qui est de la couleur du ciel et a au dedans de petits corpuscules dorés. Ce secours est infaillible et éprouvé nouvellement. On porte cette pierre sur soi pour les maux ci-dessus.

Mercure

L'émeraude. — Celui qui voudra devenir savant, amasser des richesses et savoir l'avenir, prendra la pierre que nous appelons ordinairement *émeraude*, qui est fort nette et brillante. La jaune est la meilleure.

Si un homme la porte sur soi, elle lui donne de l'esprit et de la mémoire, elle fait amasser des richesses, et si on la met sous sa langue, elle communique le don de prophétie.

L'agathe. — Si quelqu'un souhaite d'éviter toutes sortes de dangers et ne rien craindre dans le monde, ou bien veut être généreux, il prendra de l'agathe qui est noire et a des veines blanches. L'agathe est fort bonne contre les adversités.

La lune

Le cristal (quartz). — Pour allumer du feu, il faut prendre du cristal, l'exposer au soleil, et vis-à-vis mettre quelque chose facile à brûler. Aussitôt que le soleil luira, le feu y prendra. Si on le boit avec du miel, il donnera du lait aux nourrices.

Le corail. — Si on veut apaiser les tempêtes et les orages et passer des fleuves, on prendra du corail : il y en a du rouge et du blanc. Il est expérimenté et sûr qu'il arrête le sang sur-le-champ; et celui qui le porte sur soi a toujours la raison bonne et est prudent. Beaucoup de personnes considérables et dignes de foi l'ont éprouvé depuis peu. Le corail est admirable contre les tempêtes et les périls qu'on court sur les eaux.

LES HERBES MAGIQUES

(Règne végétal)

La connaissance, la recherche et la préparation des « simples » tenant une place très importante dans la magie pratique, nous avons consacré dans les pages suivantes une étude toute spéciale aux plantes correspondant avec les planètes.

Pour les autres herbes dites magiques, le lecteur se reportera au mot *herbe* du dictionnaire magique et ensuite à chacune des plantes indiquées à cet endroit. Nous reparlerons, dans la 3ᵉ partie de ce traité, de la façon de cueillir les plantes.

Avant tout, voici la correspondance planétaire générale des différentes parties d'une plante.

CORRESPONDANCE D'UN VÉGÉTAL

Fruit	♃ Jupiter
Fleurs	♀ Vénus
Semence et écorce	☿ Mercure
Racine	♄ Saturne
Bois fort	♂ Mars
Feuilles	☾ La Lune

Saturne

Les herbes de Saturne sont classées sous cette influence d'après les rapports qu'elles ont avec la planète :

1° Tout d'abord les poisons qui engourdissent et étourdissent comme la plupart des solanées ;

2° Les plantes qui semblent ne point produire de fruits ;

3° Celles qui produisent des racines, des feuilles ou branches noires et des fruits noirs (Figuier noir, pin, cyprès) ;

4° Celles qui sont d'un goût amer, d'une odeur violente, d'une ombre noire ou qui sont funestes comme l'ache consacrée à Pluton (*Apium graveolens*, ombellifère).

On peut prendre comme herbe caractéristique de Saturne :

L'Ellébore (*Helleborus niger*), famille de renonculacées, cultivée dans les jardins sous le nom de *Rose de Noël*.

L'*Helleborus fetidus* ou *Pied de Griffon* peut au besoin remplacer la précédente.

La première est de Saturne et s'appelle *Offoditius*. Son suc est fort bon pour apaiser et guérir les douleurs de reins et les maux de jambes. On la donne aussi à ceux qui sont incommodés de la vessie. Que si l'on fait tant soit peu cuire sa racine, les démoniaques et les mélancoliques qui la porteront dans un linge blanc seront délivrés. Enfin cette même racine chasse les malins esprits des maisons.

Jupiter

Les herbes de Jupiter sont caractérisées par leur bonne et aromatique odeur et les fruits (presque toujours huileux) par leur douce saveur (noix, amandes, noisettes, etc.). Les arbres sont ceux qui sont particulièrement majestueux, comme le chêne, ou qui sont considérés comme heureux, par ex. : le coudrier, le peuplier et le figuier blanc, et aussi spécialement l'olivier.

Comme herbes caractéristiques de Jupiter nous signalerons spécialement, outre la menthe, la buglosse (*Anchusa off*, borraginacées) qu'on devra employer toujours de préférence en magie.

La Jusquiame (*Hyosciamus niger*, solanées) dont l'action est ainsi caractérisée par le Grand Albert :

La sixième est de Jupiter qui se nomme communément *Octharan*, et par quelques-uns *Jusquiame*. Sa racine étant mise sur les ulcères, les enlève et empêche qu'il ne vienne dans l'endroit où étaient ces ulcères, aucune inflammation. Si on la porte sur soi avant qu'on ait eu aucun ulcère ou apostume, il n'y en viendra point. Sa racine est fort bonne pour la goutte, si, après l'avoir pilée, on la met sur l'endroit où l'on sent la douleur, surtout sous la domination des signes qui ont des pieds, ou qui dominent dessus. Que si l'on boit son suc avec du miel ou du melliorat, il est merveilleux aux douleurs de foie, parce que *Jupiter* le domine. Elle contribue beaucoup à donner de l'amour et à se servir du coït. Ceux qui se veulent faire aimer des femmes n'ont qu'à porter cette herbe sur eux, car ceux qui en portent sont fort joyeux et fort agréables.

Mars

Les herbes de Mars sont classées d'après les propriétés suivantes :

1° Celles qui sont venimeuses par une trop grande abondance de chaleur (Ex. : l'euphorbe, l'ail);

2° Celles qui ont des épines ou qui piquent et font démanger ou enfler la peau par leur attouchement (Ex. : les orties);

3° Celles qui font pleurer en les épluchant et surtout en les mangeant (Ex. : oignons, échalottes, moutarde, etc.).

Nous prendrons comme herbe caractéristique de Mars :

L'Euphorbe (réveille-matin, omblette, lait de couleuvre, tithymale, petit cyprès, rhubarbe des pauvres), dont il existe environ 700 espèces.

Sous le nom d'Ornoglose (langue d'oiseau), le Grand Albert décrit une herbe dont les vertus semblent se rapporter à celles de l'Euphorbe.

La quatrième est de Mars, et on l'appelle *Ornoglose*; sa racine est bonne pour la douleur de tête ; car on croit ordinairement que le Bélier qui domine sur la tête de tous les hommes est la raison de *Mars*. On s'en sert pour les maux des testicules et pour les ulcères pourris, lorsque *Mars* est dans le *Scorpion*, qui est un signe qui retient la semence. Son suc est admirable pour la dyssenterie et les hémorroïdes et à l'estomac quand on le boit.

Le soleil

Les herbes du soleil sont généralement aromatiques.

On classe aussi ces herbes d'après leurs mouvements vers le soleil comme le tournesol (héliotrope) ou celles qui renversent ou ferment leurs feuilles à l'éloignement ou au coucher du soleil et qui les ouvrent petit à petit et les étendent quand il se lève, comme le laurier, la pivoine, la chélidoine, etc.

Nous prendrons comme herbe solaire caractéristique :

1° L'Héliotrope (tournesol, herbe aux verrues, herbe de Saint-Fiacre), de la famille des borraginées, à laquelle le Grand Albert attribue les magnifiques propriétés suivantes :

Elle a une vertu admirable si on la cueille dans le mois d'août, pendant que le soleil est en signe du Lion. Car si, étant enveloppée dans une feuille de laurier, avec une dent de loup, on la porte sur soi, personne ne pourra mal parler ni nuire par de méchantes paroles à celui qui la portera ; au contraire, on n'en dira que du bien. De plus, celui qui la mettra sous sa tête pendant la nuit verra et connaîtra ceux qui pourraient venir le dérober. Bien plus, si on met cette herbe dans une église où il y aura des femmes, celles qui auraient violé la fidélité qu'elles avaient promise à leurs maris n'en pourront pas sortir, si on ne l'ôte de l'église. Ce secret est assuré, il a été souvent expérimenté.

2° La Renouée (traînasse, herbe à cochons) *(Polygonum aviculare)* dont le Grand Albert donne encore la description suivante :

La seconde est le soleil et se nomme poligoine, barrigiole ou renouée ; elle tire son nom du soleil parce qu'elle est fort fertile ; quelques-uns l'ont aussi appelée la maison du soleil. Cette herbe guérit les douleurs de cœur et de l'estomac. Celui qui touche cette herbe a une vertu qui lui vient des influences de la planète qui a dominé à sa naissance.

Que si quelqu'un en boit, elle excitera beaucoup l'amour, et lui donnera des forces pour user du coït ; ou bien, si on en porte sur soi la racine, elle guérit du mal des yeux. Elle soulage beaucoup les frénétiques qui la portent sur l'estomac. Elle est bonne aux pulmoniques et leur donne une bonne haleine et une libre respiration ; elle sert aussi au flux du sang des mélancoliques.

Vénus

Les herbes de Vénus sont remarquables par leur parfum, leur arôme, comme la verveine, la valériane, le cheveu de Vénus (*Capillum Venerii*) et les fruits consacrés à cette planète sont très doux, comme les poires, les figues, les oranges : les roses sont aussi particulièrement consacrées à Vénus, surtout dans les opérations faites le matin.

Comme herbe caractéristique nous prendrons :

La Verveine (herbe sacrée), une des plantes magiques les plus puissantes et les plus mystérieuses qui existent. On trouvera quelques détails à son sujet dans notre dictionnaire magique. Voici ce qu'en dit le Grand Albert :

La septième est de *Vénus* et on l'appelle *Pistérion* ; quelques uns la nomment aussi *Colombaire* ou *Verveine*. Sa racine étant mise sur le cou guérit les écrouelles, les parotides, les ulcères, et la perte d'urine, si on s'en fait un emplâtre qu'on mettra sur l'endroit où est le mal. Elle est souveraine pour les écorchures qui se font dans le fondement, et pour les hémorroïdes.

Si on boit son suc avec du miel dans l'eau chaude elle donne bonne haleine et libre respiration.

Elle rend amoureux parce que son suc fait beaucoup de sperme. De plus si quelqu'un la porte sur soi il sera fort et vigoureux dans le coït, pourvu qu'il n'est rien autre que cette herbe.

Si on la met dans une maison, une terre ou une vigne, on tirera de grands revenus.

De plus sa racine est bonne pour ceux qui veulent planter des vignes et des arbres ; et les enfants qui la porteront sur eux seront bien élevés et aimeront la science ; ils seront éveillés et de bonne humeur. Elle est encore fort utile dans les purgations et chasse les esprits malins et les démons.

Mercure

Les herbes de Mercure sont composées de plusieurs natures et de différentes couleurs.

Outre le coudrier, le tussilage, la mercuriale (*Mercurialis annua*, euphorbiacées) appelée aussi foirole et ortie bâtarde, on peut considérer comme caractéristique :

La Quintefeuille (*Potentilla reptans*) de la famille des rosacées et dont les propriétés sont ainsi décrites par le Grand Albert :

La cinquième est de *Mercure* et se nomme *Pedactilius* ou *Pentafilon*, en français *Quintefeuille*. La racine de cette herbe guérit les plaies et les dartres, si on la met en emplâtre, et enlève en peu de temps les écrouelles, si on boit son suc avec de l'eau. De même son suc guérit aussi des douleurs de l'estomac et de poitrine. Que l'on en met dans la bouche, il apaise les maux de dents et tous les autres qu'on pourrait y avoir. Que si quelqu'un la porte sur soi, elle lui sera d'un grand secours. De plus, si on veut demander quelque chose à un roi ou à un prince, on n'a qu'à la porter sur soi, elle rend savant et fait obtenir ce que l'on souhaite.

La lune

A la lune sont consacrées les plantes d'eau ou celles qui subissent particulièrement l'influence des phases lunaires, comme le palmier, qui, dit-on, pousse un rameau à chaque heure de lune ; l'herbe *Chinostares* qui croît et décroît comme la lune en substance et en nombre de feuilles.

Cette herbe ainsi appelée par Agrippa, appelée au contraire *Chrynosiates* par le Grand Albert, est très difficile à déterminer et semble se rapporter surtout au *Lis blanc* (Το Κρινον) tant par son nom que par ses propriétés médicales, principalement en ce qui concerne les yeux. Comme herbes lunaires nous prendrons donc :

1° Le Nénuphar (*Nymphea alba*, nénuphar blanc, lis d'eau, etc.) ;

2° Le Lis blanc (*Lilium candidum*) auquel nous rapporterons la description du Grand Albert :

La troisième est de *la Lune* et on l'appelle *Chrynostates* ; son suc purge les âcreurs de l'estomac. La fleur de cette herbe nettoie les reins ou les guérit; elle croît et diminue comme la lune. Elle est fort bonne au mal des yeux, rend la vue bonne. Si on met de la racine pilée sur l'œil, elle est merveilleuse pour augmenter et éclairer la vue, car les yeux ont une grande sympathie avec la lune et dépendent beaucoup de ses influences. Elle sert beaucoup à ceux qui en boivent pour faire la digestion des viandes dans l'estomac, ou à ceux qui ont les écrouelles.

RÈGNE ANIMAL

Les animaux sont utilisés en magie comme dégageant le fluide astral nécessaire à quelques opérations. La sorcellerie tout entière est basée sur le principe de l'animation des objets consacrés, animation obtenue grâce au corps astral d'un crapaud qu'on fixe dans les objets en question (le crapaud est saturnien). En cas de nécessité on peut remplacer un des disciples dans l'évocation par un chien dont *l'aura* magnétique est assez puissant. Les plumes des oiseaux en rapport avec les planètes sont employées comme aspersoir pour l'eau dynamisée par l'influx magnétique. Aussi donnons-nous, à propos de chaque planète, trois correspondances : un oiseau, un quadrupède (sauf quelques-uns) et un poisson. Comme pour les précédentes correspondances nous faisons suivre cette liste des « secrets » attribués par la magie des campagnes à quelques-uns de ces animaux.

RÈGNE ANIMAL

Saturne	Huppe	Taupe (Crapaud)	Seiche
Jupiter	Aigle	Cerf	Dauphin
Mars	Vautour	Loup	Le Lucium

Soleil	Cigne	Lion	Le Thimallus.
Vénus	La Colombe	Le Bouc	Le Veau Marin.
Mercure	La Cigogne	Le Singe	Le Trochus.
La Lune	Le Hibou	Le Chat (Grenouille)	Le Lurus.

TRADITIONS DE LA MAGIE DES CAMPAGNES

AU SUJET DES ANIMAUX PLANÉTAIRES

Saturne

Huppe. — Celui qui porte ses yeux devient gros, ou bien si on les porte devant l'estomac on se réconciliera avec tous ses ennemis, et de peur d'être trompé par quelque marchand on portera sa tête dans une bourse.

Taupe. — Elle a des vertus et des propriétés admirables : si on enveloppe un de ses pieds dans une feuille de laurier, et qu'on le mette dans la bouche d'un cheval, il prendra aussitôt la fuite et aura peur ; ou si on le met dans le nid de quelque oiseau, les œufs deviendront inutiles et il ne s'y formera rien dedans. Si on veut chasser les taupes d'un endroit il faut en prendre une et la mettre dans ce même endroit avec du soufre vif qu'on fera brûler : aussitôt toutes les autres taupes s'assembleront après. De plus, si on frotte un cheval noir avec de l'eau où aura cuit une taupe, il deviendra blanc.

Une taupe enclose en un pot de terre et avec de la poudre de soufre allumée appelle les autres à son secours par une voix et cri pitoyables.

Si vous voulez prendre les taupes, il faut mettre un porreau ou un oignon devant de leur trou ; car elles sortiront incontinent dehors, comme étourdies.

Jupiter

Aigle. — Si on réduit en poudre sa cervelle et qu'ensuite on la mêle avec du jus de ciguë, ceux qui en auront mangé s'arracheront les cheveux et ne se quitteront point tant qu'ils en auront dans le corps. La raison en est que sa cervelle est si chaude et si chaleureuse qu'elle forme des illusions fantastiques.

Mars

Loup. — Si on ensevelit la queue d'un loup en un village, elle empêche que les loups n'y entrent.

Si on pend la queue d'un loup sur la crèche des vaches ou menu bétail, le loup ne s'en approchera pas jusqu'à ce qu'elle soit ôtée.

Le soleil

Lion. — Que si de sa peau on fait des courrois, celui qui s'en ceindra ne craindra point ses ennemis ; que si quelqu'un mange de sa chair, ou boit de son urine pendant trois jours, s'il a la fièvre quarte, il en sera guéri ; que si l'on porte les yeux de cet animal sous l'aisselle, toutes les bêtes s'enfuiront devant celui qui l'aura, en baissant la tête.

Vénus

La tourterelle. — Si on porte le cœur de cet oiseau dans une peau de loup, il éteindra tous les feux de la concupiscence et les désirs amoureux ; si on brûle son cœur et qu'ensuite on le mette sur les œufs de quelques autres oiseaux, on aura beau les faire couver, ils ne produiront rien. Si on pend ses pieds à un arbre, il ne portera jamais de fruit ; que si on frotte de son sang, mêlé avec de l'eau dans laquelle on aurait fait cuire une taupe, quelque endroit où il y aura du poil, ou bien un cheval, tous les poils qui seront noirs tomberont.

Bouc. — Si on met son sang tiède et du vinaigre bouillir avec du verre, le verre deviendra tendre comme de la pâte et ne se rompra point, quand on le jetterait contre une muraille.

Que si l'on met cette composition dans un vase et qu'ensuite on s'en frotte le visage, on verra des choses horribles et épouvantables ; ou bien si on les jette dans le feu et s'il se trouve là présent quelqu'un qui soit sujet au mal caduc, en lui présentant une pierre *d'aimant* il tombera incontinent mort par terre ; mais si on lui faisait boire de l'eau et du sang d'anguille, il sera guéri en peu de temps.

Le veau marin. — Si on prend de son sang avec un peu de son cœur et que l'on le mette dans l'eau, c'est une chose sûre que tous les poissons d'alentour s'y assemblent ; que si on le porte sous l'aisselle on surpassera tout le monde en jugement et en esprit et le criminel qui l'aura rendu sera jugé doux et favorable.

Lune

La grenouille et le hibou rendent l'homme babillard et délient principalement la langue et le cœur. En cette façon la langue d'une grenouille d'eau mise sous la tête fait parler en dormant, et le cœur d'un hibou mis dessus la poitrine gauche d'une femme qui dort a cette efficacité, à ce qu'on dit, de lui faire prononcer et déclarer tous ses secrets.

(Agrippa).

ACTION DES PLANÈTES SUR L'HOMME

Les anciens avaient observé et déterminé les différents stades traversés par la force universelle dans son action sur la matière. Ils avaient remarqué que toute génération passe par des phases identiques dans tous les plans de la nature, et pour graver cet enseignement dans l'esprit des disciples, ils avaient donné à ces phases le nom des 7 planètes, non pas que ces 7 astres aient individuellement une influence naturelle dans cette action, mais bien parce que ces astres étant eux-mêmes l'expression à un haut degré de l'effet de cette loi universelle de création constituaient une sorte de mesure commune applicable à toute la nature. Telle est la clef de ces applications planétaires qui sembleraient bizarres ou absurdes à ceux qui n'ont pas compris l'enseignement véritable de l'ésotérisme à ce sujet.

C'est ainsi que dans l'étude de l'embryologie le développement d'un oiseau ou d'un lapin sert de type pour l'établissement du développement du fœtus humain, mais sans que pour cela il y ait confusion possible entre les deux plans de génération.

Les Indous, avec leurs sept principes universels, ne font pas autre chose qu'exprimer les mêmes idées bien moins clairement. Mais on préfère lire *jiva*, *linga sharira*, *manas*, etc., etc., que *la Lune*, *Mars*, *Jupiter*, car on n'a pas pris l'habitude de prendre les termes sanscrits dans d'autres acceptions.

Nous sommes persuadé que l'étudiant sérieux qui voudra bien approfondir cette question dans le sens où nous l'indiquons en tirera des lumières très vives par la suite. Cela dit, nous allons exposer tous les stades de la force universelle appliquée à l'homme, stades désignés sous les noms génériques des planètes qui servent de base à toutes les correspondances septénaires.

Pour éviter toute obscurité nous donnerons d'abord un tableau des influences planétaires sur les organes et les fonctions de l'homme ; puis nous ferons suivre ce tableau de l'exposé des raisons sur lesquelles ces correspondances ont été établies, exposé très bien fait par Albert le Grand dans un des rares ouvrages authentiques publiés par les grimoires qui portent son nom.

Nous terminerons cet exposé par un tableau général fixant la tradition hermétique des correspondances telle qu'elle était connue au XVI° siècle. Dans ce tableau est contenu tout ce qui a rapport aux « signatures astrales ».

PLANÈTES	INFLUENCE INTELLECTUELLE	ORGANE CORRESPONDANT	INFLUENCE PHYSIOLOGIQUE	INFLUENCE SOCIALE
SATURNE	Esprit méditatif.	Rate.	A le pouvoir sur la mélancolie et aux parties qui s'entretiennent de cette humeur.	Départit les trésors et révèle les secrets.
JUPITER	Esprit dominateur.	Foie.	A pour apanage la masse du sang et les vaisseaux qui en renferment et en perfectionnent les éléments et les convertissent en sang.	Départit les dignités, les honneurs, le respect et la délectation.
MARS	Esprit fort.	Estomac.	Commande sur la bile.	Donne la victoire.
LE SOLEIL	Esprit de pureté.	Cœur.	Préside à la chaleur vitale et au cœur qui est le principe de la vie et du mouvement de l'animal.	Donne l'amitié des Rois, des princes et des grand
VÉNUS	Esprit susceptible.	Reins.	Prépare la semence et exerce sa puissance sur les vaisseaux nécessaires à la génération.	Donne l'amour des femmes, la paix et la concorde.
MERCURE	Esprit turbulent.	Poumons.	Travaille les esprits animaux. Comme sa mission est de constamment rouler autour du soleil, il vivifie le cerveau en en stimulant les fonctions.	Donne les sciences, le bonheur commercial et au jeu.
LA LUNE	Esprit de lumière.	Cerveau.	Gouverne les puissances naturelles et toutes les parties qui dépendent de cette faculté.	Facilite les voyages et détourne les malheurs.

DE L'INFLUENCE DES PLANÈTES SUR
LE MICROCOSME

A. — Intellect

Le premier mobile, qui renferme par son mouvement journalier toutes les sphères inférieures, communique par son influence à la matière la vertu d'exister et de se mouvoir : le globe des étoiles fixes donne non seulement la puissance au fœtus de se distinguer suivant ses différentes figures et accidents, mais encore lui communique le pouvoir de se différencier, suivant les différentes influences de ce globe. La sphère de *Saturne* est immédiatement après le firmament, et l'âme reçoit de cette planète le discernement et la raison ; ensuite celle de *Jupiter* qui donne à l'âme la générosité et plusieurs autres passions ; *Mars* lui communique la haine, la colère et beaucoup d'autres ; le *Soleil* lui influe la science et la mémoire, *Vénus* les mouvements de la concupiscence, *Mercure* la joie et le plaisir ; enfin la *Lune*, qui est l'origine de toutes les vertus naturelles, la fortifie. Quoique toutes choses viennent de l'âme et qu'elle les ait reçues de plusieurs parties des corps célestes, cependant on les lui attribue, et aussi à tous les corps parce qu'un simple accident n'est pas suffisant pour les soutenir toutes.

***

B. — Corps physiques

Maintenant à l'égard du corps qui est créé et formé de l'*embryon* par les effets et les opérations des étoiles que l'on appelle planètes, il faut remarquer en premier lieu que la matière de laquelle l'homme doit être engendré, étant prise et serrée par la froideur et la sécheresse de *Saturne*, reçoit de cette planète une vertu fortifiante et végétative, avec un mouvement naturel, car il y a deux puissances dans Saturne : l'une de préparer la matière en général, et l'autre de lui donner une certaine forme particulière.

Pendant le premier mois *Saturne* domine dans la conception de l'embryon ; *Jupiter* prend sa place dans le second, et par une faveur spéciale et une vertu qui est singulière, il dispose la matière à prendre et à recevoir les membres qu'elle doit avoir. De plus il renforce par une chaleur merveilleuse la matière du fœtus, humecte toutes les parties qui avaient été desséchées par Saturne dans le premier mois.

Pendant le troisième, *Mars* avec sa chaleur fait la tête, ensuite distingue tous les membres les uns des autres : par exemple il sépare le cou du bras, les bras des côtes et ainsi de suite.

Le Soleil dominant au quatrième mois imprime les différentes formes du fœtus, crée le cœur et donne le mouvement à l'âme sensitive, si nous en croyons les médecins et quelques astronomes ; mais Aristote est d'un autre sentiment et soutient que le cœur est engendré avant toutes les autres parties, et que c'est de lui qu'elles sortent. D'autres voulant renchérir là dessus disent que c'est le soleil qui est la source et l'origine de la vie.

Vénus, dans le cinquième mois, perfectionne par son influence quelques membres extérieurs et elle en forme d'autres : comme les oreilles, le nez, les os, la verge et le prépuce dans les mâles, la nature ou la vulve et les mamelles dans les femelles. De plus elle sépare et distingue les mains, les pieds et les doigts.

Pendant le sixième mois, sous la domination et les influences de *Mercure*, se forment les organes de la voix, les sourcils et les yeux ; dans la même planète les cheveux croissent, les ongles sortent au fœtus.

La Lune achève, dans le septième mois, ce qui était commencé par les autres planètes, car elle remplit par son humidité tous les vides qui se rencontrent dans la chair. *Vénus* et *Mercure* humectent tout le corps, lui donnent la nourriture qui lui est nécessaire.

On attribue le huitième mois à *Saturne* qui par son

influence refroidit et sèche beaucoup le fœtus et par conséquent le resserre. Mais *Jupiter* qui règne au neuvième réjouit le fœtus par sa chaleur et par son humidité.

Il est à propos maintenant de traiter et de venir aux influences des planètes, que les anciens ont appelées le Dieu de la Nature, qui domine sur l'homme tant à l'égard du corps que de l'âme.

Saturne qui est plus élevé, plus obscur, plus pesant et plus lent que toutes les autres planètes, fait que celui qui naît sous sa domination a le corps de couleur obscure, les cheveux noirs et gras, la tête grosse et barbue, l'estomac petit; il a aussi des fentes aux talons; à l'égard de l'aîné, il est méchant, perfide, traître, colère, mélancolique et de mauvaise vie; il aime l'ordure et se plaît à avoir de méchants habits. Il n'est point sujet à la luxure ni à la paillardise; au contraire il la hait. En un mot, l'on peut dire, suivant le sentiment de mon maître, qui est fort expérimenté dans cette science, que tout homme qui vient au monde sous la planète de *Saturne* a toutes les mauvaises qualités du corps et de l'âme.

Jupiter, qui est une planète douce, brillante, tempérée et heureuse, donne à l'homme qui naît sous lui le visage beau, les yeux clairs et une barbe ronde; de plus cet homme a les deux dents supérieures grandes et également éloignées l'une de l'autre; il a aussi la couleur du visage blanche mêlée avec du rouge, et les cheveux longs; pour ce qui regarde l'âme, il est bon, honnête et modeste et vivra longtemps. Il aime l'honneur, les beaux habits et les parures; il se plaît aux goûts agréables et aux odeurs, il est miséricordieux, bienfaisant, magnifique, agréable, vertueux, sincère dans ses paroles et grave dans son marcher, regardant le plus souvent la terre. L'homme qui naît sous la planète *Mars*, immodéré dans sa chaleur et sa sécheresse, est de couleur rougeâtre semblable à ceux qui sont brûlés du soleil; il a des cheveux courts, les yeux petits, le corps courbé et grossier; il est inconstant, trompeur, sans honte, sujet à se fâcher, traître, superbe, capable de semer la discorde et la discussion.

Le *Soleil* que l'on appelle ordinairement l'œil de la lumière du monde donne à celui qui vient au monde sous sa planète beaucoup de chair, un beau visage, de grands yeux, assez de barbe avec de longs cheveux. Quelques-uns écrivent que l'homme sous la domination du soleil est hypocrite et n'a qu'une belle apparence ; d'autres disent qu'il aime les sciences et devient fort savant ; il s'en trouve qui croient qu'il est régulier, pieux, dévot, sage, riche, aimant les bons, fuyant et haïssant les méchants.

Celui qui naît sous *Vénus*, qui est une planète bienfaisante, est beau, et a les yeux et les sourcils charnus et élevés ; il est d'une moyenne grandeur ; en ce qui regarde l'âme, il est franc, plaisant, savant, aime la musique, le plaisir, les divertissements et la danse ; il se plaît à avoir de beaux habits, et son marcher est agréable.

Mercure, que les astronomes disent être toujours auprès du soleil dont il tire sa lumière, fait que l'homme qui naît sous sa domination est bien fait de corps, une taille ni trop haute, ni trop petite et une belle barbe. Quant à l'âme, il est sage, subtil, aime la philosophie et l'étude, il parle juste, se fait des amis et n'a jamais beaucoup de richesses, et cependant il donne de bons conseils, est sincère, tient sa parole, est incapable d'infidélité, de trahison et ne conseille jamais à mal faire, ni ne se trouve jamais en mauvaise et méchante compagnie.

La *Lune* qui est beaucoup plus agitée que les autres planètes fait l'homme errant et volage, variable dans ses paroles et qui n'est propre à rien, agréable et d'une médiocre grandeur ; il a les yeux inégaux, dont l'un est toujours plus grand que l'autre. Il faut savoir que toutes les planètes et les autres parties de la sphère céleste influent et se communiquent par une vertu divine et agissent toujours nécessairement, et ainsi l'on peut soutenir, sans crainte de se tromper, suivant ce que l'on dit ci-devant, que toutes les choses terrestres sont gouvernées par les supérieures et les célestes, et que les sacrifices et les holocaustes que l'on fait dans le monde sont inutiles et ne peuvent pas empêcher les influences des corps célestes qui donnent la vie ou la mort.

Influence des signes du zodiaque et rapports

Mais il faut encore remarquer que tous les membres du corps dépendent des 12 signes du zodiaque. Le *Bélier* est le premier de tous les signes célestes, lequel, lorsqu'il renferme le soleil avec modération, communique le chaud et l'humide et excite à la génération. C'est pour cette raison que l'on appelle le mouvement du soleil dans le Bélier la source et le principe de la vie : ainsi on lui attribue la tête de l'homme avec toutes ses parties; car de même que la tête est la plus noble partie du corps, le Bélier dans le ciel est le plus noble de tous les signes, et cela avec raison, puisque le soleil concourant avec lui meut et excite le chaud et l'humide de la nature, de la même manière que la tête dans l'homme est le principe des esprits vitaux.

Le *Taureau* domine sur le cou ; les *Gémeaux* sur les épaules ; l'*Ecrevisse* sur les mains et sur les bras ; le *Lion* sur la poitrine, le cœur et le diaphragme ; la *Vierge* sur l'estomac, les intestins, les côtes et les muscles. Tous ces signes partageant le ciel ne régissent et ne gouvernent que la moitié du corps. La *Balance* regarde dans la seconde partie les reins et est l'origine et le principe des autres membres ; le *Scorpion*, les endroits propres à la concupiscence, tant à l'égard de l'homme qu'à l'égard de la femme ; le *Sagittaire*, les cuisses ; le *Capricorne*, les genoux et ce qui est au-dessous ; le *Verseau*, les jambes ; les *Poissons*, qui est le dernier de tous, communique ses influences sur les pieds.

Voilà en peu de mots ce qui regarde les douze signes du zodiaque touchant les différentes parties du corps. Cependant il ne faut pas croire que ces choses soient feintes et imaginaires parce qu'on en peut faire des expériences en plusieurs endroits.

Que l'on sache donc qu'il est dangereux d'offenser quelque membre, lorsque la *Lune* est dans le signe qui le domine.

SIGNES	ORGANES ET ACTES	HERBES	ARBRES	ANIMAUX	OISEAUX	PIERRES
BÉLIER *Mars*	Tête, vue et cécité.	Sauge	Olivier.	Chèvre.	Hibou	Sardoine.
TAUREAU *Avril*	Cou, ouïe et surdité.	Verveine mâle.	Le Myrthe.	Bouc.	Colombe.	Cornaline.
GÉMEAUX *Mai*	Épaules, odorat et son absence.	Verveine femelle	Le Laurier.	Taureau.	Coq.	Topase.
ÉCREVISSE *Juin*	Mains et bras, parole et mutisme.	Oreille d'âne.	Le Lorille.	Chien.	La Cigogne noire.	Calcédoine.
LION *Juillet*	Poitrine, cœur, déglutition et faim.	Pain de pourceau.	Le Chêne.	Cerf.	Aigle.	Jaspe.
VIERGE *Août*	Estomac, intestins, cast et castration.	Calament	Le Pommier.	Truie.	Passereau.	Emeraude.
BALANCE *Septembre*	Reins, activité et impotence.	Tournesol.	Le Buis.	Ane.	Oie.	Barille.
SCORPION *Octobre*	Génitoires, marche et claudication.	Armoise.	Le Cormier.	Loup.	Pivert.	Améthiste.
SAGITTAIRE *Novembre*	Cuisses, colère et enlèvement du foie.	Macie.	Le Palmier.	Biche.	La corneille.	Hyacinthe.
CAPRICORNE *Décembre*	Genoux, rire et enlèvement de la rate.	Pareille.	Le Pin.	Lion.	Le héron.	Crysopase.
VERSEAU *Janvier*	Jambes, pensée et enlèvement du cœur.	Serpentaire.	Le Raminus.	Brebis.	Le paon.	Cristal.
POISSONS *Février*	Pieds, sommeil et langueur.	Sarrasine.	L'Ulme.	Cheval.	Le cygne.	Saphir.

Tableau général des correspondances planétaires tiré de

PLANÈTE.	POINT CARDINAL.	ÉLÉMENT.	TEMPÉRAMENT, HUMEUR.	ORGANES.	SIGNATURES (Hommes).	MÉTIERS.
♄ SATURNE	N E.	Terre et eau.	Mélancolie, et quelquefois la phlegme crasse.	Oreilles, rate, vessie, estomac, nerfs et os.	Gens pâles, ou noirs, maigres, pensifs, solitaires, craintifs, graves, contemplatifs.	Laboureurs, maçons, acheteurs, rentes, usuriers, messagers, pêcheurs, marchands d'huile, cuir, poissons, tuiles, pierres, aluns, etc.
♃ JUPITER	O.	Air.	Sang et esprits vitaux.	Poumons, côtes, foie et artères.	Gens de bonne stature, de face pleine, chauves, blancs avec une plaisante rougeur entremêlée, yeux assez grands, narines assez courtes, dents premières assez grandes.	Gens honnêtes, gracieux, bénins, religieux, abbés, évêques, prélats, officiers, pages, magistrats.
♂ MARS	S.	Feu.	Humeurs colériques.	Reins, foie, narines, fiel, génitoires.	Gens rouges d'usage, poil roux, face ronde, yeux jaunes, horrible regard, gens furieux, cruels, hasardeux, séditieux.	Soudards, capitaines, forgerons, charbonniers, boulangers, alchimistes, armuriers, fourniers, bouchers, chirurgiens, barbiers, bourreaux.
☉ SOLEIL	E. et S.	Feu.	Sang pur et esprits vitaux.	Yeux, cerveau, cœur.	Gens sages, prudents, discrets, cupides de gloire et d'honneurs, médiocre et petite stature, couleur brune, grande barbe, yeux jaunes, face marquée, grosse voix et assez malplaisante.	Gens honorables, officiers, magistrats, seigneurs, princes et rois, gouverneurs de pays et grands chasseurs.
♀ VÉNUS	Extrême ORIENT	Air et eau.	Phlegme, sang, esprit et semence de génération.	Reins, ventre, nombril, foie, dos et parties servant à la génération.	Gens blancs et bruns avec rougeur entremêlée, belle face, plaisant regard, nez aquilin, cheveux pleins, joyeux, riants, libéraux.	Danseurs, entreneurs de dames, joueurs, parfumeurs, musiciens, messagers d'amour.
☿ MERCURE	N.	Eau et terre.	Esprits, animaux et confusion des humeurs.	Mains, pieds, bras, nerfs, langue, bouche, dents.	Gens ni blancs ni noirs, maigres à petite stature, à longs doigts, la face longue, le front élevé, yeux petits et hâtifs, gens subtils, ingénieux, inconstants.	Rimeurs, poètes, avocats, orateurs, philosophes, devineurs, mathématiciens, marchands et négociateurs.
☾ LA LUNE	O. partie droite	Eau.	Phlegme sueurs menstrues.	Estomac, ventre, cerveau, poumons, mamelles, yeux.	Gens de belle stature, blancs, face ronde et maculée, yeux un peu noirs et assez éminents, barbe longue, sourcils joints, gens aimables, pacifiques, modestes.	Voyageurs, chasseurs, ambassadeurs, assesseurs, gouverneurs de villes (police).

uvres d'Oger Férier fixant la tradition au XVIᵉ siècle.

MALADIES.	AGE.	SAISON.	COULEUR.	SAVEUR.	JOUR.	RÉGIONS.	LIEUX CONSACRÉS.
Difficulté de respirer, lèpre, chancres, pourritures, fièvres quartes, opilations, hydropysies, flux de ventre, colique, hernie, podagre, sciatique, folie, mélancolique.	Vieillesse.	Automne.	Noir, livide, plombin, tanné obscur.	Aigre et astringent, poignant avec austérité.	Samedi.	Bavière, Saxe, Romandiole, Constance. 1ᵉʳ climat.	Cavernes, lacs, étangs, cloaques, ruines, cimetières, lieux tristes, obscurs, déserts et puants.
Pierres éphémères, pleurésie, convulsions, apoplexie, phlegmons, et autres provenant du sang.	Age mûr.	Printemps.	Clair comme satin, citron verdoyant tirant un peu sur le rouge.	Doux et aimable.	Jeudi.	Babylone, Perse, Hongrie, Espagne. 2ᵉ climat.	Eglises, palais, lieux privilégiés, honnêtes et religieux.
Fièvres tierces et continues, épidémies, pestes, migraines, furoncles, pustules, manies, frénésies, flux du sang, jaunisse, néphrite, dyssenterie.	Fleur de jeunesse.	Eté.	Rouge ardent, sanguinolant et tirant sur le fer.	Amer et mordiquant.	Mardi.	Sarmato, Gitulie, Lombardie. 3ᵉ climat.	Maisons de forgerons, boucherie, fournaises, tous lieux dédiés à fer, à feu ou à sang.
Rhumes, érysipèles, cardiaques, palpitations de cœur, douleurs de tête provenant de réplétions de sang.	Jeunesse.	Commencement de l'été.	Jaune, clair rouge, couleur d'or.	Poignant avec une douceur agréable entremêlée.	Dimanche.	Italie, Sicile, Bohème. 4ᵉ climat.	Maisons de princes, grands palais, théâtres et autres lieux amples, magnifiques et clairs.
Fistules, imbécillité d'estomac, des reins, etc., impuissance, mal des naples (syphilis).	Adolescence.	Commencement du printemps.	Blanc, vert, rouge, et un peu jaune.	Doux, délectable, savoureux.	Vendredi.	Arabie, Austrie, Suisse. 5ᵉ climat.	Prés, jardins, fontaines, salons, lits et lieux dédiés à volupté.
Vertige, folles imaginations, paralysie de la langue, phtisie, ulcères des jambes et des pieds.	Enfance 7 à 14 ans.	Automne.	Etrange, diverse, mixte.	Etrange et de mauvais goût.	Mercredi.	Egypte, Grèce, Angleterre, Flandre, Paris. 6ᵉ climat.	Boutiques, foires, marchés, écoles, tribunaux.
Podagre, chiragre, sciatique, hydropisie, apoplexie, paralysie, catarrhe, tremblements des membres, vomissements, fistules, vers.	Enfance.	Hiver.	Blanc, blond, jaune, verdoyant.	Salé, insipide ou maussade.	Lundi.	Flandre, Afrique. 7ᵉ climat.	Fontaines (sources), champs, montagnes, rivières, ports, plages, bois, chemins, lieux déserts.

BIBLIOGRAPHIE

Stanislas de Guaita .... *L'Arsenal du sorcier* (dans le Serpent de la Genèse).

P. Sédir............ *Urim et Thumim.* Etude sur les gemmes hiératiques des grands prêtres (Initiation de février 93).

Le Système planétaire d'après la Kabbale (Initiation, juin 93).

Papus............... *Traité méthodique de science occulte* (La Nature). — *Le Tarot des Bohémiens* (Tarot astronomique).

Anciens auteurs :

Grand. et Petit Albert. — Agrippa. — Kircher, *Ædipus ægyptiacus.* — Pierre d'Aban. — Clavicules de Salomon.

CHAPITRE X

RÉSUMÉ D'ASTROLOGIE KABBALISTIQUE

Jusqu'à présent nous n'avons étudié les planètes qu'au point de vue astronomique. Ces éléments ne sauraient suffire au magicien.

Celui-ci devra en effet dans la confection ou dans la lecture des talismans, aussi bien que dans les applications divinatoires, employer la partie kabbalistique de l'astrologie.

La kabbale attribue à chaque planète des caractères particuliers ou *signatures*, des nombres, des talismans, des anges et des daïmons, etc., etc. On trouve tous ces détails dans les grimoires et les « Clavicules », ainsi que dans les œuvres d'Agrippa, de Pierre d'Aban, de Kircher et d'Éliphas Lévi. Nous allons faire pour nos lecteurs un résumé aussi succinct et aussi clair que possible de tout cela, renvoyant pour la partie théorique à notre ouvrage sur la *Kabbale*.

Nous établirons d'abord les rapports kabbalistiques des sept planètes considérées, soit dans leur ensemble, soit isolément, en insistant sur les talismans de chacune de ces planètes.

Nous traiterons ensuite des rapports kabbalistiques des signes du Zodiaque et nous terminerons ce petit résumé en parlant des éléments.

Malgré le peu de volume de cette étude, c'est une des plus utiles et des plus complètes qui aient paru jusqu'à présent. Nos lecteurs en jugeront du reste.

PLANÈTES	ANGES DES PLANÈTES LES PLUS ÉLEVÉS	ESPRITS DES PLANÈTES	ANGES DES PLANÈTES LES MOINS ÉLEVÉS
SATURNE	Zaphkiel	Aratron	Cassiel
JUPITER	Zadkiel	Betor	Tachiel
MARS	Samaël	Phaleg	Samaël
LE SOLEIL	Michaël	Och	Michaël
VÉNUS	Haniel	Hægit	Anaël
MERCURE	Raphaël	Ophiel	Raphaël
LA LUNE	Gabriel	Phul	Gabriel

SATURNE

1. — Carré magique

Table de Saturne en comple.   *en Caract. Hébraïques.*

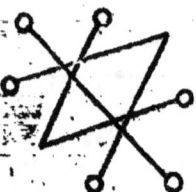 

Signes ou Caractères
de Saturne.   *de l'Intelligence de*   *du Démon de Saturne.*
               Saturne.

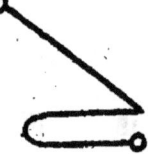

« L'on dit que cette table gravée sur une lame de plomb représentant Saturne fortuné aide à l'accouchement, rend l'homme sûr et puissant, et fait réussir ses demandes dans la cour des princes et des puissances ; mais si cette table est dédiée à Saturne infortuné, elle est contraire aux édifices, aux plantations et semblables choses ; elle fait déchoir l'homme des honneurs et des dignités, elle fait des querelles et des discordes et fait disperser les armées. »

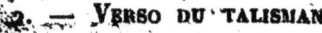

— Verso du talisman

Noms mystiques se rapportant aux nombres de Saturne :

    3. — AB
    9. — HOD
   15. — IAH
   45. — AGIEL
   45. — ZAZEL

3. — LETTRES ET SCEAUX

Sceaux de Saturne.

Caractères de Saturne.

Lettre de Saturne.

4. — FIGURE SYNTHÉTIQUE

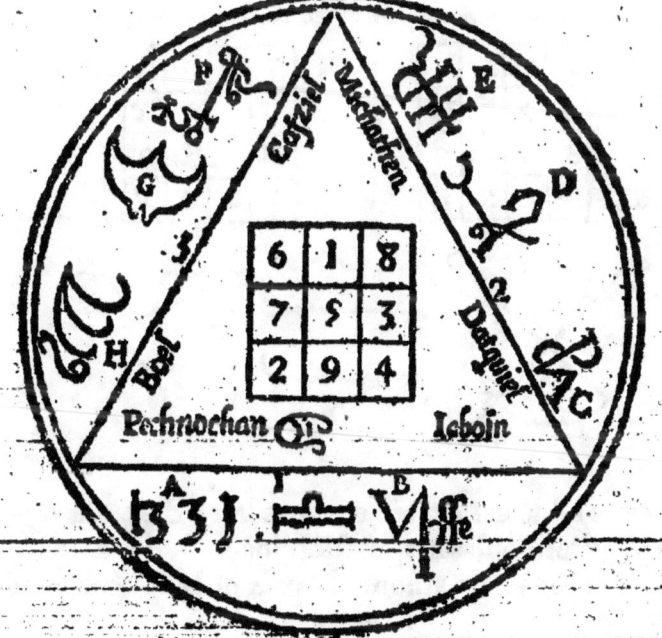

Samedi

Ange : CASSIEL

Sceau :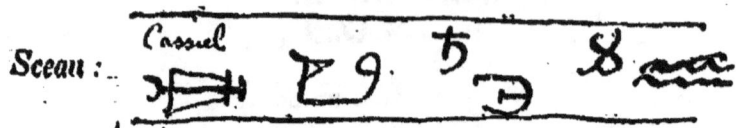

Anges du samedi : CASSIEL. — MACHATAN. — URIEL.
Ange de l'air : MAYMON, Roi.
Ses ministres : ABUMALITH. — ASSEIBI. — BALIDET.
Vent : Le sud-ouest (vent d'Afrique).
Parfum : Le soufre.

JUPITER

1. — CARRÉ MAGIQUE

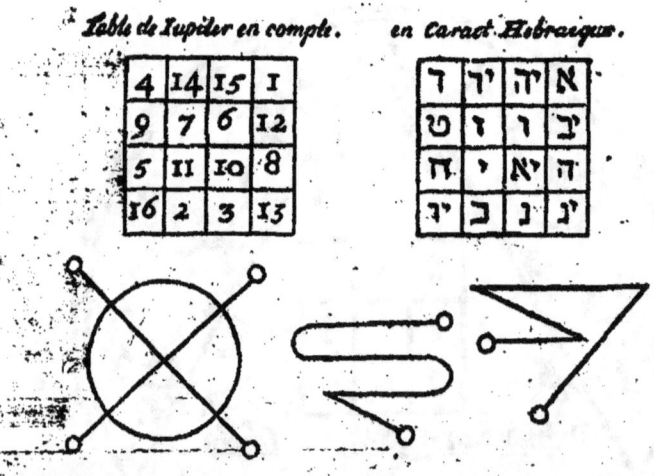

« Si cette table est gravée sur une lame d'argent représentant Jupiter puissant et dominant, elle donne les richesses, la faveur, l'amour, la paix et la concorde avec les hommes, elle réconcilie les ennemis, elle assure les honneurs, les dignités et les conseils ; si elle est gravée sur du corail, elle empêche les maléfices. »

2. — Verso du talisman

Noms mystiques se rapportant aux nombres de Jupiter :

4. — ABBA
16. — TAIÉ
16. — EHIE
34. — ELAB
136. — JOHPHIEL
136. — HISMAEL

3. — Lettres et Sceaux

(55)

Sceaux de Jupiter.

Caractères de Jupiter.

Lettres divines de Jupiter.

4. — Figure synthétique

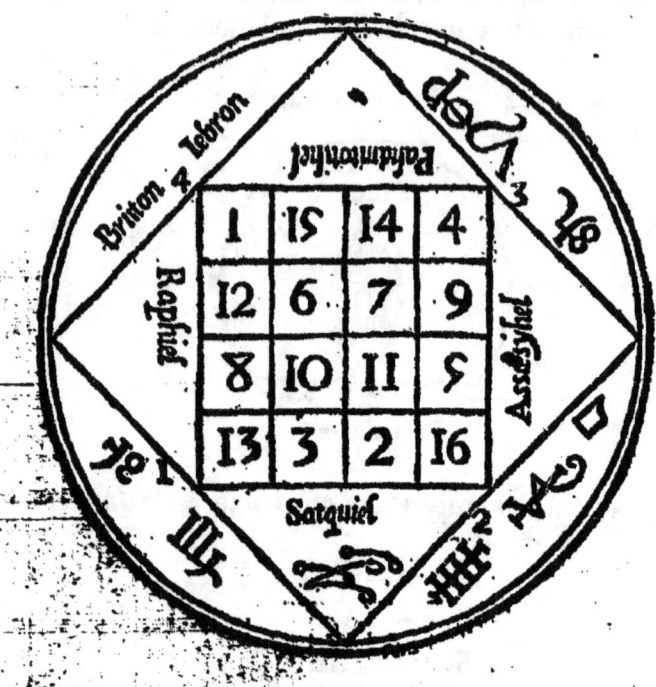

Jeudi

Ange : SACHIEL

Sceau :

Anges du jeudi :	Sachiel. — Castiel. — Asachiel.
Ange de l'air :	Guth, Roi.
Ses ministres :	Maguth. — Gutriz.
Vent auquel sont soumis les anges :	Du Midi.
Pas de noms d'anges de l'air (Oraison) :	
Parfum :	Le Safran.

MARS

1. — Carré magique

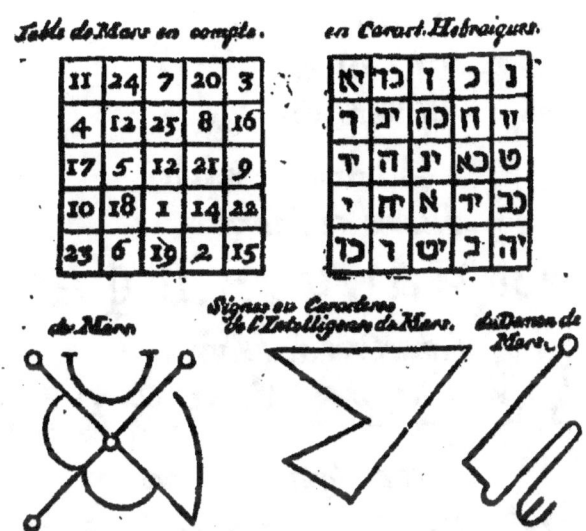

« Cette table, gravée sur une lame de fer ou sur une épée représentant Mars fortuné, rend l'homme puissant en guerre, sage en ses jugements, heureux en ses demandes, terrible à ses adversaires, et donne la victoire contre ses ennemis; gravée sur une pierre coralline, elle arrête le sang et les ordinaires des femmes. »

2. — Verso du talisman

Noms mystiques répondant aux nombres de Mars :

    5. — HÉ (lettre du saint nom).
 25. — ZEI
 65. — ADONAÏ
325. — GRAPHIEL
325. — BARZABEL

3. — Lettres et Sceaux

Sceaux de Mars.

Caractères de Mars.

Lettres divines de Mars.

4. — Figure synthétique

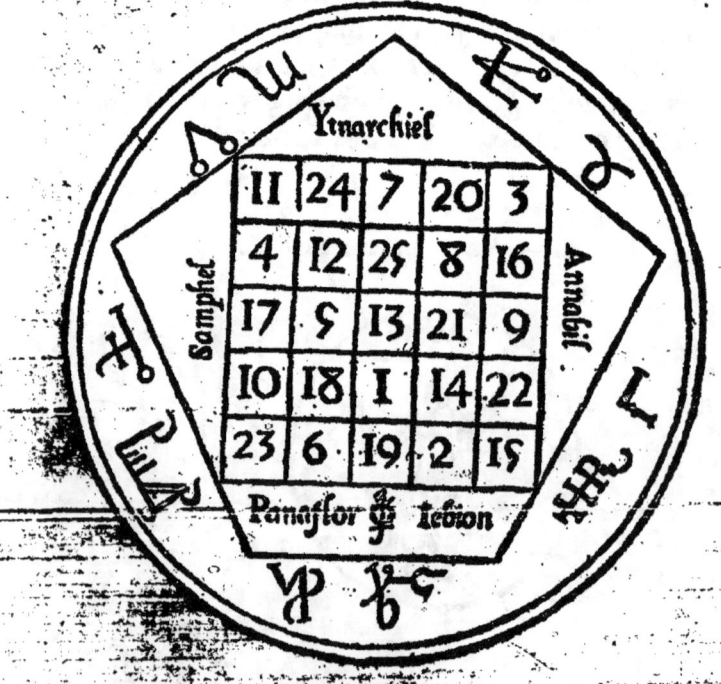

Mardi
Ange : SAMAEL.

Sceau : *Samael* ⛧ ♃ ♂ ⚳ ♏ *Machon*

Anges du mardi :	Samael. — Satael. — Amabiel.
Ange de l'air régnant le mardi.	Samax, Roi.
Ses ministres :	Carmax. — Ismoli. — Paffran.
Vent :	Sud-Est.
Anges du 5ᵉ ciel régnant le mardi qu'il faut appeler des 4 parties du monde	Orient : Friagné. — Guael. — Damael. — Calzas. — Aragon. Occident : Lama. — Astagna. — Lobquin. — Songas. — Jaxel. — Isael. — Irel. Nord : Rahumel. — Hyniel. — Rayel. — Sraphiel. — Mathiel. — Fraciel. Midi : Sacriel. — Janiel. — Galdel. — Osael. — Vianuel. — Zaliel.
Parfum :	Poivre.

SOLEIL
1. — Carré magique

Table du Soleil en compte :

6	32	3	34	35	1
7	11	27	28	8	30
19	14	16	15	23	24
18	20	22	21	17	13
25	29	10	9	26	12
36	5	33	4	2	31

en Caract. Hébraïque.

א	לה	לו	ב	לג	ו
ז	יא	כז	כח	ח	ל
כו	יד	טז	יה	כג	כד
יח	כ	כב	כא	יז	יג
כה	כט	י	ט	כו	יב
לא	ב	לג	ד	ב	לא

Signes ou Caractères du Soleil. de l'Intelligence du Soleil. du Démon du Soleil.

« Cette table gravée sur une lame d'or représentant le Soleil fortuné, rend celui qui la porte sur soi glorieux, aimable, gracieux, puissant en toutes ses œuvres et le rend semblable aux rois et aux princes en l'élevant au comble de la fortune et le fait obtenir ce qu'il veut. »

2. — Verso du talisman

Noms mystiques répondant aux nombres du Soleil :

6. — VAU (lettre du saint nom).
6. — HÉ étendu (id).
6. — ELOH
212. — NACHIEL
666. — SORATH

3. — Lettres et sceaux

Sceaux du Soleil.

Caractères du Soleil.

Caractères & Lettres du Soleil.

Sceaux

4. — Figure synthétique

Dimanche

Ange : MICHAEL

Sceau :

Anges du dimanche :	Michael. — Dardiel. — Huratapel.
Ange de l'air régnant le dimanche ;	Varcan, Roi.
Ses ministres :	Thus. — Andas. — Cynabal.
Vent auquel ces anges sont soumis :	Boroée.

Anges du 4ᵉ ciel ré- A *l'Orient* : Samael. — Bachiel.
gnant le dimanche Atel. — Gabriel. — Viona-
et qu'il faut appeler traba.
des 4 parties du A *l'Occident* : Anael. — Pabel. —
monde : Ustael. — Burchat. — Suc-
cratos. — Capabili.

Au *Septentrion* : Aiel. — Aniel. —
Vel. — Aquiel. — Magabriel.
— Sapiel. — Matuyel.

Au *Midi* : Habudiel. — Masca-
siel. — Charfiel. — Uriel.
— Natomiel.

Parfum du dimanche : Le Santal rouge.

VÉNUS

1. — Carré magique

Table de Vénus en compte.

22	47	16	41	10	35	4
5	23	48	17	42	11	29
30	6	24	49	18	36	12
13	31	7	25	43	19	37
38	14	32	1	26	44	20
21	39	8	33	2	27	45
46	15	40	9	34	3	28

Signes ou Caractères de Vénus.

« Cette table gravée sur une lame d'argent représentant Vénus fortunée procure la concorde, détruit les dissensions, fait avoir la bienveillance des femmes. Elle contribue à la conception, empêche la stérilité et rend puissant dans la copulation. Elle livre les maléfices, met la paix entre l'homme et la femme, et fait produire en abondance toutes sortes d'animaux. Placée dans un colombier elle fait multiplier les pigeons, elle est bonne contre les maladies mélancoliques et donne de la force. Etant portée sur soi, elle rend les voyageurs heureux. »

Table de Vénus en Caract. Hébraïques.

de l'Intelligence de Vénus

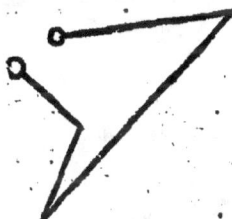
des Démons de Vénus.

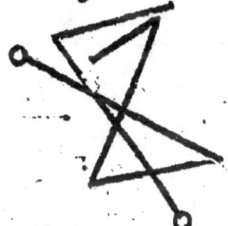
de l'Intelligence de Vénus

Table

2. — VERSO DU TALISMAN

Noms mystiques répondant aux nombres de Vénus :

7. — AHÉA
49. — HAGHIEL
157. — KEDEMEL
1252. — BNE SÉRAPHIM

3. — Lettres et Sceaux

(56)

Sceaux de Vénus.

Caractères de Vénus.

Lettres divines de Vénus.

4. — Figure synthétique

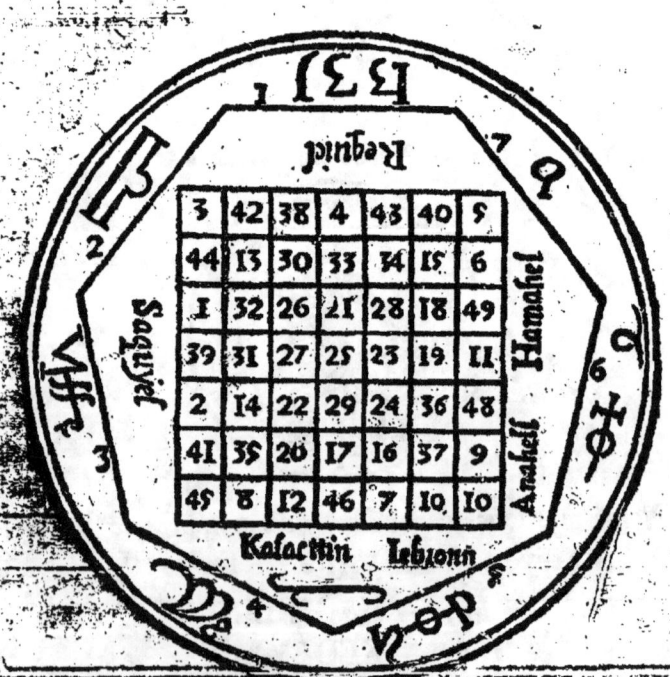

Vendredi

Ange : ANAEL

Sceau :

Anges du vendredi : ANAEL. — RACHIEL. — SACHIEL.
Ange régnant à l'air : SARABOTES. ROI.
Ses ministres : AMABIEL. — ABA. — ABALIDOT. — FLAEF.
Vent : Le Zéphyr.
Ange du 3ᵉ ciel : Orient : SERCHIEL. — CHEDUSITANIEL. — CORAT. — TAMAEL. — TENACIEL.

Occident : TURIEL. — CONIEL. — BABIEL. — KADIEL. — MALTIEL. — HUSATIEL.

Nord : PENIEL. — PENAEL. — PENAT. — RAPHAEL. — RANIEL. — DORMIEL.

Midi : PORNA. — SACHIEL. — CHERMIEL. — SAMAEL. — SANTANAEL. — FAMIEL.

Parfum : Le Coq.

MERCURE

« Gravée sur de l'argent ou de l'étain ou du cuivre jaune, ou si elle est écrite sur du parchemin vierge avec un Mercure fortuné, cette table rend celui qui la porte gracieux et heureux pour obtenir ce qu'il veut. Elle fait gagner et empêche la pauvreté, elle donne la mémoire, l'entendement et le don de deviner et fait connaître des choses cachées par des songes. »

1. — Carré magique

Table de Mercure en compte.

8	58	59	5	4	62	63	1
49	15	14	52	53	11	10	56
41	23	22	44	45	19	18	48
32	34	35	29	28	38	39	25
40	26	27	37	36	30	31	33
17	47	4	20	21	43	42	24
9	55	54	12	13	51	50	16
64	2	3	61	60	6	7	57

Table de Mercure en Caract. Hébraïques.

Signes ou Caractères de Mercure. de l'Intelligence de Mercure. du Démon de Mercure.

3. — Verso du talisman

3. — Lettres et Sceaux

Caractères de Mercure.

Sceaux de Mercure.

Lettres divines de Mercure.

4. — Figure synthétique

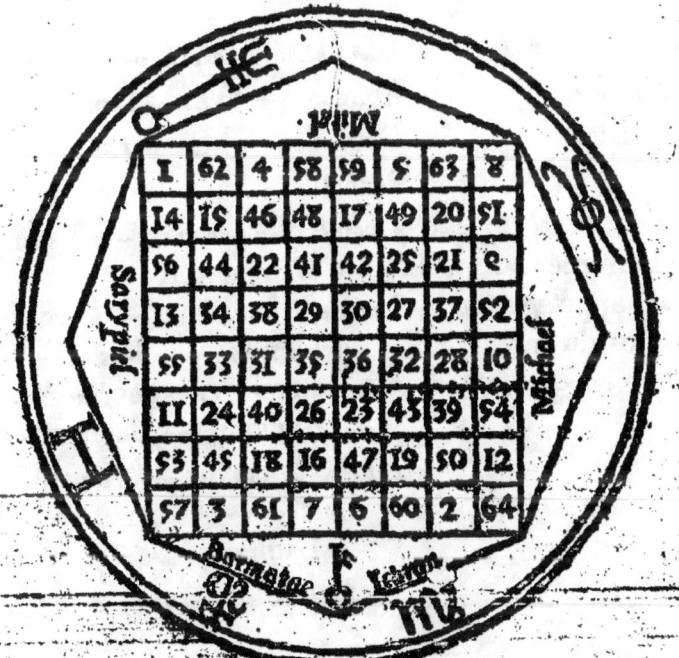

ASTROLOGIE

Noms mystiques se rapportant aux nombres de Mercure :

    8. — ASBOGA
   64. — DIN
   64. — DONI
 260. — TIRIEL
 280. — TAPHTHARTHARAT

MERCREDI

Ange : RAPHAEL

Sceau :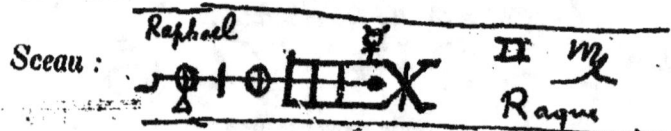

Anges du mercredi :	RAPHAEL. — MIEL. — SERAPHIEL.
Anges de l'air :	MADIAT. — VEL. — MODIAT, ROI.
Ses ministres :	SUQUINOS. — SALLALÈS.
Vent :	Ouest.
Anges du 2ᵉ ciel régnant le mercredi et qu'il faut appeler des 4 parties du monde :	Orient : MATHLAI. — TARMIEL. — BARABORAT. Occident : IERESCUE. — MITRATON. Nord : THIEL. — RAEL. — IARAHEL. — VENAHEL. — VELEL. — ABUIORI. — UCIRNUEL. Midi : MILLIEL. — NELAPA. — BABEL. — CALUEL. — VEL. — LAQUEL.
Parfum :	Le Mastic.

LA LUNE

1. — Carré magique

Table de la Lune en compte.

37	78	29	70	21	62	13	45	5
6	38	79	30	71	22	63	14	46
47	7	39	80	31	72	23	55	15
16	48	8	40	81	32	64	24	56
57	17	49	9	41	73	33	65	25
26	58	18	50	1	42	74	34	66
67	27	59	10	51	2	43	75	35
36	68	19	60	11	52	3	44	76
77	28	69	20	61	12	53	4	45

Signes ou Caractères de la Lune.

Table de la Lune en Caract. Hébraïques.

du Démon de la Lune.

de l'Intelligence des Intelligences de la Lune.

du Démon des Démons de la Lune.

« Cette table gravée sur de l'argent avec une Lune fortunée rend celui qui la porte gracieux, aimable, doux, gai, honoré et empêche toute malice et méchante volonté.

Elle donne de la sûreté dans les voyages, de l'avancement dans les richesses et la santé du corps ; elle chasse les ennemis et toutes les autres choses nuisibles de quelque lieu que vous voudrez. »

2. — Verso du talisman

Noms mystiques se rapportant aux nombres de la Lune :

9. — HOD
81. — ELIM
369. — HASMODAI
3321. — SCHED, BARSCHEMOTH, SCHAITACHAM
2321. — MALCHABETARSISIM HED BERUAH SCHENHAKÏM

3. — Lettres et Sceaux

Sceaux de la Lune

Caractères de la Lune.

Lettres divines de la Lune.

4. — Figure synthétique

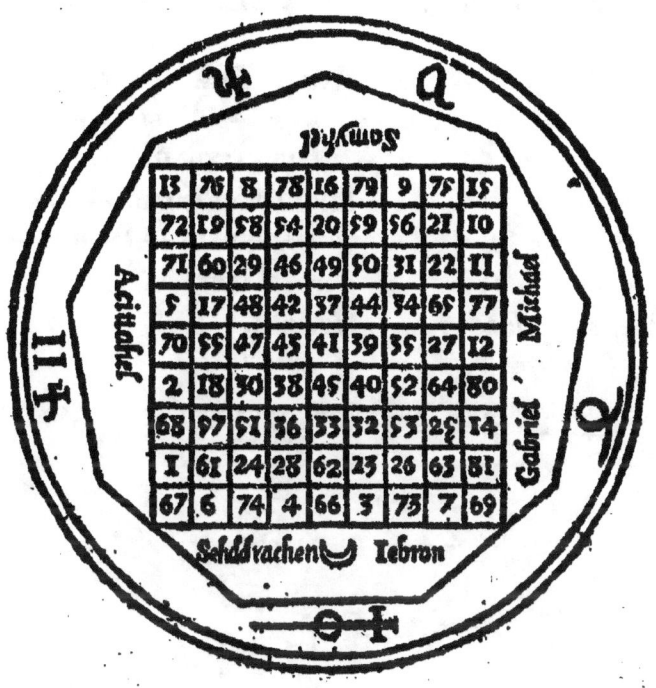

Lundi

Ange : GABRIEL

Sceau :

Anges du lundi :	GABRIEL. — MICHAEL. — SAMAEL.
Ange de l'air régnant le lundi.	ARCHAN, Roi.
Ses ministres :	BILET. — MISTABU. — ABUZAHA.
Vent auquel ces anges sont soumis :	Le Zéphyr.

Anges du 1ᵉʳ ciel régnant le lundi et qu'il faut appeler des 4 parties du monde :	*Orient :* Gabriel. — Madiel. Dramiel. — Janael. *Occident :* Sachiel. — Zaniel. — Habaiel. — Bachanael. — Corabiel. *Nord :* Mael. — Virael. — Valmum. — Baliel. — Balay. — Husmastrau. *Midi :* Curaniel. — Dabriel. Darquiel. — Hanum. — Anael. — Vituel.
Parfum du lundi :	L'Aloès.

SAISONS DE L'ANNÉE

PRINTEMPS	Talvi.
ÉTÉ	Gasmaran.
AUTOMNE	Ardareal.
HIVER	Fallas.

PRINTEMPS.
- Anges......... Caracasa — Coré. Amatiel — Commissoros.
- Chef du signe......... Spugliguel.
- Nom de la Terre au printemps......... Amadai.
- Le ☉ se nomme.... Abraym.
- La ☽ — .... Agusita.

ÉTÉ.
- Anges......... Gargatel — Tariel — Gaviel.
- Chef du signe......... Tubiel.
- Nom de la Terre...... Festativi.
- ☉ Athemai ☽ Armatas.

AUTOMNE.
- Anges......... Tarquam — Guabarel.
- Chef du signe........ Torquaret.
- Nom de la Terre...... Rahimara.
- ☉ Abragini ☽ Matasignais.

HIVER.
- Anges......... Amabaël — Ctarari.
- Chef du signe......... Altarib.
- Nom de la Terre..... Geremia.
- ☉ Commutaf ☽ Affaterim.

SIGNES DU ZODIAQUE.	KABBALE (ESPRITS)	THÉOLOGIE (ORDRES D'ANGES)
BÉLIER	Malchidiel	Séraphins
TAUREAU	Asmodel	Chérubins
GÉMAUX	Ambriel	Trônes
ÉCREVISSE	Muriel	Dominations
LION	Verchel	Puissances
VIERGE	Hamaliel	Vertus
BALANCE	Zuriel	Principautés
SCORPION	Barbiel	Archanges
SAGITTAIRE	Annachiel	Anges
CAPRICORNE	Hanael	Innocents
VERSEAU	Gabriel	Martyrs
POISSONS	Barchiel	Confesseurs

Résumé

Le magiste possède maintenant les deux éléments nécessaires à la solution des problèmes qui l'intéressent.

La réalisation humaine lui apprend à dynamiser convenablement la volonté, origine de toute action sérieuse ; *la réalisation de la nature* par la connaissance des astres et de leur cours, ainsi que de leurs correspondances dans les trois règnes, lui permet d'attendre ou de déterminer l'instant où le cycle de l'évolution est le plus propre à recevoir l'influence volitive.

Il nous reste maintenant à aborder la technique proprement dite : *l'adaptation*. C'est là la troisième et dernière partie de notre travail ; c'est aussi la plus difficile et celle qui demandera le plus d'attention de la part du lecteur.

ASTROLOGIE

LES SCEAUX DES ESPRITS DES PLANETTES.

Partie du monde où ils résident	Noms desdits Esprits	Sceaux desdits Esprits
Midi	Araton	
Orient	Bretor	
Occident	Phaleg	
Occident	Och	
Orient	Hagit	
Septentrion	Ophiel	
Midi	Phul	

Parties du monde où ils président.	Noms des dits Anges.	Des Planettes & Caractères desdits Anges.
Midi	Cassiel	
Orient	Sachiel	
Occident..	Samaël.	
Occident...	Anaël..	
Orient...	Raphaël	
Occident.	Michaël	
Septentrion	Samaël	

(57)
Caractères des Anges & des Signes.

Malchidael	
Asmodet	
Ambriel	
Muriel	
Varchiel.	
Zuriel.	
Hamabiel	
Zetachiel.	
Adnachiel.	
Hamael.	
Garrubiel.	
Barchiel.	

BIBLIOGRAPHIE

Pierre d'Aban............ *Heptameron.*
Agrippa................... *Philosophie occulte.*
Kircher .... *Œdipus egyptiacus.*
Albert le Grand.... (*Mémoires attribués à*).
Salomon .... (*Manuscrits de Kabbale pratique attribués à*).

TROISIÈME PARTIE

ADAPTATION

CHAPITRE XI

AIMANTER

L'ADAPTATION

Préliminaires

Toutes les pratiques dont nous avons parlé jusqu'ici sont préparatoires et peuvent être, par suite, exécutées séparément. Il nous faut aborder maintenant l'*adaptation* magique c'est-à-dire la synthétisation en quelques rites des divers entraînements de l'homme et des diverses influences de la nature. Chacune des opérations qu'il nous reste à décrire est synthétique et demande la mise en œuvre de la plupart des réalisations que nous avons énumérées et la connaissance sérieuse de la théorie. Aussi les gens pressés qui trouveraient que les études précédentes sont inutiles et qui voudraient commencer par les pratiques suivantes sont prévenus qu'ils n'aboutiront qu'à de bien piètres résultats, s'ils aboutissent.

Ainsi, la volonté humaine dynamisée s'unit aux influences astrales à l'effet de déterminer une évolution rapide de forces généralement empruntées à un être vivant dans chacune des opérations dont la description va être abordée. C'est dire que nous ne pouvons ici conserver notre division en actions purement humaines et en influences purement naturelles puisque tout s'associe en vue du but à atteindre. Voilà pourquoi nous diviserons cette partie de notre travail en quatre chapitres correspondant à l'action dominante : Aimanter — Concentrer — Rayonner et Synthétiser, qui forment la genèse de tout travail magique.

De plus, nous rechercherons avec soin l'*adaptation* des

pratiques mentionnées dans les vieux grimoires à notre milieu et à notre époque. Les progrès accomplis dans le monde matériel permettent au magiste l'emploi d'outils plus puissants et plus perfectionnés que ceux décrits dans les « Clavicules ». C'est ici que la connaissance approfondie de la *théorie* est si nécessaire : car il nous faudra à chaque moment résoudre de véritables problèmes de magie cérémonielle. Il ne faut pas oublier le siècle dans lequel nous vivons, sous peine de commettre de grossières erreurs et de tout sacrifier inutilement à un archaïsme sans nécessité. C'est ainsi que les bons visionnaires américains, qui prétendent incarner le Christ, « copient » le personnage décrit dans l'Évangile et ne parviennent par ce moyen qu'à faire ressortir leur véritable rôle : celui d'un mauvais acteur. Or le magiste quelque peu instruit *adapte*, mais ne copie pas. Chaque époque déterminée par le destin a ses nécessités et ses lois. Or on ne fait pas davantage remonter à l'humanité le cours des âges qu'on ne fait remonter à l'eau d'un fleuve le chemin parcouru. L'initié évolue, libère, mais n'involue jamais et ne perd pas son temps à gémir ou à protester contre les actes du destin. Faire un livre formé de versets prud'hommesques et écrit dans un de nos idiomes d'Occident, sous prétexte de continuer la méthode de la Bible, c'est faire une ridicule copie d'une autre mauvaise copie qu'est la fantaisiste traduction adoptée par Sa Sainte Ignorance : l'Église romaine. On peut écrire de cette façon en hébreu hiéroglyphique à condition d'être un voyant de génie, d'avoir longtemps étudié les mystères hermétiques d'Osiris en Egypte, de s'appeler Moïse et de vivre quelques mille ans avant notre ère. Mais, vouloir refaire une Bible dans le même moule en français, c'est être aussi naïf que de vouloir s'habiller de nos jours en « élégant » Phénicien. On vous considère comme un charlatan ou tout au moins comme un acteur que la misère a réduit à user ses costumes de scène, et l'on a bien raison. Faire l'acteur, c'est « copier ». Or, encore une fois, l'adaptation diffère autant de la copie qu'une œuvre littéraire diffère d'un dictionnaire. On adapte en effet les termes du dictionnaire d'après la formule de l'ouvrage qu'on écrit. Orphée, instruit dans le même temps et dans le même lieu que Moïse et possesseur des mêmes principes, *adapta* son enseignement au peuple de corsaires et de poètes qui constitua plus tard la Grèce, tandis que Moïse *adapta* le même enseignement au peuple de brigands et d'hommes pratiques qu'il avait choisi comme instrument de réalisation.

Nous espérons qu'on comprendra maintenant ce qu'il faut entendre par ce terme : *adaptation*.

Des Pratiques personnelles

Arrière les profanes et les profanateurs ! Qui que tu sois, toi qui veux pousser tes recherches jusqu'à la pratique, réfléchis bien, et si tu crains le préjugé, le sarcasme ou la folie, jette au feu ces pages noircies.

Souviens-toi que, maître de tes impulsions et savant des mystères des astres, tu ne dois jamais permettre au tourbillon féminin d'avoir l'empire sur ton être. Si tu viens à la magie dans l'espoir d'écraser tes rivaux, tu es un esclave et les maîtres seuls ont le droit de pénétrer dans le temple mystique. Si tu viens à la magie dans l'espoir de satisfaire tes appétits et tes instincts par la possession des richesses, tu es un valet du destin, que dominent les illusions de la matière, et tu n'atteindras jamais à la paix qui procède du mépris de ce qui est bas.

Esclave ou valet, retourne à tes amours ou à tes chaînes dorées ; mais n'ouvre pas davantage le résumé de la science d'un autre âge, elle restera éternellement occulte à tes basses cupidités. Hausse les épaules ou ris bien fort, appelle les disciples d'Hermès des charlatans ou des hallucinés ; mais ne cherche plus à pratiquer ces rites bizarres : ils sont mortels pour les esprits des faibles et, tels que des poisons subtils, ne guérissent que ceux qui savent les comprendre et les manier.

La Prière

La prière a pour but la fusion momentanée du moi et de l'inconscient supérieur, le soi, par l'action du sentiment idéalisé sur la volonté magiquement développée.

La prière est donc une cérémonie magique au premier chef, et c'est par là que l'étudiant doit commencer toute pratique.

Mais la prière est un acte volontaire et cérébral et ne consiste pas uniquement dans le mouvement des lèvres d'après des paroles déterminées et toujours semblables, ce qui, de par l'habitude, devient un simple acte réflexe.

Le verbe ne doit être que le vêtement dont l'initié revêt ses idéalisations ; aussi conseillons-nous au magiste de constituer chaque fois de nouvelles paroles ou, tout au moins, de commenter en termes différents les paroles consacrées.

L'élévation de l'être animique à l'intellectualité, effet de la prière, est un acte d'une trop grande importance pour devenir habituel, et les supplications ardentes d'une mère qui prie pour son enfant malade émeuvent bien plus l'invisible que le mouvement des lèvres d'un prêtre, fonctionnaire salarié de l'Etat et serviteur d'un culte qu'il comprend aussi peu que la science. Les quelques exceptions à ce cas ne font du reste que confirmer la règle. Combien en effet existe-t-il de prêtres qui sentent leur âme libérée après une prière qu'ils *vendent...* généralement trente deniers.

Parmi tous les rituels de prière magique, voici celui que nous préférons :

Le pratiquant n'aura ingéré aucun aliment depuis trois heures au moins. Il débutera par une méditation de cinq minutes environ, précédée elle-même de trois inspirations lentes et profondes. Il se tournera alors successivement vers les quatre points cardinaux en commençant par l'orient et en invoquant chacun des génies ou des anges de ces points, faisant précéder cette invocation de la prononciation de la lettre du nom sacré correspondante. Il est aussi recommandé de se tenir autant que possible sur une étoffe de laine (tapis ou couverture). Le cycle de ces premières invocations terminé, le magiste se livrera à une nouvelle méditation de trois minutes puis, tourné derechef vers l'orient, il commencera sa prière, les mains étendues la paume en dehors.

Nous avons dit que les paroles de la prière devaient être personnelles à l'opérateur ; de plus, si l'on ne peut s'accompagner d'un instrument de musique, il est indispensable de chanter ces paroles sur un air grave et lent : on choisira parmi les airs préférés (le Noël d'Adam peut servir d'exemple).

On invoquera d'abord les maîtres de l'invisible qui constituent la chaîne magique, puis les êtres psychiques qui président à l'évolution de l'humanité, et l'on s'élèvera progressivement jusqu'au centre supérieur de toute existence et de toute hiérarchie. La prière faite debout et les yeux fixés sur le miroir magique de l'autel est celle qui doit être généralement pratiquée ; mais ni le temps, ni le lieu, ni les instruments ne sont indispensables à cet acte essentiellement spirituel. La mise en œuvre des facultés d'expression suffit et le rituel que nous venons de décrire met en jeu la marche, le geste, le verbe et le regard.

Plus tard, lorsque le laboratoire magique sera constitué, on joindra au rituel précédent l'encens comme parfum et l'épée, le bâton et la coupe comme instruments lorsqu'on se tournera vers les quatre points cardinaux.

Telle doit être la prière magique qu'on peut développer davantage en étudiant les enseignements que donne Eliphas Lévi dans son Rituel (p. 88 et suiv.) sur le verset ésotérique du *Pater*. Nous avons donné toutefois tous les éléments strictement essentiels du rituel ésotérique.

Les effets produits par la prière magique sont considérables. Dans le plan astral, les formes élémentaires sont aimantées par l'action du verbe humain. Pour l'opérateur lui-même les effets sur le centre animique sont assurés. Il semble que l'âme se retrouve en son véritable élément ; une sensation inconnue jusqu'alors de bien-être et de calme envahit le magiste, et souvent les

—visions apparaissent dès les premiers essais. Aussi faut-il réserver l'usage de la prière magique pour les grandes circonstances et éviter avec le plus grand soin l'habitude trop régulière de cette pratique élevée, à la même heure chaque jour. L'usage de la méditation et de l'évocation mentale suffit dans ce cas. Le rituel complet doit être exécuté dans les cas ordinaires au maximum tous les sept jours.

La Chaîne magique.

Lorsque le rituel de la prière sera bien connu et aura été suffisamment pratiqué, l'opérateur le complétera par la constitution de la *chaîne magique*.

L'isolement pour l'opérateur, c'est l'échec assuré ; car les courants fluidiques mis en action produiront de terribles réactions s'ils ne rencontrent pas un centre de condensation et de drainage assez puissant. Présentez un petit aimant en fer à cheval devant le puissant champ magnétique d'un fort électro-aimant et vous savez d'avance ce qui arrivera. Toute l'action du premier se trouvera instantanément détruite et absorbée par la force du second.

Or, en magie, il faut réaliser autour de soi un champ d'attraction fluidique aussi puissant que possible et cela aussi bien dans le monde visible que dans le monde invisible, mais en commençant par ce dernier. Ce champ d'attraction, une fois constitué dans les trois plans, forme la chaîne magique contre laquelle viendront échouer tous les efforts des individualités jalouses ou haineuses. La prière, simple ou collective, a pour but principal de maintenir toujours à la même tension la chaîne magique, autrement dit de réaimanter constamment le centre d'action.

Il faut commencer, avons-nous dit, par le monde invisible. A cet effet on choisira parmi les maîtres décédés, anciens ou modernes, un guide préféré, dont la doctrine ou les œuvres vous soient particulièrement chères. Le nom de ce maître, dynamisé du désir et de l'admiration du disciple, constituera le noyau primordial de la chaîne magique.

Au début de chaque cérémonie ou de chaque prière, on appellera d'abord le maître aimé, symbole de la volonté du magiste dans l'invisible. Ensuite on invoquera les influences psychiques en action dans l'astral et provenant, soit du monde visible, soit du monde invisible. On s'adressera pour terminer au génie planétaire qui domine particulièrement votre tempérament en prononçant fortement et par trois fois son nom.

Cela fait on dira, après une prière, quelle est l'assistance spirituelle qu'on désire, soit pour l'étude, soit pour la réalisation ou l'apostolat, soit même pour la défense contre les attaques de l'astral. En cas de péril ou au moment d'accomplir un acte important, il suffira d'appeler à voix basse et par trois fois le maître de la chaîne pour sentir presque immédiatement l'influence psychique se manifester.

Nous avons pu, soit personnellement, soit autour de nous, nous rendre compte de l'influence efficace de la chaîne magique. Alors que le destin semait chaque jour autour de nous les dangers et les pièges dont la puissance était encore augmentée par notre situation sociale en ce moment (dans l'armée), nous avons été prévenu chaque fois qu'un péril allait éclater et nous avons pu réussir ainsi à les éviter tous. Mais le silence sur les opérations personnelles est la première condition imposée au magiste, ne l'oublions pas. Dans un autre ordre d'idées nous avons vu un jeune chercheur, se livrant avec le plus grand désir à l'étude de la Kabbale, trouver subitement et dans des conditions les plus modestes tous les livres précieux dont il avait progressivement besoin et, pour ce faire, il avait constitué simplement sa chaîne magique dans l'invisible. Enfin l'expérimentateur sérieux verra par lui-même suffisamment d'effets pour qu'il nous soit inutile d'insister davantage.

Une fois la constitution de la chaîne opérée dans le monde invisible, il faudra s'efforcer de la réaliser autant que possible dans le monde visible. Pour cela l'association intellectuelle avec un ami sérieux et discret est très utile, et c'est là la raison d'être originelle de la plupart des sociétés d'initiation. Si l'on peut entrer en rapport avec une société formée de gens présentant les garanties d'instruction et de discrétion nécessaires, on pourra le faire, mais qu'on n'oublie jamais qu'isolé on sera, tôt ou tard, la victime des deux grands périls qui se dressent au début de ces études : l'égoïsme et l'orgueil.

Nous verrons plus tard que le cercle magique n'est pas autre chose que la figuration matérielle de la chaîne qui vous protège et qui vous garde dans l'invisible ; mais retenons que, de toute façon, c'est là un des plus grands secrets de la Kabbale pratique.

LE LABORATOIRE MAGIQUE

Préparation et conservation des objets nécessaires.

Toute intention qui ne se manifeste pas par des actes est une intention vaine et la parole qui l'exprime est une parole oiseuse. C'est l'action qui prouve la vie et c'est aussi l'action qui prouve et constate la volonté[1].

Telle est l'origine théorique de tous les instruments accessoires employés en magie. Nous allons décrire aussi minutieusement que possible les différentes préparations qu'il faut faire subir à chacun des éléments qui constitueront le laboratoire individuel de magie pratique, et le lecteur assidu trouvera dans les autres parties de ce petit traité les détails sur lesquels nous ne jugerons pas utile de revenir ici.

On peut consacrer à ces études, suivant ses moyens, soit une chambre tout entière (ce qui est indispensable pour les grandes expériences), soit seulement une partie

---

[1] *Éliphas Lévi*, Rituel, p. 31.

d'une pièce. Nous allons d'abord considérer rapidement la première hypothèse et nous insisterons spécialement sur la seconde qui cadre mieux avec le caractère tout élémentaire de ce petit traité.

Rappelons tout d'abord que tous les meubles, instruments ou objets employés doivent être neufs et doivent être tous consacrés, chacun séparément, d'après les rites suivants :

1. — Achat ou préparation en correspondance planétaire.
2. — Aspersion avec l'eau magique.
3. — Fumigation avec les parfums consacrés.
4. — Onction d'huile sainte.
5. — Figuration d'un nom sacré.
6. — Bénédiction par une prière.
7. — Mise en réserve.

La Chambre[1]

Si l'on dispose d'une chambre tout entière on y fera les installations suivantes :

1° Les murs seront recouverts d'une étoffe blanche qu'on peut appliquer sur des châssis de bois de manière à la remplacer facilement pour qu'elle soit toujours très propre ;

2° On déterminera soigneusement la position des quatre points cardinaux, à l'aide d'une boussole et l'on fixera au plafond une étoile de carton recouvert de papier doré indiquant en permanence cette direction ;

3° A l'occident on établira le *laboratorium* (laboratoire hermétique), formé d'une table longue et large achetée, consacrée et signée sous les auspices de Mercure, re-

---

[1] Circa autem ea quæ accedunt ad hunc invocandi ritum primum est ut eligatur locus mundus, castus, occlusus, quietus, semotusque ab omni strepitu, nullis alienis aspectibus subjectus. Hic primo exorcizandus est, atque consecrandus. (Agrippa, *Magie pratique*, liv. IV de la Philos. occulte).

couverte d'une glace assez épaisse ou d'une toile imperméable et blanche. Au-dessus de la table sera établi un tuyau de tirage permettant d'expulser au dehors les gaz délétères. De plus il sera bon d'installer dans ce laboratoire des appareils à gaz. Mais nous n'insisterons

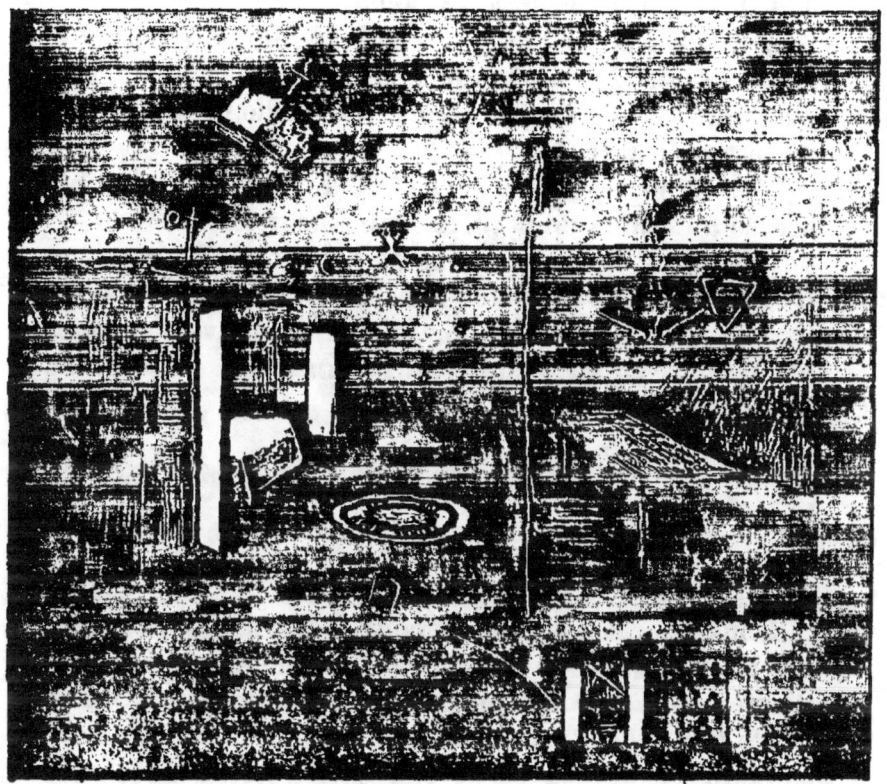

La Chambre magique

pas sur ces détails relatifs à l'alchimie que ne concerne pas notre présent travail.

A l'orient on placera trois meubles constituant *l'oratorium* :

1° *L'autel* (de 1ᵐ à 1ᵐ40 environ de hauteur) recouvert en permanence de toile fine et blanche et dont nous reparlerons tout à l'heure ;

2° A gauche de l'autel une petite armoire garnie intérieurement d'étoffe blanche, fermée à tout œil indiscret et contenant des objets magiques;

3° A droite de l'autel une autre armoire garnie entièrement dans l'intérieur de papier d'or et qui contiendra les symboles des principaux cultes pratiqués sur la terre. Tous ces meubles doivent être achetés, consacrés et signés sous les auspices du soleil.

4° Un rideau pouvant être tiré à volonté séparera le laboratorium de l'oratorium, et deux suspensions, l'une placée à l'orient, l'autre placée à l'occident, éclaireront au besoin la pièce;

5° Une place circulaire de 2^m de diamètre sera réservée au milieu de la pièce pour le cercle.

Telles sont les dispositions principales de la chambre d'expérience du magiste; mais dans le cas où l'on ne peut se monter un tel laboratoire, il faut savoir adapter ses travaux au strict nécessaire; ainsi que nous allons maintenant le voir.

*
* *

Dans les cas urgents et pour les expériences préliminaires on peut se contenter d'un meuble qui servira d'autel et d'armoire pour les objets consacrés. Une petite bibliothèque de 1^{m}40 de hauteur est excellente à ce point de vue. La partie supérieure sert d'autel et le corps de meuble de réserve.

On peut encore prendre comme autel une simple table de bois blanc et comme réserve une grande caisse de bois blanc doublée d'étoffe blanche. C'est là le dispositif indiqué dans les clavicules manuscrites.

Quel que soit le dispositif choisi on se procurera les objets suivants et l'on ornera ainsi que nous allons le dire l'autel, base indispensable de toute opération.

L'Autel.

L'autel sera recouvert, ainsi que nous l'avons dit, d'une toile fine et blanche. Il doit constituer un pantacle de l'univers dans ses trois plans, humain, naturel et divin, et, pour ce faire, voici la disposition que nous conseillons et qui nous a donné de très bons résultats.

Au milieu de l'autel on placera un pentagramme,

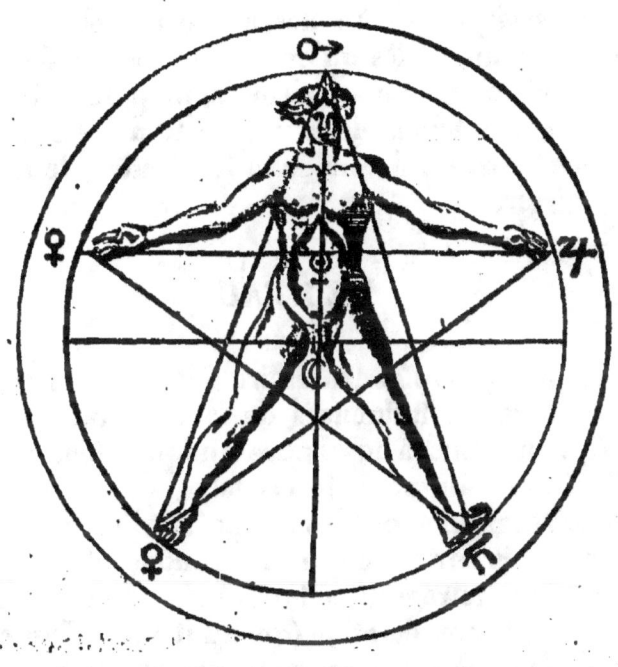

De Pentagramme d'Agrippa

soit celui d'Eliphas Levi qui est synthétique, soit celui d'Agrippa qui est purement microcosmique. Ce dernier est préférable quand on peut se procurer les métaux nécessaires, le premier vaut mieux dans tous les autres cas.

Ce pentagramme sera dessiné sur la peau d'un animal vierge (veau mort-né par ex. :) ou sur du parchemin vierge ou, mieux encore, sur du papier fabriqué par le magiste lui-même sous les auspices solaires avec la pâte du commerce, primitivement consacrée.

Autour du pentagramme on disposera sept petits cubes métalliques de chacun des métaux planétaires (le cube de Mercure sera renfermé dans un petit cube de cristal). Ces métaux seront disposés dans l'ordre de l'étoile égyptienne à sept pointes.

Aux quatre coins de l'autel on placera les objets suivants : 1° au coin supérieur droit *(iod)* la lumière ; 2° au coin supérieur gauche *(hé)* le brûle-parfums ou le fourneau, suivant le cas ; 3° au coin inférieur gauche *(vau)* le sel magique ; 4° au coin inférieur droit l'eau magique *(hé)*.

Miroir magique. — Au dessus de l'autel et adhérent au mur on pourra, dès qu'on sera en mesure de le faire, placer un miroir magique concave appliqué sur fond noir.

Parlons maintenant de la préparation de l'eau, du sel et des parfums, ainsi que de la fabrication de la lampe et du miroir.

DE L'EAU

Après une prière préparatoire faite selon le rituel, au jour et sous les influences de la lune on consacrera l'eau (qu'on prendra aussi pure que possible, mais non distillée) dans un vase de cristal.

On imposera d'abord les mains sur l'eau et on soufflera trois fois sur cette eau en prononçant chaque fois le nom divin tetragrammatique et en disant dans quel but est faite la consécration (quand il s'agit d'un cas particulier). On encensera avec le parfum lunaire et l'on dira l'oraison des Ondins.

Oraison des Ondins.

« Roi terrible de la mer, vous qui tenez les clefs des cataractes du ciel, et qui renfermez les eaux souterraines dans les cavernes de la terre ; roi du déluge et des pluies du printemps, vous qui ouvrez les sources des fleuves et des fontaines, vous qui commandez à l'humidité qui est comme le sang de la terre, de devenir la sève des plantes, nous vous adorons et nous vous invoquons.

Nous, vos mobiles et changeantes créatures, parlez-nous dans les grandes commotions de la mer, et nous tremblerons devant vous ; parlez-nous aussi dans le murmure des eaux limpides, et nous désirerons votre amour. Ô immensité, dans laquelle vont se perdre

L'AUTEL

tous les fleuves de l'être qui renaissent toujours en vous ! ô océan de perfections infinies ! hauteur qui vous mirez dans la profondeur, profondeur qui vous exhalez dans la hauteur, amenez-nous à la véritable vie par l'intelligence et par l'amour ! Amenez-nous à l'immortalité par le sacrifice, afin que nous soyons trouvés dignes de vous offrir un jour l'eau, le sang et les larmes pour la rémission des erreurs. *Amen.*

Telle est la consécration habituelle de l'eau dont on fera couramment usage.

Pour les grandes cérémonies et pour laisser l'eau en permanence sur l'autel, il faudra opérer de la façon suivante :

Après l'imposition des mains et le triple souffle on mêlera à l'eau une petite quantité de sel consacré et de cendre des parfums également consacrée. Pendant ce mélange on dira :

In sale sapientiæ æternæ et in aqua regenerationis et in cinere germinante terram novam, omnia fiant per ELOIM GABRIEL, RAPHAEL et URIEL in sæcula et æonas. *Amen.*

Ensuite on récitera l'exorcisme de l'eau et, après trois minutes de méditation, on dira l'oraison des Ondins.

L'eau ainsi consacrée sera placée en permanence sur l'autel dans une coupe de cristal recouverte d'un couvercle de même matière.

Exorcisme de l'Eau.

Fiat firmamentum in medio aquarum et separet aquas ab aquis, quæ superius sicut quæ inferius et quæ inferius sicut quæ superius ad perpetranda miracula rei unius. Sol ejus pater est, luna mater et ventus hanc gestavit in utero suo, ascendit a terra ad cœlum et rursus a cœlo in terram descendit. Exorciso te creatura aquæ, ut sis mihi speculum Dei vivi in operibus ejus et fons vitæ et ablutio peccatorum. *Amen.*

DU SEL ET DE LA CENDRE

Le sel, qui sera du sel marin aussi pur que possible, sera consacré par le souffle en agissant comme pour l'eau et on dira ensuite l'exorcisme suivant :

Exorcisme du Sel.

In isto sale sit sapientia et ab omni corruptione sicut mentes nostras et corpora nostra, per HOCHMAEL et in virtute ROUACH-HOCHMAEL, recedant ab isto fantasmata hylæ ut sit sal cœlestis, sub terræ et terra salis, ut nutriatur bos triturans et addat spei nostræ cornua tauri volentis. *Amen.*

Le sel ainsi consacré sera placé dans un vase de cristal sur l'autel et sera tenu à l'abri des impuretés.

La Cendre

Qui reste des parfums sera aussi soigneusement recueillie et consacrée par les paroles suivantes :

Exorcisme de la cendre.

Revertatur cinis ad fontem aquarum viventium et flat terra fructificans et germinet arborem vitæ per tria nomina quæ sunt NETSAH, HOD et JESOD in principio et in fine, per alpha et omega qui sunt in spiritu AZOTH. Amen.

On conservera ensuite cette cendre dans une fiole à large goulot, soigneusement enfermée dans l'armoire destinée aux objets magiques.

Dans la consécration du sel et de la cendre on dira l'oraison des Gnomes.

Oraison des Gnomes.

INVISIBLE, qui avez pris la terre pour appui, et qui en avez creusé les abîmes pour les remplir de votre toute-puissance, vous dont le nom fait trembler les voûtes du monde, vous qui faites couler les 7 métaux dans les veines de la pierre, monarque des sept lumières, rémunérateur des ouvriers souterrains, amenez-nous à l'air désirable et au royaume de la clarté. Nous veillons et nous travaillons sans relâche, nous cherchons et nous espérons par les douze pierres de la cité sainte, par les talismans qui sont enfouis, par le clou d'aimant qui traverse le centre du monde. Seigneur, Seigneur, Seigneur, ayez pitié de ceux qui souffrent, élargissez nos poitrines, dégagez et élevez nos têtes, agrandissez-nous, ô stabilité et mouvement, ô jour enveloppé de nuit, ô obscurité voilée de lumière, ô maître qui ne retenez jamais par devers vous le salaire de vos travailleurs, ô blancheur argentine, ô splendeur dorée, ô couronne de diamants vivants et mélodieux, vous qui portez le ciel à votre doigt comme une bague de saphir, vous qui cachez sous la terre dans le royaume des pierreries, la semence merveilleuse des étoiles, vivez, régnez et soyez l'éternel dispensateur des richesses dont vous nous avez faits les gardiens. Amen.

DES PARFUMS ET DU RÉCHAUD

Les parfums employés en magie sont en assez grand nombre et classés d'après les correspondances planétaires. On en trouvera donc une foule de listes diverses et nous donnerons la plus simple et la plus pratique. On en trouvera une autre annexée à notre horloge magique.

Qu'il suffise simplement de se rappeler que l'*encens* pourra toujours être employé dans toutes les opérations blanches ; car c'est une sorte de synthèse des bonnes influences.

On peut projeter les parfums sur les charbons incandescents du fourneau magique ; on peut les placer dans un brûle-parfums et agir dans ce cas comme à l'ordinaire.

Il faut toutefois bien se souvenir que la fumée produite doit être assez épaisse et que dans les évocations c'est sur elle qu'est dirigé le rayon coloré de la lampe magique.

On achète et on consacre les parfums par l'aspersion et la prière sous les influences planétaires correspondantes. Ils sont ensuite gardés dans des fioles de verre portant le sceau de la planète.

Dans la consécration des parfums on dira l'oraison des Sylphes.

Oraison des Sylphes.

Esprit de lumière, esprit de sagesse dont le souffle donne et reprend la forme de toute chose ; toi devant qui la vie des êtres est une ombre qui change et une vapeur qui passe ; toi qui montes les

Le sel ainsi consacré sera placé dans un vase de cristal sur l'autel et sera tenu à l'abri des impuretés.

La Cendre

Qui reste des parfums sera aussi soigneusement recueillie et consacrée par les paroles suivantes :

Exorcisme de la cendre.

Revertatur cinis ad fontem aquarum viventium et fiat terra fructificans et germinet arborem vitæ per tria nomina quæ sunt NETSAH, HOD et JESOD in principio et in fino, per alpha et omega qui sunt in spiritu AZOTH. Amen.

On conservera ensuite cette cendre dans une fiole à large goulot, soigneusement enfermée dans l'armoire destinée aux objets magiques.

Dans la consécration du sel et de la cendre on dira l'oraison des Gnomes.

Oraison des Gnomes.

INVISIBLE, qui avez pris la terre pour appui, et qui en avez creusé les abîmes pour les remplir de votre toute-puissance, vous dont le nom fait trembler les voûtes du monde, vous qui faites couler les 7 métaux dans les veines de la pierre, monarque des sept lumières, rémunérateur des ouvriers souterrains, amenez-nous à l'air désirable et au royaume de la clarté. Nous veillons et nous travaillons sans relâche, nous cherchons et nous espérons par les douze pierres de la cité sainte, par les talismans qui sont enfouis, par le clou d'aimant qui traverse le centre du monde. Seigneur, Seigneur, Seigneur, ayez pitié de ceux qui souffrent, élargissez nos poitrines, dégagez et élevez nos têtes, agrandissez-nous, ô stabilité et mouvement, ô jour enveloppé de nuit, ô obscurité voilée de lumière, ô maître qui ne retenez jamais par devers vous le salaire de vos travailleurs, ô blancheur argentine, ô splendeur dorée, ô couronne de diamants vivants et mélodieux, vous qui portez le ciel à votre doigt comme une bague de saphir, vous qui cachez sous la terre dans le royaume des pierreries, la semence merveilleuse des étoiles, vivez, régnez et soyez l'éternel dispensateur des richesses dont vous nous avez faits les gardiens. *Amen.*

DES PARFUMS ET DU RÉCHAUD

Les parfums employés en magie sont en assez grand nombre et classés d'après les correspondances planétaires. On en trouvera donc une foule de listes diverses et nous donnerons la plus simple et la plus pratique. On en trouvera une autre annexée à notre horloge magique.

Qu'il suffise simplement de se rappeler que l'*encens* pourra toujours être employé dans toutes les opérations blanches ; car c'est une sorte de synthèse des bonnes influences.

On peut projeter les parfums sur les charbons incandescents du fourneau magique ; on peut les placer dans un brûle-parfums et agir dans ce cas comme à l'ordinaire.

Il faut toutefois bien se souvenir que la fumée produite doit être assez épaisse et que dans les évocations c'est sur elle qu'est dirigé le rayon coloré de la lampe magique.

On achète et on consacre les parfums par l'aspersion et la prière sous les influences planétaires correspondantes. Ils sont ensuite gardés dans des fioles de verre portant le sceau de la planète.

Dans la consécration des parfums on dira l'oraison des Sylphes.

Oraison des Sylphes.

Esprit de lumière, esprit de sagesse dont le souffle donne et reprend la forme de toute chose ; toi devant qui la vie des êtres est une ombre qui change et une vapeur qui passe ; toi qui montes les aux correspondances des métaux celles des couleurs planétaires, ce qui permet d'obtenir un objet pratique pour l'étudiant magiste.

Il faudra donc se procurer sept lames de verre, colorées d'après les teintes de chaque planète, et en plus un pied de bois verni permettant de fixer verticalement chacune de ces lames qui devra être séparément achetée au jour correspondant à la planète, puis consacrée, suivant le rite habituel, avant d'être mise en service. On pourra placer sur ce pied, soit un des cubes métalliques de l'autel, soit une bague de métal. La lame de verre consacrée à Mercure devra aussi être formée par la réunion parallèle de fragments de lames des autres planètes. Les lames de verre peuvent être remplacées par des globes coloriés — ce qui est encore plus pratique.

La lumière sera tirée d'un, trois ou sept cierges de cire vierge, suivant l'importance de l'opération. Une forte lentille condensera la lumière émanée de ces cierges vers le miroir magique ou la fumée des parfums. La lame colorée sera placée entre la lentille et le miroir ou la fumée. De toutes façons une enveloppe particulière empêchera les rayons lumineux de suivre une autre voie que celle que nous venons de décrire.

*
* *

Telle est ce qu'on pourrait appeler la lampe improvisée dont se servira le magiste.

Si l'on veut construire une lampe permanente, le moyen le plus pratique consiste à se procurer une lanterne magique du commerce[1] qui sera éclairée par de l'huile consacrée (même rituel que pour l'eau) et dans lesquelles les lames de verre coloré correspondant aux planètes remplaceront les figures. On ajoutera simple-

---

[1] La lanterne magique n'est qu'une révélation exotérique faite par un initié de la lampe des opérations.

ment à cet instrument qu'on peut se procurer partout à bas prix un pied permettant les mouvements de bascule. Un appareil en carton (on en trouve dans le commerce) est préférable toutefois à l'appareil métallique.

On consacre la lampe dès qu'elle est allumée par le rituel ordinaire (aspersion, fumigation à l'encens) suivi de l'oraison des Salamandres.

Ces consécrations se font d'abord sous les auspices du soleil (ainsi que l'achat de la lampe), puis successivement sous les auspices de chaque planète en plaçant les verres colorés. La consécration complète de la lampe demande donc sept jours.

Oraison des Salamandres.

ETERNEL, ineffable et incréé, père de toutes choses, qui es porté sur le chariot roulant sans cesse des mondes qui tournent toujours ; dominateur des immensités éthérées, où est élevé le trône de ta puissance, du haut duquel tes yeux redoutables découvrent tout, exauce tes enfants que tu as aimés dès la naissance des siècles ; car ta dorée, et grande et éternelle majesté resplendit au-dessus du monde, du ciel et des étoiles ; tu es élevé sur elles, ô feu étincelant : là, tu t'allumes et t'entretiens toi-même par ta propre splendeur, et il sort de ton essence des ruisseaux intarissables de lumière qui nourissent ton esprit infini. Cet esprit infini nourrit toutes choses, et fait ce trésor inépuisable de substance toujours prête pour la génération qui la travaille et qui s'approprie les formes dont tu l'as imprégnée dès le principe. De cet esprit tirent aussi leur origine ces rois très saints qui sont autour de ton trône, et qui composent ta cour, ô père universel ! ô unique ! ô père des bienheureux mortels et immortels.

Tu as créé en particulier des substances qui sont merveilleusement semblables à ton éternelle pensée et à ton essence adorable ; tu les as établies supérieures aux anges qui annoncent au monde tes vérités ; enfin tu nous as créés au troisième rang dans notre empire élémentaire. Là, notre continuel exercice est de te louer et d'adorer tes désirs ; là nous brûlons sans cesse en aspirant à te posséder, ô père, ô mère, la plus tendre des mères ! ô archétype admirable de la maternité et du pur amour ! ô fils, la fleur des fils ! ô forme de toutes les formes, âme, esprit, harmonie et nombre de toutes choses ! *Amen !*

nuages et qui marches sur l'aile des vents ; toi qui respires, et les espaces sans fin sont peuplés ; toi qui aspires, et tout ce qui vient de toi retourne à toi : mouvement sans fin, dans la stérilité éternelle, sois éternellement béni. Nous te louons et nous te bénissons dans l'empire changeant de la lumière créée, des ombres, des reflets et des images, et nous aspirons sans cesse à ton immuable et impérissable clarté. Laisse pénétrer jusqu'à nous le rayon de ton intelligence et la chaleur de ton amour : alors, ce qui est mobile sera fixé, l'ombre sera un corps, l'esprit de l'air sera une âme, le rêve sera une pensée. Et nous ne serons plus emportés par la tempête, mais nous tiendrons la bride des chevaux ailés du matin et nous dirigerons la course des vents du soir pour voler au devant de toi. Ô esprit des esprits, ô souffle impérissable de la vie, ô soupir créateur, ô bouche qui aspirez et qui respirez l'existence de tous les êtres dans le flux et le reflux de votre éternelle parole, qui est l'océan divin du mouvement et de la vérité. *Amen.*

PARFUMS DES PLANÈTES

- ♄ *Soufre.*
- ♃ *Bois d'aloès.*
- ♂ *Styrax.*
- ☉ *Laurier.*
- ♁ *Musc.*
- ☿ *Genièvre.*
- ☽ *Aimant.*

PARFUM SYNTHÉTIQUE : *l'Encens*

Oraisons de l'Encens.

Agios, Athanatos, Berou, Ciel, Didotois.

Et Eternel, Etre des êtres, sanctificateur de l'univers, bénis et consacre cet encens jusqu'à toi. De même daigne exaucer mes prières. *Amen.*

Exorcisme du Feu.

— Jeter dans le feu du sel, de l'encens, de la résine blanche, du camphre et du soufre et prononcer trois fois les trois noms des génies du feu :

MICHAEL, roi du Soleil et de la Foudre.
SAMAEL, roi des Volcans.
ANAEL, prince des Salamandres.

Du Réchaud magique.

On se procurera un fourneau de terre neuf sous les auspices de Mars et l'on le consacrera selon le rituel ordinaire.

Voici à ce sujet un curieux extrait des *Clavicules*.

Exorcisme du Réchaud, du Feu et de l'Encens.

Il est pareillement nécessaire d'avoir un réchaud propre pour mettre le feu pour les encensements, il faut qu'il soit d'une terre noire vernissée neuf, et le feu de charbon neuf, à l'occasion de quoi il faut être muni d'un petit batte feu avec des allumettes et de l'amadoue ou mèche et d'une bougie, lequel charbon étant allumé avec du feu neuf tu exorciseras en disant :

Ce qui étant fait, tu y jetteras l'encens convenable à l'opération que tu exorciseras en disant : Agios, Athanatos, Beron, Ciel, Dédotois.......

Laquelle oraison faisant, tu verseras un peu dudit encens sur le feu et réserveras le reste pour toutes les opérations.

Oraison.

Dieu de Moïse, Dieu d'Aaron, Dieu d'Abraham, bénis et purifie cette créature de feu, afin qu'elle te soit agréable, et purifie tous les lieux où elle sera allumée. *Amen*.

DE LA LAMPE MAGIQUE

La lampe employée dans les opérations doit être construite de manière à synthétiser les influences planétaires. Eliphas Lévi dans son rituel établit cette synthèse sur les correspondances des métaux, ce qui est excellent, mais ce qui a aussi l'inconvénient de demander un objet d'un très grand prix et que seules les puissantes sociétés d'initiation peuvent posséder. Aussi préférons-nous

Le magiste, après avoir fait ces préparations préliminaires, possédera tous les objets nécessaires à l'ornement de l'autel.

Il nous reste, avant de passer aux autres opérations, à parler de la construction du miroir magique qui doit être placé au dessus de l'autel.

Ce miroir peut être formé, soit d'une glace sans teint et concave, soit d'un miroir étamé et également concave, soit enfin d'un miroir métallique.

Quoique nous soyons désireux de restreindre au strict nécessaire les extraits et les citations, nous sommes obligé d'emprunter à la « Clavicule » l'extrait suivant concernant la préparation détaillée du miroir magique.

LE MIROIR MAGIQUE

Prenez une plaque luisante et bien polie d'acier légèrement concave et écrivez dessus avec le sang d'un pigeon blanc mâle aux quatre coins du miroir les noms

JEHOVAH ( ) ELOHIM ( )
METTATRON ( ) ADONAY ( )

et mettez ledit acier dans un linge neuf, très propre et blanc.

Lorsque vous apercevrez la lune nouvelle à la première heure après le soleil couché, approchez-vous d'une fenêtre, regardez le ciel avec dévotion et dites :

O Eternel ! ô Roi éternel ! Dieu ineffable qui avez créé toutes choses pour l'amour de moi et par un jugement occulte pour la santé de l'homme, regardez-moi... N.... votre serviteur très indigne et considérez mon intention pure. Daignez m'envoyer votre ange ANAEL sur ce miroir, qui mande, commande et ordonne à ses compagnons et à vos sujets que vous avez faits, ô tout puissant qui avez été, qui êtes et qui serez éternellement ; qu'en votre nom ils jugent et agissent dans la droiture pour m'instruire et me montrer ce que je leur demanderai.

Ensuite jetez sur des charbons ardents le parfum convenable qui est le safran oriental et en le jetant dites :

En ce, pour ce, avec ce que je verse devant votre face, ô mon Dieu, qui êtes tri un, bon, et dans la plus sublime élévation, qui voyez au dessus des chérubins et des séraphins et qui devez juger les siècles par le feu, exaucez-moi.

Dans cet instant on parfume le miroir en le mettant sur un réchaud neuf de terre cuite ou de fer, afin qu'il se trouve imprégné de la fumée dudit parfum, en le tenant de la main droite et disant trois fois l'oraison précédente.

Après l'avoir dite soufflez trois fois sur le miroir et dites :

Venez, ANAEL, venez, et que ce soit votre bon plaisir d'être en moi par votre volonté au nom du Père très puissant † au nom du Fils très sage † au nom du Saint-Esprit très aimable ; venez Anaël, au nom du terrible Jéhovah, venez Anaël par la vertu de l'immortel Elohim, venez Anaël par le bras du tout-puissant Metatron, venez à moi.... N (Dites votre nom sur le miroir) et commandez à vos sujets qu'avec amour, joie et paix, ils fassent voir à mes yeux les choses qui me sont cachées. Ainsi soit-il. *Amen.*

Après avoir fait cela, élevez les yeux vers le ciel et dites :

Seigneur tout-puissant, qui faites mouvoir tout ce qui vous plaît, exaucez ma prière, et que mon désir vous soit agréable ; regardez, s'il vous plaît, Seigneur, ce miroir et bénissez-le, afin qu'Anaël, l'un de vos sujets, s'arrête sur lui avec ses compagnons pour satisfaire... N... votre pauvre et misérable serviteur, ô Dieu béni et très exalté de tous les esprits célestes, qui vivez et régnez dans l'éternité des siècles. Ainsi soit-il.

Quand vous aurez fait ces choses, faites le signe de la croix sur vous et sur le miroir, le premier jour et les suivants pendant quarante-cinq jours de suite, à la fin desquels ANAEL apparaîtra sous la figure d'un bel enfant, vous saluera et commandera à ses compagnons de vous obéir.

Remarquez qu'il ne faut pas toujours 45 jours pour parfaire le miroir : souvent l'esprit apparaît le 14ᵉ jour. Cela dépend de l'intention, de la dévotion et de la ferveur de l'opérateur. Lorsqu'il vous apparaîtra, demandez-lui ce que vous souhaitez et priez-le d'apparaître toutes les fois que vous l'appellerez pour vous accorder vos demandes.

Par la suite, lorsque vous souhaiterez voir dans le miroir et obtenir ce que vous voudrez, il n'est pas nécessaire de réciter toutes les oraisons susdites ; mais, après avoir parfumé le miroir, dites : « Venez, Anaël, sous votre bon plaisir, etc., et jusqu'à Amen.

L'opération terminée, vous renverrez l'esprit en disant :

Je vous remercie, Anaël, de ce que vous êtes venu et que vous ayez satisfait à ma demande ; allez-vous-en en paix et venez lorsque je vous appellerai.

Le parfum d'ANAEL est le safran.

Il en est qui font l'opération au moyen d'un globe de cristal rempli des sept eaux des sept mappemondes.

L'écrit suivant a été présenté et déroulé dans le globe par l'ange ANAEL à une voyante. Il a été lu par elle et écrit sous sa dictée le 28 décembre 1797 :

Chargé par le Tout-Puissant de veiller au bonheur et à la tranquillité des humains, je m'acquitte de ma mission, cédant au désir des vrais fidèles qui me font des questions sur ce qui doit arriver d'heureux ou de malheureux ; mais, comme le bonheur que Dieu prépare à ses élus ne consiste point en de vaines richesses, j'écarte toute question qui tend à en obtenir, ou si je consens à les satisfaire, je ne le fais que de manière à leur laisser le choix des moyens, conformément à la liberté que Dieu donne à toutes ses créatures. Rien ne m'est plus agréable que de pouvoir annoncer aux véritables croyants d'heureuses nouvelles, en tant qu'elles ne se trouvent pas dans la catégorie de celles sur lesquelles il ne m'est pas permis de m'expliquer aussi clairement qu'on pourrait le désirer. Cependant je puis accorder quelques-unes des questions qui me sont faites, pourvu qu'elles me soient posées d'une manière très précise et qu'elles n'aient point pour sujet principal de connaître toutes les chances exactes de la fortune.

PROCÉDÉ SIMPLIFIÉ DE DIVINATION PAR LE MIROIR MAGIQUE.

Faites une croix dans un cristal avec de l'huile d'olive et sous la croix écrivez *sainte Hélène*.

Ensuite donnez à un enfant vierge né du légitime mariage la fiole à tenir, puis vous vous mettez à genoux derrière lui et dites trois fois l'oraison suivante :

Deprecor, Domina S. Helena, mater regis Constantini, etc., etc.

Lorsque l'enfant verra l'ange, il lui pourra faire telle demande qu'on voudra.

DES TALISMANS

Nous avons longuement parlé des talismans dans notre seconde partie (réalisation du geste) ; il nous reste à entrer dans quelques détails de pratique à ce sujet.

La confection de chaque talisman est une véritable petite cérémonie magique ; aussi l'étudiant ne saurait-il trop s'exercer à ce sujet.

Les instruments nécessaires sont les suivants :

1° La matière sur laquelle est gravé le talisman qui peut être, soit un métal, soit une peau d'animal vierge, soit du parchemin provenant de cette peau, soit encore du papier fabriqué à cet effet par l'expérimentateur lui-même sous les influences favorables ;

2° Les objets nécessaires à cette opération : crayons, compas, règle et canif pour la peau, le parchemin et le papier ; burin, cire vierge et acide pour les métaux ;

3° Les enveloppes de soie de diverses couleurs dans lesquelles seront conservés les talismans une fois terminés.

DE LA MATIÈRE DES TALISMANS

A. — Métaux

On se procurera les métaux planétaires correspondant aux talismans ; nous répétons ici la liste de ces correspondances : pour Saturne, *le plomb* ; pour Jupiter, *l'étain* ; pour Mars, *le fer* ; pour le Soleil, *l'or* ; pour Vénus, *le cuivre* ; pour Mercure, *le mercure* (ce sera dans ce cas un alliage avec l'argent et l'or), et pour la Lune, *l'argent*.

On gravera pour les talismans planétaires d'un côté l'image de la planète et de l'autre l'image de son carré magique, telles que nous les avons données précédemment. Cette gravure se fera, soit directement au burin pour les métaux de peu de dureté, soit au moyen de la cire et des acides, comme nous le dirons tout à l'heure.

B. — Peau, parchemin et papier

Peau. — On achètera sous l'influence dominante du soleil (veille de la Saint-Jean) une peau, soit d'agneau, soit de veau mort-né qu'on conservera soigneusement enveloppée dans un linge blanc après l'avoir consacrée suivant le rite habituel[1].

Parchemin. — Pour les usages courants, le parchemin vierge du commerce suffit amplement, mais la peau, faite comme il est dit ci-dessus, est bien préférable pour les talismans.

---

[1] A la campagne il est facile de préparer une peau d'agneau à jour voulu, et c'est ainsi que faisaient les anciens collèges initiatiques égyptiens. A Paris on remplace la préparation par l'achat à jour fixe et nous avons pu découvrir, après plusieurs heures de recherches, au 65 de la rue des Gravilliers, un mégissier nommé Antony qui a la spécialité des peaux de veaux mort-nés. Nos lecteurs éviteront ainsi bien des recherches.

Papier

(Pour les talismans et le livret magique personnel).

On peut fabriquer soi-même le papier nécessaire aux opérations en achetant dans le commerce chez les marchands de pâte à papier (voy. le Bottin) de la pâte à papier la plus fine qu'on étend convenablement d'eau, puis qu'on dispose sur des toiles métalliques et enfin qu'on presse à la presse à copier ordinaire qui, dans ce cas, est bien suffisante. On peut même faire, avec un fil de fer, le filigrane de la planète sous l'influence de laquelle est fabriqué le papier.

Pour les menus détails on pourra étudier la *fabrication du papier à la cuve*, soit dans les manuels Roret (Manuels faits par M. Le Normand, Bibliothèque nationale, V 27,338, 27,339 et 27,340), soit encore dans l'*Encyclopédie*, qui donne les planches convenables à cet effet.

Gravure des caractères sur les métaux

Le moyen le plus pratique consiste à recouvrir d'abord la médaille de métal d'une légère couche de cire vierge fondue à une douce température et qui aura été aspergée et encensée sous les auspices de la planète à laquelle se rapporte l'opération. On grave ensuite avec le burin les caractères magiques au recto et la figure de la planète au verso de la médaille en enlevant simplement la cire aux endroits voulus.

Il suffit ensuite de plonger cette médaille dans l'acide convenable, suffisamment étendu d'eau à l'heure et au jour planétaires correspondants.

On fera une consécration particulière du talisman pendant qu'il sera plongé dans l'acide.

Une fois le talisman retiré on le lavera dans l'eau légèrement alcalinisée et on l'enveloppera dans un morceau de soie de couleur convenable.

Burin

Pour la consécration du burin on peut parfaitement suivre les enseignements traditionnels des « Clavicules ».

Exorcisme du burin.

Le burin est un instrument fort utile dans toutes les opérations, et comme on ne peut du tout s'en passer, il faut qu'il soit le premier que tu fasses préparer de la manière qui suit :

Un mardi ou un vendredi tu feras faire une petite pointe d'acier semblable à celle qui est désignée au tableau des instruments, sur laquelle tu graveras ou feras graver les mots et caractères suivants aux mêmes jour et heure de Mars ou de Vénus.

Ensuite tu auras un petit manche de buis à peu près comme celui qui est désigné, et l'ayant lavé et encensé avec un peu de genièvre, tu diras sur icelui l'oraison suivante :

Oraison.

Dieu éternel, mon père, bénis cet instrument préparé en ton honneur, afin qu'il ne serve qu'à quelque chose de bon et de salutaire pour ta gloire. *Amen.*

Asophiel, Asophiel, Asophiel, Pentagrammaton, Athanatos, Eye, Eye, Eye, Kellon, Kelloi, Kelli.

L'ayant derechef encensé, tu le conserveras pour le besoin.

DESSIN DES TALISMANS SUR LE PARCHEMIN OU LA PEAU

Crayons

On se procurera tout d'abord sept crayons de couleur correspondant aux planètes. Chacun de ces crayons sera consacré séparément au jour convenable. Il sera ensuite préparé pour le dessin en taillant la pointe avec le petit couteau ou le canif spécial.

Voici les oraisons des grimoires qui s'appliquaient alors aux plumes, mais qu'on adoptera pour les crayons :

Exorcisme des plumes.

Selon les opérations, l'on se sert de différentes plumes et toutes se purifient de la même manière, savoir est : que, les ayant encensées, tu prendras du sang de brebis, et tu y tremperas les bouts des plumages jusqu'aux environs deux doigts du canon, en disant l'oraison :

Hamiel, Hel, Miel, Ciel, Joviel, Namia, Magde Tetragrammaton. Dieu grand et puissant, exauce mes prières et daigne accorder à ces plumes le fruit de ta bénédiction. *Amen.*

Et tu t'en serviras au besoin.

Canif

On achètera sous les influences de Mars un canif neuf à manche blanc et à plusieurs lames, une longue et forte qui servira à couper les herbes ou les branches à jour voulu, et une ou deux petites pour les crayons et pour couper le parchemin ou la peau ou le papier. On remplacera ainsi par un seul instrument plusieurs de ceux indiqués dans les rituels ordinaires. Voici du reste les enseignements traditionnels à ce sujet :

Exorcisme du canif.

Il faut faire faire un canif qui ne serve à autre chose qu'à tailler les plumes dont tu auras besoin dans les opérations et dont la lame soit de très pur et fin acier ; à l'égard du manche, n'importe pas de quoi il soit, pourvu qu'il soit neuf, et l'ayant bien lavé comme tu sais et essuyé, il faudra le mettre sur une table couverte d'une nappe blanche, et après l'avoir aspergé et encensé, tu diras l'oraison suivante avec beaucoup d'attention :

Agiel, Asiel, Sadon, Paliel, Alma, Mammiel, Dilaton, Kaday, Catilua, Vanzaral, Zalphi, Carsali, Faffua, Hictimi, On, Agla, Agios, Agios, Hamamon, Yoth, Luphat, Miel, Ciel, Miel, Ciel, Miel, Deus Moyses, Deus Israel.

Après quoi tu graveras ou feras graver sur icelui ces caractères, d'un côté les noms saints et de l'autre le

sceau, et les ayant encensés et bénits tu diras derechef l'oraison : Agiel, Asiel, Sadon etc. Après quoi tu envelopperas ledit canif dans un morceau de taffetas de différentes couleurs et le conservera proprement pour t'en servir au besoin.

Oraison.

Agiel, Asiel, Sadon, Paliel, Alma, Mammiel, Dilaton, Kaday, Catilua, Vanzaral, Zalphi, Carsali, Faffua, Hictimi, On, Agla, Agios, Agios, Hamamon, Yoth, Luphat, Miel, Ciel, Miel, Ciel, Miel, Deus Moyses, Deus Israel.

Dieu de Moïse, Dieu d'Israël, Dieu grand, n'oublie pas (N) ton serviteur, mais daigne bénir cet instrument préparé pour ton honneur par ta grande puissance que tu as révélée à mon Père et par tous les anges dont tu lui a découvert les noms et par ton nom qui est puissant, Tetragrammaton.

Compas et règle

Un compas acheté à jour du soleil et une règle graduée achetée sous les influences lunaires seront de plus fort utiles pour le dessin des talismans. Ces objets seront consacrés et enveloppés l'un dans de la soie jaune, l'autre dans de la soie blanche, et ne serviront qu'à cet usage.

Dessin du talisman. — Sous les influences favorables on coupera d'abord avec le canif la portion de matière nécessaire à la confection du talisman ; puis on tracera avec le compas et le crayon voulu les cercles ; enfin on dessinera les figures avec le crayon.

Cela fait, on consacrera le talisman d'après le rituel de toute consécration en ajoutant le triple souffle. De plus il est bon de dire l'oraison du jour de la semaine correspondant à l'opération à la fin de la consécration.

Conservation de talismans. — Quand le talisman sera terminé, soit qu'il ait été gravé sur les métaux, soit qu'il ait été dessiné sur toute autre matière, il sera enveloppé dans un morceau de soie de couleur correspondante à son action et soigneusement gardé dans une petite cassette qui sera renfermée dans l'armoire magique.

Remarques au sujet des talismans et de leur consécration

Au point de vue théorique, le talisman n'est, en somme, que le signe matérialisé de l'alliance de la volonté du magiste avec une influence astrale et d'après les caractères principiateurs de l'astral. Aussi un talisman *acheté* et non consacré par l'opérateur n'est-il plus qu'un objet symbolique sans grande influence spéciale. Lorsqu'il arrivera au magiste d'être mis à même de se procurer un talisman plus ou moins ancien, il faudra tout d'abord s'attacher à en découvrir complètement le sens, ce qui sera facile à tout étudiant un peu avancé en occultisme, grâce aux figures que nous donnons dans la seconde partie. Quand on saura de quelle influence dépend ce talisman, il faudra le consacrer de nouveau, mais en grande cérémonie et en usant du bâton, de la coupe, de l'épée et du pentagramme.

Il faut encore se rappeler qu'on peut consacrer un objet d'après les correspondances de la lune et des planètes, ce qui ne demande qu'une attente de 24 heures au plus. Cette consécration établie d'après la situation que la terre occupe vis-à-vis des maisons célestes n'a de puissance que pendant un mois. Si l'on consacre un objet d'après les correspondances des jours de la semaine (quartier de lune), l'influence est un peu plus longue, mais peu. Si au contraire on consacre d'après la situation de la lune dans les signes du zodiaque (considérés comme maisons planétaires), l'influence dure un an et plus. Enfin la consécration faite au moment où le soleil indique la correspondance est la plus efficace et celle qu'on doit préférer à toutes les autres pour le bâton ou l'épée magiques.

ÉTABLISSEMENT DE L'HOROSCOPE DE L'OPÉRATION

Dans toute opération de quelque importance il sera de la plus grande utilité d'établir la position des astres dans le ciel au jour choisi pour cette opération.

A cet effet il sera indispensable de se procurer d'avance :

1° La connaissance des temps publiée par *le Bureau des Longitudes* pour chaque année (cinq années de cette publication sont généralement publiées d'avance). Prix : 4 fr., chez Chamuel, 29, rue de Trévise.

2° Un planisphère céleste, surtout l'excellente carte de Camille Flammarion éditée à Paris (rue Serpente, 25, Bertaux, éditeur) et dont le prix est de 8 fr. Ce sont là les deux outils indispensables à tout magiste, quel qu'il soit.

Voici maintenant comment on agira en supposant

qu'il s'agisse par exemple d'établir l'horoscope du dimanche 23 avril 1893 :

On tracera d'abord un cercle sur une feuille de papier. Puis on divisera le cercle en 12 parties comme le cadran

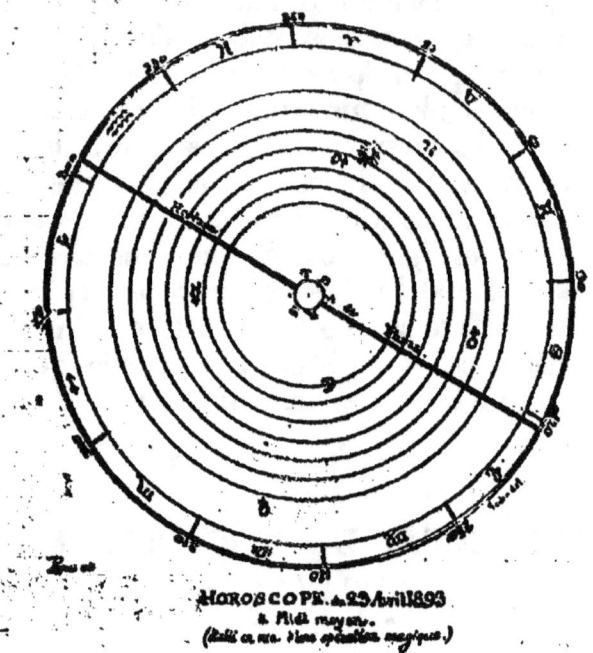

HOROSCOPE du 23 Avril 1893
à Midi moyen.

d'une montre et l'on écrira tout autour les degrés de 1 à 360 (30° par 30° quand on veut aller vite). De plus on mettra le nom de chacun des signes du zodiaque à sa place comme l'indique les figures suivantes :

Cela fait on prendra « la Connaissance des temps » et l'on cherchera successivement la longitude des divers astres en commençant par notre satellite *la Lune*.

— Pour LA LUNE on ouvre l'annuaire au tableau des longitudes et latitudes, mois d'avril (23 page 52 [1]).

---

[1] Il y a, au point de vue strictement astronomique, une correction à faire pour établir le rapport exact des astres et des signes du zodiaque, puisque nous considérons la longitude des astres. Mais cela ne change rien aux rapports des planètes entre elles ; c'est pourquoi nous conservons notre disposition à cause de sa clarté.

On y trouvera plusieurs heures indiquées. Prenons la 12° par exemple. A ce moment la lune occupe 169° 22' 56". Pour l'horoscope magique il suffit de déterminations très rudimentaires ; aussi nous reporterons-nous à notre figure et placerons-nous la lune dans le signe de la Vierge un peu après le milieu. Si notre sphère était divisée en 360° exactement, nous la placerions au degré exact.

Le Soleil (page 30). — Longitude du soleil à midi moyen, le 23 avril 33° 31' 56", ce qui nous donne le signe du Taureau (30 à 60°).

Mercure (page 236). — Longitude à midi moyen le 23 avril, 258° 45", ce qui nous donne Mercure dans le Sagittaire (240 à 270°) un peu avant le milieu du signe.

Vénus (page 260). — Longitude, 27° 56", ce qui le place dans le Bélier presque à la fin du signe.

Mars (page 284). — Longitude, le 23 avril, 102° 12", ce qui le place dans le Cancer un peu avant le milieu.

Jupiter (page 297). — 37° 30", ce qui le place dans le Taureau presque à côté du soleil.

Saturne (page 312. — 190° 15"), ce qui le place dans la Balance, un peu avant le milieu.

*
**

On possède maintenant l'état du ciel à ce jour et l'on peut se rendre rapidement compte du rapport des planètes entre elles ; mais il faut encore une indication : c'est le tracé des signes du zodiaque qui sont au dessus de l'horizon à ce moment et de ceux qui sont au dessous, autrement dit la démarcation des deux parties du ciel, visible et invisible.

C'est ici qu'il faut utiliser le *Planisphère céleste mobile* de Camille Flammarion.

On amène le 23 avril en face XII heures de jour ou midi qui est placé tout en haut du tableau et l'on regarde quels sont les signes du zodiaque qui se trouvent à l'est et à l'ouest de l'horizon.

A l'ouest on voit le Verseau qui est près de se coucher. On trace donc une première grosse ligne horizontale entre la fin du Verseau et le commencement du Capricorne.

A l'est la ligne passe entre le Cancer qui se lève et le Lion qui est encore invisible.

Les signes au dessus de l'horizon sont le Cancer, les Gémeaux, le Taureau, le Bélier, les Poissons et le Verseau, et les planètes qui dominent à ce moment sont : Vénus, le Soleil, Jupiter et Mars, ainsi qu'on peut s'en rendre compte par l'étude de la figure page 319.

Cet exemple servira pour toutes les opérations. Voilà pourquoi nous sommes entrés dans les détails techniques.

Résumé

Les indications que nous venons de donner sont sommaires ; mais elles suffiront amplement à réaliser *l'aimantation* de l'astral par la volonté, grâce à la prière d'une part (origine de la chaîne magique), et à la préparation des objets nécessaires au laboratoire magique, d'autre part. Des détails minutieux et qui sembleront puérils à quelques-uns étaient surtout nécessaires, puisque, pour le reste, il nous a suffi de citer au hasard parmi les multitudes d'ouvrages et de grimoires qu'il est très facile de se procurer. Notre intention est de faire un traité *pratique* et *élémentaire* ; nous ferons tous nos efforts pour atteindre ce but sans le dépasser.

BIBLIOGRAPHIE

Pierre d'Aban....	*Heptaméron.*
Agrippa.........	*Philosophie occulte.*
Kircher.........	*Œdipus ægyptiacus.*
Albert le Grand....	(*Grimoires attribués à*).
Salomon.........	(*Manuscrits de Kabbale pratique attribués à*).

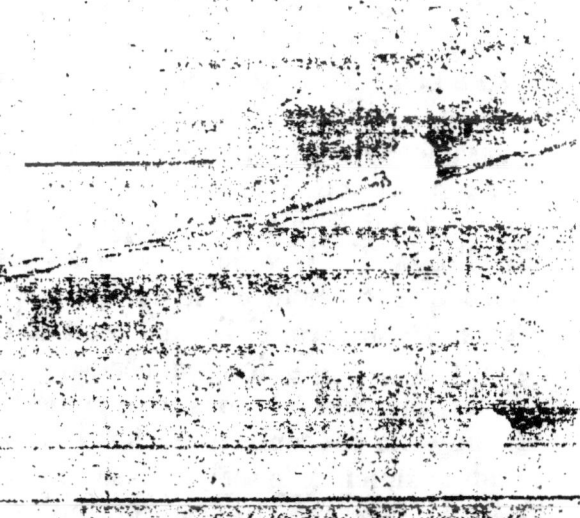

CHAPITRE XII

CONCENTRER

Adaptation. — 2ᵉ Phase

La Semaine du Magiste. — Les Sept Oraisons mystérieuses.

L'aimantation des forces psychiques doit se faire dans le silence. Ce n'est que par la persévérance, le calme, et surtout par la recherche exclusive de la vérité pour elle-même et non pour un but matériel et vil, qu'on parvient peu à peu à l'intuition de l'astral et à la possession de la pratique. Le « sérieux » du caractère est donc indispensable dans cette période préparatoire, et les malheureux que la vanité pousse à se vanter d'être « des mages » ou de « grands initiés » sont plus à plaindre qu'à blâmer, car l'orgueil et la « pose » sont les écueils les plus perfides que le destin présente à l'imagination des débutants. Pythagore, si l'on en croit la tradition, imposait tout d'abord une longue période de silence à ses disciples, procédé très pratique pour développer la méditation et la concentration chez ces natures ardentes du midi auxquelles le maître avait le plus souvent à enseigner la sagesse. Un éclaireur qui s'avance en terrain ennemi se garde bien de jouer du clairon s'il tient à ne pas être découvert et massacré. Celui qui veut se livrer à la pratique doit donc user avant tout de la plus grande discrétion et déguiser ses véritables occupations sous des prétextes divers, ainsi que l'enseigne excellemment Eliphas Lévi. Un ami sûr et porté aux mêmes études peut parfois être le seul confident choisi ; mais, encore une fois, la plus importante des règles à observer pour tous, c'est le quatrième enseignement du sphinx : *Se taire*.

Et, quels que soient les railleries ou les sarcasmes avec lesquels les sceptiques de parti pris accueilleront ces études sur les talismans et la baguette magique faites à la fin du XIX° siècle, quelles que soient les épithètes dont il leur plaira d'affubler nos recherches, nous poursuivrons notre œuvre avec calme et persévérance, sans jamais être découragé par ces procédés toujours semblables à toute époque et toujours aussi impuissants à détruire ce qui doit se manifester. Nous sommes persuadé de la réalité des faits que nous avançons et cela d'une manière certaine, car nous en avons eu la preuve ; mais nous sommes persuadé aussi que ceux-là seuls qui *doivent* comprendre sauront nous suivre dans nos recherches et que les autres ne verront là que le fruit d'un dilettantisme ingénieux ou les divagations d'un aliéné d'un genre nouveau. Quand un professeur écrit au tableau une formule algébrique assez compliquée, certains élèves assez avancés comprennent seuls, et si quelque rustre ou quelque ignorant vient à regarder tous ces chiffres, nul doute qu'il ne les traite de « griffonnage inutile ». N'est-ce pas là la plus ironique des punitions ? Aussi soyez persuadés, vous qui comprenez et qui craignez que nous n'en disions trop, que ces questions peuvent être traitées au grand jour sans crainte. La science occulte n'a rien à redouter de la lumière : c'est son élément, et si vous ne me croyez pas encore, regardez le soleil bien en face pendant deux minutes et vous comprendrez alors l'ésotérisme de l'avertissement préliminaire de notre étude sur la condensation psychique.

La pratique de la condensation est intimement liée au développement de la méditation et à l'exercice de la prière et, par suite, se rapporte surtout à la psychurgie. Nous n'insisterons donc pas trop longtemps sur ce point et nous nous contenterons d'indiquer de quelle manière nous comprenons cette pratique dans ses lignes générales, laissant à chacun le soin d'adapter cet enseignement à sa nature, à son milieu et à ses occupations.

Ce que nous allons dire est donc plus un exemple schématique à adopter qu'une ligne de conduite à suivre strictement : c'est ce qu'il faut bien comprendre avant tout. Chaque magiste devra appliquer son intelligence et non sa mémoire à l'étude des conseils suivants :

1° La Journée

La journée se divise en quatre parties correspondant aux quatre saisons de l'année et aux quatre semaines du mois lunaire : le matin ou printemps du jour, période d'éclosion intellectuelle ; le midi ou été, période de floraison ; l'après-midi ou automne, période de fructification et de réalisation ; enfin la soirée ou hiver, période de repos et de méditation.

La journée du magiste doit être consacrée à la prière sous ses trois formes : la parole, le travail et la méditation.

Au lever on dira, après s'être purifié physiquement le plus complètement possible par l'eau, l'oraison du jour devant l'autel (nous donnons à cet effet les sept oraisons mystiques de « l'Enchiridion » ci-après). Ensuite on se livrera au travail qui est la plus utile et la plus efficace des prières (*Qui travaille prie*, dit l'Évangile). Le travail lié *au métier* qu'on exerce pour vivre doit être distingué soigneusement du travail lié à l'*occupation* qu'on a choisie. Tout homme digne de ce nom doit avoir une profession, un métier pour assurer sa vie physique et une occupation pour développer sa vie intellectuelle. C'est de la confusion de ces deux éléments que naissent la plupart des inégalités sociales actuelles. On consacrera donc une partie plus ou moins grande de la journée à la profession, et c'est lorsque les devoirs professionnels seront accomplis qu'on se livrera à la méditation, à la pratique et à la lecture des œuvres magiques ou autres, à l'éducation de la sensation sous l'influence des manifestations esthétiques (théâtre ou musique), enfin à telle occupation qu'on désirera.

Enfin, le soir, avant le sommeil, on consacrera quelques instants à la méditation touchant les observations et les enseignements qu'on a pu recueillir pendant le jour qui vient de s'écouler. Un examen moral, tel que celui conseillé par les « vers dorés de Pythagore », terminera convenablement la journée.

Il va sans dire que dans les périodes d'entraînement actif en vue d'une opération magique, l'attention se portera sur les différents procédés de réalisation indiqués dans la seconde partie.

LES SEPT ORAISONS MYSTÉRIEUSES

Dimanche

Notre Père qui êtes dans les cieux, que votre nom soit sanctifié, que votre règne, etc., mais délivrez-nous du mal. Ainsi soit-il. Délivrez-moi, Seigneur, je vous prie, qui suis votre créature N... de tous les maux passés, présents et à venir, tant de l'âme que du corps ; donnez-moi par votre bonté la paix et la santé et me soyez propice, moi qui suis votre créature, par l'intercession de la bienheureuse Vierge Marie et de vos apôtres saint Pierre, Paul, André, et de tous les saints. Accordez la paix à votre créature et la santé pendant ma vie, afin qu'étant assisté du secours de votre miséricorde, je ne sois jamais esclave du péché ni dans la crainte d'aucun trouble, par le même Jésus-Christ votre fils, Notre-Seigneur, qui, étant Dieu, vit et règne en l'unité du Saint-Esprit dans tous les siècles des siècles. Ainsi soit-il. Que la paix du Seigneur soit toujours avec moi. Ainsi soit-il.

Que cette paix céleste, Seigneur, que vous avez laissée à vos disciples demeure toujours ferme dans mon cœur et soit toujours entre moi et mes ennemis tant visibles qu'invisibles. Ainsi soit-il. Que la paix du Seigneur, son visage, son corps, son sang, m'aide, me console et me protège, moi qui suis votre créature N., aussi bien que mon âme et mon corps. Ainsi soit-il. Agneau de Dieu qui avez daigné naître de la Vierge Marie; qui, étant sur la croix, avez lavé le monde de ses péchés, ayez pitié de mon âme et de mon corps. Christ, agneau de Dieu immolé pour le salut du monde, ayez pitié de mon âme et de mon corps. Agneau de Dieu, par lequel tous les fidèles sont sauvés, donnez-moi votre paix, qui doit toujours durer, tant dans cette vie que dans l'autre. Ainsi soit-il.

Lundi

O grand Dieu par lequel toutes choses ont été délivrées, délivrez-moi aussi de tout mal. O grand Dieu qui avez accordé votre consolation à tous les êtres, accordez-la-moi aussi. O grand Dieu qui avez secouru et assisté toutes choses, aidez-moi aussi et me secourez dans toutes mes nécessités, mes misères, mes entreprises, mes dangers ; délivrez-moi de toutes les oppositions, embûches de mes ennemis tant visibles qu'invisibles, au nom du Père qui a créé le monde entier †, au nom du Fils qui l'a racheté †, au nom du Saint-Esprit qui a accompli la loi dans toute sa perfection. Je me jette tout entier entre vos bras et me mets entièrement sous votre sainte protection. Ainsi soit-il. Que la bénédiction de Dieu le Père tout-puissant, du Fils et du Saint-Esprit, soit toujours avec moi. Ainsi soit-il †. Que la bénédiction de Dieu le Père, qui de sa seule parole a fait toutes choses, soit toujours avec moi †. Que la bénédiction de Notre-Seigneur Jésus-Christ, fils du grand Dieu vivant, soit toujours avec moi †. Ainsi soit-il. Que la bénédiction du Saint-Esprit avec ses sept dons soit toujours avec moi †. Ainsi soit-il. Que la bénédiction de la Vierge Marie, avec son fils, soit toujours avec moi. Ainsi soit-il.

Mardi

Que la bénédiction et consécration du pain et du vin que Notre-Seigneur Jésus-Christ a faite quand il les donna à ses disciples leur disant : « Prenez et mangez tous de ceci, ceci est mon corps qui sera livré pour vous, en mémoire de moi et pour la rémission de tous les péchés », soit toujours avec moi †. Que la bénédiction des saints anges, archanges, des vertus, des puissances, des trônes, des dominations, des chérubins, des séraphins, soit toujours avec moi †. Ainsi soit-il. Que la bénédiction des patriarches et prophètes, apôtres, martyrs, confesseurs, vierges, et de tous les saints de Dieu, soit toujours avec moi †. Ainsi soit-il. Que la bénédiction de tous les cieux de Dieu soit toujours avec moi †. Ainsi soit-il. Que la Majesté de Dieu tout-puissant me soutienne et protège ; que sa bonté éternelle me conduise ; que sa charité sans borne m'enflamme ; que sa divinité suprême me conduise ; que la puissance du Père me conserve ; que la sagesse du Fils me vivifie ; que la vertu du Saint-Esprit soit toujours entre moi et mes ennemis tant visibles qu'invisibles. Puissance du Père, fortifiez-moi ; Sagesse du Fils, éclairez-moi ; Consolation du Saint-Esprit, consolez-moi. Le Père est la paix. Le Fils est la vie. Le Saint-Esprit est le remède de la consolation et du salut. Ainsi soit-il. Que la divinité de Dieu me bénisse. Ainsi soit-il. Que sa piété m'échauffe ; que son amour me conserve. O Jésus-Christ, Fils du grand Dieu vivant, ayez pitié de moi pauvre pécheur.

Mercredi

O Emmanuel ! défendez-moi contre l'ennemi malin et contre tous mes ennemis visibles et invisibles, et me délivrez de tout mal. Jésus-Christ roi est venu en paix, Dieu fait homme qui a souffert patiemment pour nous. Que Jésus-Christ roi débonnaire soit toujours au milieu de moi et de mes ennemis pour me défendre. Ainsi soit-il. Jésus-Christ triomphe, Jésus-Christ règne, Jésus-

Christ commande. Que Jésus-Christ me délivre de tous maux continuellement. Ainsi soit-il. Que Jésus-Christ daigne me faire la grâce de triompher de tous mes adversaires. Ainsi soit-il. Voici la croix de Notre-Seigneur Jésus-Christ. Fuyez donc, mes ennemis, à sa vue, le lion de la tribu de Juda a triomphé. Race de David. Alleluia, alleluia, alleluia.

Sauveur du monde, sauvez-moi et me secourez. Vous qui m'avez racheté par votre croix et votre très précieux sang, secourez-moi, je vous en conjure, mon Dieu, ô Agios, ô Theos, Agios Ischyros, Agios Athanatos, Eleison Himas, Dieu saint, Dieu fort, Dieu miséricordieux et immortel, ayez pitié de moi qui suis votre créature (N); mais soyez mon soutien, Seigneur; ne m'abandonnez pas, ne rejetez pas mes prières, Dieu de mon salut; soyez toujours mon aide, Dieu de mon salut.

Jeudi

Éclairez mes yeux d'une véritable lumière, afin qu'ils ne soient point fermés d'un sommeil éternel, de peur que mon ennemi n'aie lieu de dire que j'ai eu l'avantage sur lui. Tant que le Seigneur sera avec moi je ne craindrai pas la malignité de mes ennemis. O très doux Jésus, conservez-moi, aidez-moi, sauvez-moi; qu'à la seule citation du nom de Jésus tout genou fléchisse, tant céleste, terrestre, qu'infernal, et que toute langue publie que Notre-Seigneur Jésus-Christ jouit de la gloire de son Père. Ainsi soit-il. Je sais, à n'en point douter, qu'aussitôt que j'invoquerai le Seigneur en quelques jour et heure que ce soit, je serai sauvé. Très doux Seigneur Jésus-Christ, Fils du grand Dieu vivant, qui avez fait de si grands miracles par la seule force de votre très précieux nom et avez enrichi si abondamment les indigents, puisque par sa force les démons fuyaient, les aveugles voyaient, les sourds entendaient, les boiteux marchaient droit, les muets parlaient, les lépreux étaient nettoyés, les infirmes guéris, les morts ressuscités; car aussitôt seulement qu'on prononçait le très doux nom de Jésus, l'oreille était ravie et la bouche remplie de ce qu'il y a de plus agréable; à cette seule prononciation, dis-je, les démons prenaient la fuite, tout genou fléchissait, toutes les tentations, même les plus mauvaises, étaient déracinées, toutes les infirmités guéries, toutes les disputes et combats qui sont et étaient entre le monde, la chair et le diable, étaient dissipés, et on était rempli de tous les biens célestes, parce que quiconque invoquait ou invoquera ce saint nom de Dieu était et sera sauvé, ce saint nom prononcé par l'Ange, même avant qu'il fût conçu dans le sein de la sainte Vierge.

— Vendredi

O doux nom! nom fortifiant le cœur de l'homme, nom de vie, de salut, de joie, nom précieux, rayonnant, glorieux et agréable, nom fortifiant le pécheur, nom qui sauve, conduit, conserve et gouverne tout, qu'il vous plaise donc, très précieux Jésus, par la force de ce même Jésus, éloigner de moi le démon; éclairez-moi, Seigneur, qui suis aveugle, dissipez ma surdité, redressez-moi qui suis boiteux; rendez-moi la parole, moi qui suis muet; guérissez ma lèpre, rendez-moi la santé à moi qui suis malade, et me ressuscitez, moi qui suis mort; redonnez-moi la vie, et m'environnez de toutes parts, tant au dedans qu'au dehors, afin qu'étant muni et fortifié de ce saint nom, je vive toujours dans vous en vous louant, honorant, parce que tout vous est dû, parce que vous êtes le plus digne de gloire, le Seigneur et le Fils éternel de Dieu par lequel toutes choses sont dans la joie et sont gouvernées. Louange, honneur et gloire vous soient à jamais rendus dans les siècles des siècles. Ainsi soit-il. Que Jésus soit toujours dans mon cœur, dans mes entrailles. Ainsi soit-il.

Que Notre-Seigneur Jésus-Christ soit toujours au dedans de moi, qu'il me rétablisse, qu'il soit autour de moi, qu'il me conserve, qu'il soit devant moi, qu'il me conduise, qu'il soit derrière moi, afin qu'il me garde ; qu'il soit au dessus de moi, afin qu'il me bénisse ; qu'il soit dans moi, afin qu'il me vivifie ; qu'il soit auprès de moi, afin qu'il me gouverne ; qu'il soit au dessus de moi, afin qu'il me fortifie ; qu'il soit toujours avec moi, afin qu'il me délivre de toutes les peines de la mort éternelle, lui qui vit et règne dans tous les siècles des siècles. Ainsi soit-il.

Samedi

Jésus fils de Marie, salut du monde, que le Seigneur me soit favorable, doux et propice, qu'il m'accorde un esprit saint et volontaire pour lui rendre l'honneur et le respect qui lui sont dus, lui qui est le libérateur du monde. Personne ne put mettre la main sur lui parce que son heure n'était pas encore venue, lui qui est, qui était et sera toujours, a été Dieu et homme, commencement et fin. Que cette prière que je lui fais me garantisse éternellement contre mes ennemis. Ainsi soit-il. Jésus de Nazareth, roi des Juifs, titre honorable, Fils de la Vierge Marie, ayez pitié de moi, pauvre pécheur, et conduisez-moi selon votre douceur dans la voie du salut éternel. Ainsi soit-il. Or Jésus, sachant les choses qui lui devaient arriver, s'avança et leur dit : Que cherchez-vous ? Ils lui répondirent : Jésus de Nazareth. Jésus leur dit : C'est moi. Or Judas qui devait le livrer était avec eux. Aussitôt qu'il leur eut dit que c'était lui, ils tombèrent à la renverse par terre. Or Jésus leur demanda derechef : que cherchez-vous ? Ils lui dirent encore : Jésus de Nazareth. Jésus leur répondit : Je vous ai déjà dit que c'est moi. Si c'est moi donc que vous cherchez, laissez aller ceux-ci (parlant de ses disciples). La lance, les clous, la croix †, les épines, la mort que j'ai souffert, prouvent que j'ai effacé et expié les crimes des misérables : préservez-moi, Seigneur J.-C., de toutes plaies de pauvreté et des embûches de mes ennemis, que les cinq plaies de Notre-Seigneur me servent continuellement de remède. Jésus est la voie †. Jésus est la vie †.

Jésus est la Vérité †. Jésus a souffert †. Jésus a été crucifié †. Jésus, Fils de Dieu vivant, ayez pitié de moi †. Or Jésus passant allait au milieu d'eux, et personne ne mit sa main meurtrière sur Jésus parce que son heure n'était point encore venue.

Le Septième Jour

Le jour du soleil doit être, autant que possible, consacré uniquement à *l'occupation* et non à la profession. Nous rappelons que le seul repos véritable au point de vue intellectuel est l'exercice de cette occupation préférée ; car la cessation absolue de tout travail physique ou intellectuel peut constituer l'idéal de la brute, mais non celui d'un homme suffisamment développé.

La prière se fera donc ce jour-là complète et aussi solennelle que possible, soit dans la chambre magique, soit, de préférence, dans l'église, qui est un merveilleux laboratoire de magie, ouvert à tous, riches ou pauvres. L'hiver et pendant le mauvais temps la première partie de la matinée du dimanche sera donc consacrée à cette cérémonie. Dans la belle saison il est utile de remplacer le temple, œuvre des hommes, par la manifestation directe de la nature, et la prière en pleine forêt ou en pleine campagne est particulièrement indiquée.

L'après-midi du dimanche sera consacrée, soit à la préparation des objets magiques fournis par la nature et par suite à l'adaptation des sciences naturelles, soit à l'éducation esthétique de la sensation dans les musées ou dans les concerts symphoniques, soit encore à la réalisation des petites opérations de magie cérémonielle, suivant le temps, le lieu et les dispositions prises. La soirée sera enfin consacrée à repasser et à classer le résultat acquis pendant la semaine en ce qui concerne les occupations, ou à la lecture, ou à la copie des formules et des ouvrages préférés, ou bien au théâtre, suivant encore les époques et les dispositions.

Rentré dans son laboratoire, le magiste terminera cette journée par une longue méditation suivie d'une prière devant l'autel ou dans le cercle magique. C'est à ce moment que l'emploi des isolants comme le verre ou la laine devra être particulièrement étudié.

Du reste l'adaptation de la méditation au milieu et à l'individu ne peut être indiquée dans tous ses détails en un traité tout élémentaire ; nous espérons que les exemples énoncés ci-dessus serviront à guider l'étudiant et que l'exercice et la pratique activeront facilement l'œuvre commencée par son désir et son application.

C'est par l'exercice progressif de la méditation qu'on arrive peu à peu au développement des facultés psychiques supérieures, d'où découlent trois ordres de phénomènes des plus importants, classés par les anciens auteurs sous les noms de *ravissement*, *extase* et *songe prophétique*.

Le RAVISSEMENT est une conséquence de la méditation des choses spirituelles, combiné avec un rythme respiratoire spécial dans lequel l'expiration est progressivement retardée. Dans cet état le corps est en catalepsie et le corps astral est illuminé par son élévation subite dans le plan spirituel. Une foi intense, un *désir* violent et permanent de la vérité ou de la justice sont les mobiles primordiaux du développement de cette stase psychique. Toutes les visions de Jeanne d'Arc se rapportent à cet état. Les différents rituels du mysticisme religieux et les jeûnes, les prières qui y sont indiquées, sont d'excellents guides pour le magiste qui voudra développer ces facultés, sur lesquelles nous n'insisterons pas davantage, car cette pratique est dangereuse et demande des enseignements tout particuliers.

L'EXTASE se manifeste extérieurement par les mêmes phénomènes (catalepsie ou fixité du regard, rythme respiratoire particulier, etc.) ; mais dans cet état il y a extériorisation du corps astral et vision à distance. Certains états profonds de l'hypnose décrits récemment par M. le colonel de Rochas se rapprochent de l'extase, mais en mode passif. Nous aurons l'occasion de reparler de cet état dans notre dernier chapitre. On trouvera également des détails historiques très intéressants dans le chapitre 5o du II° vol. d'Agrippa (philosophie occulte).

Le Songe prophétique

Il ne faut pas confondre le songe avec le rêve. Le rêve est souvent produit par les afflux subits de force nerveuse dans le centre intellectuel et les images qui naissent alors dépendent des dernières idées qui ont ébranlé ce centre. C'est même sur cette observation que se sont basé la plupart des philosophies matérialistes pour asseoir leurs théories.

Par contre, le songe prophétique, qui est généralement fort rare, est produit par une illumination subite de l'âme par le plan astral. Les impressions que la vision ainsi perçue laisse dans la mémoire sont profondes et vivaces et ont un caractère tel que ceux qui les éprouvent ne se trompent jamais sur leur valeur. De plus l'esprit, vraiment libéré des entraves de la matière, est susceptible de ressentir consciemment les influences du plan divin.

Personnellement, nous avons pu juger en plusieurs circonstances de la vérité de ces révélations des songes. Mais nous pensons que la méditation et surtout la prière sont les éléments principaux d'entraînement, et, pour le reste, nous conseillons de suivre les indications suivantes :

Celui qui veut donc recevoir présentement des songes divins doit être disposé en tout son corps et n'avoir pas le cerveau sujet aux vapeurs ni l'esprit aux passions, et qu'il ne soupe pas ce jour-là et ne boive rien qui le puisse enivrer ; que sa chambre soit bien propre et fort nette de toute ordure, qu'elle soit même exorcisée et consacrée, qu'il y soit brûlé du parfum. S'étant oint les tempes, tenant ses doigts ensemble avec les anneaux des songes, mettant sous sa tête une figure céleste et une carte consacrée, ayant invoqué la divinité par de saintes prières, que l'opérateur s'aille coucher dans son lit, ayant la pensée bandée sur ce qu'il veut savoir ; car c'est ainsi qu'il aura des songes très véritables et très certains avec une vraie illumination d'entendement. *(Agrippa).*

CHAPITRE XIII

RAYONNER

Adaptation — 3ᵐᵉ Phase.

Le Magiste et la Société.

Jusqu'à présent nous avons enseigné les pratiques les plus simples qui permettent au magiste l'éducation progressive de sa volonté et l'action de plus en plus consciente sur les êtres psychiques. Nous supposerons donc que l'expérimentateur est parvenu à constituer autour de lui une atmosphère de sympathie aussi bien dans le monde invisible que dans le monde visible, et nous allons lui demander d'utiliser son travail et sa science au bénéfice des profanes et des ignorants, de ceux qui, loin de le comprendre, répondront à chaque bienfait par des attaques hargneuses, à chaque révélation par des sarcasmes. C'est là le résultat le plus clair de cet apostolat, et ceux qui y ont passé savent seuls combien il faut d'énergie et d'opiniâtreté pour rester « bon enfant » et souriant devant tous ces curieux et ces impuissants d'aujourd'hui qui seront les adversaires et les ennemis de demain, sauf de rares et de nobles exceptions. Car c'est à peine si de temps à autre un cœur généreux se révèle prêt à tous les sacrifices intellectuels et à tous les dévouements pour aider à supporter les épreuves communes, et c'est là l'histoire de tous les adeptes de l'occultisme depuis Pythagore jusqu'à Raymond Lulle et depuis Paracelse jusqu'à Martinez Pasqualis et Louis Claude de Saint-Martin.

Mais les obstacles ne doivent jamais arrêter le chercheur et c'est maintenant qu'il nous faut décrire quelle doit être la conduite du magiste dans la société, quelle doit être son influence intellectuelle dans les milieux hostiles, et comment, chevalier de l'Idée, il doit se lancer dans la mêlée sans jamais compter le nombre de ses alliés pas plus que le nombre de ses adversaires.

O combien nous conseillons au disciple indépendant de ne jamais dépasser les études d'aimantation et de concentration. Entouré de quelques amis sûrs, guidé par les conseils de ses aînés en études dans des groupes où le travail silencieux est la première règle observée, qu'il s'abstienne des luttes et des déboires que lui prépare l'apostolat chez les profanes. Supérieur aux tentations du triomphe après la bataille, qu'il demeure le vivant réceptacle de la Haute Science, inconnu des ennemis comme des curieux. C'est grâce à de tels hommes que jamais la tradition hermétique ne s'est perdue, et le savant alchimiste du XVe siècle, poursuivant sans bruit ses travaux au fond d'une cave tandis que triomphait au grand jour l'ignorance cléricale, a légué à la postérité des trésors plus réels que la pierre philosophale et l'élixir de longue vie.

N'oubliez jamais, vous qui voulez aller de l'avant et modeler l'humanité comme vous avez appris à modeler votre propre substance, n'oubliez jamais que, si vous avez un seul instant de défaillance, la matière en fusion se révoltera contre votre action et que vous serez la première victime des forces que vous n'avez pas su maîtriser. Et maintenant, si vous êtes toujours prêt, étudions ensemble les possibilités du rayonnement psychique dans le milieu que vous allez affronter.

Lecture des signatures

Maître de vos passions et instruit des mystères de la nature, jetez les yeux autour de vous. Vous êtes au XIX° siècle, après la révélation de l'essénien Jésus ; le gnosticisme, vainqueur enfin de l'oppression cléricale, se manifeste dans tous les plans par une incroyable explosion de liberté. L'idée, enfin dégagée des séculaires étreintes des traditions et des dogmes, manifeste sa puissance par des affirmations incroyables et des négations déconcertantes. On nie l'existence d'Homère, on nie l'existence littéraire de Shakespeare ; Orphée n'est qu'un mythe sublime, Pythagore un révélateur des académies chinoises, et le Bouddha dispute le sceptre de la royauté spirituelle à notre Jésus ; la foi chancelante s'écroule sous les hardies révélations de la science, les cinq mille ans de la Bible amusent beaucoup les orientalistes commentateurs de la chronologie des Brahmes et les géologues font chorus ; enfin Jacobus Burgundus Molay, grand maître du Temple, plante la bannière de son ordre sur la noire citadelle papale, dernier vestige de la louve romaine. Un vieux monde va s'écrouler, un monde nouveau va naître, et tel qu'Alexandrie aux premiers siècles de notre ère, la moderne barque d'Isis, Paris, voit s'élever mille écoles rivales, mille philosophies contradictoires, tandis que là-bas, vers l'est, de sombres grondements se font entendre, indice prochain de l'invasion des barbares germains et tartares. Souvenez-vous que vous êtes appelé à l'action dans un pareil moment, souvenez-vous de la devise inscrite sur la barque d'Isis, symbole de notre science : Fluctuat nec mergitur ; laissez les lâches et les ignorants se désespérer, laissez les prédire la décadence et la ruine des peuples latins, que vous importe ; la Celtide, la patrie des druides et des fées, restera debout. Vous êtes né en pleine bataille, intellectuelle aujourd'hui, morale demain, et peut-être physique tout à l'heure, apprenez donc à vous battre et sachez mourir à votre rang, ce sera votre suprême honneur. Que les malades et les incapables encombrent l'arrière-garde et décochent des quolibets en guise de balles ; que vous importe ! La Société au milieu de laquelle vous venez agir est ainsi faite ; acceptez donc les conditions que vous impose notre époque, et, magiste réel, c'est à dire maître des impulsions et des contingences extérieures, étudiez froidement ce qu'il vous reste à faire pour manifester la puissance de l'apostolat de l'idée dans une telle époque et au sein d'une telle civilisation. Vous êtes entouré d'êtres humains : c'est d'eux qu'il vous faut attendre le salut ou la perte, c'est sur eux qu'il est nécessaire d'agir ; qu'est-ce donc qu'un être humain ?

C'est, suivant le cas, un bœuf ou un porc guidé par des instincts et de grossiers appétits, un tigre ou un sanglier poussé par des passions et dirigé par l'égoïsme et la haine, un vautour ou un perroquet fasciné par des intérêts, des mesquineries et des préjugés, parfois même un homme fanatisé par des croyances souvent fausses et toujours despotiques et aveuglé par l'orgueil.

Or chacun de ces êtres porte, inscrite sur le visage, la signature des impulsions animales qui le poussent et le dominent. Toi, le possesseur des secrets d'Hermès, tu dois apprendre tout d'abord à arracher le masque à face humaine qui cache toutes ces bestialités latentes au fond des êtres, et, vainqueur de tes impulsions, tu dois savoir vaincre les manifestations de toute impulsivité en l'Adam-Hévé.

Voici donc à quoi tu reconnaîtras la signature de l'Adversaire de la Volonté, tant en ton être qu'en celui des hommes, tes frères.

Le visage, le teint, la marche, l'écriture, le geste origine de l'écriture, la voix, peuvent servir à établir rapidement le diagnostic de l'être moral. Tout être humain étant une synthèse plus ou moins équilibrée des trois centres d'impulsion dominés par la volonté, il est inutile, pour les premiers temps, de chercher autre chose que les deux éléments d'action qui prédominent particulièrement, cela suffit amplement aux besoins courants du magiste. Les quatre tempéraments des anciens (phlegmatique, — sanguin, — nerveux ou mélancolique et bilieux), les quatre formes du sphinx, les quatre lettres du tétragramme, répondent à ces données, — dont l'origine se retrouve dans la constitution de l'homme donnée par Platon (Timée).

Il faut un petit volume pour faire une étude même résumée de tous les caractères humains, et, quoique nous ayons entrepris cette tâche dans un traité qui paraîtra en même temps que celui-ci, nous allons nous efforcer de synthétiser en quelques pages les points indispensables à connaître pour savoir diagnostiquer les caractères des individus avec lesquels le magiste se trouvera en contact.

L'être impulsif se manifeste en nous par trois modifications : l'instinctif, l'animique et l'intellectuel, et l'être volontaire synthétise le tout ; c'est là un point bien acquis pour celui qui a étudié la théorie (1re partie de ce traité).

Or tout individu chez qui domine l'être instinctif sera un tranquille, ayant la lenteur mais aussi la résistance du bœuf, son hiéroglyphe, et se révélera à l'œil de l'observateur par *la blancheur* de son teint, la mollesse de ses chairs, et la lenteur de ses gestes et de sa voix ainsi que de sa marche. Nous verrons tout à l'heure les détails.

Celui chez qui l'emportera l'être animique sera un actif, un pressé, un violent, suivant le cas, réfléstant l'image de son hiéroglyphe, le lion, qui l'emporte dans son être. On le reconnaîtra au premier coup d'œil à son *teint rouge*, à la fermeté de ses chairs, à la vivacité de sa marche, de ses gestes, et à la rapidité de ses paroles.

Tels sont les premiers caractères saillants des individus chez lesquels la matière l'emporte dans l'être impulsif sur l'idée.

Mais l'être intellectuel a-t-il pris le dessus ? nous allons trouver les caractères de l'oiseau, si développés chez la femme, avec leur mélange d'impressionnabilité excessive et de rapide faculté d'assimilation. *Le jaune* formera ici le fond du teint, et les gestes seront rapides et saccadés comme la voix.

Enfin les êtres chez qui la volonté, et par suite l'ambition, domine se caractérisent par la couleur sombre de leur teint et de leur regard profond ; la largeur de leur marche et de leur geste.

Un moyen pratique et rapide d'avoir une idée de ces grandes divisions est le suivant. Prenez un point de repère bien blanc, comme une feuille de papier ou, pour le visage, le col de la chemise, et regardez, par rapport à ce point de repère, quelle est la couleur du teint de l'individu que vous avez à juger. Ainsi en faisant poser le poing fermé de trois personnes différentes sur une feuille de papier blanc, il est rare qu'on n'obtienne pas au moins deux des couleurs caractéristiques dont nous avons parlé, en se rappelant :

1° Que le teint blanc ou jaune très clair (presque blanc), indique un caractère essentiellement phlegmatique et tranquille, un instinctif.

2° Que le teint rouge indique un caractère animique, actif et passioné.

3° Que le teint jaune indique un caractère mélancolique ou pessimiste, un intellectuel.

4° Que le teint noir, ou au moins très sombre, indique au contraire un volontaire.

Il est utile de faire ces premières études souvent et sur les mains de préférence, car, sur le visage, nous allons voir qu'on trouve deux teintes superposées : au fond la teinte réelle et fondamentale (celle qu'on retrouve sur la main), à la surface la teinte accessoire, qui déterminera le second élément du tempérament individuel. — C'est même grâce à cette teinte accessoire qu'on pourra préciser davantage le diagnostic.

***

L'homme n'est pas formé par un élément simple instinctif, animique, intellectuel ou volontaire ; il n'est pas formé par la juxtaposition de deux ou plusieurs de ces éléments, mais bien par leur union intime. Analogiquement c'est un sel chimique dont il faut tout d'abord trouver par décomposition l'acide et la base, quitte à décomposer encore l'acide pour en retrouver les éléments constituants.

Or la première analyse que permet de faire la pratique

ci-dessus suffit seulement à donner une indication générale sur le problème à résoudre. Un tranquille peut en effet se manifester comme sensuel, comme méditatif ou comme simplement calme, suivant les éléments qui se joindront le plus intimement à sa base fondamentale, qui est le calme du corps. Ainsi un phlegmatique qui se laisse aller aux impulsions d'en bas n'a plus comme hiéroglyphe le bœuf, mais bien le porc ; de même, s'il agit en sens contraire et modifie son indolence naturelle, son hiéroglyphe change également et devient le cheval au lieu du bœuf. Il en est de même par les autres divisions (actif, intellectuel et volontaire).

Le cadre restreint de ce traité ne nous permet malheureusement pas de nous étendre comme nous l'aurions voulu sur ce point, car un volume est nécessaire, nous le répétons. Toutefois nous allons résumer en une série de tableaux synthétiques les différents procédés pratiques de diagnostic du caractère.

Ce diagnostic sera établi de la façon suivante :

1° De loin on peut faire une première détermination, d'après *la marche* rapide ou lente et la longueur du pas longue et courte (voy. les tableaux).

2° Ensuite on examine *le teint* d'après les procédés que nous avons indiqués.

3° On fera alors une étude particulière du profil et surtout du nez ; les traits concaves indiquant les instinctifs et les animiques, les traits convexes les intellectuels et les volontaires.

4° On terminera ce premier examen par la bouche, le menton et les yeux, pour corriger au besoin les erreurs de diagnostic qu'on pourrait avoir commises.

5° Si on le peut, il sera alors loisible de s'occuper de la main, qu'on examinera au point de vue de sa consistance, de sa couleur et de ses lignes.

6° On contrôlera encore tous ces éléments par l'examen de l'écriture, si on peut se procurer quelques lignes de l'individu qu'on désire bien connaître.

Une étude quelque peu attentive du tableau suivant permettra de ne pas s'égarer dans cette première classification.

		Instinctif ou Tranquille	Affectif ou Actif	Intellectuel ou Pessimiste	Volontaire
TRAITS	Caractères généraux des éléments simples				
	Marche	Petits pas lents (Le curé qui se promène) BLANC	Grands pas rapides (Le soldat). ROUGE	Petits pas rapides (Sautillement de l'oiseau.) JAUNE	Grands pas lents (Pas de procession). SOMBRE OU NOIR
	Teint (Visage et Main) Profil et nez	Concave à terminaison ronde.	Concave à terminaison pointue.	Convexe à terminaison pointue.	Convexe (aquilin) à terminaison ronde.
	Lèvres	Épaisses, blanches et molles.	Épaisses, rouges et fermes.	Fines, serrées et dirigées en bas.	Fines serrées et droites (trait de couteau) Avançant.
	Menton	Large.	Carré.	Fuyant et pointu.	
MAIN	Contact de la main	Molle et humide.	Ferme et chaude.	Osseuse et sèche.	Dure et froide.
	Doigts	Gros et courts, noueux.	Minces et courts, noueux.	Minces et longs (lisses.) Pointues.	Gros et longs (Lisses ou légèrement noueux) Carrées ou pointues (Souvent les deux pouces des doigts différent).
	Extrémité des doigts	Spatulées ou carrées.	Carrées.		Fines, profondes et nombreuses.
	Lignes de la main	Larges, blanches et peu nombreuses.	Rouges profondes et peu nombreuses.	Fines, minces et très nombreuses.	
ÉCRITURE	Caractère général	Ronde et molle (Calligraphie.)	Hésitante en zig-zag.	Pointue et penchée.	Droite, ferme et égale.
	O et A (en majorité) T	Ronds et fermés. Barre omise ou hésitante.	ronds et ouverts. Barre ascendante.	Pointus et ouverts. Barre fine, longue et souvent descendante.	Pointus et fermés. Barre courte, droite, bien au milieu et très ferme.
	N	Ronds et très formés.	Ronds et mal formés.	Pointus et allongés.	Pointus et ramassés.
	Hiéroglyphe	BŒUF.	LION.	AIGLE.	HOMME

Chacune de ces divisions générales se divise, dans la pratique, en trois groupes correspondant à des réalités naturelles et qu'il faut apprendre à bien connaître. Pour en arriver là nous conseillons, comme moyens les plus rapides et les plus pratiques à notre avis, l'étude du visage (surtout de la forme du nez, vu de profil) et l'étude de l'écriture, lorsqu'on peut s'en procurer.

Etant donné donc que le teint fondamental semble être *le blanc* par la comparaison de la main et d'un point de repère (dans ce cas une feuille de papier blanc bleuté), regardez bien la figure et voyez si les pommettes sont rosées ; si, au contraire, la figure apparaît doucement jaunâtre comme le vieil ivoire sur le fond blanc, ou si enfin une énergie extraordinaire dans le regard unie à une teinte sombre de ce regard ne vous indique l'influence spéciale de la volonté.

Les quatre tableaux suivants se rapportant aux quatre divisions fondamentales (instinctif, animique, intellectuel et volontaire) sont suffisants, avec quelque travail, au magiste pour avoir une première connaissance des êtres sur qui doit se porter son action. Ainsi sera accomplie la première partie de l'œuvre sociale : *le diagnostic*.

L'INSTINCTIF OU TRANQUILLE Caractères généraux	TRANQUILLE ANIMIQUE Sensuel (goût)	TRANQUILLE PESSIMISTE Contemplatif	TRANQUILLE VOLONTAIRE Calme
TEINT : BLANC PROFIL ET NEZ Concave à terminaison ronde.	Rouge sur fond blanc. Tête large et cou court, nez large, gros et souvent coloré, pas de bosse sur le nez qui est entièrement concave.	Jaune sur fond blanc. Tête large, mais crâne légèrement projeté en arrière et en haut, cou se détachant bien des épaules ; mais pas très long, une petite bosse à la partie supérieure du nez qui est concave et large à la base.	Sombre sur fond blanc. Tête large et carrée en haut, cou court et dégagé. Regard calme mais impératif, une petite bosse à la partie moyenne du nez à la bosse à la partie moyenne concave et large à la base.
MAIN Molle et humide.	Molle et chaude.	Molle et sèche.	Molle et froide.
LIGNES [lignes]	Grosse ligne de cœur, ligne de fatalité brisée en plusieurs tronçons, mais assez nette, Mont de Vénus rayé et développé.	Ligne de fatalité développée et nette, Mont d'Apollon, pourvu de quelques lignes verticales.	Grosses lignes de tête, longue, large et droite. Très peu de lignes accessoires, Mont de Jupiter prédominant ainsi que celui de la lune.
ÉCRITURE Ronde et molle.	Des pleins partout presque pas de déliés, écriture enfantine ou de paysan.	Écriture très claire mais exagérée dans sa rondeur, chaque lettre est écrite avec soin.	Calligraphique pleine de déliés bien indiqués.
T	Barrés en bas, barre légèrement ascendante mais tremblante et gauche quand elle existe.	Barre manquant ou très fine et très mal indiquée.	Barre fine assez longue et terminée en massue.
O et A	Très appuyés et A ouverts.	Fermés et appuyés.	Fermés mais avec tous les déliés.
HIÉROGLYPHE	PORC	BŒUF	CHEVAL

RAYONNER 345

L'ANIMIQUE OU ACTIF CARACTÈRES GÉNÉRAUX	ACTIF. — INSTINCTIF GAI	ACTIF PESSIMISTE PASSIONNÉ	ACTIF VOLONTAIRE OPTIMISTE
TEINT : ROUGE	Blanc sur fond rouge.	Jaune sur fond rouge.	Sombre sur fond rouge.
PROFIL ET NEZ Concave à terminaison pointue.	Crâne carré en haut. — Nez entièrement concave mais pointu à sa terminaison. — Narines assez larges.	Crâne porté en avant et en arrière Une petite bosse à la partie supérieure du nez immédiatement après sa racine.	Crâne porté en avant et en haut, ce qui donne une petite tête pointue et un front bombé Une petite bosse à la partie moyenne du nez.
MAIN (Ferme et chaude).	Ferme et humide.	Ferme et sèche.	Ferme (musclée) et chaude.
LIGNES	Rouges et larges mais non profondes sauf la Saturnienne droite et profonde. — Mont de la Lune et de Mars développés.	Rouges et fines. — Mont, de Vénus et de Mercure développés. — Anneau de Vénus brisé Belle ligne du cœur. — Grille sur le Mont de Vénus.	Rouges et profondes. — Ligne de tête bien marquée. — Saturnienne doublée et coupée. — Mont de Jupiter et de Mercure prédominants.
ÉCRITURE (Hésitante, en zig-zag).	Appuyée enfantine, hésitante mais assez lisible. Peu penchée.	Fine, aristocratique, rapide, très penchée, peu lisible. — Des paraphes.	Hâtive, des lettres manquent à la fin des mots tout juste indiquées. — Écriture petite et souvent illisible quoique sans aucun paraphe.
O et A (Ronds et ouverts).	Très ronds, bien formés.	Allongés et fins.	Mal formés mais appuyés.
T	Grosse barre ascendante placée au bas de la lettre.	Barre fine et longue assez souvent un paraphe.	Barre courte et droite; mais fine.
HIÉROGLYPHE	SANGLIER.	CHIEN.	LION.

ADAPTATION

L'Intellectuel ou Pessimiste Caractères généraux	Pessimiste Tranquille Mélancolique	Pessimiste Actif Intuitif	Pessimiste Volontaire Pessimiste (proprement dit)
TEINT JAUNE PROFIL ET NEZ Convexe à terminaison pointue.	Blanc sur fond jaune. Tête large et projetée en arrière et en haut, front plat, une petite concavité à la partie supérieure du nez qui se termine en convexité souvent ronde.	Rouge sur fond jaune. Tête pointue et projetée en arrière et en haut, front fuyant, une petite concavité à la partie moyenne du nez, qui se termine en bec de perroquet et dont les narines sont souvent rouges.	Sombre et noir sur fond jaune. Tête allongée et projetée en arrière et en haut, front bombé, nez entièrement convexe, et à l'arête fine, terminé en bec d'aigle.
MAIN (Osseuse et sèche). LIGNES	Osseuse et humide. Doigts courts et lisses. Beaucoup de lignes pâles, Monts de la Lune et de Saturne développés, ligne de fatalité bien indiquée quoiquesouventcoupée.	Osseuse et chaude. Doigts longs et lisses. Beaucoup de lignes fines et rouges, Monts d'Apollon et de Vénus développés, belle ligne de cœur, anneau de Vénus, hépatique colorée et assez longue.	Osseuse et froide. Doigts longs et noueux. Lignes nombreuses fines et profondes quoique sombres comme coloration, Monts de Saturne et de Jupiter très développés, Mont de Vénus plat, Apollon rayé hépatique fine et bien indiquée, belle ligne de tête.
ÉCRITURE Pointue et penchée.	Claire, relativement ronde, bien formée, pleins et déliés indiqués, grands paraphes à la fin des mots, assez haute et penchée.	Petite, sautillante, pointue; souvent très penchée, ni pleins ni déliés bien indiqués, des paraphes nombreux même au milieu des mots, écriture bien appuyée.	Écriture fine, très pointue, lettres hautes, grêles et peu appuyées, quelques paraphes à la fin des mots, écriture souvent originale dans ses détails, et aristocratique.
T	Longue barre fine et hésitante.	Barre accompagnée on terminée par un paraphe (manque souvent ou est placé au dessus de la lettre). Pas de messue à la terminaison.	Barre terminée en massue mais longue et fine.
HIÉROGLYPHES	COLOMBE	PERROQUET.	AIGLE

Le Volontaire Caractères généraux	Volontaire calme Ambitieux	Volontaire actif Entreprenant	Volontaire pessimiste Orgueilleux
TEINT Sombre et Noir PROFIL ET NEZ Courbés à terminaison ronde.	Blanc sur fond sombre. Tête grosse, large et carrée, front large, blanc et bombé en bas ; car la tête est projetée en haut et en avant, nez aquilin avec une concavité à la partie supérieure rond et souvent large à sa terminaison. Menton large, rond et avançant.	Rouge sur fond noir Tête plutôt petite et pointue, front large coloré et bombé en haut et en bas, tête projetée en haut et un peu en avant, nez aquilin avec une concavité à la partie moyenne, à terminaison ronde mais étroite à la base, menton étroit, pointu et avançant.	Jaune sur fond noir. Tête longue et front projeté en haut, haut et bombé sans concavité, nez entièrement convexe à la crête épaisse et terminé en rond. Menton rond et avançant.
MAIN (Dure et froide). LIGNES ET MONTS	Dure épaisse et humide, doigts courts gros et noueux mais blancs Ligne de tête large et pâle prédominante. Mont de Jupiter et de la lune prédominants.	Doigts courts, noueux et colorés. Ligne de cœur longue et colorée, ligne de tête profonde, Monts de Jupiter et de Mercure prédominants, pleine de Mars bien rempli de lignes.	Dure et froide. Doigts longs et noueux. Ligne d'Apollon bien indiquée, ligne de tête sombre et fine, mais droite, Monts de Jupiter et d'Apollon prédominants.
ÉCRITURE (Droite ferme et égale).	Petites lettres rondes bien formées. A fermés, pas de paraphes, lignes droites et bien espacées. L'ensemble de l'écriture est clair. Écriture peu penchée et presque droite.	Grandes lettres elliptiques formées à la hâte, A ouverts, lignes droites mais inégalement espacées. Écriture penchée et appuyée.	Grandes lettres elliptiques et originales, A fermés, lignes droites, mais très inégalement espacées ; l'ensemble de l'écriture indique la vanité et la prétention, écriture allongée mais peu penchée, nombreux paraphes.
T	Barres droites, fermes et uniformément appuyées.	Barres ascendantes, commençant par une boucle et se terminant souvent en massue.	Barres droites descendantes ou tout au moins terminées en pointe, souvent des boucles, toujours des originalités.
(Caractéristique des différents groupes). HIÉROGLYPHES	HOMME MÛR.	ENFANT SINGE	VIEILLARD. SATURNE.

Pour être absolument complets ces tableaux devraient comprendre encore l'influence des deux autres éléments qui modifient certains détails par leur présence; car l'être humain renferme toujours en lui non pas deux, mais *quatre* principes constituants. Ces divisions qui allongeraient par trop notre exposé ne peuvent trouver place ici, et les tableaux tels qu'ils sont suffiront amplement dans la pratique.

Le diagnostic une fois établi, il est facile d'agir; car la volonté possède un point d'appui d'une sûreté remarquable. Parmi toutes les actions qu'on peut-être appelé à réaliser, il en est de deux sortes : les défensives et les offensives, c'est à dire qu'on peut agir tour à tour comme base et comme acide vis à vis du milieu extérieur. Or le caractère de chacune de ces actions dépendra du diagnostic précédemment établi.

Le maniement de tout homme dépend de cette remarque que *dans l'exagération du centre dominant de son être impulsif l'homme est toujours passif* c'est à dire désarmé, puisque le contrôle de sa raison, de son bon sens et de sa sagacité s'efface devant l'impétuosité passionnelle, et que, dans *l'atténuation du centre dominant de son être impulsif* l'homme est au contraire actif, sur la défensive, et éclairé par le bon sens s'il est instinctif, par la raison s'il est animique, et par la sagacité s'il est intellectuel.

Quel est donc le premier résultat de l'exagération du centre animique dans les quatre types humains généraux que nous avons étudiés?

L'exagération du centre instinctif produit la paresse, la gourmandise et la force d'inertie.

L'exagération du centre animique produit la colère rouge, la luxure ou le mensonge.

L'exagération du centre intellectuel produit la colère blanche et l'envie.

L'exagération de la volonté produit le despotisme, l'ambition et l'orgueil.

Si donc vous voulez prendre empire sur un instinctif, veillez à la satisfaction de sa gourmandise, de sa paresse, et à la tranquillité du milieu dans lequel il agit. — Vous créerez ainsi autour de cet être une atmosphère d'habitudes absorbantes dont il aura grand'peine à se défaire, à moins d'un énergique appel de volonté.

Pour dominer l'animique, veillez à l'emploi de son activité, ingéniez-vous à trouver toujours de nouvelles entreprises à commencer, de nouveaux obstacles à vaincre, sachez le faire mettre en colère de temps en temps, et n'oubliez pas que la flatterie est l'arme la plus sûre que vous possédiez dans ce cas.

Pour l'intellectuel, usez au contraire d'admiration et ingéniez-vous à remplacer l'activité physique qui lui fait si souvent défaut. Satisfaites ses petites manies, que vous vous ingénierez à connaître, et n'oubliez pas que la jalousie ou l'envie, excitées à temps chez un tel être, en feront quand vous voudrez un esclave. Que d'erreurs l'intellectuel n'est-il pas prêt à commettre par dépit!

Mais en ce qui touche le farouche volontaire, celui qui semble si terrible au premier abord, devinez vite son ambition cachée et frappez-le directement dans l'exagération de son colossal orgueil. Acceptez son despotisme et dirigez sa vanité, vous en ferez un enfant qui croira vous dominer, alors qu'il ne sera que l'instrument de vos réalisations.

Voilà pour l'attaque. — C'est là l'ébauche de cette science que la femme possède instinctivement et sans en chercher les règles. La femme profite de sa passivité apparente pour pénétrer la nature intime de l'homme sur lequel elle veut agir; elle classe ses manies, ses ambitions, ses passions, et plusieurs mois sont consacrés à ce travail préparatoire, rendu facile par l'abandon intellectuel de l'homme vis-à-vis de celle qu'il aime. Quand cette étude est achevée la femme connaît son compagnon mieux que lui-même ne se connaît; elle l'enveloppe lentement de son action et remplace progressivement ses volitions et ses déterminations par des habitudes, par des idées chères et souvent évoquées, et en quelques années l'être est emprisonné dans un cercle de réflexes plus difficile à briser que des chaînes d'acier. L'amour peut alors disparaître, l'habitude a pris sa place, et la magicienne a, une fois encore, accompli son grand œuvre.

La femme, gardienne née des mystères d'Eros, sait instinctivement bien des secrets magiques qui demandent au chercheur un long travail et une constante étude pour être déductivement pénétrés.

Pour ne pas allonger outre mesure notre exposé, nous allons résumer symboliquement les règles à suivre dans la politique courante de la vie pour le magiste.

Est-ce le bœuf sur qui vous devez agir? Soyez *l'herbe*, s'il faut le retenir et le désarmer; soyez *l'aiguillon*, s'il faut le faire évoluer.

S'agit-il de prendre autorité sur le lion? Voyez comme il se fait caressant et doux *pour qui lui apporte sa pâture dans la cage*; mais s'il faut le dominer complètement, soyez *le dompteur*.

Mais faut-il fixer l'oiseau léger? Vite faites tourner *le miroir* aux mille facettes, et l'alouette éblouie se laissera prendre à la main. Dans l'autre cas soyez *l'oiseleur*, et fermez bien la cage dans laquelle vous enfermerez l'imaginative intellectuelle, si vagabonde de sa nature.

L'homme se présente avec son orgueil d'être fort, sa vanité de mâle et son despotisme; songez que *la femme*, faible et délicate, fait tomber à ses genoux ce farouche, et sachez aussi que *l'idée* étincelante entraîne à sa suite les amoureux du divin.

Telles sont, symboliquement graphiées, les règles d'opposition qu'il faut observer dans toute lutte intellectuelle. Les disciples de la science occulte sont assez familiarisés avec le symbole pour qu'il soit inutile d'insister davantage. Les autres ne comprendraient pas mieux de plus longs développements que ces quelques points de synthèse. Aussi en resterons-nous là sur ce sujet.

∗∗

Le magiste connaît maintenant le milieu individuel ou collectif dans lequel son action va rayonner. Comment faut-il utiliser cette action?

Semblable à l'infime parcelle de ferment qui agite et travaille la grosse masse de pâte inerte, l'initié doit être prêt à éveiller en toute humanité les forces et les idées jusque-là latentes. Rien n'est méprisable en la Nature, ni un grain de poussière ni un homme, et chaque être de raison possède en lui des trésors cachés que le magiste doit découvrir et utiliser. Pour cela l'adaptation est indispensable.

Intellectuel, si vous méprisez les milieux instinctifs, si vous fuyez le cercle par crainte de l'impureté morale ambiante, la foule par peur des vulgarités et les patriotes de café par peur des niaiseries, vous êtes un lâche au moral comme au physique, et vous ne savez pas mourir un instant à l'idéal pour renaître plus vivant à la vérité. Voyez dans quels milieux évolue la personnalité divine de l'essénien Jésus et demandez à ses évangiles s'il fuyait le peuple ou l'ignorant? Or ces collectivités impures sont la pâte que le levain magique doit faire lever, et la condition première de cette action est de se plonger aussi profondément que possible dans la masse inerte, fort des réalisations entrevues.

Adaptez donc pour un instant votre être au milieu social, votre entraînement vous garantit de toute souillure, et, semblable au pur diamant, vous sortirez de la fange sans qu'une parcelle de boue ait pu pénétrer l'épiderme de votre être moral.

Pénétrez au cercle, et jetez sans compter les idées divines en pâture aux ignorants du bien ; matérialisez votre savoir au niveau du bon sens de la foule, et que votre gros rire corrige les mœurs et secoue la torpeur des ignorants ; humiliez votre universalité jusqu'au niveau du sectarisme des faux patriotes, afin que, se détendant subitement, la force divine comprimée évolue les cerveaux étroits ; enfin soyez toujours courageux et souvenez-vous que l'action sociale du magiste se résume dans ces trois mots :

GUÉRIR.
SEMER.
CONSOLER.

Il faut savoir guérir de l'ignorance comme de l'orgueil, de la fausse science comme de la fausse croyance, et de la maladie morale autant que de la maladie physique.

Il faut semer et laisser la récolte pour les temps à venir ; il faut semer sans compter ses graines, sans escompter la valeur du terrain, et sans attendre que la pluie du ciel vienne féconder la terre ingrate.

Il faut enfin que la connaissance des mystères de la mort et de ceux de la naissance fasse du magiste une incarnation passagère de la source de toute bonté quand le destin a ravagé un cœur, une famille ou un peuple.

Alors la voix de *celui qui sait* doit s'élever, et le calme de l'infini doit être évoqué en même temps que les révélations de l'absolu doivent être rappelées. Rythmique et lente, la prière magique est commencée, et les puissances invisibles de la chaîne viennent enchanter les âmes des vivants et présider à l'évolution des mourants. Telle doit être la triple mission du véritable adepte de la science des Mages.

Le Magiste et la Religion

Peu de problèmes sont aussi troublants pour le magiste sincère que les problèmes religieux. Devant cette ignorance révoltante d'un clergé fanatisé pour qui la fortune devient le seul représentant de la divinité sur la terre, devant l'incompréhension et la profondeur des mystères livrés en pâture aux quolibets des sceptiques, quelle conduite faut-il tenir ?

Le magiste est le vivant gardien d'une synthèse élevée dont les cultes ne sont que les pâles émanations. Mais en notre occident aucun culte ne réalise mieux l'enseignement ésotérique que le catholicisme, et aucun culte n'est plus livré que celui-là au sectarisme de ses prêtres, contre lesquels le jugement de Jésus vis-à-vis des pharisiens serait aujourd'hui bien faible.

La prière n'est plus comprise ni pratiquée, la messe, cette cérémonie purement magique, est vendue aux vivants pour les morts et aux athées pour les naïfs, et, faute de comprendre le triple sens des hiéroglyphes hébraïques tracés par Moïse, la superstition et l'orgueil ont envahi les temples où devait se faire l'adaptation du Verbe divin à la nature humaine. Mais la fin du cléricalisme est proche, et la gnose sera connue, sera révélée sous peu dans toute sa splendeur.

Le sacerdoce doit être exercé GRATUITEMENT, pendant des périodes d'entraînement psychique qui ne dépasseront pas un mois lunaire et qui seront alternativement remplies par des hommes instruits, d'une foi entière et réfléchie et d'un dévouement absolu. Ce sera là *l'occupation* sacrée de ceux qui exerceront un métier pendant les onze autres mois de l'année.

Aussi le magiste doit-il rester indépendant au milieu de tous les cultes, également respectables. Chaque continent a généré sa flore, sa faune et sa race humaine. Chaque race, chaque grand peuple a synthétisé ses aspirations psychiques dans un culte. Aussi chaque culte est-il vivant d'une parcelle de l'unique vérité. Le magiste doit savoir prier aussi aisément dans l'église que dans le temple, dans la synagogue que dans la mosquée, car partout le verbe divin se révèle le même sous un voile différent. Laissons les gardiens du voile se quereller sur les couleurs diverses et communions en unité avec les adeptes du sanctuaire.

Nous avons dit que la messe catholique était une cérémonie magique ; il nous reste pour terminer cette étude à développer notre dire en quelques lignes.

La Messe se divise en trois parties principales ; *la Préparation*, qui s'étend de l'introït à la consécration du Pain et du Vin ; *la Consécration* ; et enfin *la Conclusion*, qui s'étend de la communion du Prêtre à la fin.

Ésotériquement voici le sens de cette division.

Pendant la première partie, le Prêtre, image synthétique du microcosme, après avoir fait l'aveu de ses fautes, s'offre en victime expiatoire au nom de tous les fidèles présents. Il élève ainsi l'âme de ces fidèles en holocauste vers Dieu et il conclut en offrant en signe visible du sacrifice ce que la Nature produit de plus parfait : le pain et le vin.

C'est là *l'évolution* de l'intérieur humain et naturel vers le Divin, évolution qui pourrait être figurée par un triangle à sommet supérieur, symbole du feu.

C'est alors que le Prêtre consacre magiquement tous ces objets symboliques. Le Grand Mystère est près de s'accomplir.

En effet, une fois la consécration commencée, le courant fluidique change de direction. Ce n'est plus l'inférieur qui monte vers le supérieur, c'est le Verbe divin qui s'élance du plus profond du ciel pour s'unir à la matière offerte en holocauste. Le pain devient la chair symbolique du Fils, et le Vin devient le sang miraculeux involuant du ciel dans la terre. L'incarnation de l'Esprit universel dans la Vierge céleste est encore une fois accomplie.

C'est alors que le Prêtre communie avec la force divine et incarne cette force en lui-même. L'union de Dieu et de l'Homme est accomplie.

Se tournant vers les fidèles, le Prêtre étend les mains, et sa bénédiction vient unir l'assistance au réceptacle symbolique de la Divinité.

L'étoile de Salomon figure parfaitement cette double action évolutive et involutive dont la Messe n'est qu'une traduction pour les yeux.

Chaque culte possède un ésotérisme analogue, et cependant les prêtres n'ont qu'un point commun dans tous les cultes d'Occident : leur ignorance et leur fanatisme invétérés.

Aussi faut-il laisser à chaque contrée son culte préféré et porter tous ses efforts sur la transformation du clergé en mode d'instruction. C'est encore le meilleur service à lui rendre. En attendant, si vous êtes catholique, allez à l'église, écoutez la messe, et prenez des leçons de magie. Quant au reste, méditez les deux premiers versets pythagoriciens :

Rends aux dieux immortels le culte consacré.

Garde ensuite ta Foi.

Le Magiste et la Patrie.

Le destin pèse d'une manière si active sur les Sociétés actuelles, qu'à chaque instant le magiste se trouve saisi dans les crocs impitoyables qui le broieront s'il ignore son devoir. Que ce soit dans la lutte pour subvenir à son existence matérielle par l'exercice du métier, que ce soit dans le contact des milieux et des ambitions de toutes couleurs ou dans les rapports avec l'Etat, partout la puissance aveugle et fatale opprime les volontés.

Celui dont l'initiation est imparfaite, celui qui perd tout courage et toute audace à la moindre attaque de Nahash, celui-là fuit la lutte et paye en lâcheté et en insultes son devoir à la collectivité. Or il n'est pas, à notre époque, de plus dure épreuve à traverser que celle de la caserne pour un intellectuel, et cependant cette image affaiblie de la rigueur des initiations antiques ne doit pas effrayer le magiste digne de ce nom.

Autant l'idée d'universalité et de liberté doit régner dans une société hiérarchiquement et magiquement organisée, autant l'idée de nation et de nécessité règne actuellement dans notre société malade et désorganisée.

Autant donc le devoir du magiste consiste à consacrer toutes ses forces à la transformation de la société vers l'organisation synarchique, autant son savoir l'oblige, *tant que cette transformation ne sera pas accomplie*, à l'obéissance aux lois fatales imposées à sa volonté par la Providence, en compensation de son développement initiatique.

L'armée est l'incarnation vivante du Destin dans notre siècle. Il faut donc s'efforcer de transformer cette collectivité en mode de Providence, en détruisant sa raison d'être : l'égoïsme et la haine internationaux.

Mais si la collectivité dans laquelle vous êtes né, qui vous a nourri de ses idées, de son esprit, de ses aspirations généreuses et de son génie, vient à subir une de ces crises de fièvre appelées guerre en langage vulgaire, souvenez-vous que votre personnalité doit disparaître devant la nécessité de défendre la collectivité : famille, province, nation ou race. Devant le Destin vous n'êtes plus rien qu'une cellule comme les autres ; ayez donc la force d'âme de vous sacrifier d'avance et de vous rappeler que les trois premières sciences que vous possédez se résument en ces termes : savoir souffrir, savoir s'abstenir, et savoir mourir. Si votre orgueil ne peut se plier aux brutalités intellectuelles d'un sous-officier, vous êtes incapable de comprendre et de supporter une épreuve initiatique d'ordre purement physique, et vous ne méritez que les emplois d'eunuque, de valet ou de bas courtisan dans toutes leurs correspondances analogiques.

Combattez le militarisme pendant les périodes de calme, réformez-en les points défectueux, si vous le pensez : c'est votre devoir, car le militarisme dans son essence est l'ennemi de toute intellectualité. Mais quand le destin formule ses lois et que les brutalités internationales se déchaînent, si votre volonté a été incapable d'empêcher ce crime contre l'Humanité qu'on appelle une Guerre, si la Magie n'a pu vous donner le pouvoir d'écarter le triomphe de la Force, alors rejoignez le gros des combattants et augmentez de l'appoint de votre dynamisme la collectivité des forces dites nationales. En ce faisant vous remplissez strictement votre devoir de magiste placé par la Providence dans une telle société et sous de si cruelles lois. Si au contraire vous fuyez, vous diminuez les vôtres de l'appoint de votre force et vous contribuez pour une part, en cas de défaite, à l'anéantissement de votre corps social.

Ces enseignements sont ceux de toute initiation élevée, et si vous en doutez un seul instant, ouvrez un dictionnaire biographique quelconque et lisez la vie de Socrate, le modèle et le maître du magisme en Grèce. Son démon, traducteur du mystère divin, l'empêcha-t-il de se battre pour sa patrie?

Voilà, je vous l'affirme, la seule vérité, et la peur de perdre son enveloppe charnelle, fût-ce par la main d'un rustre ou d'un fou, n'a jamais arrêté un véritable initié.

Platon accepta sans révolte, alors qu'il était initié, l'état d'esclave, dont il ne sortit que par miracle, et quant à Socrate lisez :

« Mais en fuyant les honneurs et les charges, Socrate
« accomplissait d'une manière inflexible les devoirs du
« citoyen et nul ne le surpassait par le courage et la
« justice, les deux vertus civiques par excellence.

« Soldat, on le vit souffrir sans se plaindre toutes les
« privations ; il marchait pieds nus, à peine couvert,
« sur la glace ; supportait la faim et la fatigue mieux
« qu'Alcibiade lui-même et les autres soldats ; il com-
« battit à Délium, à Potidée, à Amphipolis. Il était à la
« bataille comme dans les rues d'Athènes : l'allure su-
« perbe, le regard dédaigneux. Dans deux de ces com-
« bats, il sauva la vie d'Alcibiade et de Xénophon.

« A Athènes, Socrate ne remplit qu'une seule fois
« une fonction publique. Il était prytane quand on fit le
« procès des dix généraux des Arginuses : il les défen-
« dit devant le peuple. Plus tard, sous la domination des
« Trente, il refusa, malgré les relations qui l'unissaient
« à quelques-uns d'entre eux, de leur amener Léon le
« Salaminien, qu'ils voulaient mettre à mort. Socrate
« défendit donc la justice contre tous les pouvoirs,
« contre le peuple et contre les tyrans.

PAUL JANET,
Dict. phil.

A ceux donc qui vous prêcheront la lâcheté morale ou physique demandez des preuves et des noms, car la magie est *traditionnelle*, ses enseignements sont anciens comme le monde, immuables comme la vérité, et les exemples qu'elle nous fournit sont nombreux et connus. On n'invente pas l'occultisme et on ne le modifie pas au gré de ses caprices, pas plus qu'on ne change le cours des jours, des mois et des années ; on le révèle ou on l'adapte, voilà tout.

BIBLIOGRAPHIE

Pour le diagnostic des caractères :

DESBAROLLES........ *Chiromancie.*
POLTI ET GARY..... *La Théorie des Tempéraments.*

Pour l'étude du macrocosme :

STANISLAS DE GUAITA. *Le Serpent de la Genèse.*
JULES LERMINA..... *Magie pratique. (Les élémentals.)*
G. VITOUX......... *Les limites de l'Inconnu.*

Pour l'étude du microcosme :

PAPUS............. *Traité méthodique de Science occulte.*
D'r BARADUC........ *La Force vitale.*

CHAPITRE XIV

LE MAGISTE ET LE MICROCOSME

Le Magnétisme et l'Hypnose

Rayonner. — Partie ésotérique.

Ce sont là les actions exotériques, celles que la foule et les ignorants peuvent connaître. Abordons maintenant les travaux personnels du magiste et la description de ses efforts pour utiliser le rayonnement astral ; ce sont les actions ésotériques qui demandent le silence et le recueillement.

C'est ici qu'il faut résumer les procédés d'action magnétique sur le microcosme et le macrocosme, premier effet du rayonnement de la volonté dynamisée du magiste.

Nous aurons donc à voir :

1° Les actions produites sur l'homme par l'hypnotisme et le magnétisme, et les procédés mis en jeu pour produire ces actions.

2° Les actions produites sur la nature par l'incantation et la conjuration, et les procédés employés à cet effet.

3° Les actions produites par la combinaison du rayonnement magnétique et de l'incantation, ce qui nous permettra d'indiquer les premiers éléments de médecine occulte.

Hypnotisme et Magnétisme

Nous savons déjà, d'après ce que nous avons dit dans la Théorie, que toute excitation anormale d'un des centres impulsifs produit la rupture des rapports qui unissent l'être impulsif à l'homme de volonté.

De là l'existence de certains états psychiques qui se manifestent dans l'être humain et aussi dans les animaux, états qu'on a classés sous le nom général d'hypnotisme et de magnétisme.

Le magnétisme, qui utilise les forces fluidiques émanées de l'être humain, est une des branches expérimentales de la magie, ainsi que l'a fort bien vu le baron du Potet ; mais ce n'est pas *toute la magie*, comme une étude trop superficielle a pu le lui faire dire, car on chercherait vainement, dans cette « magie dévoilée », une description quelque peu sérieuse des astres et de la détermination pratique de leur influence.

L'hypnotisme forme, ainsi que l'a fort bien démontré M. de Rochas, une sorte de transition entre l'état de veille et les états magnétiques désignés par l'expérimentateur précité sous le nom « d'états profonds de l'hypnose ».

Laissant donc de côté toutes les discussions théoriques, nous allons voir quels sont les différents moyens pratiques qu'on peut mettre en usage pour déterminer l'hypnose chez un être humain.

Nous classerons ces pratiques de la façon suivante :

1° Détermination de l'état de réceptivité hypnotique du sujet.

2° Hypnotisation du sujet.

3° Détermination des phases et des états profonds de l'hypnose.

4° Différents procédés de réveil des sujets.

1° État de réceptivité

Malgré les affirmations de certaines écoles médicales, on peut dire que tout individu n'est pas susceptible d'être hypnotisé. La proportion obtenue dans le laboratoire hypnothérapique de la Charité est de 40 o/o pour les hommes et de 60 à 70 o/o pour les femmes.

Certains procédés rapides permettent d'avoir sur l'heure une première idée des influences que pourra exercer l'hypnotisme sur un sujet.

Parmi les nombreux procédés employés à cet effet nous choisirons les suivants :

1° Attraction en arrière (procédé Moutin).
2° Attraction du petit doigt.
3° Suggestion à l'état de veille.
4° Influence du point brillant.
5° Influence du miroir rotatif.
6° Influence du miroir magique.

Nous allons décrire rapidement chacun de ces procédés.

Attraction en arrière. — Placez le sujet debout, les deux pieds joints. Posez ensuite vos deux mains à plat sur les omoplates du sujet, vous tenant derrière lui, et retirez doucement les mains au bout de quelques instants. Si vous avez affaire à une personne très sensible, ses épaules suivront le mouvement de vos mains et elle sera malgré elle attirée en arrière. M. Moutin décrit ce procédé dans son livre sur « Le nouvel Hypnotisme ».

Attraction du petit doigt. — Demandez au sujet de vous confier sa main droite après l'avoir dégantée. Placez alors la main la paume en bas et pressez doucement avec votre main gauche les doigts en laissant l'auriculaire libre. Cela fait, attirez à vous par de petites passes horizontales lentes ce petit doigt et répétez ces passes jusqu'au moment où il suivra le mouvement d'attraction. Vous pouvez alors donner la suggestion verbale au sujet ou au petit doigt de rester éloigné des autres malgré tout jusqu'au moment où vous voudrez faire cesser le phénomène. Après l'opération il est indispensable de bien dégager le petit doigt, la main et l'avant-bras, au moyen du souffle froid.

Suggestion à l'état de veille. — La suggestion à l'état de veille s'obtient en regardant fixement le sujet dans les yeux et en lui commandant d'une voix forte et d'un air d'autorité de faire telle ou telle chose (fermer les yeux et ne plus pouvoir les ouvrir, ne plus pouvoir ouvrir la bouche, etc., etc.). Les sujets sensibles à ces procédés sont les plus sensitifs.

Influence du point brillant et du miroir rotatif. — Si l'on fait fixer au sujet un point brillant, soit fixe, soit en mouvement, et que le sujet ressente au bout de quelques instants des lourdeurs dans les paupières ou éprouve une irrésistible envie de s'endormir, on peut sans crainte aller jusqu'aux phases hypnotiques avec un tel sujet.

Influence du miroir magique. — Les personnes hypnotisables ou non qui, placées devant un miroir magique, voient des couleurs ou des formes sont également susceptibles de faire d'excellents sensitifs.

*
* *

On laissera donc de côté les sujets réfractaires à ces divers procédés, et l'on se servira au contraire des autres personnes plus sensibles, dans les expériences ultérieures.

2° Hypnotisation du sujet.

Le sujet une fois reconnu sensible peut être hypnotisé. Plusieurs moyens peuvent être employés à cet effet, parmi lesquels nous décrirons les suivants :
1° Suggestion simple.

2° Point brillant.
3° Miroir rotatif.
4° Regard.
5° Passes.

Suggestion simple. — On fixe avec douceur le sujet dans les yeux et, sans le brusquer, on lui commande de fermer les yeux; on lui commande ensuite, toujours très doucement, de perdre la sensibilité cutanée, et on lui affirme à ce moment, toujours sans brusquerie, qu'il est endormi, qu'il sent le sommeil le gagner de plus en plus, ce qui se trouve confirmé en quelques instants, avec une nature quelque peu sensible.

Point brillant. — Ce procédé est le plus généralement connu. Il consiste à faire fixer au sujet un point brillant (comme un bouton de nickel, la lame d'un bistouri, une petite glace, etc.), placé au niveau du front et entre les deux yeux. Cette position force le sujet à faire converger son regard en haut et au milieu; il détermine l'hypnotisation très rapidement.

Miroir rotatif. — L'emploi du miroir rotatif du Dr Luys est, à notre avis, préférable à tous les autres moyens comme sécurité et rapidité. Nous conseillons surtout le miroir à une seule tête et recouvert de cuivre nickelé. Le constructeur est M. Robillard, 25 rue N.-D. de Nazareth, à Paris. On place ce miroir à hauteur des yeux du sujet, à environ 0,50 centimètres d'éloignement, en s'assurant que le scintillement lumineux passe bien dans les yeux. Le sujet est lui-même placé dans un fauteuil, la tête appuyée. Le sommeil se produit généralement au bout de vingt à trente minutes par ce procédé.

Regard. L'emploi du regard comme moyen d'hypnotisation est une méthode fatigante mais d'une grande énergie, et permet d'obtenir de bons résultats quand tous les autres moyens ont échoué. Voici comment on opère.

On fait asseoir le sujet en face de soi, le dos tourné à la lumière. On prend ensuite les deux mains du sujet et l'on saisit à pleines mains les pouces dudit sujet. C'est alors qu'on regarde fixement, et d'après le rituel indiqué à l'entraînement du regard, la pupille de l'œil droit du sujet. Le sommeil s'obtient encore plus vite si l'on ajoute à ce procédé l'emploi de la suggestion.

Passes. On débute comme pour le procédé du regard ci-dessus, mais les deux pouces du sujet sont réunis dans la main gauche du magnétiseur, qui, pendant cinq ou six minutes, fait des passes intenses de haut en bas sur la tête du sujet, en descendant jusqu'au niveau de l'estomac. On laisse alors aller les mains du sujet le long du corps et l'on continue les passes avec les deux mains. Le sommeil ainsi obtenu est d'un autre ordre que le sommeil déterminé par les procédés hypnotiques. Nous en reparlerons du reste tout à l'heure, à propos des états profonds.

DÉTERMINATION DES PHASES

I

Dans la première des phases hypnotiques, le sujet a tous les membres flasques; si on lui tient le bras et qu'on le lâche, le bras retombe sans résistance de la part du sujet, qui est alors endormi profondément et peut être comparé à un être ivre-mort. La respiration, à ce moment, est profonde et régulière. C'est la phase de LÉTHARGIE.

II

Si, dans cet état, vous ouvrez de force les yeux du sujet, ou si vous agissez d'une autre façon sur lui, la seconde phase prend naissance.

Les membres roidissent et gardent les attitudes que vous leur donnez, quelles que soient ces attitudes. Le sujet a les yeux fixes (retenez bien ceci) et regarde droit devant lui ou à l'endroit où vous dirigez ses yeux. Il ne vous entend pas, aussi fort que vous parliez. Il est complètement *fermé* au monde extérieur. Il est en CATALEPSIE.

C'est dans cet état qu'on peut lui mettre la tête sur une chaise et les pieds sur l'autre ; le vide existant entre ces deux points. C'est encore dans cet état que se produisent les *extases*.

III

Si maintenant vous soufflez sur les yeux du sujet ou si vous faites des passes, ou si vous lui frottez légèrement le front, l'état change complètement.

Le sujet parle et agit absolument comme une personne éveillée, il vous cause naturellement, mais n'a pas conscience du milieu ambiant et ne se rend pas compte de l'endroit où il est.

Il est alors dans la troisième phase : LE SOMNAMBULISME LUCIDE.

Il présente dans cet état plusieurs particularités caractéristiques qu'il est de toute importance de bien connaître.

Tout d'abord il est *suggestible*. On peut lui ordonner de voir ou de faire telle ou telle chose, non seulement pendant son sommeil, mais encore une fois qu'il sera bien éveillé, et cette vision persistera, cette action sera exécutée non seulement des jours, mais des mois, et même une année après l'ordre donné.

Au moment où le sujet accomplit sa suggestion, il devient *inconscient* et obéit à son impulsion sans discuter, et, fait très important à noter, il perd subitement la sensibilité pour la retrouver après l'accomplissement de la suggestion. Le sujet verra donc tout ce qu'on lui commandera de voir et exécutera ce qu'on lui commandera d'exécuter, sauf des exceptions¹ que nous ne pouvons étudier ici.

A l'état somnambulique, un autre fait prend naissance, c'est la possibilité du *changement de personnalité*.

---

1. Je suis convaincu que le libre arbitre du sujet persiste toujours et peut entrer en action à un moment donné pour combattre une suggestion criminelle.

Vous dites au sujet : tu n'es plus toi, tu es député et tu fais un discours à la Chambre. Vous voyez alors le sujet entrer subitement dans la peau du personnage que vous venez de lui imposer et prendre toutes les allures du rôle que vous lui faites jouer. Vous pourrez ainsi changer à votre gré plusieurs fois de personnalité.

C'est encore dans cet état que se produit *la vision à distance* de certains sujets magnétisés.

Donc, pour résumer tout ce que nous avons dit, voici les caractéristiques des trois états :

1° *Léthargie*. — Sommeil profond.

2° *Catalepsie*. — Yeux fixes. Membres roides.

3° *Somnambulisme*. — Suggestibilité. Changement de personnalité. Vision à distance.

Nous avons décrit là les phases principales. Il existe sans doute un grand nombre d'états intermédiaires et de combinaisons de ces phases entre elles, mais il est inutile d'embrouiller la question.

Notons pour terminer que, d'après les hypnotiseurs, ces phases se succèdent toujours dans l'ordre suivant :

1 *Réveil*. 2 Léthargie. 3 Catalepsie. 4 Somnambulisme. 5 *Réveil*. 6 Léthargie. 7 Catalepsie. 8 Somnambulisme. 9 *Réveil*. etc., etc.

Si bien qu'on peut les figurer par un cercle.

**

Ces phases, purement hypnotiques, n'avaient pas été bien rattachées aux anciennes recherches des magnétiseurs avant les récents travaux de M. le lieutenant-colonel de Rochas, administrateur de l'Ecole polytechnique. Ce chercheur, auteur de découvertes expérimentales des plus curieuses dans ce domaine, comme celle toute récente de *l'extériorisation de la sensibilité* et de ses conséquences au point de vue de l'envoûtement, a résumé ses premiers travaux sur les Etats profonds en un article de l'*Initiation*, que malgré notre désir d'éviter les citations, nous sommes obligés de reproduire in *extenso*, renvoyant pour les détails complémentaires à l'ouvrage de l'auteur[1].

LES ETATS PROFONDS DE L'HYPNOSE

§ Ier.

Les trois états de l'hypnose décrits par M. Charcot sont devenus classiques, malgré l'école de Nancy, qui, ou bien n'a point opéré sur des sujets assez sensibles, ou bien n'a point pris toutes les précautions nécessaires pour constater des phénomènes qu'elle n'avait point découverts la première.

Ces états sont : la léthargie, la catalepsie et le somnambulisme. Je ne reviendrai point sur leurs caractères spécifiques et je me bornerai à faire remarquer que les médecins de la Salpêtrière semblent ne pas être allés plus loin que l'état somnambulique puisqu'ils n'ont jamais signalé d'autres phases que certains états secondaires reliant les étapes principales que nous venons de nommer.

Cela provient sans doute de ce que ces expérimentateurs, redoutant un rapprochement entre leurs recherches et les pratiques des magnétiseurs, se sont bornés à produire l'hypnose, soit avec des agents très faibles, comme un bruit subit, la pression des globes oculaires ou du vertex, soit par des procédés dont l'effet s'arrête dès qu'un premier résultat s'est produit : telle est, par exemple, la fixation du regard, qui cesse d'agir aussitôt que les sujets ont les yeux fermés.

Suivant que ces sujets sont plus ou moins sensibles, on semble arriver d'emblée à une phase ou à une autre de ce que l'on appelle l'état hypnotique, et cela en quelques secondes.

Les magnétiseurs agissent d'une tout autre façon. A l'aide de *passes*, ils prolongent leur action sur le sujet pendant un quart d'heure, une demi-heure et quelquefois plus ; ils ne se préoccupent nullement de ce qui peut se produire au début, et ils ne s'arrêtent que lorsqu'ils ont reconnu, à l'aide de certains signes extérieurs, que le sujet a atteint le degré de *lucidité* qu'ils cherchent à obtenir[2].

---

[1] A. de Rochas. — *Les États profonds de l'Hypnose*. — Paris, in-8°, Chamuel, 1891.

[2] En outre ils avaient, pour former leurs sujets, une patience inconnue aux hypnotiseurs habitués à produire d'emblée les phénomènes de suggestion, de

Les uns et les autres s'imaginent n'avoir rien de commun. C'est une erreur. J'ai prié un magnétiseur d'agir sur son sujet suivant sa méthode ordinaire, à l'aide de laquelle il mettait une vingtaine de minutes pour obtenir la vue avec les yeux fermés, et je l'ai arrêté à diverses reprises pour essayer de déterminer les caractères du sommeil au moment de la pause.

Je suis parvenu à constater ainsi que le sujet passait par tous les états que j'ai décrits dans mon livre sur *les Forces non définies*, à savoir :

1° État de crédulité ;
2° Léthargie[1] ;
3° Catalepsie ;
4° Léthargie ;

catalepsie, etc.; ils n'appelaient *somnambules* que ceux qui étaient déjà parvenus à l'état que j'ai appelé *état de rapport* et dont on trouvera plus loin les caractères.

» Il est rare, dit Charpignon (*Phys. du magn.*), qu'à la première séance on obtienne le somnambulisme, encore moins la lucidité, car il peut y avoir somnambulisme sans que pour cela il y ait clairvoyance.

« La magnétisation répétée plusieurs jours de suite, à la même heure s'il est possible, est nécessaire, parce qu'il est une loi du système nerveux qui le porte à répéter périodiquement les sensations qui l'ont affecté et qu'alors l'organisme a déjà fait seul une partie de l'action exercée la veille par la magnétisation. Cette remarque a soulevé l'objection de l'imagination ; mais il suffit, pour l'éloigner, de rappeler que les phénomènes nerveux provoqués par la magnétisation se produisent sur des gens dormant du sommeil ordinaire, sur des enfants à la mamelle, sur des personnes non prévenues, et dans des circonstances tout à fait différentes de celles où on les magnétise.

» La répétition des magnétisations est quelquefois très longue avant d'amener le somnambulisme ; *elle peut durer des semaines, des mois*, et à la fin couronner de succès la patience du magnétiseur. D'autres fois où l'on espère beaucoup d'un être cataleptique et d'isolement complet, on attend en vain pendant des mois entiers sans obtenir plus au dernier jour qu'au premier. Pour nous, quand la cinquième magnétisation ne nous a rien donné d'apparent du côté du système nerveux, nous cessons d'espérer aucun phénomène ; *quand, à la trentième, un sommeil magnétique avec isolement n'est pas devenu somnambulisme, nous ne l'attendons plus.* Une fois pourtant nous avons eu une somnambule très lucide à la cinquième séance. »

[1] J'accepte le terme consacré de *léthargie* pour désigner un état dans lequel le sujet présente une apparence de prostration beaucoup plus accentuée que dans les états voisins. Cet état ou ces états (car il y en a toute une série) sont assez difficiles à définir : il est certain que l'ouïe n'est pas abolie : la parole ne l'est pas toujours ; la vue n'existe pas plus que dans beaucoup d'autres phases de l'hypnose. Quand il est en léthargie, le sujet paraît insensible, ses membres retombent inertes, sa tête s'incline sur les épaules ; quand il en sort, il redresse au contraire la tête et respire fortement deux ou trois fois. Les figures 1 et 6 représentent Benoist dans la léthargie qui précède l'état de rapport et dans celle qui la suit ; la figure 2 le montre au moment où il entre dans l'état de rapport.

5° Somnambulisme ;
6° Léthargie ;
7° État de rapport ;
8° Léthargie ;

Après cette dernière phase, la magnétisation a duré encore une dizaine de minutes, mais il me fut impossible de constater de nouveaux changements d'états, parce que j'ignorais alors les phénomènes qu'il fallait provoquer pour les caractériser.

J'ai repris, depuis, cette étude, et je suis arrivé à des résultats assez concordants pour qu'on puisse, au moins provisoirement, formuler une loi.

Je vais d'abord décrire ce qui se passe avec celui des sujets sur lequel j'ai expérimenté le plus souvent et qui peut être considéré comme un type par la régularité absolue des manifestations.

J'indiquerai ensuite les variantes rencontrées chez les autres sensitifs.

Benoist a dix-neuf ans ; c'est un garçon fort intelligent, bien portant et très sensible à la polarité[1]. Depuis trois ans il se prête à mes recherches, et je connais assez son organisme pour éviter la plupart des causes d'erreur.

L'agent employé pour doser l'hypnose, dans le cas qui nous occupe, a été l'application de la main sur le sommet de la tête, de manière à agir à la fois par polarité sur les deux hémisphères cérébraux.

En imposant la main droite sur le front, je détermine en premier lieu l'état de crédulité, puis l'état léthargique caractérisé par la contractibilité musculaire, l'état cataleptique avec ses deux phases de rigidité et d'imitation automatique, un deuxième état léthargique sans contractibilité musculaire, et enfin le somnambulisme.

Après cela, nous entrons dans la période non encore étudiée par les écoles modernes avec un troisième état de léthargie. Cette léthargie (fig. 1) paraît n'être autre chose que le *sommeil ordinaire*[2] ; car si je surprends le sujet dans ce sommeil et que je diminue l'hypnose par l'application de la main gauche sur la tête, je ramène

---

[1] Il y a des sujets facilement hypnotisables qui ne sont point sensibles à la polarité. J'appelle *sensible à la polarité* une personne sur laquelle je produis des effets déterminés par l'application de certains agents, notamment des agents électriques, suivant des lois exposées par MM. Decle et Chazarain, ainsi que dans mon livre sur les *Forces non définies*.

[2] Comme dans le sommeil ordinaire, on trouve le rêve avec manifestation parlée. — Je n'ai du reste pu constater l'identification de cette phase léthargique avec le sommeil ordinaire que sur un seul sujet, Benoist.

l'état somnambulique ; si au contraire j'emploie la main droite, je détermine l'état de rapport. Dans cette phase léthargique, la contractibilité neuro musculaire existe à peu près au même degré que dans l'état normal.

ETAT DE RAPPORT

Le sujet n'est en *rapport* qu'avec le magnétiseur, *quel qu'il soit* ; cet état, comme la catalepsie, présente deux phases.

« Si l'on a poussé jusqu'à cet état le sujet en le chargeant d'électricité au moyen soit d'une machine statique, soit d'une pile, soit d'un aimant, il ne perçoit plus que la personne en contact avec l'agent qui a produit l'hypnose.
Pour des sujets très sensibles à la polarité, on peut arriver à pousser jusqu'à l'état de rapport une partie positive de leur corps (par exemple) par un simple contact prolongé de cette partie avec un objet d'or ou avec un brillant. Alors la partie hypnotisée ne perçoit plus que l'objet qui a agi sur elle ou un objet de même nature ; elle ne sentira pas la piqûre faite avec une épingle de cuivre ou le frottement exercé avec un morceau de cristal. On aura ainsi constitué, pour quelques instants, une véritable *pierre de touche* organique.
Cette faculté de porter isolément à l'état de rapport telle ou telle partie du corps du sujet peut produire le phénomène singulier du *rapport multiple*.
Voici Benoist qui a été mis en état de rapport par M. A... au moyen du procédé ordinaire (la main droite sur la tête) ; il n'entend plus que lui. — Alors M. B... lui applique, par exemple, la main dans le dos ; au bout de quelques instants le sujet éprouve de la lourdeur, du malaise à la partie touchée, commence par entendre, puis entend tout à fait M. B..., mais seulement quand celui-ci le touche ou lui parle dans le dos. Il continue à entendre M. A... sauf quand M. A... lui parle dans le dos, qui est en rapport avec M B... — Si M. C... lui applique alors la main sur le côté, il se produit une troisième suite en état de rapport partielle, analogue à la précédente, etc.
Quand le sujet est réveillé par l'opérateur A..., il ressent de la gêne dans les parties touchées par B... et C... qui ne vibrent plus comme le reste du corps ; quelques frictions font tout disparaître.
Le phénomène que nous venons de décrire est analogue à celui de la *personnalité multiple*, qu'on peut donner dans les premiers états de l'hypnose, alors que le sujet est très suggestible.
On a étudié déjà le phénomène de la double personnalité l'une à droite, l'autre à gauche. David, un des sujets connus de la Charité, m'en a fourni un exemple piquant ; j'avais donné à sa partie droite la personnalité de Mlle X..., un autre sujet, à sa partie gauche celle de M. Y..., son protecteur. David, qui les connaissait personnellement tous les deux, nous fit assister à une querelle de ménage du plus haut comique, où les injures et les coups pleuvaient d'un côté et de l'autre. Avec Benoist j'ai pu obtenir trois personnalités, une A... à droite, l'autre B... à gauche, et la troisième C... au milieu du corps ; le dialogue a pu s'engager entre les trois individus, qui s'étaient ainsi constitués avec leur caractère propre ; chaque partie répond à l'appel de son nom, M. C.. parle du milieu des lèvres, M. A... du côté droit de la bouche, M. B... du côté gauche ; quand A... veut toucher C..., il touche le milieu du corps, etc.
L'expérience est fatigante, mais elle a de l'importance en ce qu'elle détruit l'explication de la double personnalité par une suggestion s'appliquant l'une au lobe droit, l'autre au lobe gauche du cerveau.

Dans la première, le sujet perçoit encore les sensations provenant d'autres agents que le magnétiseur, mais ces sensations, de quelque nature qu'elles soient, lui paraissent également désagréables, notamment celles qui proviennent du contact des animaux. Interrogé sur la nature de la souffrance qu'il exprime, quand il touche un chien par exemple, Benoist répond que ce qu'il touche n'est pas organisé comme lui, et que cela lui cause un bouleversement par tout le corps.

Dans la seconde phase, le sujet ne perçoit plus que le magnétiseur. Si celui-ci joue du piano, Benoist l'entend ; mais Benoist n'entend plus le son de l'instrument si c'est une autre personne qui en touche ; pour qu'il l'entende dans ce cas, il suffit que le magnétiseur place ses doigts contre l'oreille du sujet, de telle manière que le son passe par les doigts avant d'arriver à l'oreille.

D'une façon générale, le sujet ne perçoit aucun objet, à moins qu'il ne soit en contact avec le magnétiseur[1] ; le regard de ce dernier peut être suffisant pour établir le contact, et c'est probablement ce qui explique, dans la plupart des cas, comment les anciens magnétiseurs trouvaient que leurs sujets étaient naturellement en rapport avec certaines personnes et non avec d'autres.

Toute excitation cutanée (piqûre, pincement, etc.), produite par le magnétiseur ou par un objet en contact avec lui, est agréable au magnétisé, à moins qu'elle ne provoque une douleur trop violente ; cette même excitation, produite par une personne non en rapport, n'est pas perçue, à moins aussi qu'elle ne soit trop forte[2].

Un caractère commun aux deux phases de l'état de rapport est un sentiment de béatitude (fig. 2) extrêmement caractérisé, manifesté par la plupart des sujets, qui résistent presque toujours si on veut les réveiller ou les endormir davantage.

Dans l'état de rapport, les phénomènes psychiques provoqués par des pressions sur différents points du crâne, et que je décrirai plus loin, se produisent avec une très grande intensité. La figure 3 montre l'extase avec vision religieuse obtenue par la pression sur le milieu de front. Dans la figure 4, Benoist est représenté au moment où il éprouve un accès de contrition sous l'influence des pa-

---

[1] Le sujet voit généralement la personne du magnétiseur comme suspendue dans le vide où sur un fond grisâtre.

[2] Quand le sujet, sensible à la polarité, peut se pousser lui-même jusqu'à l'état de rapport par l'imposition sur la tête de sa main droite, il manifeste de l'inquiétude, du malaise, dans la première phase, sous l'influence des regards des spectateurs qu'il perçoit encore un peu. Si on se met en rapport avec lui, en le touchant, il manifeste pour lui-même cette affection exclusive qu'a toujours le sujet pour celui qui l'a magnétisé.

roles qu'il croit entendre ; ses yeux sont remplis de larmes, et si on lui demande ce qu'il éprouve, il répond que la sainte Vierge lui fait des reproches. Enfin, dans la figure 5, la vision a complètement changé de nature sous la simple influence de la pression du point n° 18, correspondant aux idées érotiques. Les yeux s'ouvrent généralement par suite du renversement de la tête en arrière ; le sujet objective ses visions à l'extérieur, car il écarte vivement la main du magnétiseur quand celui-ci la lui place devant la figure, comme un écran, entre les yeux et l'apparition.

Quand le sujet n'a pas naturellement les yeux ouverts dans cet état, il suffit de lui ordonner de les ouvrir pour qu'il les ouvre. Il voit alors plus ou moins directement le *fluide* qui s'échappe des yeux, des doigts, des narines, des oreilles du magnétiseur ou des personnes avec lesquelles on le met en rapport. Ce fluide se présente, d'ordinaire, sous la forme d'effluves bleus du côté gauche et rouge du côté droit ; il paraît également, pour le sujet, sortir des aimants, des cristaux, etc. Je ne fais qu'indiquer ici un sujet d'études sur lequel j'ai porté mon attention depuis plusieurs années et que je traiterai dans un ouvrage spécial.

Benoist qui, dans les états de l'hypnose, est sensible, dans des conditions mal déterminées encore, à l'action des médicaments qu'on se borne à approcher de lui, possède cette faculté d'une façon beaucoup plus constante dans l'état de rapport pourvu que ce soit la personne qui l'a endormi qui tienne la substance. L'ipéca lui a donné l'envie de vomir ; l'essence de laurier-cerise contenue dans un flacon bouché à l'émeri près de sa nuque a provoqué l'extase. Dans les mêmes conditions, l'essence de valériane lui a causé d'abord de l'inquiétude ; il se sentait transformé, avec envie de faire quelque chose dont il ne se rappelait pas le nom, puis faisait mine de griffer en soufflant comme un chat.

Quand on pousse l'hypnose plus loin que l'état de rapport, on amène une nouvelle léthargie (fig. 6), où la contractibilité neuro-musculaire est suspendue et où le pouls est sensiblement ralenti ; puis vient l'état de sympathie au contact.

ÉTAT DE SYMPATHIE AU CONTACT

Le sujet continue à n'être en rapport qu'avec le magnétiseur et les personnes que touche celui-ci ; mais ce qui différencie cet état du précédent, c'est qu'il suffit que le magnétiseur éprouve une douleur pour que le sujet en contact avec lui la perçoive.

Si moi, magnétiseur, je tiens la main de Benoist et qu'une tierce personne me pique, me pince ou me tire les cheveux, Benoist perçoit les mêmes sensations que moi et aux mêmes points. Si j'endure une souffrance ou même une simple gêne par suite d'une maladie, Benoist la perçoit également; ce phénomène cesse dès que le contact n'a plus lieu.

Si je me contente de mettre la main de Benoist en contact avec celle d'un autre individu et que j'établisse le rapport en laissant ma propre main en contact avec les deux autres, Benoist ne perçoit point les piqûres ou pincements qu'on fait éprouver à ce tiers, et qui sont trop légères pour modifier l'état de son organisme, mais il ressent les symptômes des maladies et des infirmités. C'est ainsi qu'il a éprouvé la migraine au contact d'une dame qui avait la migraine, qu'il est devenu dur d'oreille au contact d'un officier affligé de cette infirmité, qu'il n'a plus pu parler quand on l'a mis en rapport avec un enfant paralysé de la langue et qu'on avait amené pendant son sommeil, qu'il a éprouvé une cuisson au col de la vessie en touchant un monsieur souffrant d'une cystite chronique.

J'ai essayé plusieurs fois de lui faire ressentir la maladie d'une personne absente, en lui faisant toucher un objet ayant appartenu à cette personne; je n'ai jamais réussi. Il a palpé l'objet avec attention, mais constamment il m'a répondu qu'il n'éprouvait rien de particulier.

Il ne voit plus les effluves qu'il apercevait dans l'état de rapport.

Après l'état de sympathie au contact vient encore une période de léthargie dont le sujet sort en état de lucidité.

ETAT DE LUCIDITÉ

Le sujet, qui continue à percevoir les sensations des personnes avec lesquelles on le met en rapport, ne voit pas davantage que dans l'état précédent les effluves extérieurs, mais il a acquis une propriété nouvelle. Il voit les organes intérieurs et ceux des personnes avec lesquelles il est en rapport.

Il les décrit avec les termes qui lui sont familiers à l'état de veille, surtout quand ces organes sont malades. Interrogé pourquoi il voit mieux ceux-là que les autres, il répond que c'est parce que la souffrance ou la perturbation qu'il éprouve par sympathie concentre sur eux son attention. Il faut que les organes soient assez enfoncés dans le corps pour qu'il les perçoive; ainsi il ne voit le tube digestif que jusqu'au cou et il ne voit pas l'intérieur de la bouche. Il voit vibrer les cellules cérébrales sous l'influence de la pensée, et il les compare à des étoiles qui se dilatent et se contractent successivement.

Quand on lui fait toucher une personne et qu'on la prie de l'examiner, il compare ce qu'il voit chez cette personne avec ce qu'il voit dans son propre corps. Par exemple, pour l'officier souffrant d'une oreille, il a dit : « Il y a dans l'oreille une petite peau en travers comme chez moi, mais derrière je vois un bouton que je n'ai pas et ce bouton suppure. » Pour la cystite, il a vu, tout autour du col de la vessie, un gonflement un peu moins gros que le petit doigt et plein de sang, comme les veines gonflées qui faisaient saillie sur la main de l'opérateur, etc.

Si on lui demande ce qu'il y a à faire pour amener la guérison, ou bien il répond qu'il ne sait pas, ou bien il indique des remèdes provenant évidemment de ses souvenirs de l'état de veille : ainsi, dans une seconde expérience relative à la cystite, le malade avait volontairement attribué devant lui, avant qu'il fût endormi, cette infirmité à une certaine cause; Benoist a répété l'assertion, qui était fausse, et a recommandé des boissons rafraîchissantes.

Dans cet état, le sujet acquiert encore une autre faculté, c'est de reconnaître la trace laissée par un contact, même remontant à plusieurs jours. Voulant, un jour, m'assurer si je pouvais le faire *voyager* dans l'*espace* et dans le *temps* comme certains somnambules, je le menai devant une armoire où je ne retrouvais pas certain objet et je lui demandai s'il pouvait voir où était cet objet et désigner celui qui l'avait enlevé. Il me répondit « non »; mais, en palpant, il ajouta : « Je sens ici le contact d'une autre personne que vous. » Je le conduisis alors vers plusieurs autres meubles qu'il palpa également, tantôt ne ressentant rien, tantôt retrouvant son impression de l'armoire; enfin je lui présentai divers vêtements appartenant à des gens de ma maison, et il reconnut le contact dans la paire de gants d'un domestique. Je n'ai pu vérifier la réalité du fait; mais j'ai obtenu plusieurs fois la contre-épreuve en faisant toucher plusieurs objets par une personne, puis la personne par le sujet. Le sujet retrouve toujours l'objet touché.

ÉTAT DE SYMPATHIE A DISTANCE

Après de nombreuses séances, je suis parvenu à faire franchir à Benoist la léthargie qui suit l'état de lucidité. Pour obtenir ce résultat, il m'a fallu agir non seulement sur la tête, mais encore sur l'estomac; faute de cette précaution, la respiration s'arrête, parce que, semble-t-il, le sujet n'est plus *homogène* et que sa poitrine ne vibre plus comme la tête. J'ai été ainsi conduit à adopter les procédés des anciens magnétiseurs, qui opèrent soit par des passes descendantes sur la tête et le tronc, soit par la pression des pouces.

Dans ce nouvel état, Benoist continue à n'être en rapport qu'avec moi et à ne pas voir le fluide extérieur, mais il voit encore les organes intérieurs et sa sensibilité est tellement accrue que je n'ai plus besoin de le toucher pour qu'il perçoive mes propres sensations, si elles sont un peu vives; il localise du reste ces sensations, comme cela est arrivé dans l'expérience du Havre, dont il sera question au § 3.

Cependant j'ai vainement essayé d'obtenir la suggestion mentale : impossible de faire exécuter même le mouvement le plus simple par la concentration de la pensée, aussi bien dans cet état que dans les autres.

Je n'ai pas pu également lui faire dépasser cet état.

Quand le sujet est pour ainsi dire *saturé*, il ne peut plus rien recevoir et semble se *dédoser* par rayonnement en revenant peu à peu à l'état de veille.

Avec l'imposition de la main gauche sur le front et quelques passes transversales pour réveiller complètement, je ramène graduellement et en sens inverse toutes les phases dont je viens de décrire les phénomènes les plus caractéristiques.

Mais ces phénomènes ne sont pas les seuls.

A mesure qu'on avance dans l'hypnose, les souvenirs de l'état de veille, surtout ceux qui ont trait aux individualités, s'affaiblissent peu à peu. Le sujet ne conserve avec netteté que ceux des phénomènes qui se sont produits dans des états semblables à celui où il se trouve au moment où on l'interroge. Quand il est arrivé à la lucidité, il n'y a plus que deux personnes au monde : le magnétiseur et lui; encore ne sait-il plus ni leurs noms, ni aucun détail sur eux.

L'aptitude à la suggestion commence à l'état de crédulité; elle paraît atteindre son maximum au moment de la phase de la catalepsie automatique, puis décroît légèrement pendant le somnambulisme, pour disparaître presque complètement dans les débuts de l'état de rapport[1].

---

[1] A partir de ce moment, si l'influence du magnétiseur sur le magnétisé ne s'exerce plus par suggestion, elle n'en est pas moins très considérable parce que toute l'affection du magnétisé est concentrée sur le magnétiseur, auquel il cherche à être agréable par tous les moyens possibles pourvu qu'ils ne choquent pas trop ni ses instincts ni ses résolutions prises au moment de s'endormir

Le dialogue de la page suivante fera mieux comprendre ces modifications de la mémoire qui laissent intacte la faculté de raisonnement[1].

J'ai expérimenté sur plusieurs autres sujets, mais malheureusement il ne m'a pas toujours été possible de le faire avec toute la précision désirable. Il faut en effet essayer à plusieurs reprises son instrument, afin d'en connaître le degré de sensibilité, avant de pouvoir en jouer avec précision, et le temps a manqué aussi bien aux uns qu'aux autres. Voici cependant quelques observations plus ou moins sommaires :

Joseph, garçon coiffeur, 18 ans, extrêmement sensible à la polarité, passe régulièrement par tous les états décrits plus haut[2] et va au delà. J'ai déterminé, à plusieurs reprises, trois ou quatre séries de léthargies et de réveil apparent après l'état de sympathie à distance ; mais, ignorant les phénomènes qui les caractérisent, je n'ai point su les mettre en évidence ; je me suis borné à chercher la suggestion mentale et je l'ai obtenue une fois à l'un de ces états extrêmes. J'ai pensé : « Levez le bras droit », il a arrondi les bras, mais m'a manqué et a embrassé le vide ; — « dressez-vous », il s'est dressé progressivement, comme un automate.

Tout cela s'opérait avec un retard d'une ou deux minutes, et le sujet, interrogé sur la manière dont il percevait l'ordre mental, a répondu qu'il n'en avait pas conscience, mais qu'il sentait ses muscles se raidir peu à peu pour accomplir certains mouvements.

Joseph perçoit aussi les maladies des personnes avec lesquelles on le met en rapport ; il s'imagine à tel point les sentir lui-même, qu'il se lamente sur son triste état, lui, si jeune !... Il indique volontiers les remèdes les plus extraordinaires et les raisonne en amalgamant les fragments de consultation dont il a pu être témoin. Pour la cystite dont il a été question, il a fait des inductions d'après la position de l'organe malade et a prescrit du mercure.

Un jour, un médecin lui a apporté le bonnet d'une personne malade que je ne connaissais nullement, et il a, paraît-il, exactement décrit les symptômes de la maladie de cette femme ; il est bon d'a-

---

[1] Il y a là une étude extrêmement intéressante à faire pour expliquer comment le sujet peut conserver, outre la faculté du raisonnement, une mémoire des mots assez nette pour comprendre les questions et y répondre sans hésitation, tandis qu'il a perdu complètement la mémoire des personnes, des localités, des chiffres, etc.

[2] Dans l'état de rapport, les phénomènes d'extase religieuse et sensuelle se produisent par la pression des points correspondants ; la tête se renverse en arrière mais les yeux ne s'ouvrent pas et le sujet raconte ses visions.

QUESTIONS	RÉPONSES		
	ÉTAT DE RAPPORT	ÉTAT DE SYMPATHIE	ÉTAT DE LUCIDITÉ
Vous sentez-vous bien?	Oh oui!	Un peu lourd.	Assez bien.
Comment vous appelez-vous?	(Avec quelque hésitation) Benoist.	(Avec beaucoup d'hésitation) Benoist.	Je ne sais pas, ça m'est bien égal.
Quel est le nom de baptême de votre père?	(Avec beaucoup d'hésitation) Théophile	Je ne sais plus.	Je ne sais pas.
Quel est mon nom?	Le commandant de Rochas.	Le commandant... je ne sais plus le reste.	Je ne sais pas.
Combien ai-je d'enfants?	Trois (j'en ai quatre).	Je ne sais pas si vous en avez.	Connais pas.
Comment se nomment-ils?	Il cherche et donne des noms ayant à peu près la même consonance que ceux de mes enfants qu'il connaît parfaitement.	Connais pas	Connais pas.
Dans quelle ville êtes-vous?	A Blois (il habitait Blois avant de venir à Grenoble où il est actuellement).	(Il cherche). Je ne me souviens plus.	Je n'en sais rien.
Quelle est votre profession?	Comptable.	Je n'en ai pas.	Je ne sais pas.
Comptez: un, deux, etc.	Un, deux, trois, quatre ... six...	Un, deux, quatre... je ne me rappelle plus.	Un, deux... je ne sais plus.
Combien font deux et trois?	(Avec beaucoup d'hésitation) Cinq.	Deux et trois.. sept	.... Je ne sais pas.
Comment se fait-il que vous ne vous rappeliez pas?	»	»	Il y a certaines choses que je ne puis me rappeler, surtout ce qui a trait aux personnes et aux lieux.
Vous sentez une démangeaison sur le nez (j'insiste avec force et à plusieurs reprises).	Mais non. — Ah! oui, un peu.	Je ne sens rien.	Je ne sens rien (je me gratte le nez), mais c'est vous qui sentez une démangeaison au nez, ce n'est pas moi.
Endormez-vous davantage.	Je ne veux pas. Laissez-moi tranquille; je suis bien comme cela.	Je ne veux pas; ce que vous me dites ne sert à rien.	Ce que vous me dites est inutile, vous ne m'endormirez pas du tout, je sens du reste que cela me fatiguerait.
Au réveil vous ferez telle chose.	(La suggestion ne s'exécute qu'en partie).	(La suggestion ne s'exécute pas).	(La suggestion ne s'exécute pas).

jouter que la personne en question souffrait de la tête et que le bonnet avait pu lancer son imagination sur cette partie du corps. L'expérience n'a point été renouvelée.

R..., 25 ans, forgeron, ancien chasseur à pied, a passé nettement par tous les états jusqu'à la sympathie, et n'a pas été poussé au delà. On n'a opéré que deux fois sur lui, et l'expérience, faite séparément par deux personnes différentes, a donné les mêmes résultats ; à l'état de sympathie, il ressent les piqûres faites sur le magnétiseur, mais il ne perçoit pas les maladies.

Clotilde, 20 ans, gantière. — Mme veuve D..., 25 ans. Observations identiques jusqu'à l'état de sympathie. Chez ces deux dames le réveil se fait très rapidement, et il est très difficile de suivre les phases du retour, tandis que celles de l'aller ne se franchissent qu'avec une certaine lenteur et sans les profondes inhalations qui marquent nettement chez Benoist les changements d'état.

Louise et Maria, 19 ans, lingères. Mêmes observations, avec cette différence que la sensibilité est si grande qu'il a fallu beaucoup d'attention et de légèreté de mains pour reconnaître les phases, aussi bien de l'aller et du retour.

Mme X..., trente-cinq ans, mère de famille, excellente santé, habituée aux courses à pied et à cheval, d'un esprit supérieur, s'était prêtée sans succès une seule fois à un essai de son médecin qui parlait d'hypnotisme ; elle s'est endormie avec la plus grande facilité dès que je l'ai eu touchée.

A l'état de somnambulisme, elle a les yeux ouverts et sans fixité ; il faut recourir à l'exploration de la sensibilité et à la constatation de la suggestibilité, pour reconnaître qu'elle n'est point complètement éveillée.

Elle peut être poussée très loin et, dans tous les états autres que les états léthargiques, elle a les yeux ouverts, mais ne voit que l'opérateur ou les objets avec lesquels celui-ci la met en rapport. Les caractères spécifiques des états n'ont été déterminés avec précision que jusqu'à l'état de *sympathie à distance*. Dans cet état comme dans les suivants, quand je pense fortement, elle sent une congestion à la tête, mais ne devine pas ce que je pense. J'ai obtenu cependant une fois, *une seule*, à la distance de plusieurs kilomètres, sur cette dame éveillée, une communication de pensée très caractéristique.

Bien que, comme tous les autres sujets, elle ne connaisse plus depuis l'état de rapport que le magnétiseur, pour lequel elle témoigne la plus vive affection, ayant oublié complètement mari et enfant, elle conserve sa volonté, et il lui est impossible de lui faire exécuter une action déterminée qu'elle avait pris, à l'état de veille et sur ma prière, la ferme résolution de ne pas accomplir. Je suis parvenu cependant à tromper sa résistance par un subterfuge, parce que la vivacité de l'esprit s'était ralentie.

M™ K.., jeune femme de 26 ans, intelligente, instruite, qui n'a jamais été magnétisée que par moi (à l'exception de deux ou trois essais auxquels elle s'est prêtée pendant quelques instants) est d'une sensibilité extrême pour tous les phénomènes qui caractérisent ces premiers états, sauf pour les suggestions de l'ouïe, qui prennent difficilement. Il m'a fallu plusieurs séances pour l'amener à l'état de rapport, où elle continue à entendre tout le monde¹, mais où elle ne voit plus que moi pour qui elle éprouve alors l'affection exclusive habituelle.

Il m'a fallu encore plusieurs séances pour l'amener à la sympathie au contact, où elle éprouve mes sensations sans les localiser ; en revanche elle éprouva, même à une certaine distance, mes émotions, souriant quand je souris derrière elle, s'attristant quand je m'attriste.

Je n'ai pu, au bout d'une dizaine de séances, dépasser cet état, et j'attribue cette difficulté d'une part à son extrême vivacité d'esprit, de l'autre aux distractions extérieures provenant de ce que son ouïe ne s'endort pas.

M™ K..., comme X..., n'ayant été magnétisées que par moi et l'ayant été régulièrement, s'endorment simplement par la pression des pouces, et se réveillent au commandement, en passant très rapidement par les phases aussi bien à l'aller qu'au retour².

---

¹ La condition d'isolement n'est pas rigoureusement indispensable, car nous avons rencontré de très bons somnambules qui entendaient tout et dont l'ouïe était même devenue d'une finesse extraordinaire. Cette anomalie est épineuse et doit mettre le magnétiseur sur ses gardes ; on doit toujours chercher à la détruire, et avec de la patience on y parvient après plusieurs séances.

« Il en est de même de l'oubli au réveil, circonstance que nous considérons comme très importante ; car, sans ces deux caractères, l'isolement à tout ce qui n'est pas le magnétiseur et l'oubli au réveil, quelles garanties sérieuses peut-on avoir du somnambulisme ? » (CHARPIGNON, Phys. du magn., p. 70).

Chez quelques-uns de ces sujets, l'aptitude à la suggestibilité commence dès la veille ; ce sont des gens naturellement *crédules* et elle se continue avec une certaine intensité, jusque pendant l'état de rapport. M™ X..., R... et Marianne ne se lèvent plus que très difficilement de leur chaise après le réveil, quand à l'état de rapport ils ont reçu l'ordre de ne pas pouvoir se mettre debout.

Cette variation de la suggestibilité est expressément importante à noter ; il en résulte, en effet, qu'on peut généralement produire ou enlever l'hypnose ou simple commandement jusqu'à l'état de rapport, mais, lorsqu'on veut aller plus loin, il faut employer des agents physiques. L'action de ces agents, dans les états profonds, montre bien que dans les états inférieurs ils agissent aussi, et que

Anna, ancien sujet de M R..., a été longtemps travaillée pour obtenir la lucidité ; elle présente les phénomènes ordinaires de suggestilité au début, de sensibilité et d'oubli au réveil, s'endort profondément sous l'influence des passes, mais ne présente aucun des autres caractères des états décrits plus haut ; dans son sommeil elle a des visions, qui, parait-il, se sont quelquefois trouvé des prévisions.

M⁰ᵉ V...., sujet professionnel, bien connue à Paris, très nettement polarisée, passe avec une régularité extrême, comme Benoist, par toutes les phases ci-dessus décrites, par des phases que je n'ai pu déterminer jusqu'à la syncope.

Si, au lieu d'imposer la main droite sur sa tête, on impose la main gauche (imposition en hétéronome), on détermine d'abord, comme chez les autres sujets, une excitation, puis un engourdissement, et enfin une paralysie générale présentant de telles ressemblances avec la mort que je n'ai point osé continuer les expériences.

On peut se demander si en prolongeant cette action on n'obtiendrait pas une série d'états séparés par des léthargies et possédant des propriétés spéciales ; l'état de veille ne serait ainsi qu'une phase particulière et habituelle des diverses modalités dont le cerveau peut être doué ; il constituerait la partie médiane du clavier intellectuel.

Qui sait ce que nous réserve l'avenir ?

ALBERT DE ROCHAS.

4° Réveil du sujet.

Il ne faut jamais s'exercer à endormir un sujet si l'on n'est pas rompu à la pratique des différents procédés de réveil. C'est là en effet le point le plus sujet aux surprises et celui qui déroute surtout les commençants et les opérateurs qui perdent facilement leur sang-froid.

la théorie de l'auto-suggestion pour expliquer leurs effets n'est pas admissible d'une façon absolue.

On voit aussi, pour les différences présentées par mes sujets, que les caractères que j'ai décrits pour les états de l'hypnose ne sont pas le résultat de l'éducation. C'est à tort que certains observateurs superficiels prétendent qu'on peut façonner les sujets à sa guise ; on développe plus ou moins leurs facultés naturelles, mais c'est là tout.

On peut réveiller un sujet par beaucoup de procédés, entre lesquels nous décrirons surtout les suivants :

1° Réveil par simple suggestion, ou au commandement.

2° Réveil par le souffle.

3° Réveil par les passes.

4° Réveil sans suggestion, par le regard.

5° Réveil par la combinaison de quelques-uns de ces divers procédés.

Réveil au commandement. — Le sujet étant en phase somnambulique, on lui ordonne de se réveiller bien dégagé dans une minute. On peut encore lui ordonner de s'éveiller quand on aura frappé trois fois dans les mains, ou au moyen de toute autre variété de suggestion. Ce procédé doit être employé de préférence en phase somnambulique ; mais il réussit aussi très souvent le sujet étant en léthargie, quoique avec moins de rapidité.

Réveil par le souffle. — En soufflant fortement entre les yeux du sujet, on le réveille et on le dégage en même temps.

Réveil par les passes. — Un des meilleurs procédés, surtout dans les états profonds où il doit *toujours* être employé. On fait des passes horizontales et répétées avec les deux mains, d'abord au niveau de la poitrine, puis au niveau de la tête du sujet. Le réveil ainsi produit est long à obtenir ; mais on est assuré de n'avoir jamais à craindre aucun accident consécutif, le sujet étant parfaitement dégagé.

Réveil par le regard. — Employé quand le sujet, pour une cause ou une autre, résiste à la suggestion. Dans ce cas, on regarde fixement le sujet entre les deux yeux ; à hauteur du milieu du front, et l'on voit le réveil se produire bientôt, absolument complet et sans que l'on ait prononcé une seule parole.

Réveil combiné. — Les meilleurs résultats sont obtenus en réveillant un sujet par le procédé suivant, ré-

—sultant de la combinaison de la plupart des autres procédés.

1° En phase somnambulique on donnera la suggestion que quand on soufflera entre les deux yeux le réveil complet se produira aussitôt ;

2° Cela fait, on pratique le souffle à l'endroit indiqué, dégageant en même temps rapidement le front au moyen de passes ;

3° On termine en soufflant une dernière fois quand le sujet est bien réveillé.

Lorsqu'on a affaire à un cas difficile comme celui d'un sujet en léthargie profonde et qui refuse d'obéir à la suggestion, on cherchera d'abord à obtenir une phase quelconque de l'hypnotisme, soit la catalepsie, soit le somnambulisme, et l'on donnera la suggestion à terme (une demi-heure ou une heure) précédée de souffles et de passes.

Les Sorciers et le Magnétisme.

Nous avons tenu à décrire assez minutieusement les phénomènes de l'hypnose, car il s'agit là de procédés couramment employés par les sorciers de village et par tous ceux qui passent plus ou moins pour des adeptes de la magie.

La magie ne consiste pas uniquement dans la pratique du magnétisme, non plus que dans les pratiques évocatoires, non plus que dans la cueillette des « simples » ou l'érection de l'horoscope d'une opération, mais bien dans la synthèse de toutes ces applications.

Toutefois la connaissance du magnétisme de la terre, de cette force intelligente et mystérieuse dénommée « Lumière astrale » par les adeptes, est d'un puissant secours au magiste. C'est en étudiant l'auto-hypnotisme, en développant la méditation et l'extase, qu'on prend conscience de cette force, dont l'usage n'a jamais été complètement ignoré. C'est là le secret de « l'Envoûtement », et nous n'en voulons pour preuve que les deux cas suivants : 1° Deux guérisons obtenues à l'hôpital de la Charité par l'auteur; 2° Les faits si curieux de Cideville, qui se sont produits bien avant la création du moderne spiritisme et qui sont d'ordre purement magique. Stanislas de Guaita, dans son remarquable ouvrage, *Le Serpent de la Genèse*, en donne une minutieuse analyse. Le résumé que nous publions d'après un journal du temps, est tiré des *Fragments occultes* de M. Marcellus Leloir (Bordeaux 1890). Mais auparavant donnons la curieuse note suivante :

Les *Annales des Sciences psychiques* (septembre-octobre) relatent une série d'expériences que fit en 1888 le Dr A. Gibotteau, et qui ont de très intimes rapports avec des actions magiques ; son sujet, B., était d'une famille de paysans champenois qui passait pour fournir des sorciers ; entre autres choses « elle savait, comme je l'ai éprouvé, faire *perdre la route* à une personne en lui faisant prendre sa droite pour sa gauche (hallucination du sens de l'espace). Elle disait que, petite fille, elle allait au bois avec sa mère pour cueillir des fraises. Quand elle s'ennuyait et voulait rentrer, elle jouait à celle-ci le *tour* de lui faire perdre sa route. Dans nos campagnes, ce pouvoir est généralement attribué aux sorciers. A Cuba, les sorciers nègres prétendent en faire autant. Il y aura des recherches curieuses à faire sur cette pratique dont je crois pouvoir, par expérience, attester la réalité.

« Une autre fois, Berthe m'apprit comment il fallait s'y prendre pour *faire tomber une personne*. La méthode est remarquablement logique. Il faut d'abord la connaître, lui parler, l'impressionner autant qu'on peut, et se faire redouter d'elle. Quand elle est dans la rue, on la suit par derrière en imitant bien sa démarche, et en la *chargeant* (c'était le mot qu'elle employait d'ordinaire pour dire s'emparer mentalement de la pensée de quelqu'un, en l'endormant un peu, procédé qui lui était familier). Alors il faut voir une corde tendue en travers de la route à quelques pas en avant. On suit bien les mouvements de la personne et, au moment où elle arrive sur la corde, on fait soi-même un faux pas volontaire : alors elle est forcée de tomber.

« Voici maintenant une manière d'amener un ennemi à se pendre : suivre ses pas et ses pensées, lui *montrer* tous les jours un arbre dans un lieu écarté. Lui faire penser qu'il est malheureux que ses affaires sont perdues sans ressources, et tous les jours lui montrer la même place, etc. »

LES SORCIERS DE VILLAGE ET LA SUGGESTION

par Gérard Encausse

Chef du laboratoire hypnothérapique de la Charité

Parmi les malades traités au laboratoire de la Charité, se sont trouvés deux cas assez curieux qui révèlent l'influence que peuvent avoir certains individus de la campagne sur des sujets quelque peu émotifs.

Lorsqu'on parle de ces sorciers de village, de ces rebouteurs, de ces bonnes femmes, représentants de ces sciences occultes aujourd'hui oubliées, la première tendance est de rire et de ne tenir aucun compte des mille faits colportés de chaumière en chaumière, et grossis par l'imagination des narrateurs.

Il y aurait pourtant une curieuse étude à faire sur les suggestions, accompagnées de paroles bizarres, qui sont la cause véritable de la plupart des actions de ces magiciens au petit pied. Ces suggestions n'ont d'effet que sur les êtres émotifs, et toute personne qui se moque du « sorcier » échappe de ce fait à son influence, quoi qu'en disent les partisans à outrance de la suggestion à l'état de veille et de son action universelle.

Les deux malades dont il s'agit sont des hystériques, chez lesquelles, du reste, aucun accident ne s'était déclaré jusqu'à l'époque où la suggestion fut donnée.

La première de ses malades, Elisa C..., nous fut amenée le 11 décembre par une parente qui avait consulté à ce sujet de nombreux médecins, qui avaient fait divers traitements, le tout sans aucun résultat.

La malade, âgée de 18 ans, avait une contracture persistante du bras droit, d'origine purement hystérique.

Mise devant le miroir rotatif, elle ne tarda pas à être fascinée, et dès lors on put combiner le traitement par les transferts avec le traitement par la suggestion. Sous cette double influence, la contraction du bras disparait au bout du quatrième jour de traitement.

Mais, dans la nuit du 4ᵉ au 5ᵉ jour, la malade devient subitement muette. Nous pensions venir facilement à bout de ce mutisme par l'emploi de la suggestion ; mais ce fut en vain que nous essayâmes deux jours de suite divers procédés de suggestion. Tout échoua.

C'est alors que l'idée nous vint que la malade était dominée par une suggestion antérieure inconnue de nous et qui détruisait notre action au fur et à mesure des résultats obtenus. Le mutisme persistant empêchait d'interroger la malade. Nous eûmes recours à un subterfuge expérimental.

Nous étant assurés que toutes les suggestions étaient exécutées par la malade, sauf celles qui avaient trait à sa maladie, nous suggérâmes (le sujet étant en période de somnambulisme lucide) que la personne qui *avait fait le mal* était là, devant elle, et nous montrions en même temps un des élèves du laboratoire.

La figure de la malade prit de suite une expression de fureur très accentuée, et c'est avec grand'peine que l'auteur supposé de l'état actuel du sujet put s'approcher et ordonner d'une voix forte à la jeune fille d'être guérie de suite, ce qui fut fait sur l'heure.

Du dialogue qui s'engagea entre les deux interlocuteurs, nous pûmes déduire les faits suivants :

La jeune malade était fille d'un homme considéré dans le village comme un peu sorcier. Le jour où elle vint à Paris, emmenée par ses maîtres, son père, pris d'une violente colère, la maudit en lui disant :

« A partir d'aujourd'hui, tu seras toujours malade, et nul que moi ne pourra te guérir. »

Jusque-là, jamais elle n'avait été malade, jamais elle n'avait eu de crises hystériques, ni d'accidents névropathiques quelconques. Cette scène, comme on pense, la frappa vivement. Elle partit, et quelques jours après la contraction du bras se déclarait.

On comprend facilement pourquoi, dès que cette contraction fut guérie, une autre affection se déclarait. Les paroles du père avaient agi comme une véritable suggestion.

Connaissant cette histoire, il nous fut facile de tout faire cesser. Le père supposé, créé par notre action suggestive, déclara cesser sa malédiction et pardonna à sa fille. Il répéta ce pardon quand le sujet fut éveillé, et dès ce moment tous les accidents cessèrent.

...

L'histoire de l'autre malade rentre également dans la même catégorie.

Adolphine F., 27 ans, mariée depuis l'âge de 18 ans, nous fut amenée le 7 septembre 1890.

Elle aurait été subitement atteinte, chez elle, d'accidents névropathiques intenses, crises d'étouffements, douleurs subites, attaques d'hystérie, etc., etc.

MAGIE PRATIQUE

Elle avait été traitée au moyen du bromure, même à hautes doses, de la valériane, du chloral, etc., rien n'avait réussi.

Le traitement par les transferts seuls eut raison très facilement de tous ces accidents et, moins de quinze jours après le début de ce traitement, la malade retournait chez elle guérie. Malgré toutes nos demandes, il nous avait été impossible de trouver la cause de la maladie, et nous avions bien affaire à une nerveuse, quelque peu émotive ; mais cela ne suffit pas pour établir l'étiologie d'accidents aussi subits.

Le 11 décembre 18_0, la malade revint nous voir, atteinte encore une fois des mêmes symptômes. Un interrogatoire minutieux l'amena à avouer qu'elle se faisait quelquefois traiter, dans son pays, par une femme qui passait pour *sorcière*. Cette femme lui avait un jour dit, dans un moment de colère, qu'elle serait toujours malade dès ce moment, et qu'aucun médecin ne pourrait la guérir. La colère de la sorcière était causée par le refus d'une petite somme d'argent de la part de la malade. On a vu quels avaient été les résultats de cette véritable suggestion.

Un nouveau traitement suggestif, approprié à cette singulière étiologie, eut raison de la maladie qui est aujourd'hui complètement guérie — au grand scandale de la « sorcière », paraît-il.

.°.

En somme, il y a là une question sur laquelle on passe souvent avec trop de dédain.

Les récents travaux de notre maître, le Dr Luys, éclairent d'un jour tout nouveau les actions de ces empiriques, dont la suggestion peut être portée par des objets divers (talismans, pactes, etc.), comme un état neurologique est porté par une couronne aimantée.

— Il y aurait lieu de différencier les cas où ces hypnotiseurs de village font œuvre utile d'avec ceux où ils sont passibles des peines édictées par la loi contre les gens qui extorquent par la menace l'argent de leurs victimes.

Ces deux observations montrent de plus de quelle utilité est la recherche de l'*étiologie* dans ces accidents névropathiques qui se déclarent subitement chez des sujets jusque-là parfaitement bien portants ou à peine émotifs.

Ann. de Psychiatrie, n° 6 (juin 1891).

Qu'on me permette de citer un cas extraordinaire d'envoûtement qui s'est déroulé devant les tribunaux, et dont le récit se trouve inséré par M. Montet dans le journal la *Patrie* du 26 mai 1853.

Voici l'article textuel :

« Nous avons à faire passer aujourd'hui sous les yeux des lecteurs de ce Bulletin des faits d'une nature si singulière, si incroyable, si inadmissible pour des gens nourris comme nous l'avons été tous, plus ou moins, de la philosophie sceptique du XVIII° siècle, qu'il faut toute l'évidence résultant d'un débat contradictoire devant les tribunaux, — où plus de vingt témoins ont été entendus et ont été unanimes dans leurs dépositions, — pour que nous osions prendre sur nous de donner de la publicité à des faits qui se sont passés en plein XIX° siècle, et qui nous reportent à quatre siècles en arrière..... Ils prouveront une fois de plus que la science et la philosophie modernes, qui ont nié d'une manière absolue les faits de magie et de sorcellerie dont l'histoire de tous les peuples et de tous les temps est pleine, ont eu tort ; et que les simples d'esprit, les bonnes gens qui croient ce qu'ils ont vu, bien que ce qu'ils ont vu soit déclaré absurde, étaient seuls dans le vrai. »

Voici maintenant le récit des faits qui se sont passés dans le courant de 1850, en Normandie, dans le village de Cideville, arrondissement d'Yvetot, tels qu'ils résultent d'une instruction volumineuse existant au greffe de la Justice de paix d'Yerville, et dont un résumé, très long lui-même, est en ce moment sous presse chez Vrayet de Surcy.

« Vers les premiers jours du mois de mars 1840, M. Tinel, curé de Cideville, rencontra chez un de ses paroissiens malades un individu nommé G..., auquel tout le pays accordait depuis longtemps une réputation de guérisseur et de sorcier. Le curé adressa au sorcier une verte réprimande et le fit renvoyer. De son côté, la justice mit la main sur G..., qui en eut pour une année ou deux de prison.

« G... promit de se venger du curé, à qui, à tort ou à raison, il attribuait ses démêlés avec la justice, et il choisit pour exécuteur de ses vengeances le berger Thorel, son disciple et son ami.

« Deux enfants étaient élevés au presbytère de Cideville ; l'un avait douze ans et se nommait Gustave Lemoniers, l'autre, nommé Clément Aunel, avait quatorze ans. L'éducation de ces enfants était pour le curé à la fois une occupation agréable et un moyen de bien-être. C'est dans la personne de l'un de ces enfants que, selon l'opinion générale des témoins, le sorcier a frappé le curé.

« Un jour de vente publique, le jeune Gustave est accosté par le berger, et peu d'heures après les événements commencent. Tout aussitôt après la rentrée de cet enfant, une espèce de trombe vient s'abattre sur le presbytère, puis, à la suite de cette bourrasque, des coups semblables à des coups de marteau ne cessent de se faire entendre dans toutes les parties de la maison, qui paraît vouloir tomber en ruines.

« Ces coups prennent une telle extension que l'on peut les entendre à deux kilomètres de distance, et qu'une grande partie des habitants de Cideville, cent cinquante personnes, dit-on, se rendent au presbytère, l'entourent pendant de longues heures, et l'explorent en tous sens sans pouvoir en découvrir la cause.

« Pendant que ces bruits mystérieux poursuivent leur incessant concert et reproduisent en cadence le rythme exact de tous les airs qu'on leur demande, les carreaux se brisent en tous sens, les objets s'agitent, les tables se culbutent ou se promènent, les couteaux, les brosses, les bréviaires s'envolent par une fenêtre et rentrent par la fenêtre opposée ; les pelles, les pincettes quittent le foyer et s'avancent seules dans le salon ; des marteaux volent en l'air et retombent avec la légèreté qu'une main d'enfant pourrait imprimer à une plume, d'énormes pupitres se choquent et se brisent ; bien plus, un d'entre eux, chargé de livres, arrive violemment et horizontalement jusqu'au front d'un témoin, et là, sans le toucher et contrairement à toutes les lois connues de la gravitation, tombe perpendiculairement à ses pieds.

« Un autre témoin, propriétaire à quatorze lieues de distance, se transporte à l'improviste au presbytère de Cideville et s'installe dans la chambre des enfants. Il interroge le bruit mystérieux, le fait battre à tous les coins de l'appartement, pose avec lui les conditions d'un dialogue : un coup, par exemple, viendra dire *oui*, deux coups *non*, puis le nombre signifiera le nombre de lettres, etc. Cela convenu, le témoin fait battre toutes celles qui composent ses noms, prénoms et ceux de ses enfants, son âge et le leur, par an, mois, jour, le nom de sa commune, etc. ; tout s'exécute avec une justesse irréprochable.

« Un prêtre, un vicaire de Saint-Roch, M. l'abbé I...., se trouvant
« par hasard de passage à Yvetot, se transporta à Cideville et in-
« terrogea le frappeur mystérieux. On lui dit l'âge et les prénoms de
« sa mère, de son père ; mais il les a oubliés ou ne les a jamais
« connus. N'importe, il en prend note exacte, et, de retour à Paris, il
« court à la mairie, consulte les registres de l'état civil, et trouve
« entre eux et les révélations de Cideville une conformité exacte.

« Quant à l'état de l'enfant objet de cette obsession, il offre des
« symptômes extrêmement remarquables : c'est un envahissement
« de tout le système nerveux ; un poids insolite pèse sur ses
« épaules et comprime sa poitrine. De plus, cet enfant voit
« toujours derrière lui l'ombre d'un homme en blouse qu'il dit ne
« pas connaître, jusqu'au jour où, confronté avec Thorel, il s'é-
« crie : Voilà l'homme !

« Un jour cet enfant accuse une hallucination bien singulière.
« Il voit une main noire descendre de la cheminée, et s'écrie
« qu'elle lui donne un soufflet, et on voit la joue devenir et rester
« longtemps rouge ; dans sa naïveté, l'enfant s'élance dehors,
« croyant voir cette main sortir par le haut de la cheminée.

« Un soir, le curé de Cideville et quelques-uns de ses confrères
« conféraient sur le moyen à employer pour débarrasser cet enfant.
« Un des prêtres dit se rappeler avoir lu dans un vieux bouquin
« sur la matière que les esprits redoutaient les pointes de fer. Au
« risque de glisser un peu dans la superstition, nos braves ecclé-
« siastiques se munissent de pointes en fer et se mettent à s'es-
« crimer à qui mieux mieux dans le vide, partout où le bruit se
« fait entendre. Au bout de quelque temps de cet exercice, une
« botte, qui paraît avoir été portée, fait jaillir une flamme suivie
« d'une fumée tellement épaisse, qu'il fallut ouvrir les fenêtres
« sous peine d'asphyxie. On recommence, un gémissement se fait
« entendre, puis des cris inarticulés, au milieu desquels on dis-
« tingue le mot pardon. « Pardon ! répondent les ecclésiastiques,
« nous te pardonnerons et nous prierons Dieu qu'il te pardonne
« aussi, mais à la condition que tu viendras toi-même demander
« pardon à cet enfant. — Nous pardonnes-tu à tous ? — Vous êtes
« donc plusieurs ? — Nous sommes cinq, y compris le berger. —
« Nous pardonnons à tous. » Alors tout rentra dans le silence au
« presbytère.

« Le lendemain dans l'après-midi, on frappa à la porte du
« presbytère ; elle s'ouvre et Thorel se présente ; son attitude est
« humble, son langage est embarrassé, et il cherche à cacher avec
« son chapeau des écorchures toutes saignantes qui couvrent son

« visage. L'enfant l'aperçoit et s'écrie : « Voilà l'homme qui me
« poursuit depuis quinze jours. — Que voulez-vous, Thorel ? lui
« dit-il M. le curé. — Je viens... je viens de la part de mon maître
« chercher le petit orgue que vous avez ici. — Non, Thorel, non,
« on n'a pu vous donner cet ordre-là ; encore une fois, ce n'est pas
« pour cela que vous venez ici ; que voulez-vous ? Mais auparavant,
« d'où viennent ces blessures, qui vous les a faites ? — Cela ne
« vous regarde pas ; je ne peux pas le dire. — Dites donc ce que
« vous voulez faire. Soyez franc, dites que vous venez demander
« pardon à cet enfant ; faites-le donc et mettez-vous à genoux.
« — Eh bien ! pardon, dit Thorel en tombant à genoux. » Et, tout
« en demandant pardon, il se traîne et cherche à saisir l'enfant
« par la blouse.

« Il y parvient, et les témoins constatent qu'à partir de ce moment
« les souffrances de l'enfant et les bruits mystérieux redoublent au
« presbytère de Cideville. Toutefois M. le curé engage Thorel à se
« rendre à la mairie ; il s'y trouve, et là, devant témoins, sans que
« personne lui dise de le faire, il tombe à genoux trois fois et
« demande encore pardon : « De quoi me demandez-vous pardon ?
« lui dit le curé, expliquez-vous. » Et Thorel de continuer. Mais
« tout en demandant pardon il fait comme au presbytère, il se
« traîne sur les genoux et cherche à toucher le curé comme il avait
« fait pour l'enfant. « Ne me touchez pas ! s'écrie le prêtre ; au nom
« du ciel ! ne me touchez pas, ou je frappe ! » Vaine menace,
« Thorel avance toujours, jusqu'à ce que le curé, acculé dans un
« angle de la pièce, se voit forcé, pour sa légitime défense, de lui
« asséner trois coups de canne sur le bras.

» Ce sont ces trois coups de canne qui ont été la cause du procès
« qui s'est déroulé devant la justice de paix d'Yerville, et où tous
« les faits que nous venons d'indiquer sommairement ont été
« constatés dans leurs moindres circonstances par de nombreux
« témoins qui n'ont jamais varié. M. le juge de paix d'Yerville,
« après avoir entendu les témoins dans leurs dépositions et les
« parties dans leurs moyens respectifs, rendit, le 5 février 1851,
« un jugement définitif, par lequel Thorel était débouté de sa
« demande de 1,200 francs de dommages-intérêts pour les coups
« de canne du curé et condamné à tous les dépens. »

Telle a été la fin juridique de cette affaire singulière.
Quant à l'issue matérielle, nous dirons que ces faits et
mille autres semblables, qui se sont produits journellement et sans interruption depuis le 26 novembre 1850

jusqu'au 15 février 1851, ne cesseront que lorsque, par l'ordre de Mᵍʳ l'archevêque de Rouen, les deux enfants eurent été éloignés du presbytère de Cidoville et confiés à un autre ecclésiastique, qui a continué à Rouen leur éducation.

« Lorsque l'air est comprimé par une agglomération électrique « et qu'on soutire l'électricité au moyen d'une pointe métallique, il « se produit une vive étincelle, puis toutes les apparences d'une « épaisse fumée. Il suffit pour cela que la pointe ait divisé un « nœud de lumière astrale coagulée par une larve. »

C'est le phénomène qui s'est produit dans le précédent récit.

Comme nous l'avons écrit plus haut, l'instrument des envoûtements est le grand agent magique, ou, en termes plus modérés, la puissance magnétique dirigée par une volonté perverse.

« Ce que les sorciers et les nigromans cherchaient surtout dans leurs évocations de l'esprit impur, c'était cette puissance magnétique qui est le partage du véritable adepte, et qu'ils voulaient usurper pour en abuser indignement.

« La folie des sorciers étant une folie méchante, un de leurs buts surtout c'était le pouvoir des envoûtements ou des influences délétères.

L'Envoûtement.

Toutes ces histoires attirent l'attention du chercheur sur ces anciennes pratiques d'envoûtement qu'on croyait fabuleuses et disparues à jamais de l'histoire des sciences. Or les expériences opiniâtrement poursuivies depuis 1891 par M. le colonel de Rochas et portant sur l'*extériorisation de la sensibilité* dans les états profonds de l'hyp-

---

Éliphas Lévi, *Histoire de la Magie*.

nose sont venues de nouveau rappeler la possibilité de ces faits étranges et du domaine de la magie.

Le traité que nous écrivons n'étant pas un livre de sorcellerie mais bien un ouvrage de magie, nous n'avons pas à entrer dans le détail de ces pratiques, dangereuses au service d'une volonté mauvaise. Nous tenons simplement à insister sur la « possibilité scientifique » de ces phénomènes, et nous allons, à cet effet, résumer de notre mieux ces travaux tout récents que nous avons été appelé à vérifier expérimentalement au laboratoire de la Charité.

Pour procéder par ordre, donnons d'abord la première expérience caractéristique, telle qu'elle a été publiée dans les journaux quotidiens au mois d'août 1892.

L'ENVOUTEMENT

Expériences de M. de Rochas

De la *Justice* (2 août) :

Ces expériences ont eu lieu hier en présence de deux médecins, membres de l'Académie des Sciences, et d'un mathématicien bien connu.

M. de Rochas a essayé de dissoudre la sensibilité d'un sujet dans une plaque photographique.

Il a mis une première de ces plaques en contact avec un sujet non endormi : la photographie du sujet obtenue ensuite ne présentait aucun rapport avec lui.

Une seconde, mise antérieurement en contact avec un sujet endormi, légèrement extériorisé, a donné une épreuve à peine sensible par relation.

Une troisième enfin, qui avant d'être placée dans l'appareil photographique avait été fortement chargée de la sensibilité du sujet endormi, a donné une photographie qui a représenté les caractères les plus curieux.

Chaque fois que l'opérateur touchait à l'image, le sujet représenté le ressentait. Enfin il prit une épingle et en égratigna deux fois la pellicule de la plaque où la main du sujet était indiquée.

A ce moment, le sujet s'évanouit complètement en contracture.

Quand il fut réveillé, on constata sur la main deux stigmates rouges, sous l'épiderme correspondant aux deux égratignures de la pellicule photographique.

M. de Rochas venait de réaliser là, aussi complètement que possible, « l'envoûtement » des anciens.

Dans le domaine si mystérieux de ces faits, nous voulons nous borner à n'être qu'un narrateur sincère. Il ne s'agit pas ici de croire ou de ne pas croire. Nous disons ce que nous avons vu, c'est tout.

Voyons maintenant les détails donnés par l'auteur de la découverte dans l'*Initiation* (17ᵉ volume, n° 2, novembre 1892).

La plupart des sujets, quand on hyperesthésie leurs yeux par certaines manœuvres, voient s'échapper des animaux, des végétaux, des cristaux et des aimants, des lueurs qui pourraient avoir un rapport direct avec ces rayonnements. C'est ce qu'a constaté pour la première fois, il y a une cinquantaine d'années, par de nombreuses expériences, un savant chimiste autrichien, le baron de Reichenbach.

Chez l'homme, ces effluves sortent des yeux, des narines, des oreilles et de l'extrémité des doigts, pendant que le reste du corps est simplement recouvert d'une couche analogue à un duvet lumineux. Quand on extériorise la sensibilité d'un sujet, le sujet *voyant* voit cette couche lumineuse quitter la peau et se porter précisément dans la couche d'air où l'on peut constater directement la sensibilité du patient par des attouchements ou des pincements.

En continuant les manœuvres propres à produire l'extériorisation, j'ai reconnu, à l'aide de ces divers procédés, qu'il se produisait successivement une série de couches sensibles très minces, concentriques, séparées par des zones insensibles, et cela jusqu'à plusieurs mètres du sujet. Ces couches sont espacées d'environ 5 à 6 centimètres, et la première n'est séparée de la peau insensible que de la moitié de cette distance.

D'après la théorie des ondulations, qui sert aujourd'hui à expliquer la propagation et les propriétés de la lumière, du son et même de l'électricité, on peut supposer que ces couches sensibles et ces zones insensibles sont dues à des interférences d'ondes produisant des maxima et des minima, et il était naturel de chercher à voir si

---

Tout récemment le Dr Luys, à la Charité, a pu diagnostiquer certaines maladies nerveuses, d'après la couleur des effluves oculaires des malades décrits par un sujet voyant.

les ondes de vitesses ou de directions différentes, nécessaires pour produire ces interférences, n'étaient pas dues aux deux grands mouvements rythmiques du corps humain, les battements du cœur, et la respiration.

J'ai été ainsi conduit à essayer si ces ondes, auxquelles je donnerai, comme Reichenbach, le nom d'*od*, jouissaient de la propriété de se réfléchir et de se réfracter comme les autres ondes, étudiées en physique.

A l'aide d'un prisme en plâtre de $0^m,30$ de côté, j'ai fait d'assez nombreuses expériences en en variant les conditions, mais le phénomène principal s'est compliqué de phénomènes accessoires, et tout ce que je crois pouvoir conclure de mes observations, c'est que le prisme de plâtre laisse passer les ondes en les déviant suivant une loi que je n'ai pu encore dégager.

Ce que je considère comme nettement établi, c'est que les liquides, en général, non seulement arrêtent l'od, mais le dissolvent ; c'est-à-dire qu'en faisant traverser, par exemple, un verre rempli d'eau par une des couches sensibles les plus rapprochées du corps, il se produit une *ombre odique*, les couches suivantes disparaissant derrière le verre sur une certaine étendue ; de plus, l'eau du verre devient entièrement sensible et émet même, au bout d'un certain temps (probablement quand elle est saturée), des vapeurs sensibles qui s'élèvent verticalement de sa surface supérieure. Enfin, si l'on éloigne le verre, l'eau qu'il contient reste sensible jusqu'à une certaine distance au delà de laquelle le lien qui l'unit au corps du sujet semble se rendre après s'être graduellement affaibli. Jusqu'à ce moment, le sujet perçoit, sur la partie de son corps la plus rapprochée de l'endroit où était l'eau lorsqu'elle s'est chargée de sa sensibilité, tous les attouchements que le magnétiseur fait subir à cette eau, bien que la région de l'espace où l'on a transporté le verre ne contienne plus, en dehors de ce verre, de parties sensibles.

III

L'analogie que présente ce phénomène, avec les histoires de personnes qu'on fait mourir à distance en blessant une figure de cire modelée à leur image, était évidente. J'essayai si la cire ne jouirait pas, comme l'eau, de la propriété d'emmagasiner la sensibilité, et je reconnus qu'elle la possédait à un haut degré, ainsi que d'autres substances grasses, visqueuses ou veloutées, comme le cold-cream et le velours de laine. Une petite statuette, confectionnée avec de la cire à modeler et sensibilisée par un séjour de quelques instants en face et à une petite distance d'un sujet reproduisait les sensations des piqûres dont je la perçais, vers le haut du corps si je piquais la statuette à la tête, vers le bas, si je la piquais aux pieds. (C'est-à-dire que la piqûre était ressentie d'une manière plus ou moins vague dans les régions qui avaient envoyé le plus directement leurs effluves.) Cependant, je parvins à localiser exactement la sensation, en implantant, comme les anciens sorciers, dans la tête de ma figurine, une mèche de cheveux coupée à la nuque du sujet pendant son sommeil. C'est là l'expérience dont notre collaborateur du *Cosmos* a été le témoin et même l'acteur ; il avait emporté la statuette ainsi préparée derrière les casiers d'un bureau, où nous ne pouvions la voir, ni le sujet, ni moi. Je réveillai Mme L... qui, sans quitter sa place, se mit à causer avec lui jusqu'au moment où, se retournant brusquement et portant la main derrière sa tête, elle demanda en riant qui lui tirait les cheveux ; c'était l'instant précis où M. X... avait, à mon insu, tiré les cheveux de la statuette.

Les effluves paraissant se réfracter d'une façon analogue à la lumière, qui peut-être les entraîne avec elle, je pensai que si l'on projetait, à l'aide d'une lentille, sur une couche visqueuse, l'image d'une personne suffisamment extériorisée, on parviendrait à localiser exactement les sensations transmises de l'image à la personne. Une plaque chargée de gélatinobromure et un appareil photographique m'ont permis de réaliser facilement l'expérience, qui ne réussit d'une façon complète que lorsque j'eus soin de charger la plaque de la sensibilité du sujet *avant* de la placer dans l'appareil. Mais en opérant ainsi j'obtins un portrait tel, que si le magnétiseur touchait un point quelconque de la figure ou des mains sur la couche de gélatino-bromure, le sujet en ressentait l'impression au point exactement correspondant ; et cela non seulement immédiatement après l'opération, mais encore trois jours après, lorsque le portrait eut été fixé et rapporté près du sujet. Celui-ci paraît n'avoir rien senti pendant l'opération du fixage, faite loin de lui, et il sentait également fort peu quand on touchait, au lieu du gélatino-bromure, la plaque de verre qui lui servait de support. Voulant pousser l'expérience aussi loin que possible, et profitant de ce qu'un médecin se trouvait présent, je piquai violemment, sans prévenir et par deux fois, avec une épingle, l'image de la main droite de Mme L., qui poussa un cri de douleur et perdit un instant connaissance. Quand elle revint à elle, nous remarquâmes sur le dos de sa main deux raies rouges *sous-cutanées* qu'elle n'avait pas auparavant, et qui correspondaient exactement aux deux écorchures que mon épingle avait faites en glissant sur la couche gélatineuse.

Voilà les faits qui se sont passés le 2 août, non pas en présence de membres de l'Académie des sciences et de l'Académie de médecine, comme on l'a raconté, mais devant trois fonctionnaires de l'École ; ils pourront, il est vrai, être académiciens plus tard, mais ils ne le sont pas encore, et ce jour-là ils se trouvaient réunis par hasard dans mon cabinet, après être allés toucher leurs appointements chez le trésorier. Je partais le soir même pour Grenoble, et je n'ai pu refaire l'expérience, mais je suis convaincu que j'obtiendrai de nouveau la localisation exacte des sensations[1] ; quant

---

[1] A mon retour de Grenoble, j'ai retrouvé M⁰⁰ L., et j'ai pu recommencer l'expérience de la photographie, qui a réussi sans tâtonnements en suivant le mode d'opération reconnu bon le 2 août.

L'image ayant été immédiatement fixée, je fis avec une épingle une légère déchirure sur la couche de collodion, à l'emplacement des mains croisées sur la poitrine : le sujet s'évanouit en pleurant, et, deux ou trois minutes après, le stigmate *apparut et se développa graduellement, sous nos yeux*, sur le dos d'une de ses mains, à la place exactement correspondante à la déchirure.

Le cliché n'était, du reste, sensible qu'à mes attouchements ; ceux du photographe n'étaient perçus que lorsque j'établissais le *rapport* en touchant sa personne, soit avec le pied soit autrement.

Le 9 octobre, une épreuve sur papier ayant été tirée, je constatai que cette épreuve n'avait qu'une sensibilité confuse, c'est-à-dire que le sujet percevait des sensations générales agréables ou désagréables suivant la manière dont je la touchais, mais sans pouvoir les localiser. Deux jours après, toute sensibilité avait disparu, aussi bien dans le cliché que dans l'épreuve.

Le Dʳ Luys m'a dit que pendant mon absence il avait essayé de reproduire le phénomène dont on lui avait parlé et qu'il avait pu obtenir la transmission de sensibilité à 35 mètres, quelques instants après la pose.

Enfin, on vient de me communiquer l'extrait suivant d'un article qui a paru à Bruxelles, le 12 octobre, dans le journal *Paris-Bruxelles*, sous la signature d'Arsac.

« Nous avons vu répéter l'expérience de la plaque photographique sensibilisée. Les phénomènes rapportés se produisaient chaque fois que les coups d'épingle étaient donnés par l'expérimentateur, par la personne qui avait plongé le sujet dans le sommeil ; en l'absence de l'hypnotiseur, on pouvait, neuf fois sur dix, piquer le portrait sans que l'hypnotisée ressentît aucune douleur. Jamais le sujet n'a témoigné la moindre douleur lorsque le cliché a été piqué par une personne ignorant absolument le but de l'expérience.

« Nous sommes donc enclins à conclure que ce qu'on a pris pour le phénomène de l'envoûtement n'est qu'un phénomène de suggestion. L'envoûtement est possible, mais, pour l'instant, on ne peut le reproduire que dans certaines conditions nettement définies.....

« Ce qu'il faut retenir des expériences de M. de Rochas, c'est que l'extériorisation de la sensibilité est désormais un fait acquis. »

L'observation de M. d'Arsac sur la *nécessité du rapport* confirme les miennes, mais elle ne prouve nullement qu'il n'y ait là un phénomène de suggestion,

aux stigmates, je n'ose l'espérer, la personne chez qui ils se sont produits possédant à cet égard une aptitude qu'on trouve rarement et qui, chez elle, est très irrégulière[1].

L'Alphabet sympathique.

Ce genre d'opération consiste à tracer quelques lettres sur son bras au moyen d'une aiguille et à introduire du sang d'un ami dans la plaie qu'on vient de se faire.

Cette opération doit être pratiquée également sur l'individu avec lequel on doit entrer en correspondance, et alors, quelque éloigné que l'on soit l'un de l'autre, on peut s'avertir de certains événements au moyen d'une piqûre légère faite sur certaines lettres. Elle est ressentie aussitôt par celui auquel on veut s'adresser.

Malgré notre désir de ne pas faire de citations dans ce traité tout élémentaire, nous avons été amené à résumer assez longuement les expériences exécutées. Les citations étaient indispensables pour montrer au lecteur ou, pour parler plus exactement, de *transmission de pensée*. J'ai toujours piqué, *sans regarder*, à l'emplacement des mains, et le sujet ignorait encore plus que moi où allait se produire la déchirure qui se répercutait sur son épiderme ; je n'ai, du reste, ainsi que je le dis dans le corps de l'article, jamais pu produire avec Mme L. aucune transmission de pensée. La seule auto-suggestion qui soit admissible, c'est celle qui aurait trait à la production du stigmate sous l'influence de l'imagination au point où le patient a ressenti la douleur.

— Paris, le 15 octobre 1892.

[1] On a pu quelquefois déterminer chez elle le phénomène de la *dermographie*, c'est-à-dire du gonflement de la peau par le simple passage d'une pointe mousse.

la réalité de ces faits de magie qu'on met toujours sur le compte de l'imposture et de ces effets du « mauvais œil » et de l'action magnétique d'un homme sur un autre, de la volonté sur le microcosme, comme nous disons en occultisme. Nous pouvons maintenant poursuivre notre étude et aborder les détails de l'action de la volonté humaine sur les forces intelligentes de la nature.

Rappelons simplement au magiste que lorsqu'il devra employer la force magnétique, la règle primordiale à observer est qu'il faut toujours agir pour le bien, ne jamais attaquer personne, et consacrer toutes ses forces à la défense des faibles et des ignorants. C'est là la seule « voie droite », toutes les autres ne conduisent qu'à la folie et à la douleur sinon à la *mort éternelle*. A bon entendeur, salut.

BIBLIOGRAPHIE

Stanislas de Guaita. *Le Serpent de la Genèse.*
Marcellus Leloir... *Fragments occultes.*
G. Vitoux......... *Les Frontières de la Science.*
Moutin............ *Le Nouvel Hypnotisme.*
A. de Rochas...... *L'Envoûtement.*

Annales des Sciences psychiques. (Octobre 1892.)
Annales de Psychiatrie et d'Hypnologie. (1890.)

CHAPITRE XV

LE MAGISTE ET LE MACROCOSME

(Des Évocations)

Le rayonnement de la volonté du magiste s'étend sur le monde physique qu'il faut modifier dans ses formes médiates et sur l'homme dont le magnétisme le rend maître en partie. L'exercice et le sang-froid peuvent encore ouvrir au chercheur un nouveau champ d'action : il s'agit de la Nature invisible, de ce plan que nous appelons « astral », réceptacle des formes futures et des images du passé, ainsi que des forces les plus actives et les plus cachées qu'il soit permis à l'homme d'utiliser. C'est là le jardin des Hespérides où seul peut aborder le navigateur audacieux et méprisant la mort autant que le danger.

Dans notre monde visible, l'homme a su se rendre maître des forces physiques, il a su aussi dompter et utiliser quelques animaux. Un champ d'action analogue s'ouvre pour la volonté dans le plan astral.

Les forces qu'on peut utiliser nous les connaissons ; elles émanent des astres et nous en savons le caractère ; mais les *êtres* sur lesquels on peut avoir une action nous sont encore inconnus. Les auteurs qui en parlent en font toujours grand mystère et déroutent l'attention du lecteur par les noms différents qu'ils attribuent à ces êtres. Nous les appellerons, avec la kabbale, ÉLÉMENTALS, en rappelant soigneusement qu'ils sont aussi nommés *esprits élémentaires, princes des éléments, démons mortels* (δαίμων) etc., etc. Nous venons de voir pourquoi tous ces noms.

Leur rôle est analogue à celui des animaux dans le monde visible : ils soulagent l'opérateur d'une grande partie de ses travaux, pourvu qu'ils soient dirigés et sans aucune responsabilité de leur part.

C'est ainsi que, pour le commerce des hommes, le chien est un auxiliaire précieux, attaché à son maître, mais ne s'inquiétant aucunement du caractère plus ou moins moral des œuvres que ce maître lui fait accomplir. C'est ainsi que le chien du contrebandier se jettera sur le douanier parce qu'on l'a dressé à cet exercice dont il est irresponsable, tandis que le chien de garde d'un honnête fermier sautera aux mollets du garnement qui vient voler les pommes. Chien de brigand ou chien de gendarme, l'animal n'est qu'un simple auxiliaire, qu'un outil aux mains de son maître qui est seul responsable des actions de la bête. Il en est exactement de même pour les élémentals, qui se lancent dans les courants de force psychique projetés par celui qui les a domptés, sans s'inquiéter du caractère intime de l'action qu'on leur fait commettre.

L'action du magiste sur les élémentals du plan astral est strictement analogue à l'action de l'hypnotiseur sur les cellules nerveuses qui président à l'incessante réparation du corps humain : commander la production de stigmates à jour fixe ou la disparition d'une tache de naissance, c'est exactement la même chose que de commander un trouble atmosphérique léger ou la mise à jour d'une source ; les plans d'action et le caractère intime des êtres mis en mouvement diffèrent seuls. Dans le premier cas on agit sur l'homme, c'est-à-dire en plan microcosmique et au moyen des cellules nerveuses et des cellules embryonnaires ; dans le second cas on agit sur la nature, c'est-à-dire en plan macrocosmique et au moyen des êtres de l'astral et des élémentals.

Mais ce qu'il faut bien retenir, c'est que les animaux n'obéissent qu'à qui les dompte et que celui qui n'a pas assez de science, assez de courage et assez d'expérience et de sang-froid et qui veut agir « pour s'amuser » sur ces êtres de l'astral, est semblable à l'ignorant qui se lance au milieu d'une meute de chiens furieux dont il est inconnu. Nous préférons cent fois voir rire de ces expériences, que de risquer d'entraîner un étourdi dans des recherches où il laissera pour le moins sa santé, sinon sa raison ou sa vie. Nous conseillons donc charitablement au spirituel mondain de faire tourner des tables ou de faire écrire par leur être impulsif des « communications » sentimentales de Victor Hugo ou de Platon ; c'est peu dangereux, à la portée de tous les courages et de toutes les intelligences, et cela abrège agréablement une longue soirée. Mais de même qu'on ne confie pas les microscopes qui révèlent l'action intime des cellules organiques à des enfants ou à des ignorants, on ne met pas les élémentals à la portée du premier venu.

Nous pouvons définir les élémentals : *des êtres instinctifs et mortels, intermédiaires entre le monde psychique et le monde matériel.* Cette définition concorde avec les enseignements de la tradition qui nous dit avec Porphyre, Jamblique, d'abord, puis avec Paracelse, Agrippa ensuite, enfin avec Eliphas Lévi et la Kabbale, que les esprits se divisent en : esprits mortels ou esprits des éléments (élémentals) et en esprits immortels ou esprits humains (élémentaires) à différents stades d'évolution.

Le caractère essentiel des élémentals est d'animer instantanément toutes les formes de la substance astrale qui se condense autour d'eux. Aussi apparaîtront-ils tantôt comme une foule d'yeux fixés sur un individu, tantôt comme de petits points lumineux et brillants entourés de substance phosphorescente et obéissant aux ordres du verbe humain, tantôt comme des animaux étranges, inconnus sur la terre, et comme des combinaisons hétéroclites de formes animales et humaines, les reproductions qu'on trouvera plus loin résumeront tout cela. Qu'il suffise pour l'instant de se souvenir que l'élémental n'a rien de méchant en soi et est aussi inoffensif qu'un pauvre animal quand on le laisse tranquille.

Pour entrer en relation avec les élémentals, il faut entrer dans le plan astral. On peut arriver à ce résultat, soit personnellement par l'entraînement psychique et la méditation, soit médiatement par l'emploi d'un sujet somnambulique.

Mais il faut savoir que tout être humain entre en relation intime avec ce plan astral immédiatement avant de s'endormir et immédiatement avant de s'éveiller, c'est-à-dire quand les rapports entre l'être impulsif (corps astral) et l'être conscient vont subir un changement quelconque. Cette relation entre les deux plans s'établit encore au moment d'une joie ou d'une peur subite, comme à l'instant d'un grave pressentiment. La déséquilibration progressive de l'être humain, poursuivie sous le nom « *d'entraînement médianimique* » en vue de la vision, de l'audition ou de l'incarnation, permet aussi d'entrer en rapport avec le plan astral et par suite avec les élémentals.

Voilà pourquoi beaucoup de personnes voient, au moment de s'endormir et quand leurs yeux sont clos, des têtes étranges et des formes bizarres qui s'avancent vers le lit avec une incroyable rapidité et qui s'évanouissent tout à coup pour être remplacées par d'autres. De même ces cauchemars étranges, ces visions et ces pollutions qui précèdent le réveil sont l'effet ou de troubles organiques ou des élémentals, suivant le cas.

Aussi l'existence de ces êtres ne peut-elle être affirmée que par ceux qui les ont perçus et sous leur garantie personnelle. Sans vouloir décrire nos propres travaux, encore inachevés touchant ce point si intéressant de la magie, nous rapporterons divers dessins émanés de deux sujets principaux et faits dans des circonstances absolument spéciales.

Le premier de ces dessins a été obtenu avec un sujet

placé devant un miroir magique ou charbon. Ce sujet (une femme du monde) n'avait jamais été hypnotisée et ne l'a pas été depuis. Elle ne savait pas dessiner et s'est

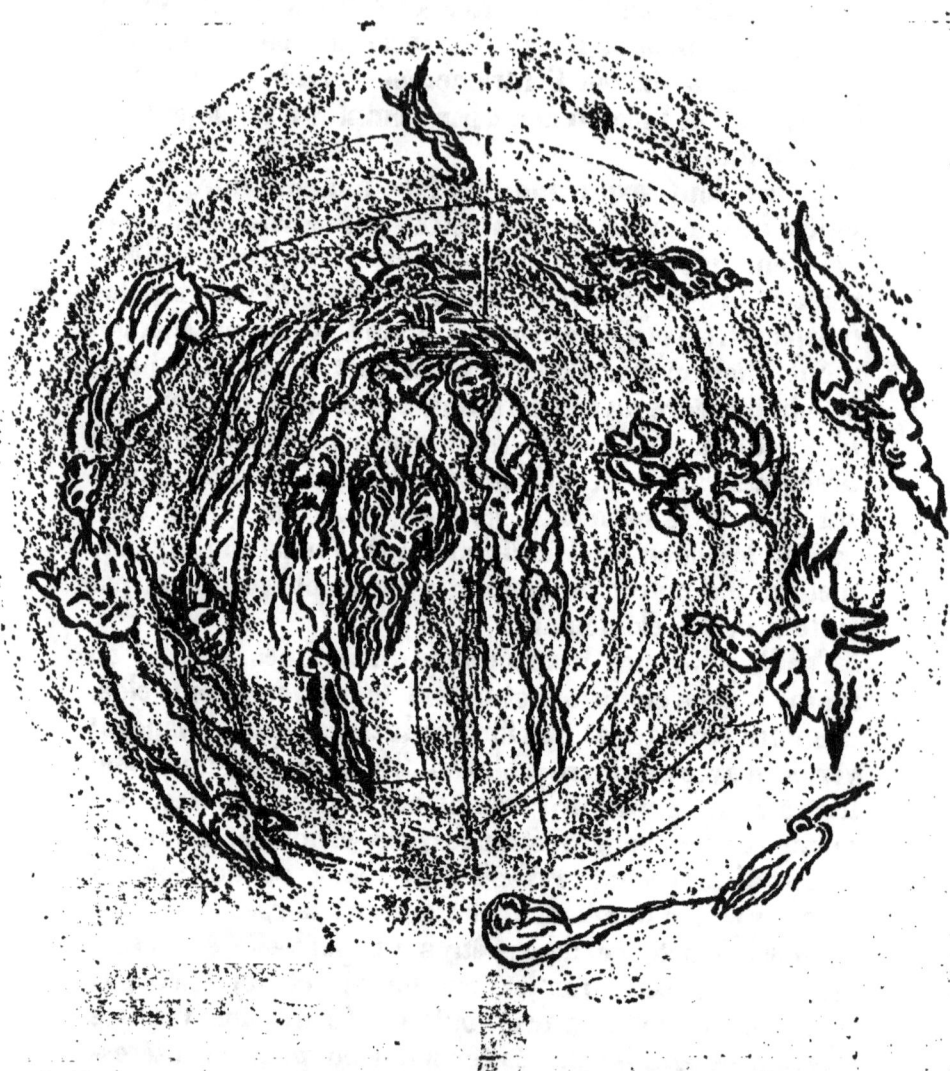

contentée de suivre rapidement le contour des formes qu'elle vit apparaître dans le miroir magique improvisé. Nous avons en notre possession des phototypies de cette vision; mais les nécessités de tirage nous ont obligé à faire reproduire grossièrement cette planche si curieuse. On aperçoit dans cette image les formes les plus disparates emportées dans le tourbillon des forces astrales. Cela répond en tous points, non seulement à nos recherches personnelles, mais encore au récit de tous

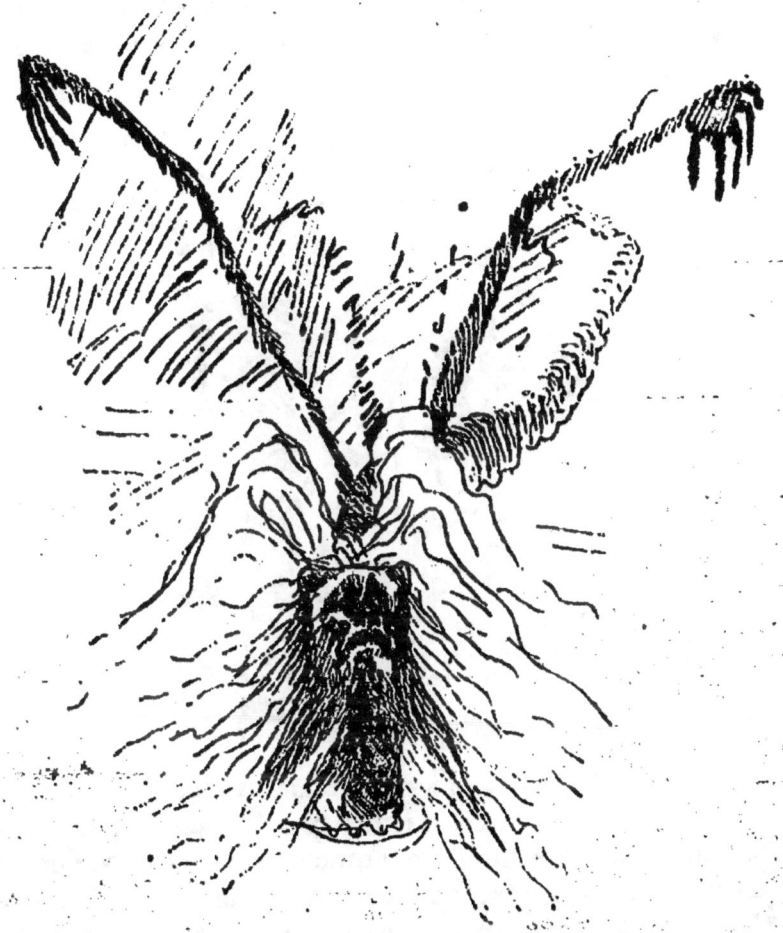

ceux qui ont été à même de percevoir ces êtres inconnus de tous, sauf des magiciens.

La seconde série de dessins a été obtenue par un de nos amis, M. C. de P., très sensible aux expériences télépathiques à distance, et dans de curieuses conditions. M. C. de P. se trouvait assis à une table, une après-midi d'automne vers quatre heures, et avait quelques feuilles de papier blanc devant les yeux. Tout à coup il est saisi d'une crise violente de tristesse, sans la moindre cause, et cela pendant une conversation qu'il tenait à deux personnes présentes; il lui semble qu'un voile se déchire devant lui et il a la perception subite d'êtres et de formes étranges pendant quatre à cinq minutes. C'est alors qu'il fit ces dessins en calquant, dit-il, exactement

sa vision. Notre ami n'avait jamais vu, si notre mémoire est fidèle, le résultat de nos précédentes expériences, nous étions absent à ce moment, et c'est seulement deux heures après, en rentrant, que nous vîmes les dessins. D'autre part, sa sincérité et son honnêteté sont au-dessus de tout soupçon, et la concordance de ces derniers avec ceux obtenus par notre premier sujet d'une part, avec les figures soi-disant diaboliques des vieux grimoires, frappera tout observateur consciencieux. Voici donc les dessins obtenus dans cette seconde expérience si inopinée.

.˙.

Maintenant que nous avons décrit aussi clairement que possible tout ce qu'enseigne la Science Occulte touchant les élémentals, abordons l'étude des divers moyens employés pour agir sur ces êtres et pour les diriger.

Pour se rendre bien compte de ces moyens, il faut savoir que ces êtres sont théoriquement divisés en quatre grandes classes correspondant aux quatre forces élémentaires et aux quatre lettres du tétragramme sacré.

On donne respectivement à ces quatre classes d'élémentals les noms de Gnomes (Terre), de Salamandres (feu), de Sylphides (air), et d'Ondines (eau). — Ces divisions n'ont d'autre raison d'être, sachons-le, que les modifications que subit la substance astrale d'après les divers milieux dans lesquels elle se manifeste. Il n'en est pas moins vrai cependant que ces modifications déterminent l'emploi des divers instruments, mots kabbalistiques, oraisons, conjurations, etc., etc. employés. Aussi avons-nous dressé le tableau de concordance suivant, d'après Éliphas, qui résumait lui-même le IVᵉ livre (non traduit encore) d'Agrippa sur la Magie pratique. La lecture attentive de ce tableau fournira les premières indications nécessaires.

Pour les conjurations de l'air, de la terre, de l'eau et du feu, on s'en rapportera à ce que nous avons dit au

TABLEAU DES CORRESPONDANCES DU QUATERNAIRE MAGIQUE
(D'après Éliphas LÉVI (1861). *Rituel*, p. 86.)

	Élément	Génie	Point Cardinal	Tempérament	Hiéroglyphe	Instrument Magique
GNOMES	TERRE	BOB	NORD	Mélancoliques (Pessimistes)	TAUREAU	ÉPÉE
SALAMANDRES	FEU	DJIN	MIDI	Sanguins (Actifs)	LION	BAGUETTE
SYLPHES	AIR	PARALDA	ORIENT	Bilieux Ambitieux	AIGLE	TALISMANS (Pantacles)
ONDINES	EAU	NICKSA	OCCIDENT	Flegmatiques Tranquilles	VERSEAU	COUPE

premier chapitre de cette troisième partie ainsi que pour les oraisons, en ajoutant les renseignements suivants qui complètent certains points laissés encore inachevés dans ce chapitre.

Exorcisme de l'air

(Oraison)

Spiritus Dei ferebatur super aquas et inspiravit in faciem hominis spiraculum vitæ. Sit MICHAEL dux meus et SABTABIEL servus meus in luce et per lucem.

Fiat verbum habitus meus, et imperabo spiritibus aeris hujus et refrenabo equos solis voluntate cordis mei et cogitatione mentis mei et nutu oculi dextri.

Exorciso igitur te, creatura aeris per Pentagrammaton et in nomine IOD-HE-VAU-HE in quibus sunt voluntas firma et fides recta. *Amen.*

Exorcisme de la terre.

On exorcise la terre par l'aspersion de l'eau, par le souffle et par le feu, avec les parfums propres pour chaque jour, et l'on dit l'oraison des gnomes.

**

L'action du magiste sur les élémentals doit avoir pour point de départ la royauté entière de la volonté sur le monde physique.

Eliphas Lévi résume le détail de cette action dans son rituel et nous rappellerons seulement pour mémoire que celui qui a le vertige ne commandera jamais aux gnomes, celui qui a peur de la tempête sera toujours vaincu par les ondines, les salamandres se jouent de qui craint le feu, et les sylphides de qui redoute le tonnerre et les ouragans.

C'est par la prière, telle que nous l'avons indiquée, en modifiant le rituel de l'oraison aux quatre points cardinaux d'après les correspondances des instruments, qu'on s'exercera à l'action sur les élémentals. Il faut toutefois savoir que toute étude pratique dans ce but doit être faite au milieu du cercle magique. On est ainsi complètement isolé et à l'abri de toute surprise de la part des puissances de l'Astral.

La méditation dans l'obscurité, aidée de l'isolement par la laine et de l'emploi facultatif de l'épée, permet de voir rapidement les élémentals.

A titre de complément, nous donnons ici les trois grandes conjurations magiques telles que les rapporte Éliphas Lévi.

Conjuration des quatre

Caput mortuum, imperet tibi Dominus per vivum et devotum Serpentem. — Cherub, imperet tibi Dominus per Adam-Iotchavah ! — Aquila errans, imperet tibi Dominus per alas Tauri ! — Serpens, imperet tibi Dominus. — Tetragrammaton per Angelum et Leonem !

Michael, Gabriel, Raphael, Anael !

Fluat udor per spiritum *Eloïm.*

Maneat-Terra per *Adam-Iotchavah.*

Fiat Firmamentum per *Iahuvehu-Zebaoth.*

Fiat Judicium per ignem in virtute *Michael.*

Ange aux yeux morts, obéis, ou écoule-toi avec cette eau sainte.

Taureau ailé, travaille, ou retourne à la terre, si tu ne veux pas que je t'aiguillonne avec cette épée.

Aigle enchaîné, obéis à ce signe, ou retire-toi devant ce souffle.

Serpent mouvant, rampe à mes pieds, ou sois tourmenté par le feu sacré, et évapore-toi avec les parfums que j'y brûle.

Que l'eau retourne à l'eau ; que le feu brûle ; que l'air circule ; que la terre tombe sur la terre par la vertu du Pentagramme, qui est l'étoile du matin, et au nom du Tétragramme qui est écrit au centre de la croix de lumière. *Amen.*

Conjuration des sept

Au nom de Michael, que Iehovah te commande et t'éloigne d'ici, Chavajoth !

Au nom de Gabriel, qu'Adonaï te commande et t'éloigne d'ici, Bélial !

Au nom de Raphael, disparais devant Elohim, Sachabiel !

Par Samael Zebaoth et au nom d'Eloïm-Gibor, éloigne-toi Adramélech !

Par Zachariel et Sachiel-Mélech, obéis à Elvah, Samgabiel !

Au nom divin et humain de Schaddaï, et par le signe du pentagramme que je tiens dans ma main droite, au nom de l'ange Anael, par la puissance d'Adam et d'Heva, qui sont Iotchavah, retire-toi, Lilith ; laisse-nous en paix, Nahéma !

Par les saints Eloïm et les noms des génies Cashiel, Schaltiel, Aphiel et Zarahiel, au commandement d'Oriffel, détourne-toi de nous, Moloch ! nous ne te donnerons pas nos enfants à dévorer.

INVOCATION DE SALOMON

Puissances du royaume, soyez sous mon pied gauche et dans ma main droite ; gloire et éternité, touchez mes deux épaules et dirigez-moi dans les voies de la victoire ; miséricorde et justice, soyez l'équilibre et la splendeur de ma vie ; intelligence et sagesse, donnez-moi la couronne ; esprits de *Malchuth*, conduisez-moi entre les deux colonnes sur lesquelles s'appuie tout l'édifice du Temple ; anges de *Netsah* et de *Hod*, affermissez-moi sur la pierre cubique de *Jesod*.

O *Gedulael* ! ô *Geburael* ! ô *Tiphereth* ! *Binael*, sois mon amour, *Ruach Hochmael*, sois ma lumière ; sois ce que tu es et ce que tu seras, ô *Kétheriel* !

Ischim, assistez-moi au nom de *Saddaï*.

Cherubim, soyez ma force au nom d'*Adonaï*.

Beni-Elohim, soyez mes frères au nom du fils et par les vertus de *Zebaoth*.

Eloïm, combattez pour moi au nom de *Tetragrammaton*.

Malachim, protégez-moi au nom de I E V E

Seraphim, épurez mon amour au nom d'*Eloah*.

Hasmalim, éclairez-moi avec les splendeurs d'*Eloï* et de *Schechinah*.

Aralim, agissez ; Ophanim, tournez et resplendissez.

Hajoth à Kadosh, criez, parlez, rugissez, mugissez : Kadosh, Kadosh, Kadosh, *Saddaï*, *Adonaï*, *Iotchavah*, *Eiazerie*.

Hallelu-jah, Hallelu-jah, Hallelu-jah. Amen.

C'est à la connaissance des élémentals et de leur action que se rattachent les diverses pratiques concernant l'évocation des formes astrales.

Cette évocation doit être pratiquée de la façon suivante, quand on aura satisfait à l'entraînement psychique et alimentaire habituel.

1° Tracé du cercle d'après les correspondances planétaires.

2° Prière magique dans le cercle d'après le rituel indiqué, pendant que le parfum convenable fume sur l'autel et que la lumière éclaire la fumée du parfum devant le miroir magique.

3° Oraison des gnomes, des sylphes, des ondines et des salamandres, suivant le cas.

4° Conjuration (d'après les correspondances planétaires).

5° Après l'apparition dans le miroir, renvoi.

Tous les détails sur les instruments, le cercle, etc., se trouvent dans le dernier chapitre de cette partie de l'ouvrage.

Voici, de plus, quelques pratiques curieuses tirées des vieux grimoires, et dont le lecteur avisé rétablira facilement l'origine et la raison d'être.

Nous donnons les deux premières évocations *à titre de curiosité* et la dernière, tirée d'Éliphas Lévi, comme développement préalable du rituel d'évocation que nous analyserons dans un prochain chapitre.

ÉVOCATIONS D'APRÈS LES GRIMOIRES

POUR FAIRE VENIR UNE FILLE VOUS TROUVER, SI SAGE QU'ELLE SOIT ; EXPÉRIENCE D'UNE FORCE MERVEILLEUSE DES INTELLIGENCES SUPÉRIEURES.

Il faut remarquer, au croissant ou au décours de la Lune, une étoile entre onze heures et minuit ; mais avant de commencer, faites ce qui suit.

Prenez du parchemin vierge, écrivez dessus le nom de celle que vous voulez faire venir. De l'autre côté vous écrirez ces mots : Melchiael, Barechas, puis vous mettrez votre parchemin par terre, le nom de la personne contre terre, le pied droit dessus et le genou gauche à terre ; alors, regardant la plus brillante étoile, il faut tenir en main droite une chandelle de cire blanche qui puisse durer une heure, vous direz la salutation suivante.

Conjuration.

Je te salue et conjure, ô belle lune et belle étoile, brillante lumière que je tiens à ma main, par l'air que je respire, par l'air qui est en moi, par la terre que je touche, je vous conjure, par tous les noms des esprits princes qui président en vous, par le nom ineffable ON, qui a tout créé, par toi bel ange Gabriel, avec le prince Mercure, Michael et Melchidael. Je vous conjure derechef par tous les divins noms de Dieu, que vous envoyez obséder, tourmenter, travailler le corps, l'esprit, l'âme et les cinq sens de nature de N., dont le nom écrit ci-dessous, de sorte qu'elle vienne vers moi et qu'elle accomplisse ma volonté, et qu'elle n'ait d'amitié pour personne du monde, spécialement pour N., tant qu'elle aura d'indifférence pour moi, qu'elle ne puisse durer, qu'elle soit obsédée souffre et tourmentée. Allez donc promptement Melchidael, Bereches, Zazel, Firiel Malcha, et tous ceux qui sont sans vous ; je vous conjure, par le grand Dieu vivant, de l'envoyer promptement pour accomplir ma volonté, et moi N. je promets de vous satisfaire.

Après avoir prononcé trois fois cette conjuration, mettez la bougie sur le parchemin et la laissez brûler ; le lendemain prenez ledit parchemin et le mettez dans votre soulier gauche, et l'y laissez jusqu'à ce que la personne pour laquelle vous avez opéré soit venue vous trouver. Il faut spécifier dans la conjuration le jour que vous souhaitez qu'elle vienne, et elle n'y manquera pas.

POUR FAIRE VENIR TROIS DEMOISELLES OU TROIS MESSIEURS DANS SA CHAMBRE APRÈS SOUPER

Préparation.

Il faut être trois jours sans tirer de Mercure ; le quatrième, vous nettoyerez et préparerez votre chambre dès le matin, sitôt que vous serez habillé, le tout à jeun, et vous ferez en sorte qu'on ne la gâte point dans le reste de la journée, et vous remarquerez qu'il faut qu'il n'y n'ait rien de pendu ou de croché comme tapisserie, habits, chapeaux, cages à oiseaux, rideaux du lit, etc., et surtout mettez des draps blancs à votre lit.

Cérémonie.

A la fin du souper, va sûrement à la chambre préparée comme dessus ; fais bon feu, mets une nappe blanche sur la table, trois chaises autour, et vis-à-vis des sièges trois pains de froment et trois verres pleins d'eau claire et fraîche, puis mets une chaise ou un fauteuil à côté de ton lit, ensuite couche-toi et dis les paroles suivantes :

Conjuration.

Besticirum, consolatio veni ad me vertu Creon, Creon, Creon, cantor laudem omnipotentis et non commentur. Star superior carta biont laudem omviestra principiem de montem eti nimicos meos ô prostantis vobis et mihi dantes quo passium flori sui cisibilis[1].

Les trois personnes étant venues s'asseoiront auprès du feu, buvant, mangeant, et puis remercieront celui ou celle qui les aura reçus ; car si c'est une demoiselle qui fait cette cérémonie, il viendra trois messieurs, et si c'est un homme, il viendra trois demoiselles ; les trois personnes tireront au sort entre elles pour savoir celle qui demeurera avec toi ; elle se mettra dans le fauteuil ou la chaise que tu leur auras destiné auprès de ton lit, et elle restera à causer avec toi jusqu'à minuit, et à cette heure elle s'en ira avec ses compagnes, sans qu'il soit besoin de les renvoyer. A l'égard des deux autres, elles se tiendront auprès du feu pendant que l'autre t'entretiendra ; et pendant qu'elle sera avec toi tu peux l'interroger sur tel art, ou sur telle science et telle chose que tu voudras, elle te rendra sur le champ réponse positive. Tu peux aussi lui demander si elle sait quelque trésor caché et elle t'enseignera le lieu, la place et l'heure commode pour le lever, même s'y trouvera avec ses compagnes, pour te défendre contre les atteintes des esprits infernaux qui pourraient en avoir la possession ; et en partant d'auprès de toi, elle te donnera un anneau qui te rendra fortuné au jeu en le portant à ton doigt ; et si tu le mets au doigt d'une femme ou fille, tu en jouiras sur le champ.

Nota. Que tu dois laisser ta fenêtre ouverte afin qu'elle puisse entrer. Tu pourras répéter cette même cérémonie tant de fois que tu voudras.

---

[1] Nous avons scrupuleusement conservé cet inénarrable latin.

ÉVOCATION D'AMOUR

D'APRÈS ELIPHAS LÉVI

(Rituel p. 185 et suiv.)

On doit d'abord recueillir avec soin tous les souvenirs de celui ou celle qu'on désire revoir, les objets qui lui ont servi et qui ont gardé son empreinte, et meubler soit une chambre où la personne ait demeuré de son vivant, soit un local semblable où l'on mettra son portrait, voilé de blanc, au milieu des fleurs que la personne aimait et que l'on renouvellera tous les jours.

Puis il faut observer une date précise, un jour de l'année qui ait été soit sa fête, soit le jour le plus heureux pour votre affection et pour la sienne, un jour dont nous supposons que, quelque heureuse qu'elle soit d'ailleurs, la personne n'a pu perdre le souvenir ; c'est ce jour-là même qu'il faut choisir pour l'évocation à laquelle on se préparera pendant quatorze jours.

Pendant ce temps, il faudra observer de ne donner à personne les mêmes preuves d'affection que le défunt ou la défunte avait droit d'attendre de vous ; il faudra observer une chasteté rigoureuse, vivre dans la retraite, et ne faire qu'un modeste repas et une légère collation par jour.

Tous les soirs, à la même heure, il faudra s'enfermer avec une seule lumière peu éclatante, telle qu'une petite lampe funéraire ou un cierge, dans la chambre consacrée au souvenir de la personne regrettée. On placera cette lumière derrière soi et l'on découvrira le portrait, en présence duquel on restera en silence ; puis on parfumera la chambre avec un peu de bon encens et l'on en sortira à reculons. Le jour fixé pour l'évocation, il faudra se parer dès le matin comme pour une fête, n'adresser le premier la parole à personne de la journée, ne faire qu'un repas composé de pain, de vin et de racines ou de fruits ; la nappe devra être blanche, on mettra deux couverts, et l'on rompra une part du pain, qui devra être servi entier, on mettra aussi quelques gouttes de vin dans le verre de la personne qu'on veut évoquer.

Ce repas doit être fait en silence, dans la chambre des évocations, en présence du portrait voilé ; puis on emportera tout ce qui aura servi pour cela, excepté le verre du défunt et sa part de pain, qui seront laissés devant son portrait.

Le soir, à l'heure de la visite habituelle, on se rendra dans la chambre en silence, on y allumera un feu clair avec du bois de Cyprès, et l'on y jettera sept fois de l'encens, en prononçant le nom de la personne qu'on veut revoir. On éteindra ensuite la lampe et on laissera le feu mourir. Ce jour-là on ne dévoilera pas le portrait. Quand la flamme sera éteinte, on remettra de l'encens sur les charbons et l'on invoquera Dieu suivant les formules de la religion à laquelle appartenait la personne décédée et suivant les idées qu'elle avait elle-même de Dieu.

Il faudra, en faisant cette prière, s'identifier à la personne évoquée, parler comme elle parlerait, se croire en quelque sorte elle-même ; puis, après un quart d'heure de silence, lui parler comme si elle était présente, avec affection et avec foi, en la priant de se montrer à nous ; renouveler cette prière mentalement et en couvrant son visage de ses deux mains, puis appeler trois fois et à haute voix la personne ; attendre à genoux et les yeux fermés ou couverts pendant quelques minutes en lui parlant mentalement ; puis l'appeler trois fois encore d'une voix douce et affectueuse et ouvrir lentement les yeux. — Si l'on ne voyait rien, il faudrait renouveler cette expérience l'année suivante et ainsi jusqu'à trois fois. — Il est certain qu'au moins la troisième fois on obtiendra l'apparition désirée, et plus elle aura tardé, plus elle sera visible et saisissante de réalité.

*
**

Comme on le voit, dans ces variations de formes astrales, toute la force utilisée est exclusivement tirée de l'opérateur. — Dans les modernes séances spirites où les données de la magie ont été complètement corrompues, c'est un être humain en état d'hypnose, appelé *médium*, qui fournit la force nécessaire et dont la force psychique est aspirée avec volupté par les élémentals présents. — C'est en effet grâce à la force vitale que les entités peuvent se manifester, et les anciens employaient à cet effet le sang des victimes, ainsi qu'on peut le voir dans Homère.

Dans les expériences difficiles, on ajoute à la fumée des parfums l'action du corps astral d'un animal quelconque, généralement un batracien (une grenouille le plus souvent).

BIBLIOGRAPHIE

Éliphas Lévi........ *Rituel de la Haute Magie.*
Stanislas de Guaita. *Le Serpent de la Genèse.*
Jules Lermina....... *Magie pratique.*
Durville........... *Traité pratique de Magnétisme.*

Grimoires attribués à Albert le Grand. — Clavicules de Salomon. — Grimoires d'Honorius.

CHAPITRE XVI

LA MÉDECINE HERMÉTIQUE

Allopathie. — Homœopathie. — Hermétisme

Caractère et guérison des obsessions

Guérir est l'un des buts principaux proposés par l'initiation au magiste. — La science du thérapeute est triple et peut s'adresser soit au corps, soit au corps astral, soit à l'être psychique. A chacune de ces divisions correspond une médecine spéciale.

On modifie le corps physique par l'action des substances matérielles données à haute dose. De là la médecine matérialiste, l'allopathie, la médecine des contraires, la seule que connaissent et qu'admettent la plupart des contemporains imbus de positivisme étroit.

On modifie le corps astral par l'action de substances fluidiques supportées par d'infimes doses de matière. De là la médecine homœopathique et l'action des semblables, première application de la magie au microcosme.

On modifie l'être psychique par l'action des idées vitalisées par la volonté du magiste. — De là la médecine magnétique et l'action des forces psychiques.

Enfin le maniement des fluides psychiques, allié à la connaissance des dynamismes astraux, synthétise toutes ces actions et constitue la médecine hermétique, connue seulement de quelques adeptes.

C'est faute de comprendre ces divisions primordiales qu'on porte de si téméraires jugements sur cette question de l'art du thérapeute, si utile pourtant à tout étudiant qui désire pratiquer les enseignements de l'ésotérisme.

Aussi, quoique les développements que nous allons aborder se rapportent d'une part à l'action de l'homme sur le microcosme et d'autre part à l'action de la Nature sur ce microcosme, nous avons préféré en faire un exposé spécial s'adressant particulièrement à ceux que la médecine intéresse et qui tiennent à connaître les rapports de la Magie avec les diverses écoles médicales.

Avant tout, il est indispensable de rappeler encore les théories de la Magie au sujet de l'élaboration incessante de l'organisme humain.

Le corps physique est fabriqué par le corps astral, qui lui-même ne fait que réaliser les principes généraux ou les idées premières de toute forme matérielle. Cette conception est résumée dans la loi : *le Visible n'est que la manifestation de l'Invisible*.

Or toute affection étant le résultat d'un trouble quelconque dans l'action des éléments générateurs, physiques, astraux ou psychiques, il y a trois moyens généraux, trois points de départ différents, pour ramener l'équilibre détruit.

1° On peut agir sur le corps physique par des moyens purement physiques, en considérant surtout l'organe malade et en calmant les symptômes par déplacement. C'est là *la médecine des contraires*, ou médecine physique, la plus employée dans les écoles officielles et la base fondamentale de l'allopathie.

2° On peut agir sur le corps astral par des moyens plus subtils, en faisant supporter un dynamisme considérable à une infime parcelle de matière. Dans ce cas on renforce l'organe astral qui a charge de rétablir l'équilibre détruit. C'est là *la médecine des semblables*, ou médecine astro-magnétique, la plus ignorée des écoles officielles et la base fondamentale de l'homœopathie.

3° Enfin on peut agir sur l'être psychique par des moyens purement magiques, en incitant les idées créatrices qui modifient toute forme matérielle. C'est là *la médecine des correspondants*, ou médecine hermétique, que les écoles officielles pressentent sous le nom d'hypnothérapie, mais dont les développements complets forment la thérapeutique sacrée.

Telles sont les trois divisions fondamentales des Ecoles de médecine à travers les âges. Nous allons maintenant aborder les détails les plus nécessaires à connaître.

Les affections dont peut être atteint l'être humain se classent également d'après le centre particulièrement attaqué. Ces affections peuvent porter soit sur le corps physique, soit sur le corps astral, soit sur l'être psychique ; mais jamais sur l'esprit, qui ne peut être que troublé dans ses relations avec l'organisme, et non dans son essence.

L'allopathie trouvera donc son application dans les maladies provenant du corps physique.

L'homœopathie au contraire donnera d'excellents résultats dans les affections provenant du corps astral, comme les maladies de poitrine, le cancer, et certaines formes de maladies nerveuses (chorée, paralysie agitante, etc.).

La médecine hermétique sera utilisée dans les affections psychiques, les cas d'obsession ou de vampirisme si peu connus des médecins actuels, qui les confondent avec la folie.

Comme nous ne pouvons faire un traité de médecine en quelques pages, nous allons indiquer les principaux moyens mis à la disposition du magiste pour son action thérapeutique.

Lorsqu'on se trouve en présence d'un malade, la première règle à observer est de déterminer l'influence planétaire qui domine cet être humain.

Si l'on ne possède pas suffisamment la science des signatures astrales, il suffira de savoir le mois et le jour de la naissance. Le tableau que nous donnons ci-après indiquera l'influence planétaire qu'on peut théoriquement considérer comme la principale.

On se reportera alors à notre chapitre sur la réalisation dans la nature (2ᵉ partie), où l'on trouvera le tableau des correspondances nécessaires pour déterminer l'inclination du malade vers telle ou telle maladie, d'après les correspondances planétaires.

On vérifiera enfin les rapports des signes zodiacaux

qui président à la naissance avec les organes correspondants et il sera bon de dresser un horoscope rapide dans le genre de l'horoscope de l'opération magique, pour voir la position relative du ciel au jour de la naissance du malade en question.

Mais, dans la pratique courante, les indications tirées du tableau suivant suffiront seules à donner une première idée des influences planétaires qui sont en jeu. Ce premier résultat obtenu, comment obtenir la guérison?

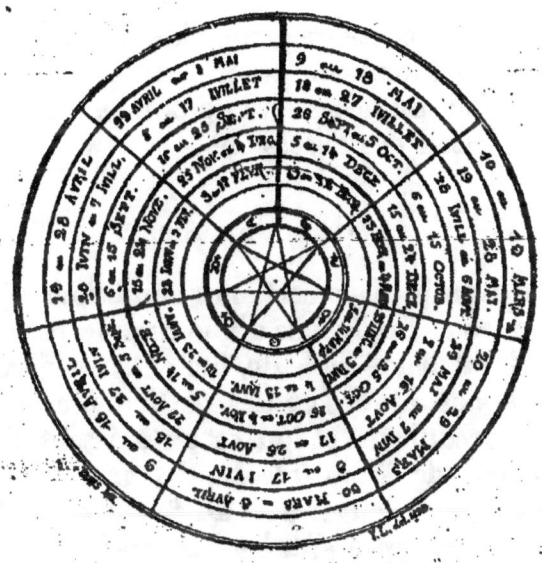

Si la maladie dépend du corps physique, l'emploi de l'alcool et des plantes qui fortifient les bonnes influences planétaires du malade suffira. On trouvera une liste de ces plantes, avec leurs rapports, dans notre chapitre sur l'astrologie naturelle. On trouvera aussi de sérieuses indications à ce sujet dans le petit dictionnaire magique de l'appendice, soit au nom des plantes, soit plutôt au nom des maladies.

Si l'affection est d'origine astrale, l'emploi bien entendu des parfums alliés au magnétisme sera d'un grand secours. On peut aussi, dans ce cas, faire les talismans sous les influences favorables à la guérison de la maladie. L'homœopathie, éclairée par l'étude des correspondances astronomiques, est aussi fort utile pour ce genre d'affection.

Enfin, dans les maladies qui dérangent les rapports de la force nerveuse unissant l'être psychique à l'esprit, ou qui atteignent cet être psychique lui-même dans son intimité, le magiste aura à sa disposition *la musique*, maniée d'après les principes énoncés dans la réalisation de l'homme (2ᵉ partie) ; puis *le charme du verbe* agissant par persuasion, procédé qui donne des résultats merveilleux en Amérique, aux initiés de la « Christian Science », *le magnétisme* uni aux formules magiques permettant d'obtenir un grand nombre de succès.

Toutefois il est nécessaire de donner quelques détails sur la guérison des obsessions.

DE L'OBSESSION

L'être humain dans certaines conditions d'irritabilité nerveuse, sous l'influence d'une grande peur, d'un remords, d'une haine violente, etc., etc., génère dans son atmosphère astrale des entités particulières dénommées *larves* en occultisme et qui se nourrissent de la substance astrale de l'imprudent qui leur a donné le jour. C'est là le grand danger des expériences psychiques et nous avons assez prévenu les lecteurs à ce sujet.

Or une personne qui a peur d'être haïe par une autre, et qui se croit persécutée, crée une larve qui est constituée par cette idée comme âme et par sa propre force vitale comme corps astral. Cette larve pénètre peu à peu la substance de l'obsédé et bientôt la folie éclate et nécessite l'internement de l'être assez faible pour n'avoir pas su dominer l'impulsion de terreur issue de son centre psychique.

Il en est de même dans la création du remords, qui hante l'astral des criminels au point de les amener à faire l'aveu de leur forfait ou à chercher dans la mort un allègement à cette horrible souffrance. Là larve dernier genre est d'autant plus terrible qu'elle est constituée en partie par le corps astral de la victime. La pratique de la médiumnité spirite conduit aussi à ces obsessions, et nous pouvons personnellement citer plusieurs médiums atteints de cette dangereuse affection et qui sont venus demander des conseils à cet égard.

Il est donc très important de laisser les médecins officiels traiter d'aliénés et les malades et ceux qui s'occupent de les guérir par la magie ; mais il faut bien savoir comment on peut enlever une obsession.

Deux procédés principaux peuvent être mis en usage à cet effet.

1° L'action indirecte, basée sur la correspondance du physique et de l'astral et qui nécessite un sujet en état d'hypnose profonde.

2° L'action directe, basée sur la magie cérémonielle et qui ne demande que l'emploi de l'épée servant ordinairement dans les opérations.

Le premier procédé sera suffisamment décrit par le récit suivant.

Nous trouvant à Londres, nous eûmes l'occasion d'entrer en relation avec une mystique célèbre qui se croyait persécutée par une ennemie considérée, à tort ou à raison, comme assez experte en magie pratique. L'obsession avait été assez violente pour déterminer deux tentatives de suicide, arrêtées à temps par des témoins arrivés inopinément. Cette idée de suicide s'accentuait principalement quand la malade (je ne la considérais pas autrement) allait vers un certain coin de sa chambre. Mis au courant de la situation, nous essayâmes l'expérience suivante : Parmi les personnes qui venaient rendre visite dans la maison, nous remarquâmes une femme assez nerveuse et n'ayant jamais été hypnotisée. Sur notre demande, cette femme, ignorant ce qui se passait, voulut bien se prêter à un essai hypnotique et fut endormie en quelques minutes. Des passes lentes déterminèrent bientôt un état d'hypnose assez profond pour que le sujet pût nous décrire une sorte de lacet fluidique situé dans le coin en question de la chambre. Nous dessinâmes le lacet, guidé par le récit du sujet, sur une feuille de papier blanc consacrée et parfumée sur l'heure. Une fois le dessin achevé, une formule et une prière mirent l'image physique en communication avec l'image astrale. C'est alors qu'avec une longue lame d'acier nous divisâmes le dessin en plusieurs tronçons qui, d'après les dires du sujet, se reportèrent immédiatement sur l'objet fluidique, qui fut aussi mis en pièces.

Soit suggestion, soit tout autre effet, les envies de suicide par strangulation quittèrent immédiatement la malade, qui se porte fort bien depuis ce temps (il y a actuellement deux années).

En somme, ce procédé consiste à répéter en physique les images astrales, à établir un lien magique entre le dessin et l'image, puis à exécuter sur le dessin physique les changements qu'on désire apporter dans l'image astrale. Un sujet, isolé électriquement, est nécessaire pour cette expérience.

Le second procédé est plus actif et s'emploie dans les cas où l'obsession a pris un caractère particulièrement grave.

Il est basé sur ce fait que les élémentals et les larves se nourrissent de substance astrale et que le sang contient le plus de cette substance.

Supposant donc une personne violemment obsédée, on opère de la façon suivante :

On prendra une mèche de cheveux de la personne en question, et on encensera cette mèche en la consacrant d'après le procédé habituel.

Cela fait, on fera venir le malade, et devant lui on trempera la mèche de cheveux dans le sang d'un pigeon ou d'un cobaye, également consacré sous les influences de Jupiter ou d'Apollon, en prononçant la grande conjuration de Salomon. Pour cette opération l'officiant purifié sera vêtu de blanc.

Ensuite on placera la mèche teinte de sang sur une planchette et on tracera tout autour de la mèche un cercle avec un mélange de charbon et d'aimant pulvérisé[1].

---

[1] On obtient cette poudre en pulvérisant une pierre d'aimant. A Paris il existe, en face de Notre-Dame, un négociant, marchand d'instruments de physique, qui vend de la pierre d'aimant naturelle.

Cela fait, on écrira aux quatre points cardinaux dans l'intérieur du cercle les quatre lettres du tétragramme sacré.

C'est alors qu'avec l'épée magique (où à défaut avec une pointe d'acier ordinaire terminée par un manche isolant en bois verni) on piquera fortement la mèche de cheveux teinte de sang, en ordonnant à la larve de se dissoudre.

Il est rare que cette expérience, répétée trois fois à sept jours d'intervalle, ne donne pas un résultat pleinement satisfaisant. Le rituel en a été établi par F. Ch. Barlet dans ses grandes lignes, et nous n'avons fait qu'en modifier les détails.

Cette cérémonie nous a plusieurs fois donné de merveilleux résultats dans des cas qui auraient nécessité l'internement immédiat du malade. En relisant les faits arrivés à Cideville, on reconstituera facilement la théorie complète de cette action des pointes d'acier, qui se conduisent là comme vis-à-vis des agglomérats électriques.

*
* *

Cette question des obsessions demandant une attention particulière de la part du magiste, nous y avons consacré une étude spéciale, ce qui nous a permis de dire quelques mots de la médecine et de ses divisions au point de vue de la science occulte.

Nous pouvons maintenant revenir à la synthèse de toutes les opérations dont nous avons parlé jusqu'à présent. Mais nous terminerons ce chapitre par les curieuses traditions suivantes de la Magie des campagnes.

Traditions de médecine hermétique conservées dans les campagnes

Pour connaître si un malade vivra ou mourra.

Divers sont les jugements qui se font d'aucuns si un malade doit vivre ou mourir ; mais je publierai le présent signe infaillible duquel se pourra servir un chacun et en faire un ferme jugement.

Prenez une ortie et la mettez dans l'urine du malade, incontinent après que le malade l'aura faite et qu'elle ne soit point corrompue, et laissez l'ortie dans ladite urine l'espace de vingt-quatre heures, et après, si l'ortie se trouve sèche, c'est signe de mort, et si elle se trouve verte, c'est signe de vie.

Pour préserver de la goutte.

Ce mal est causé par Saturne[1] ; prenez à l'heure de Mars ou de Vénus l'herbe nommée Marica, que vous pilerez et mêlerez avec le jaune d'œuf en façon d'une allumette, et mangez-en à jeun ; cela vous préservera de la goutte.

Pour les fistules.

Ce mal est causé par Mars ; prenez, à l'heure de Saturne ou de Jupiter, ses ennemis, la racine de lirios en poudre que vous mêlerez avec la cendre des huîtres brûlées, pain de pourceau, et vous appliquerez sur la fistule.

Pour laver les taches de la petite vérole.

Ce mal est causé par Mars ; prenez à l'heure de la Lune, Mercure, Saturne ou Jupiter, ses ennemis, litharge, racine de cannes sèches, farine de maïs, farine de riz ; pilez et mêlez avec l'huile d'amande douce et graisse de mouton liquéfiée, et il faut oindre visage et le laisser ainsi toute la nuit et la matinée et le laverez avec l'eau chaude.

Pour la pierre de la vessie

Ce mal est causé de la Lune ; prenez, à l'heure de Mars ou Mercure, des scorpions ; mettez-les dans un

---

[1] Au lieu de ces herbes, la plupart inconnues, on peut nommer celles que nous avons énumérées dans notre chapitre d'Astrologie naturelle, d'après leurs correspondances planétaires.

pot de terre neuf qui ait la bouche étroite, et le placez dans un four qui ne soit pas trop chaud l'espace de six heures, puis sortez et en pilez subitement.

Aux douleurs de colique

Ce mal est causé de la Lune ; prenez à l'heure de Mars ou Mercure, ses ennemis, les fruits de laurier, et en faites une poudre, et en donnez à boire le poids de deux grammes avec vin aromatique ; cela ôtera la douleur.

Pour la difficulté d'uriner

Ce mal est causé de la Lune ; prenez, à l'heure de Mars ou Mercure, ses ennemis, la semence du triolet et la semence d'Alsabanus, et les faites bouillir dans l'eau ; à laquelle décoction vous ajouterez une cantharide sans tête, pieds et ailes, mise en poudre, et en boirez une cuillerée ; cela fera uriner.

Pour l'hydropisie

Ce mal est causé de Saturne ; prenez, à l'heure de Mars ou Vénus, ses ennemis, un faisan ; tuez-le et prenez le sang ; donnez-en deux verres à boire, et le malade guérira infailliblement.

Pour les douleurs d'estomac

Ce mal est causé du Soleil ; prenez à l'heure de Mars, Mercure ou la Lune, ses ennemis, une poule et la tuez ; et levez dehors cette pluchée qui se trouve dans le petit ventre et en faites une poudre ; la donnant à boire avec du vin, c'est un bon remède.

Plan astral.

Plan physique.

THÉORIE DE L'ÉVOCATION MAGIQUE

CHAPITRE XVII

SYNTHÈSE DE L'ADAPTATION

La Grande Opération

Nous avons suivi le magiste dans son entraînement qui lui permet de dynamiser convenablement la volonté. Nous l'avons vu aimanter, concentrer puis rayonner hors de lui la force psychique en diverses opérations. Il nous faut maintenant aborder l'étude de l'effort le plus grand qui puisse être demandé à la nature humaine : la grande évocation et le dédoublement.

La grande évocation qui synthétise en une cérémonie tous les enseignements magiques, est décrite dans quelques manuscrits qui sont publiés sous le nom de « Clavicules de Salomon ». Elle constitue la partie vraiment ésotérique de la Kabbale pratique, et nous allons en exposer les éléments aussi clairement que possible en condensant en quelques pages les pratiques les plus sérieuses et les plus authentiques de tous ces anciens grimoires. Toutefois nous respecterons autant que possible le style et même les fautes de latin de ces anciens manuscrits, pour bien préciser le caractère purement archéologique de notre reconstitution.

Nous avons dit que cette pratique constituait la synthèse de tout l'enseignement magique ; aussi trouve-t-on dans les clavicules une foule de renseignements touchant les planètes et les correspondances qui seraient superflus pour un lecteur en possession de ce traité

Nous allons cependant transcrire le résumé de la théorie du monde invisible intitulé : « Discours de Salomon à Roboam, son fils », et qui sera certainement goûté comme il le mérite. Nous transcrivons ce passage de l'exemplaire de la Bibliothèque Nationale.

DISCOURS DE SALOMON A ROBOAM SON FILS.

Mon fils Roboam : comme de toutes les sciences il n'y en a point de plus naturelles et de plus utiles que la connaissance des mouvemens célestes, j'ai crû en mourant devoir te laisser un héritage plus précieux que toutes les richesses dont je jouis, et pour te faire comprendre de quelle manière je suis parvenu à ce degré, il faut te dire qu'un jour, contemplant la puissance de l'Être suprême, l'ange du grand Dieu apparut devant moi dans le temps que je disais : *O quam mirabilia opera Dei*, que les ouvrages de Dieu sont grands et admirables. Tout d'un coup j'aperçus au fond d'une allée épaisse d'arbres une lumière en forme d'étoile ardente qui me dit d'une voix tonnante : « Salomon, Salomon, ne t'étonne point, le Seigneur veut bien satisfaire ta curiosité en te donnant la connaissance de la chose qui te sera la plus agréable, je t'ordonne de lui demander ce que tu désires. » Sur quoi étant revenu de la surprise où j'étais, je répondis à l'ange, qu'après la volonté du Seigneur je ne désirais que le don de Sapience, et par la bonté du grand Dieu, j'obtins par surcroît la jouissance de tous les trésors célestes et la connaissance de toutes choses naturelles. C'est, mon fils, par ce moyen que je possède toutes les vertus et richesses dont tu me vois jouir à présent, et pour peu que tu veuilles être attentif à tout ce que je te vais raconter, et que tu retiennes avec soin ce que je vais te dire, je t'assure que les grâces du grand Dieu te seront familières et que les créatures célestes et terrestres te seront obéissantes, science qui n'opère que par la force et puissance des choses naturelles et des anges purs qui les régissent dont je te donnerai les noms par ordre, leurs exercices et emploi particuliers auxquels ils président particulièrement, pour que tu puisses venir à bout de tout ce que tu trouveras dans ce mien testament dont je promets la réussite, pourvu que tous les ouvrages ne tendent qu'à l'honneur de Dieu qui m'a donné la force de dominer, non seulement sur les choses terrestres, mais aussi sur les célestes, c'est-à-dire sur les anges, dont je puis disposer à ma volonté et obtenir d'eux des services très considérables.

Il faut premièrement que tu saches que Dieu ayant fait toutes choses pour lui être soumises, il a bien voulu porter ses œuvres jusqu'au degré le plus parfait en faisant un ouvrage qui participe du divin et du terrestre, c'est-à-dire l'homme, dont le corps est grossier et terrestre et l'âme spirituelle et céleste, auquel il a soumis toute la terre et ses habitants, et lui a donné des moyens par lesquels il peut se rendre les anges familiers, que j'appelle créatures célestes, qui sont destinés les uns à habiter les éléments, les autres à conduire et aider les hommes, et les autres à chanter continuellement les louanges du Seigneur. Tu peux donc par le moyen de leurs sceaux et caractères te les rendre familiers pourvu que tu n'en abuses pas en exigeant d'eux des choses qui leur sont contraires, car maudit celui qui prendra le nom de Dieu en vain et qui mal employera les sciences et les biens dont il nous a enrichis; je te commande, mon fils, de bien graver en ta mémoire tout ce que je te dis pour qu'il n'en sorte jamais, ou du moins je t'ordonne que si tu n'avais dessein de bien user des secrets que t'enseigne, de jeter plutôt ce testament au feu que d'abuser du pouvoir que tu auras de contraindre les esprits, car je t'avertis que ces anges bienfaiteurs, fatigués et lassés par tes illicites demandes, pourraient à ton malheur exécuter les ordres de Dieu aussi bien qu'à celui de tous ceux qui mal intentionnés abuseraient des secrets qu'il lui a plu me donner et révéler. Ne crois pourtant pas, mon fils, qu'il ne te soit permis de profiter des biens et plaisirs que les esprits divins peuvent te rendre; au contraire, c'est pour eux un très grand plaisir de rendre service à l'homme avec qui plusieurs de ces esprits ont beaucoup de penchant et d'affinité, Dieu les ayant destinés à la conservation et conduite des choses terrestres qui sont soumises au pouvoir de l'homme.

Il y a de différentes sortes d'esprits, selon les choses auxquelles ils président : il y en a qui régissent le ciel empiré, d'autres le premier et second cristallin, d'autres le ciel étoilé; il y a aussi des esprits au ciel de Saturne que je nomme saturnites; il y a des esprits jovials, martials, solaires, vénériens, et lunaires, et mercuriels; il y en a aussi dans les éléments aussi bien qu'aux cieux, il y en a dans la région ignée, d'autres dans l'air, d'autres dans l'eau et d'autres sur la terre, qui tous peuvent rendre service à l'homme qui aura le bonheur de les connaître et de savoir les attirer. Je veux encore te faire connaître que Dieu a destiné à chacun un esprit qui veille et prend soin à notre conservation, iceux sont appelés génies qui sont élémentaires comme nous et qui sont plus faciles à rendre service à ceux dont les tempéraments sont conformes à l'élément que les génies habitent, de même par exemple si tu étais d'un tempérament igné, c'est-à-dire sanguin, ton génie serait igné et soumis à l'empire de Baël. Il y a outre cela temps réservés pour l'invocation de ces esprits, des jours et heures auxquels ils ont des forces et un empire absolu, c'est pour cela que tu verras ci-après, dans la Table qui suit, à quelle planète et à quel ange sont soumis chaque jour et heure, ensemble les couleurs qui leur conviennent, les métaux, les herbes, plantes, animaux aquatiques, aériens et terrestres, et les encens qui leur conviennent, comme aussi en quelle partie du monde ils demandent d'être invoqués sans omettre les conjurations, sceaux, caractères et lettres divines qui leur conviennent, par lesquels on reçoit la puissance de sympatiser avec ces esprits.

***

Tel est le résumé mis en langue vulgaire par Mgr Barault, archevêque d'Arles, et concernant la théorie magique des esprits et des correspondances.

Abordons maintenant la pratique.

La première condition à remplir consiste à préparer soigneusement tous les objets nécessaires à la grande évocation. Ces objets, achetés ou préparés sous les auspices planétaires convenables, seront renfermés dans le meuble spécial placé à gauche de l'autel magique, comme nous l'avons dit à propos du laboratoire.

Voici la liste complète de ces objets :

OBJETS NÉCESSAIRES POUR LES OPÉRATIONS DE L'ART.

Une cassette de bois d'olivier ou de coudrier.
Ou une autre d'un bois quelconque doublé de toile blanche neuve.
Un bonnet
Pantalon blanc
Souliers légers } neufs pour les opérations importantes.
Bas blancs
Un écritoire
Plumes de corbeau propres

Un canif à manche blanc
Un poinçon d'acier en forme de burin
Une paire de bons ciseaux
Un encrier de faïence blanche (encre et coton neufs).

Dans la botte :

Une petite botte avec l'attirail nécessaire pour faire du feu au briquet (le soufre étant consacré à Saturne).

Tableau des Instrumens.

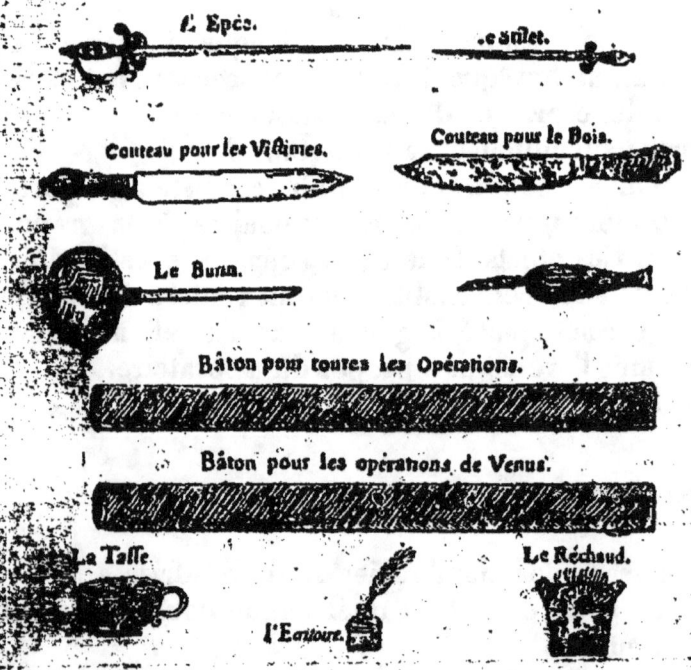

Bougie de cire vierge — fiole de verre pleine d'eau australe (faite la veille de Pâques).
Trois couteaux. — Un pointu à manche blanc,
Un coutelas à manche noir,
Une forme de faucille à manche noir,
Un compas assez grand,

Dans la cassette on mettra :

Un bâton de coudrier de la longueur de la cassette (grosseur et rondeur du pouce).
Une petite baguette à peu près de la même longueur.
Un aspersoir de crin d'un jeune cheval ou poulain blanc.
Petits paquets de parfums.
Réchaud de terre, charbon neuf.
Une petite pelotte de corde neuve (pour tracer le grand cercle).

**

La différence du sorcier au magicien est que le premier suit aveuglément les enseignements des grimoires et que le dernier *adapte* ces enseignements à son époque.
Le lecteur assidu trouvera dans notre étude sur la réalisation du geste l'adaptation du bâton et de l'épée magiques à notre époque. De même, à propos des talismans, nous décrivons l'adaptation de l'encre et des plumes d'oie et leur transformation en crayons de couleurs. Nous pensons donc qu'il est inutile d'insister sur le vêtement et son adaptation à nos coutumes, sur le briquet, et sur d'autres détails que la sagacité du lecteur saura comprendre sans difficulté.
Tous ces objets doivent être consacrés d'après le rituel ordinaire. Voici les conjurations et les oraisons employées par les « clavicules » à ce sujet.

Bénédiction de la boîte à encre.

Il n'importe pas de quoi elle soit pourvue, qu'elle soit neuve et propre, il suffira seulement de la bénir et encenser comme de coutume en disant :

Hamiel, Hamiel, Hel, Miel, Ciel, Joviel, Nas, Nia, Magde, Tetragrammaton.

L'ayant réservée pour le besoin, tu y mettras quelle encre que tu voudras, pourvu qu'elle soit encensée et de la couleur planétaire.

Exorcisme pour la tasse où on met le sang.

Il faut avoir une tasse pour y mettre un peu de sang des victimes pour servir à imprimer ou écrire, laquelle doit être de terre non vernissée et neuve comme tous les autres instruments, que, étant bien lavée et encensée, tu exorciseras comme la boîte à l'encre en disant :

Hamiel, Hel, Miël, Ciel, Joviel, Nas, Via, Magde. Tetragrammaton.

Après quoi tu la réserveras pour le besoin.

Exorcisme du bâton pour les opérations à Vénus.

Il faut couper un bâton de branche de sureau de la longueur de deux pieds, à jour et heure de Vénus, et l'ayant râclé, tu feras une petite ouverture dans tous les intervalles des nœuds, dans laquelle tu feras entrer un petit morceau de cuivre, sur lequel tu graveras ou feras graver le caractère qui suit ci-après à pareil jour et heure de Vénus, et ayant reclos les ouvertures avec de la cire jaune et neuve, tu l'encenseras. (Voy. p. 438.)

Et ayant mis une virole de laiton à chaque bout, tu le conserveras pour le besoin.

Manière de couper l'autre bâton pour servir à toutes les opérations.

Il faut couper un bâton de sureau de même longueur que le premier, qui aura la peau bien unie, et, la nuit du renouveau de quelle lune que ce soit, tu prendras en ta main ledit bâton après minuit en te tournant vers l'orient, tu le jetteras en l'air, et le recevant sans qu'il tombe à terre, tu diras : (voy. p. 438.)

Tu réciteras trois fois la même cérémonie et les mêmes paroles et garderas le bâton pour t'en servir au besoin.

Exorcisme du lieu destiné à faire les opérations.

Comme il faut nécessairement se destiner un lieu propre et convenable aux opérations, tous lieux sont bons pourvu qu'ils aient été purifiés, et pour cet effet celui que tu choisiras ne doit avoir été habité d'aucune personne, principalement de femme, au moins sept jours, après quoi tu le tapisseras de linge blanc et mondé, ensuite tu exorciseras en disant : (voy. p. 438.)

Après l'avoir encensé pendant ladite oraison, tu le fermeras et prendras soin que nul n'y entre que toi et ceux dont tu auras besoin pour les opérations et y laissant jour et nuit une lampe ardente pendant quarante jours.

Exorcisme du vêtement.

Il faut faire un vêtement de toile de lin blanc en forme d'une grande chemise, qui n'ait aucune ouverture que celle pour y pouvoir passer la tête et longue jusques aux pieds, un peu vaste par en bas, ayant deux manches de même toile se rétrécissant vers les poignets, et qui soit juste. Il faut qu'elle soit extrêmement blanche. Il faut aussi avoir une petite culotte de la même toile, lequel vêtement tu exorciseras en disant : (voy. p. 439.)

Et l'ayant encensé comme de coutume, tu le réserveras pour le besoin.

Exorcisme de la victime.

Comme dans toutes les opérations, il doit y avoir une victime. Il faut qu'elle soit pure et sans pollution ; l'ayant lavée et encensée avec l'encens planétaire, tu lui couperas sur la tête une petite place de poil ou de plume, sur laquelle tu exorciseras avec du sel de mer en disant : (voy. p. 439.)

Après quoi tu égorgeras la victime et d'une partie de son sang tu arroseras la chambre, ou le lieu destiné à faire l'opération en disant :

Consécration du livre.

Il faut faire un petit livret contenant les oraisons de toutes les opérations, les noms des anges en forme de litanies, leurs sceaux et leurs caractères, ce qui doit être écrit avec du sang de colombe sur un parchemin vierge. Ce qui étant fait, tu les consacreras aux divinités suprêmes, c'est-à-dire au grand Dieu et aux esprits, de la manière suivante :

Tu mettras au lieu destiné une petite table couverte d'une nappe blanche, sur laquelle tu poseras le livret ouvert dans l'endroit où est le grand pentacule, qui doit être au premier feuillet dudit livret, et après avoir allumé une lampe qui sera suspendue au milieu de la table, tu entoureras ladite table avec un rideau blanc, ensuite tu vêtiras les habillements, et, prenant le livret ouvert, tu diras l'oraison suivante avec beaucoup d'attention et de modestie : (voy. p. 439.)

Ensuite tu encenseras avec l'encens convenable à la planète du jour, et mettras ledit livret sur ladite table, prenant garde que le feu de la lampe soit perpétuel pendant l'opération, et ayant fermé les rideaux, tu feras la même cérémonie pendant sept jours à commencer le samedi, et l'encensement chaque jour avec l'encens propre à la planète dominatrice du jour, à l'heure du soleil, étant soigneux que jour et nuit la lampe soit ardente, après quoi tu enfermeras le livret dans une petite armoire faite exprès au dessous de la table, jusqu'à ce que tu en aies besoin, et toutes les fois que tu voudras le prendre il faudra auparavant prendre l'habit, t'en vêtir, allumer la lampe, et à genoux ouvrir ladite armoire en disant l'oraison *Adonaï Elohim*, etc., comme ci-devant. Il faut aussi, en consacrant le livret, appeler tous les anges qui sont écrits sur le livre en forme de litanies, ce que tu feras avec dévotion, et quand même les anges et esprits n'apparaîtraient pas en consacrant le livret, il ne faut pas s'en étonner parce qu'ils sont d'une nature pure et par conséquent ils ont de la peine à se familiariser avec les hommes qui sont inconstants et immondes ; mais, par la persévérance, les cérémonies et caractères faits dévotement, ils sont contraints de venir à nous, et il arrive de là qu'à la première évocation tu pourras les voir et communiquer avec eux, mais je te recommande de n'entreprendre rien d'inutile ni d'immonde parce que l'importunité que tu leur ferais par les opérations, loin de les attirer, ne manquerait pas de les chasser, et il serait ensuite très difficile de les rappeler dans des occasions utiles, saintes et nécessaires.

Exorcisme du stilet.

Comme on ne peut se passer du stilet dans les opérations, tu en feras préparer un d'acier très fin, dont la poignée sera de la même nature, lequel tu laveras comme tu auras fait de l'épée, et l'ayant essuyé, tu le planteras par la pointe sur un petit piédestal de buis et tu diras sur lui l'oraison *Aglo on Pentagrammaton* etc., comme sur l'épée, après quoi tu graveras ou feras graver les caractères suivants :

Lesdits caractères étant gravés, tu les encenseras et diras l'oraison : Hel, Ya, Yac, Va, Adonay, Cados, Cados, Ahorel, Elhoim, Agla, Agiel, Asel, Sadon, Esul, Eloha Elhoim, Yeny, Del, Agios, Agios, Agios, Rarael, Raraël, Rarael.

Après quoi tu feras graver et tu graveras, à pareille heure que dessus avant dite, les noms et caractères ci-après :

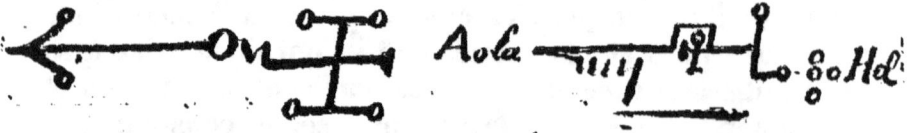

Les susdits caractères étant gravés, tu les encenseras disant la même oraison : Hel, Ja, Jac etc., ensuite tu les envelopperas d'un morceau de taffetas rouge et neuf pour t'en servir au besoin.

Oraisons (*Stilet*).

Hel, Ja, Jac, Va, Adonay, Cados, Cados, Aborel, Elhoim, Agla, Agiel, Asel, Sadon, Esul, Eloha Elhoim, Yeny, Del, Agios, Agios, Couteaux, Agios, Rarael, Rarael, Rarael.

Seigneur, Dieu tout-puissant, qui as tout créé de rien, ne méprise pas ton serviteur qui t'adresse ses humbles prières afin qu'il te plaise bénir, purifier et sanctifier ce couteau pour qu'il soit digne et propre à exécuter mes opérations ; ordonne aussi à tes saints anges de venir être présents à cette mienne opération ; ô Seigneur tout puissant, souviens-toi de mon père à qui tu as accordé la connaissance de toutes choses, fais que par la vertu de ses enseignements ces couteaux deviennent purs et te soient agréables, par ton nom qui est saint Tetragrammaton.

Bâton.

Fondateur de l'univers, Créateur des cieux, Etre puissant, Pentagrammaton, Eye, Eye, Eye, Irkiros, viens, sanctificateur tout puissant, Dieu éternel, et purifie ce bâton, par ton nom qui est saint et par tes anges. Amen.

L'autre bâton.

Lors même que je marcherais dans la vallée ténébreuse de la mort, je ne craindrais aucun mal, parce que tu es avec moi : ta verge, ton bâton me rempliront de consolation.

Dans le lieu des opérations

Dieu éternel, sage, fort, puissant Etre des êtres, viens dans ce lieu et le sanctifie par ta présence et ta majesté, afin que la pureté, la chasteté et la plénitude de la loi y résident, et de même que la fumée de cet encens monte jusqu'à toi, ta vertu et ta bénédiction descendent dans ce lieu. O vous, anges, et vous, esprits, soyez présents à cette consécration par le vrai Dieu vivant et éternel qui vous a créés de rien, ainsi que moi, qui dans un moment peut me replonger avec vous dans le néant et par sa sagesse. Amen.

Oraisons.

Vêtement.

O Père aimable, créateur des astres, sagesse infinie, daigne sanctifier par toutes forces et par toutes vertus ce vêtement préparé à ton honneur. Je t'exorcise par le vrai Dieu vivant et éternel qui a fait toutes choses de rien, et qu'il n'y ait rien d'impur dans cette mienne opération, mais qu'elle soit pleine de vertus. Amen.

Victime.

Dieu tout-puissant, éternel, qui tiens toute la terre en ta puissance, sanctifie et purifie par ta vertu cette victime, afin que l'effusion de son sang te soit agréable, et comme par ta grâce tu m'as donné le pouvoir de la tuer, si je le veux ou non, de même envoie sur elle ta bénédiction. Amen.

2° Conjuration

Dieu de Moïse, tout-puissant et miséricordieux, Dieu d'Abraham, Dieu de Jacob, sanctifie ce lieu, et par l'effusion du sang de cette victime pure, purifie-le, et vous tous anges et esprits venez et ramassez ce sang pour l'offrir au Dieu souverain de toutes choses. Amen.

Oraison (Lure).

Adonaï, Elohim, Hel, Ye, Eye, Yo, Prince des Princes, Être des Êtres, aie pitié de moi, et jette les yeux sur ton serviteur qui t'invoque très dévotement et te supplie, par ton nom très saint et redoutable, Tétragrammaton, de m'être propice dans mes opérations, d'ordonner à tes anges et esprits de venir établir leur séjour en ce lieu. Ô vous, anges et esprits des étoiles, ô vous tous, anges et esprits élémentaires, ô vous tous, esprits présents devant la face de Dieu, le ministre et serviteur fidèle du Très-Haut, vous conjure, Dieu même, Être des Êtres, Tetragrammaton, vous conjure de venir être présents à cette opération, le serviteur de Dieu vous en supplie très humblement. Amen.

Boîte à l'encre.

Dieu puissant, exauce les prières de ceux qui t'invoquent et bénis ce petit vase préparé en ton honneur pour tous tes ouvrages. Amen.

La tasse.

Dieu puissant, exauce les prières de ceux qui t'invoquent et bénis ce vase préparé en ton honneur pour tous tes ouvrages. Amen.

Du Livre

Appelons l'attention de l'opérateur sur *le livre* que chaque praticien doit faire lui-même en y condensant toute la volonté possible.

L'idéal serait de fabriquer soi-même chacun des feuillets avec de la pâte à papier du commerce. On aurait ainsi du papier à la cuve dont chaque feuille aurait été magnétisée de l'influence voulue.

Sans cela il est bon de faire le livre sur beau papier ou sur parchemin.

Ceux qui voudraient savoir comment on consacre le livre de telle sorte que les esprits paraissent dès qu'on l'ouvre pourront étudier dans les éditions latines le livre IV de la « philosophie occulte d'Agrippa », qu'on dit apocryphe mais qui contient tout le rituel nécessaire à cet effet.

Mais rappelez-vous ce détail que le livre des conjurations n'a aucune valeur s'il n'est pas écrit en entier de la main de l'opérateur.

P. 1).
GRAND PENTACLE
DE SALOMON.

En tête de ce livre on place le grand pantacle de Salomon dont voici la reproduction. La croix expliquée

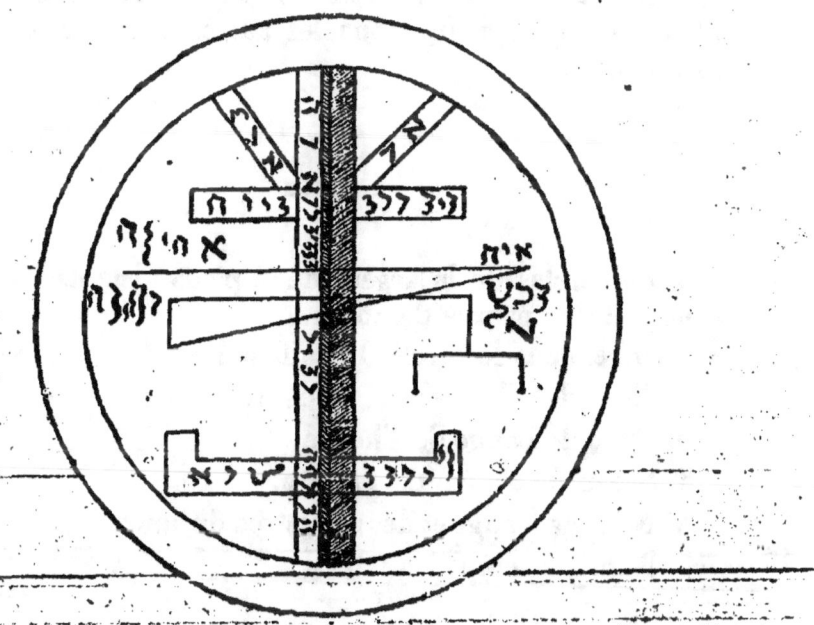

par Éliphas se met en tête du livre tout entier et le double triangle en tête des pages consacrées aux talismans.

Les préparations des objets sont maintenant terminées, parlons des cercles et de la préparation personnelle.

Du Cercle magique

Toute opération magique doit être exécutée dans l'aire d'un cercle qui symbolise la volonté de l'opérateur et qui isole celui-ci de toute mauvaise influence extérieure. C'est là la base même de la magie cérémonielle.

Ce cercle peut être tracé, soit avec l'épée magique seule dans les cas urgents, soit avec un mélange de charbon pulvérisé et de poudre d'aimant, soit avec du charbon, isolant magnétique par excellence.

Afin d'éviter de longues études à nos lecteurs, nous allons donner la description minutieuse de l'établissement du cercle magique et nous ferons suivre cette description de sept figures représentant chacun des cercles correspondant à une influence planétaire spéciale. — La lecture attentive de notre chapitre sur l'Astrologie kabbalistique fournira tous les autres éclaircissements nécessaires.

Cercle

Trois cercles de la largeur de 9 pieds distants l'un de l'autre d'une paume de main.

A. Ecrire dans le cercle du milieu :

1° Nom de l'heure de l'opération.

2° Nom de l'ange de l'heure.

3° Sceau de l'ange de l'heure.

4° Nom de l'ange et des ministres du jour.

5° Nom du temps actuel.

6° Nom des esprits qui président.
7° Nom du signe régnant.
8° Nom de la terre selon la saison.
9° Nom du ☉ et de ☽ à cette époque.

B. *Cercle supérieur.* Dans les quatre angles noms des anges de l'air ce jour-là.
C. *Cercle intérieur.* Quatre noms de Dieu séparés par des croix.
D. *En dehors du cercle*, à chaque angle, un pentagramme.
E. *Dans l'aire du cercle* à l'orient α à l'occident ω.

Préparation personnelle.

L'opérateur peut agir seul. Pour le cercle commun il peut n'utiliser qu'un seul aide, mais pour la grande évocation, il faut être trois : soit l'opérateur et deux assistants entraînés et initiés, soit trois êtres vivants dont deux êtres humains et un chien bien dressé à ne pas sortir du cercle, quoi qu'il arrive. On peut même l'attacher au besoin.

Ces assistants doivent être tous consacrés et exorcisés d'après le rituel ordinaire, par la terre, l'eau, l'air et le feu. Ils doivent être chacun muni d'un talisman qui sera dans ce cas le grand pantacle de Salomon.

En consacrant les disciples par l'eau, on dira :

Renovati toti mundati sitis, in nomine sanctæ et individuæ Trinitatis Patris et Fili et Spiritu sancti; ab omnibus peccatis vestris, verbumque Altissimi descendat super vos et maneat semper. Amen.

Si l'on prend un chien on le plonge d'abord dans l'eau consacrée et l'on dira :

Conjuro te creatura canis, per eum qui te creavit in nomine sanctissimæ Trinitatis, ut sis mihi in hac operatione et in quacumque alia quam facere intendo, fidelis socius et amicus.

C'est seulement après ces opérations et les fumigations aux parfums consacrés que les disciples sont admis

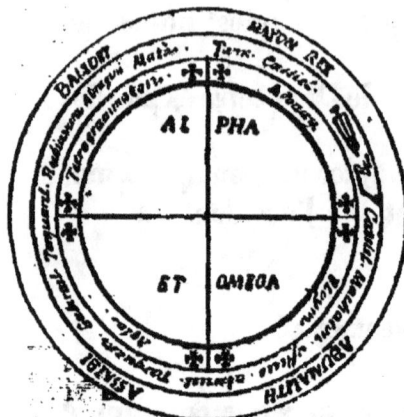

Cercle de Saturne.

Cercle de Jupiter.

Cercle de Mars.

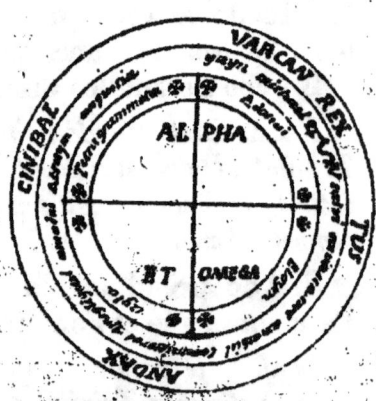

Cercle du Soleil.

Cercle de Vénus.

Cercle de Mercure.

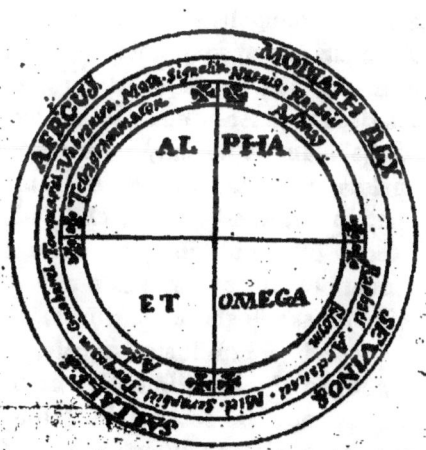

Cercle du Lundi (Lune).

à entrer dans le lieu de l'opération qui, dans le cas présent, sera le laboratoire magique.

Régime

Neuf jours avant l'opération, tous ceux qui doivent y prendre part suivent le régime végétarien strict.

De plus, la prière magique sera faite en commun une fois le matin et deux fois le soir, d'après le rituel indiqué précédemment.

Les trois derniers jours, le régime sera uniquement composé de pain, d'eau et de légumes cuits à l'eau.

Enfin, la veille et l'avant-veille de l'opération, chacun dira la confession dont la naïve citation suivante indique le caractère, qui doit être modifié par chaque opérateur :

Confession.

Confiteor omnipotenti Deo cœli et terra visibilium et invisibilium sanctisque omnibus angelis suis cunctisque creaturis cœlis et terra, coram sacro altari tuo et majestate tua quod ex peccatis conceptus sum, et in peccatis ic usque ab uro, conversatus sum, Confiteor tibi sanctissime pater omnia peccata mea quia peccavi in superbia, tam cordis quam oculorum, in vana gloria, in excellencia mentis meæ, invidia, in odia, in avaricia tam honorum quam pecunia, in insitia, in commestionibus, ebrietatibus, in fabulis et verbis, iniosis, osculi in amplexibus in tactu immondo in femoribus, in genitalibus meis, et in omni genere fornicationis et adulteris, in sacrilegiis et parjuriis, in furtis et rapinis in homicidis ; peccavi contra fidem, spem, et charitatem in exhortationibus molligis, in blandimentis, in ignorantia, in negligentia, in suspectione, in recipiendis muneribus injuste in comtenedo pauperem et hospitalitem denegando in non visitando infirmos in non potando sitientes, in locutione maligna, in non elargiendo pauperibus elemosinam, non reficiendo esurientes nec sitientes, sobrie et pie non vivendo, confectiendo suadendoque malum nocendo potius quam adjuvando, opem non ferendo potentibus pauperem clamares non libenter audiendo, mala amicis et propinquis meis inferendo et desiderando benefac-

toribus meis, pacem non referendo, necfidem eis servando, debita obsequia majoribus meis non praestando animalium occulo immundo vivendo, templum Dei rarissime intrando, colloquia immunda et vana in eo proferendo, res sacras manibus immundis tangendo Peccavi pariter in cogitationibus malignis, in meditationibus perversis, in parjuriis in judicis temerariis, in maligno ingressu impiorum, in concupiscentia carnis, in delectationibus immundis, in verbis luxuriosis et in contumeliis in mandaciis et falcitatibus in detractionibus, in rixis et discordiis seminando in malignitate ac malevolentia, in blasphemis ac insultationibus in transgretione preceptorum Dei in negligentia boni præpositi, peccavi in omnibus meis sensibus in visu, auditu, gustu, odoratu, factu, et tandem in omni modo corde ac voluntate et opere in his igitur et omnibus aliis vitiis quibuscumque humana fragilitas, vel malitia, contra deum creatorem suum aut cogitando, aut loquendo aut operando aut suadendo, aut delectando, aut concupiscendo peccare *potest*.
Potest in omnibus me pateor peccasse et reum in conspectu Dei et super omnes homines peccatorem me esse confiteor. Ideo suplex exoro vos omnes angelos et sanctos Dei in quorum conspectu hæc omnia confessus sum, ut mihi testes sitis in die judicii contra diabolum hostem et inimicum humani generis me hæc omnia puro et sincero corde confessum fuisse ita ut non gaudeat inimicus meus, et non glorietur adversum me in die turbidinis et caliginis delicta mea vacuisse neque ad Deum creatorem meum confessum non fuisse.

Ayant dit cela trois fois d'un cœur pur et contrit, prosterné en lieu pur et loin de tout le monde, que le maître asperge son visage d'eau et d'hysope en disant :

Asperges me, Domine, hysopo et mundabor, lavabis me et super nivem dealbabor.

Puis il se lavera d'eau exorcisée et mettra son habit, qu'il aura ôté, et fumigera tout autour de lui ; puis, qu'il aille au lieu préparé avec les compagnons avec les choses nécessaires et y fasse un cercle, et en y entrant, qu'il invoque les esprits en signe de pénitence, que chacun baise la terre et que chacun fasse exactement ce que j'ai dit.

Des Bains.

Pendant toute la période des préparations, il est indispensable de prendre un bain chaque matin.

L'eau du bain sera consacrée avant de s'y plonger et certains rituels indiquent les psaumes qu'il faut prononcer dans le bain. Ces psaumes sont les suivants :

1° En se plongeant dans l'eau :
Ps. 26, — 13, — 38, — 68 et 105.

2° En s'aspergeant d'eau, dire les Ps. 50 et 23.

3° En sortant du bain, on dira les Ps. 142, — 4, — 137, — 125, — 138.

Chaque bain doit contenir une poignée de sel consacré qu'on jettera dans l'eau en disant :

Ismael, — Imamon, — Amason, — Iniérobimeum, — Danayon, — Zaton, — Satimon, — Vagran, — Coriston, — Zagueron, — Momeston, — Saniteon, — Mamon, — Zarinazon, — Felicion, — Sermion, — Metron.

Il est inutile de dire qu'un magiste quelque peu instruit peut remplacer les prières par la prière magique et les formules par l'énonciation des dix grands noms divins.

L'Opération

Une fois dans le cercle, devant l'autel magique, l'opérateur fera d'abord une prière aussi fervente qu'il pourra au principe de toute création.

Il prononcera ensuite la conjuration des quatre, puis la conjuration des sept, et enfin la grande invocation de Salomon.

C'est là le procédé le plus élevé. Il y a une foule de variantes, entre lesquelles nous choisissons la suivante (d'après Pierre d'Aban) qui servira à guider le magiste dans le choix de ses adaptations. Nous donnons, comme l'original, les prières en latin et en français :

De la façon de faire l'opération.

Que la lune soit dans son croissant égal, si faire se peut, qu'elle ne soit point enflammée, que celui qui opère soit exempt de toutes taches pendant neuf jours ; qu'avant d'entreprendre l'ouvrage, il soit confessé et communié. Il faut de plus avoir les parfums propres au jour que l'on fait l'opération ; il faut aussi avoir de l'eau bénite par un prêtre, un vase de terre neuf plein de feu, l'habit et le Pentacle, comme nous l'avons dit ; et enfin, que tout soit consacré comme il faut : que l'un des Disciples porte le vase de terre plein de feu et les parfums ; que le second porte le Livre, et le troisième l'habit et le Pentacle ; et que le Prêtre ou le Maître porte un Glaive sur lequel on aura dit une messe du Saint-Esprit, et sur lequel il sera écrit d'un côté *Agla*, † et de l'autre † *On* †, et que pendant le chemin qu'ils feront pour arriver au lieu où se doit faire l'opération, on dise les litanies, et que les Disciples répondent ; quand on sera arrivé à l'endroit où l'on veut faire le cercle, que le Maître le fasse de la manière que nous avons dit ci-devant, et après l'avoir fait, il doit l'asperger d'eau bénite, disant : *Asperges me, Domine*, etc. Le Maître qui sera disposé à la cérémonie par trois jours de jeûne et d'abstinence, et de toutes souillures, revêtu de ses habits blancs, avec le Pentacle, les Parfums et autres choses nécessaires, entrera dans le Cercle, alors il invoquera, des quatre parties du monde, les Anges qui président au sept Planètes, aux sept jours de la semaine, aux métaux, aux couleurs, se mettant à genoux pour invoquer les anges, il dira, en les appelant chacun par leur nom :

O Angeli supra dicti, estote adjutores meæ petitioni, et in adjutorium mihi in meis rebus et petitionibus.

Traduction.

O vous, Anges très grands, venez à mon secours, secondez mes désirs, et m'en accordez l'effet.

Ensuite il invoquera des quatre parties du monde les Anges qui dominent à l'air le jour qu'il fera son opération ; et après les avoir implorés spécialement, et avoir écrit leurs noms dans le Cercle, il dira :

O vos omnes, adjuro atque contestor per sedem Adonay, per Agios, Otheos, Ischyros, Athanatos, Paracletus, Alpha et Omega, et per hæc tria nomina secreta, Agla, On, Tetragrammaton, quod hodie teneatis adimplere quod cupio.

Traduction.

Je vous adjure, ô vous tous, et vous appelle par le Trône d'Adonay, par Agios, Otheos, Ischyros, Athanatos, Paracletus, Alpha et Oméga, et par ces trois noms secrets Agla, On, Tetragrammaton, que vous ayez à paraître sans délai pour accomplir ma volonté.

Après avoir achevé cette Oraison, il lira la conjuration particulière au jour qu'il fait l'opération (on la retrouvera ci-après). Si les Démons sont réfractaires et opiniâtres, et qu'ils ne se rendent pas à la conjuration du jour, alors vous vous servirez des exorcismes et des conjurations suivantes :

Exorcisme des Esprits aériens.

Nos facti ad imaginem Dei, dotati potentia Dei, et ejus facti voluntate, per potentissimum et corroboratum nomen Dei El, forte, admirabile, vos exorcisamus *(ici on nommera les Esprits qu'on voudra, de quelque ordre qu'ils soient)*, et imperamus per eum qui dixit et factum est et per omnia nomina Dei, et per nomen Adonay, El, Elohim, Elohe, Zabaoth, Elion, Escerchie, Iah, Tetragrammaton, Saday : Dominus Deus, excelsus, exorcisamus vos atque potenter imperamus, ut appareatis statim nobis hic, juxta circulum in pulchra forma, videlicet humana et sine deformitate et tortuositate aliqua. Venite vos omnes tales, quia vobis imperamus, per nomen Y et V, quod Adam audivit, et locutus est, et per nomen Dei Agla quod Loth audivit, et factus salvus cum sua familia, et per nomen Iod, quod Jacob audivit ab Angelo secum luctante, et liberatus est de manu fratris sui Esaü, et per nomen Anephexeton, quod Aaron audivit, et loquens, et sapiens factus est, et per nomen Zabaoth, quod Moyses nominavit, et omnia flumina et paludes de terra Ægypti versæ fuerunt in sanguinem, et per nomen Escerchie, Oriston quod Moyses nominavit, et omnes fluvii ebulierunt ranas, et ascenderunt in domos Ægyptiorum, omnia destruentes, et per nomen Elion, quod Moyses nominavit, et fuit grando talis, qualis non fuit ab initio mundi, et per nomen Adonay, quod Moyses nominavit, et fuerunt locustæ et apparuerunt super terram Ægyptiorum, et comederunt quæ residua erant grandini, et per nomen Schemes Amathia, quod Josua vocavit, et remoratus est sol cursum, et per nomen Alpha et Omega, quod Daniel nominavit, et destruxit Beel, et draconem interfecit, et in nomine Emmanuel, quod tres pueri Sidrac, Misach et Abdenago, in camino ignis ardentis cantaverunt, et liberati fuerunt : et per Agios, et sedem Adonay, et per Otheos, Ischiros, Athanatos, Paracletus, et per hæc tria secreta nomina, Agla, On, Tetragrammaton, adjuro, contestor, et per hæc nomina et per alia nomina Domini nostri Dei omnipotentis, vivi et veri, vos qui vestrâ culpâ de cœlis ejecti fuistis usque ad infernum locum, exorcizamus et viriliter imperamus per eum qui dixit, et factum est, cui omnes obediunt creaturæ, et per illud tremendum Dei judicium ; et per mare omnibus incertum, vitreum, quod est ante conspectum divinæ Majestatis, gradiens et potentiale, et per quatuor divina animalia T. ante sedem divinæ Majestatis gradientia, et oculos ante et retrò habentia ; et per ignem ante ejus thronum circumstantem, et per sanctos Angelos Cœlorum T. et per eam, quæ Ecclesia Dei nominatur, et per summam sapientiam omnipotentis Dei viriliter exorcizamus, ut nobis hic ante circulum appareatis, ad faciendam nostram voluntatem, in omnibus prout placuerit nobisque per sedem Baldachiæ, et per hoc nomen Primeumaton, quod Moyses nominavit, et in cavernis abyssi fuerunt profundati et absorpti Datan, Coram et Abiron : et in virtute istius nominis Primeumaton, totâ cœli militiâ compellente, maledicimus vos, privamus vos omni officio, loco et gaudio vestro usque in profundum abyssi, et usque ad ultimum diem judicii vos ponimus et relegamus in ignem æternum, et in stagnum ignis et sulfuris nisi statim appareatis hic coram nobis ante circulum, ad faciendam voluntatem nostram in omnibus, venite per hæc nomina Adonay, Zabaoth, Adonay, Amoriam. Venite, venite, imperat vobis Adonay, Sadey, Rex Regum potentissimus et trementissimus, cujus vires nulla subterfugere potest creatura, vobis pertinacissimis futuris nisi obedieritis, et appareatis ante hunc circulum, affabiles subitò, tandem ruina flebilis miserabilisque, et ignis perpetuùm inextinguibilis vos manet. Venite ergo in nomine Adonay, Zabaoth, Adonay, Amoriam, venite, venite, quid tardatis ? Festinate, imperat vobis Adonay, Rex Regum, El, Aty, Titeip, Azia, Hyn, Ien, Minosel, Achadan, Uay, Vaa, Ey, Haa, Eye, Exe, à El, El, El, à Hy, Hau, Hau, Hau, Va, Va, Va, Va.

Traduction de l'Exorcisme des Esprits aériens.

Nous faits à l'image et ressemblance de Dieu, doués de sa puissance, et créés par sa volonté, par le très-puissant, redoutable et très admirable nom de Dieu El, nous vous exorcisons (ici on nommera les esprits qu'on voudra, de quelque ordre qu'ils soient) et vous commandons par celui qui a dit, et tout a été fait, par tous les noms de Dieu, Adonay, El, Elohym, Elohe, Zabaoth, Elion, Escerchie, Iah, Tetragrammaton, Sadey. le Seigneur Dieu très haut ; nous vous exorcisons et commandons fortement NN. de nous apparaître sur-le-champ ici visiblement, devant ce cercle, en belle forme humaine, sans aucun trouble, sans aucune laideur ni difformité : venez tels, ô vous tous NN., parce que nous vous le commandons par le nom Y et V, qu'Adam entendit et parla ; par le nom de Dieu Agla, que Loth entendit, par la vertu duquel il fut sauvé avec toute sa famille ; de Iod, que Jacob entendit, de l'Ange qui luttait avec lui, qui le délivra des mains de son frère Esaü ; d'Anephexeton, qu'Aaron entendit, qui le rendit disert et sage ; de Zabaoth, que Moyse prononça, aussitôt tous les fleuves et marais de la terre d'Egypte furent changés en sang : d'Escerchie, Oriston, qui firent tellement agiter tous les fleuves, que les grenouilles en sortirent, et montèrent dans les maisons des Egyptiens, portant partout le ravage ; d'Elion, que Moyse prononça, qui fit tomber une grêle telle qu'on n'en vit jamais depuis la création du monde : d'Adonay, que Moïse prononça, qui fit naître aussitôt les sauterelles en Egypte, qui mangèrent tout ce qui était échappé à la fureur de cette même grêle : de Schemes Amathia, que Josué prononça, et le soleil fut arrêté dans sa course ; par Alpha et Oméga, que Daniel prononça, qui détruisit Béel et tua le Dragon ; au nom d'Emmanuel, qui étant entendu des trois enfants Sidrac, Misac et Abdenägo, chantèrent dans la fournaise ardente, et en furent délivrés ; par Agios, par le trône d'Adonay, par Otheos, Ischiros, Athanatos, Paracletus, et par ces trois noms secrets, Agla, On, Tetragrammaton, je vous conjure par ces noms et par tous les autres noms de Notre-Seigneur Dieu tout-puissant, vivant et véritable, vous qui par votre faute fûtes du haut des cieux précipités au plus profond de l'abîme infernal, nous vous exorcisons puissamment par celui qui a dit, et tout a été fait, à qui toutes les créatures obéissent par le terrible et redoutable jugement de Dieu ; par la mer flottante et transparente, qui est en la présence de la divine Majesté, étant en continuelle et forte agitation ; par les quatre divins Animaux T. qui vont et viennent devant le Trône de la divine Majesté, ayant des yeux devant et derrière ; par le feu sacré qui environne toujours son Trône, par les saints Anges T. qui sont toujours en la présence de Dieu, par cette même Majesté qui est reconnue de son Eglise, nous vous exorcisons NN. par la suprême sagesse de Dieu très-puissant, afin de nous apparaître ici devant ce cercle pour accomplir notre volonté en toutes choses, et selon qu'il nous plaira ; par le Trône de Baldachiæ, par ce nom Primeumaton, à la pronon-

...ciation et à la vertu duquel Moyse fit précipiter et engloutir Dathan, Coré et Abiron, dans le gouffre affreux de l'abime, et à la vertu duquel toute la Milice céleste, terrestre et les enfers tremblent, se troublent et s'abattent : ainsi si vous ne nous apparaissez aussitôt ici devant ce cercle pour accomplir en toutes choses notre volonté, nous vous maudissons, nous vous privons de tout office, lieu et joie ; nous vous condamnons d'aller brûler éternellement dans vos retraites, dans l'étang de feu et de soufre : venez donc au nom d'Adonay, Zabaoth, Adonay, Amoriam : venez, venez, Adonay, Sadey, le Roi des Rois, très puissant et terrible, vous le commande, à la puissance duquel aucunes créatures ne peuvent se soustraire ni résister ; c'est pourquoi, si vous n'obéissez et ne nous apparaissez à l'instant devant ce cercle, doux et affables, prêts à exécuter notre volonté, il vous sera à jamais inflexible, et vous punira par les flammes éternelles : venez, venez au nom d'Adonay, Zabaoth, Adonay, Amoriam, venez, venez : pourquoi tardez-vous ? Qui vous arrête ? Hâtez-vous, Adonay, le Roi des Rois vous l'ordonne. El, Aty, Titeip, Azia, Hyn, Ien, Minosel, Achadan, Uay, Vaa, Ey, Haa, Eye, Exe, à El, El, El, à Hy, Hau, Hau, Hau, Va, Va, Va, Va.

ORAISON A DIEU

Que l'on dira dans le Cercle, vers les quatre parties du Monde.

Amorule, Taneha, Latisten, Rabur, Taneha, Latisten, Escha, Aladia, Alpha et Omega, Leyste, Oriston, Adonay, clementissime, pater mi cœlestis, miserere mei, licet peccatoris, clarifica in me hodierno die, licet indigno filio tuo, tuæ potentiæ brachium, contra hos spiritus pertinacissimos, ut ego, te volente, factus tuorum divinorum operum contemplator, possim illustrari omni sapientia, et semper glorificare et adorare nomen tuum. Suppliciter exoro te et invoco, ut tuo judicio hi spiritus, quos invoco, convicti et constricti, veniant vocati et dent vera responsa, de quibus eos interrogavero : denique et deserant nobis ea quæ per me vel nos præcipientur eis, non nocentes alicui creaturæ, non lædentes, non frementes, nec me, sociosque meos, vel aliam creaturam lædentes, et neminem terrentes : sed petitionibus meis, in omnibus, quæ præcipiam eis, sint obedientes.

Traduction de l'Oraison que l'on doit dire, dans le cercle, à Dieu, vers les quatre parties du Monde.

Amorule, Taneha, Latisten, Rabur, Taneha, Latisten, Escha, Aladia, Alpha et Omega, Leyste, Oriston, Adonay, ayez pitié de moi,

Ô Père céleste, très clément et miséricordieux, purifiez-moi : daignez aujourd'hui répandre sur votre serviteur indigne votre sainte bénédiction, et étendez votre bras tout-puissant sur ces esprits obstinés et rebelles, afin que par vos ordres je puisse contempler vos divins ouvrages, être doué de toute sagesse, glorifier et adorer toujours votre saint nom : je vous invoque, ô mon Dieu, et vous supplie du plus profond de mon cœur, que ces esprits que j'appelle par votre puissance, viennent aussitôt qu'ils y seront obligés et forcés ; qu'ils nous donnent sans nulle ambiguité des réponses certaines, précises et vraies sur toutes les choses que je les interrogerai, et qu'enfin ils nous apportent aussi les choses qui leur seront par moi, ou par nous ordonnées, sans nuire à aucunes créatures, sans blesser par aucun bruit et murmure, ni moi ni mes associés, sans qu'ils puissent nuire aussi à quelqu'autre créature, et sans causer l'épouvante et la terreur à qui que ce soit ; mais qu'ils soient obéissants, résignés et entièrement soumis à ma volonté dans toutes les choses que je leur commanderai.

Alors, étant au milieu du cercle, il dira, en portant sa main sur le Pentacle :

Per Pentaculum Salomonis advocati, dent mihi responsum verum.

Traduction.

Je vous appelle par la vertu du Pentacle de Salomon, afin que vous me répondiez avec vérité. *Ensuite dites :*

Baralanensis, Baldachiensis, Paumachiæ et Apologiæ sedes, per reges potestatesque magnanimas, ac principes, præpotentes, Genio, Liachidæ, Ministri Tartareæ sedis : Primac, hic princeps sedis Apologiæ, nonâ cohorte : ego vos invoco, et invocando vos conjuro, atque supernæ majestatis munitus virtute, potenter impero per eum qui dixit et factum est, et cui obediunt omnes creaturæ, et per hoc nomen ineffabile, Tetragrammaton cum Jehova, in quo est psalmatum omne seculum, quo audito elementa corruent, aer concutitur, mare retrograditur, ignis extinguitur, terra tremit, omnesque exercitus cœlestium, terrestrium et infernorum tremunt, turbantur, et corruunt ; quatenus cito, et sine mora et omni occasione remota, ab universis mundi partibus veniatis, et rationabiliter de omnibus quæcumque interrogavero, respondeatis vos, et veniatis pacifice visibiles, et affabiles, nunc et sine mora, manifestantes, quod cupimus : conjurati per nomen æterni, vivi et veri Dei Helioren, et mandata nostra perficientes, persistentes semper usque ad finem et intentionem meam visibiles nobis et affabiles, clarâ voce, nobis intelligibili, et sine omni ambiguitate.

Traduction.

Baralanensis, Baldachiensis, Paumachiæ, et le trône d'Apologiæ, par les Rois et les Puissances magnanimes, les Princes très puissants, Genio, Liachidæ, Ministres de l'Empire infernal : Primac, le Prince du trône Apologiæ, la neuvième cohorte : je vous invoque, et en vous invoquant par la vertu de la suprême Majesté, dont je suis muni, je vous conjure et vous commande très fortement, par celui qui a dit, et tout a été fait, à qui toutes créatures obéissent : par ce nom ineffable Tetragrammaton, Jehovah, dans lequel le siècle est renfermé, à la prononciation duquel les éléments se dissolvent, l'air s'agite, la mer se retire, le feu s'éteint, la terre tremble, et toutes les armées célestes, terrestres et des enfers tremblent, se troublent et s'abattent, de vous rendre tous ici sans différer et sans aucun prétexte de toutes les parties du monde, pour me répondre raisonnablement sur toutes les choses que je vous interrogerai : venez en paix, visibles et affables, vous manifestant de bonne volonté, ainsi que nous le désirons, conjurés que vous êtes par le nom du Dieu vivant, vrai et éternel Helioren, pour accomplir notre exprès commandement, persistant toujours dans notre intention jusqu'à la fin, et que vous apparaissiez devant nous visibles et affables, nous répondant avec une voix claire et intelligible, et sans aucune ambiguité.

Visions et apparitions.

Cela dit, on verra plusieurs fantômes remplissant l'air de clameurs, afin d'épouvanter et faire fuir les assistants du Cercle ; on en verra armés de flèches, et une infinité de bêtes horribles, mais que l'on n'ait aucune frayeur parce que le Maître, contre lequel ils ne peuvent rien, les contiendra en disant, la main sur le Pentacle : « Fugiat hinc iniquitas vestra, virtute vexilli Dei. *Que vos prestiges cessent par la vertu du Dieu crucifié.* Alors ils seront forcés d'obéir. » Ensuite, tenant toujours la main vers le Pentacle, il prononcera :

Ecce Pentaculum Salomonis, quod ante vestram adduxi præsentiam, ecce personam exorcisatoris, in medio exorcismi, qui est optimè à Deo munitus, intrepidus, providus, qui viribus potens vos exorcizando invocavit, et vocat. Venite ergo cum festinatione in virtute nominum, Aye, Saraye, Aye, Saraye, Aye, Saraye, ne differatis venire per nomina æterna Dei vivi et veri Eloy, Archima, Rabur, et per hoc presens Pentaculum, quod super vos potenter imperat, et per virtutem cœlestium Spirituum, dominorum vestrorum, et per personam exorcisatoris conjurati, festinate, venite et obedite præceptori vestro, qui vocatur Octinomos.

Traduction des visions et apparitions.

Ensuite l'Exorciste ayant la main sur le Pentacle, prononce : Voici le Pentacle de Salomon que j'ai apporté en votre présence ; voici aussi la personne de l'exorciste dans le milieu de l'exorcisme, qui, muni très fortement du secours de Dieu, est intrépide et prévoyant, et qui est puissant en force, vous a invoqués et vous invoque en vous exorcisant ; venez donc en diligence à la force de ces noms Aye, Saraye, Aye, Saraye, Aye, Saraye, et ne différez pas d'apparaître ici par les noms tout-puissants et éternels du Dieu vivant et véritable Eloy, Archima, Rabur, et par le présent Pentacle qui vous l'ordonne et vous y force : par la puissance des Esprits célestes, vos supérieurs, par la personne de l'exorciste qui vous a conjuré : hâtez-vous, venez et obéissez à votre Maître, dont le nom est Octinomos.

Soufflez après cela vers les quatre parties du monde, aussitôt vous verrez de grands mouvements, et vous direz :

Quid tardatis ? Quid moramini ? Quid facitis ? Præparate vos, et obedite præceptori vestro, in nomine Domini Bathath vel Vachat, super Abrac ruens, superveniens Abeor super Aberer.

Traduction.

Pourquoi tardez-vous ? Qui vous arrête ? A quoi vous occupez-vous ? Soyez soumis à votre Maître, au nom du Seigneur Bathat ou Vachat, tombant sur Abrac, Abeor se jetant sur Aberer.

Alors ils viendront dans leurs formes ordinaires et naturelles, et quand vous les verrez ainsi autour du Cercle, montrez-leur le Pentacle couvert d'un saint Suaire, découvrez-le, disant : Ecce conclusionem vestram, nolite fieri inobedientes.
Voici votre condamnation, soyez obéissants.
Après cela vous les verrez pacifiques dans leurs formes naturelles, et ils diront : *ordonnez et demandez ce que vous voulez, parce que nous voilà prêts à faire tout, parce que Dieu tout-puissant nous l'ordonne.*

Et quand ils auront ainsi paru, dites-leur :

Benè veneritis, Spiritus, vel Reges nobilissimi, quia vos vocavi per illum cui omne genu flectitur, cœlestium, terrestrium et infernorum, cujus in manu omnia regna Regum sunt, nec est qui suæ contrarius esse possit majestati. Quatenus constringo vos ut hic ante circulum visibilis, affabiles permaneatis, tam diu tamque constantes, nec sine licentia mea recedatis, donec meam sine fallacia aliqua et veridicè perficiatis voluntatem, per potentiæ illius virtutem, qui mari posuit terminum suum, quem præterire non potest, et lege illius potentiæ non pertransit fines suos, De scilicet Altissimi, Regis, Domini, qui cuncta creavit. Amen.

Traduction.

Vous êtes bien venus, Esprits, ou Rois très illustres, parce je vous ai appelés au nom de celui devant qui tout genou, soit dans les cieux, sur la terre et aux enfers, fléchit, qui tient en sa main tous les Royaumes des Rois, et à la Majesté duquel on ne peut résister. Puisque je vous force de rester devant ce Cercle visibles et affables, soyez-y constants, et ne vous en éloignez pas sans permission, et que vous n'ayez véritablement et sans aucune illusion accompli ma volonté. Je vous l'ordonne par la vertu de celui qui a mis des bornes à la mer, qui ne peuvent jamais être détruites, et qu'elle n'a pu et ne pourra surmonter que par son vouloir suprême, étant asservie aux ordres de Dieu, le Rois des Rois, qui a créé toutes choses. Ainsi soit-il.

Ici vous leur demanderez ce que vous voudrez, et ils vous satisferont ; et après que vous aurez obtenu ce que vous souhaiterez, vous les renverrez ainsi.

In nomine Patris †, et Filii †, et Spiritûs Sancti †, ite in pace ad loca vestra, et pax sit inter nos et vos parati sitis venire vocati.

Traduction.

Au nom du Père †, du Fils †, et du Saint-Esprit † : allez en paix en vos retraites, et que la paix règne entre nous et vous ; soyez toujours prêts à venir dès que je vous appellerai.

Les Conjurations pour les sept jours de la semaine

Conjuration pour le Dimanche.

Conjuro et confirmo super vos, Angeli fortes Dei et sancti, in nomine Adonay, Eye, Eye, Eye, qui est ille, qui fuit, est, erit, Eye,

Abiaye, et in nomine Saday, Cados, Cados, Cados, alte sedentis super Cherubim, et per nomen magnum ipsius, Dei fortis et potentis exaltatique super omnes Cœlos, Eye, Saraye, plasmatoris seculorum, qui creavit mundum, Cœlum, terram, mare et omnia quæ in eis sunt, in primo die, et sigillavit ea sancto nomine suo Phaa : et per nomina sanctorum angelorum, qui dominantur in quarto exercitu, et serviunt coram potentissimo Salamia, angelo magno et honorato, et per nomen stellæ, quæ est sol, et per signum, et per immensum nomen Dei vivi, et per nomina omnia prædicta, conjuro te, Michael angele magne, qui es præpositus diei dominicæ, et per nomen Adonay, Dei Israel, qui creavit mundum et quidquid in eo est, quod pro me labores, et adimpleas omnem meam petitionem, juxta meum velle et votum meum, in negotio et causa mea.

On doit, en cet endroit, demander ce que l'on veut :

Traduction de la conjuration du dimanche.

Je vous conjure, Anges de Dieu, puissants et saints, au nom d'Adonay, Eye, Eye, Eye, qui est celui qui est, qui a été et qui sera, Eye, Abiaye, et au nom de Saday, Cados, Cados, Cados, qui est assis sur les Chérubins, et par le grand nom de ce même Dieu puissant et fort, exalté au dessus de tous les Cieux, Eye, Saraye, le Maître des siècles, qui a créé le ciel et la terre, la mer, l'univers, et toutes les choses qui furent au premier jour, qui les scella de son sacré nom Phaa. Je vous conjure aussi, par les noms des saints Anges, qui commandent à la quatrième légion, et qui servent en présence du très puissant et illustre Salamia : par le nom de l'astre qui est le Soleil, par son signe, par l'adorable et terrible nom du Dieu vivant, et par tous les noms qui ont été ci-dessus proférés, je vous conjure, saint Ange Michaël, vous qui présidez au jour du dimanche par le nom adorable Adonay, Dieu d'Israël, qui a créé l'univers entier et tout ce qu'il renferme, afin que vous me portiez secours, et que vous m'accordiez l'effet de toutes mes demandes, selon mon vœu et mon désir, soit dans mes affaires, soit dans ma fortune, et généralement dans toutes choses qui me seront utiles et nécessaires.

Ici on spécifiera le motif de son affaire, et celui pour lequel on fait cette conjuration.

Leur pouvoir est de donner de l'or, des perles, des escarboucles, des richesses, de concilier la faveur des grands, de faire cesser les inimitiés, de procurer les honneurs, de causer ou guérir les maladies.

Formes sous lesquelles les esprits du soleil ou du dimanche ont coutume de paraître.

Ils ont coutume de prendre un corps gros et grand, couleur de sang, leurs cheveux sont dorés, ils annoncent leur arrivée par une inflammation du ciel, leur signal est de faire suer celui qui les invoque.

Leurs formes particulières sont :

Un roi porté sur un lion, portant en main un sceptre d'or, un coq couronné, un habit couleur de safran ; une reine le sceptre en main, un oiseau, un sceptre, un lion, un homme avec une queue.

Conjuration du Lundi.

Conjuro et confirmo super vos, Angeli fortes et boni, in nomine Adonay, Adonay, Adonay, Eye, Eye, Eye, Cados, Cados, Cados, Achim, Achim, Achim, Ia, Ia, fortis Ia, qui apparuit in monte Sinaï, cum glorificatione Regis Adonay, Saday, Zabaoth, Amathay, Ya, Ya, Ya, Marinata, Abim, Icia, qui maria creavit, stagna et omnes aquas in secundo die, quasdam super cœlos, et quasdam in terra. Sigillavit mare in alto nomine suo, et terminum, quem sibi posuit, non præteribit : et per nomina angelorum qui dominantur in primo exercitu, qui serviunt Orphaniel, angelo magno, pretioso et honorato : et per nomen stellæ quæ est in luna, et per nomina prædicta super, te conjuro scilicet, Gabriel, qui es præpositus diei Lunæ secundo, quod pro me labores et adimpleas, etc.

Ici, comme au Dimanche, on spécifie ce que l'on veut.

Conjuration du Lundi en français.

Je vous conjure, Anges très bons et puissants, par la force et vertu de ces noms Adonay, Adonay, Adonay, Eye, Eye, Eye, Cados, Cados, Cados, Achim, Achim, Achim, Ia, Ia, fort Ia, qui apparut sur la montagne de Sinaï avec toute sa gloire souveraine, Adonay, Saday, Zabaoth, Amathay, Ya, Ya, Ya, Marinata, Abim, Icia, qui a créé au second jour les mers, les fleuves et toutes les eaux, même celles qui sont au-dessous des Cieux et sur la terre, scellé la mer de son très haut Nom, lui a posé des bornes qu'elle ne peut surmonter. Je vous conjure, Anges forts et bons, par les noms de ceux qui commandent à la première Légion, qui servent le grand et honoré Orphaniel : par le nom de l'astre qui est la

Lune, et par tous les noms ci-dessus prononcés. Je vous conjure, Gabriel, vous qui présidez au second jour consacré à la Lune, afin que vous veniez à mon secours et que vous accomplissiez toutes mes volontés.

Leur pouvoir est de donner de l'argent, de transporter les choses d'un endroit à un autre, de donner des chevaux très légers, de dévoiler certains secrets, présents ou passés.

Forme ordinaire aux Esprits de la lune du lundi.

Leurs corps sont pour l'ordinaire gros, grands, flegmatiques ; leur couleur est celle d'une nuée obscure et ténébreuse : ils ont le visage enflé, les yeux rouges et pleins d'eau, la tête chauve, des dents de sanglier, leur mouvement est semblable à celui d'une tempête violente, leur signal est une pluie abondante qu'ils font tomber autour du Cercle.

Leurs formes particulières sont :

Un roi, un arc à la main, porté sur un daim, un jeune enfant, une chasseuse armée d'arc et de flèches, une vache, une oie, un petit daim, un habit vert ou couleur d'argent, une flèche et un homme avec plusieurs pieds.

Conjuration du Mardi.

Conjuro et confirmo super vos, Angeli fortes et sancti, per nomen Ya, Ya, Ya, He, He, He, Va, Hy, Ha, Ha, Va, Va, Va, An, An, An, Aie, Aie, Aie, El, Ay, Elibra, Eloim, Eloim ; et per nomina ipsius alti Dei, qui fecit aquam aridam apparere, et vocavit terram, et produxit arbores et herbas de ea, et sigillavit super eam cum pretioso, honorato, metuendo et sancto nomine suo : et per nomen angelorum dominantium in quinto exercitu, qui serviunt Acimoy, angelo magno, forti, potenti et honorato, et per nomen stellæ, quæ est Mars ; et per nomina prædicta conjuro super te, Samael, angele magne, qui præpositus es diei martis : et per nomina Adonay Dei vivi et veri, quod pro me labores et adimpleas, etc.

Ici comme au Dimanche.

Conjuration du Mardi en français.

Je vous conjure, Anges forts et saints, par les sacrés noms, Ya, Ya, Ya, He, He, He, Va, Hy, Ha, Ha, Ha, Va, Va, Va, An, An, An, Aie, Aie, Aie, El, Ay, Elibra, Eloim, Eloim, et par les autres noms de ce Dieu très haut, qui a fait paraître l'eau aride et l'a appelée terre, qui produisit sur la superficie d'icelle les arbres et les herbes, et qui l'a scellée de son saint, précieux, adorable et redoutable Nom, par les noms des Anges qui commandent à la cinquième Légion, qui servent le puissant Acimoy, par le nom de l'astre qui est Mars, et je vous conjure, ô Samael, vous qui présidez au Mardi, par tous les noms ci-dessus prononcés, par celui d'Adonay, Dieu vivant et véritable, de venir à mon secours, et d'accomplir toutes mes volontés.

Leur pouvoir regarde les combats, le feu, la mort, de fournir dans l'occasion dix mille soldats, de rendre sain ou malade.

Formes ordinaires aux Esprits de Mars le Mardi.

Leur corps est long, d'une couleur noirâtre, tire sur le rouge, leur aspect est hideux ; ils ont des cornes à la tête, à peu près égales à celles que porte le cerf, leurs ongles en forme de griffes, ils annoncent leur approche par un bruit à peu près semblable à celui que fait le feu lorsqu'il brûle, leur signal est accompagné d'éclairs qui se font voir autour du Cercle.

Leurs formes particulières sont :

Un Roi armé, porté sur un loup, un habit rouge, un homme armé, une femme portant un bouclier à la cuisse, un bouc, de la laine, un cheval, un homme à plusieurs têtes.

Conjuration du Mercredi.

Conjuro et confirmo vos, angeli fortes, sancti et potentes, in nomine fortis, metuendissimi et benedicti Adonay, Elohim, Saday, Saday, Saday, Eye, Eye, Eye, Asanie, Asarie ; et in nomine Adonay, Dei Israël, qui creavit luminaria magna, ad distinguendum diem à nocte : et per nomen omnium angelorum, deservientium in exercitu secundo coram terra angelo majori, atque forti et potenti : et per nomen stellæ, quæ est Mercurius, et per nomen sigilli, quo sigillatur à Deo fortissimo et honorato, per omnia prædicta super, te, Raphael, angele magne, conjuro, qui es præpositus diei quartæ : et per nomen sanctum, quod est scriptum in fronte Aaron, sacerdotis altissimi Creatoris : et per nomina angelorum, qui in gratiam Salvatoris confirmati sunt, et per nomen sedis animalium habentium senas alas, quod pro me labores, etc.

(Ici comme au Dimanche.)

Conjuration du mercredi en français.

Je vous conjure, Anges forts, saints et puissants, par les noms très redoutables et adorables Adonay, Elohim, Saday, Saday, Saday, Eye, Eye, Eye, Asanie, Asaraie : au nom d'Adonay, Dieu d'Israël, qui a créé le grand luminaire pour distinguer le jour de la nuit : par le nom de tous les Anges qui servent dans la seconde Légion devant l'Ange, trois fois grand, fort et puissant, par le nom de l'astre de Mercure, par son sceau sacré et révéré, par tous ceux ci-dessus prononcés, je vous conjure, ô grand ange Raphaël, vous qui présidez au quatrième jour, par le nom saint, écrit sur le front d'Aaron, prêtre du très haut Créateur, et par ceux des Anges qui sont confirmés en la grâce du Sauveur, et enfin par celui du trône des Animaux qui ont six ailes, de venir à mon secours pour accomplir ma volonté.

Leur pouvoir est de donner toutes sortes de métaux, de révéler les trésors cachés, d'apaiser les Juges, de donner la victoire dans un combat, de procurer la science, de changer les éléments des choses, de donner ou ôter la santé, d'élever les pauvres, d'abaisser les riches.

Formes ordinaires aux Esprits de Mercure le mercredi.

Leurs corps est pour l'ordinaire de moyenne taille, froid et humide, cependant assez beau, leur entretien est affable, leur forme est humaine et de la figure d'un soldat armé, ils sont d'une couleur transparente, leur mouvement est une nuée d'argent, leur signal est d'inspirer la terreur à celui qui les invoque.

Leurs formes particulières sont :

Un roi porté sur un ours, un homme de bonne figure, une femme qui tient un couloir, un chien, une pie, une ourse, un habit de différentes couleurs, une baguette, un bâton.

Conjuration du Jeudi.

Conjuro et confirmo super vos, Angeli sancti, per nomen Cados, Cados, Cados, Eschercie, Eschercie, Eschereie, Hatim, Hatim, Ya, fortis firmator sæculorum, Cantine, Jaym, Janic, Anic, Calbar, Sabbac, Berifay, Alnaym, et per nomen Adonay, qui creavit pisces, reptilia in aquis, et oves super faciem terræ, volantes versus cœlos die quinto, et per nomina Angelorum servantium in sexto exercitu coram pastore Angelo sancto et magno et potenti principe : et per nomen stellæ quæ est Jupiter ; et per nomen sigilli sui ; et per nomen Adonay, summi Dei omnium creatoris : et per vim et virtutem earum, et per nomina prædicta, conjuro te, Sachiel, Angele magne, qui es præpositus diei Jovis, et pro me labores, etc.

(Ici comme au Dimanche)

Conjuration du Jeudi en français.

Je vous conjure, Anges saints, par les noms Cados, Cados, Cados, Eschercie, Eschercie, Eschereie, Hatim, Hatim, Ya, le souverain des siècles, Cantine, Jaym, Janic, Anie, Calbar, Sabbac, Betifay, Alnaym, je vous conjure par Adonay qui a créé au cinquième jour les poissons, les reptiles qui sont dans les eaux et les oiseaux à la surface de la terre : par les Anges qui servent dans la sixième Légion, en présence du saint Ange, leur chef, très puissant et excellent Prince, par le nom de l'astre de Jupiter et de son sceau ; par Adonay, le suprême Créateur de toutes choses ; par le nom de tous les astres, par leurs forces et puissances, et par tous ceux enfin prononcés ci-dessus, je vous conjure, ô grand Sachiel, vous qui présidez au jour de Jupiter, etc.

Leur pouvoir est de concilier l'amour des femmes, de rendre les hommes joyeux, de terminer les procès, d'adoucir les ennemis, de guérir les malades, en un mot, faire le bien et le mal.

Formes ordinaires des Esprits de Jupiter le Jeudi.

Leur corps est de couleur de sang, ils ont l'air bilieux et mélancolique, leurs mouvements sont effrayants, leur naturel est très doux, leur aspect agréable, leur couleur est celle du feu, leur mouvement est une inflammation suivie d'un tonnerre, leur signal est des hommes qui paraissent dévorés par des lions.

Leurs formes particulières sont :

Un Roi, l'épée à la main, porté sur un cerf, un homme mitré et revêtu d'habits longs, une fille avec une couronne de laurier et ornée de fleurs, un cerf, un paon, un habit azur, une épée, une flûte.

Conjuration du Vendredi.

Conjuro et confirmo super vos, Angeli fortes, sancti atque potentes, in nomine On, Hey, Heya, Ia, Ie, Adonay, Saday, et in nomine Saday qui creavit quadrupedia et animalia reptilia, et homines in sexto die, et Adamæ dedit potestatem super omnia animalia : un de benedictum sit nomen creatoris in loco suo : et per nomina Angelorum servientium in tertio exercitu, coram Agiel, Angelo magno, principe forti atque potenti : et per nomen stellæ, quæ est Venus, et per sigillum ejus quod quidem est sanctum, et per nomina prædicta super, conjuro te, Anael, qui es præpositus diei sextæ, ut pro me labores, etc.

(Ici comme au Dimanche).

Conjuration du Vendredi en français.

Je vous conjure, Anges saints, forts et puissants, par les noms On, Hey, Heya, Ia, Ie, Adonay, Saday qui au sixième jour créa les quadrupèdes, les animaux reptiles et les hommes, et qui donna tout pouvoir à Adam sur tous ces animaux, qui bénit les noms du Seigneur, par les Anges qui servent dans la troisième Légion, en présence du grand Ange Agiel, Prince fort et puissant, par l'astre de Vénus, par son saint sceau et par les noms susdits, je vous conjure, Anael, Ange très grand, vous qui présidez au sixième jour, etc.

Leur pouvoir est de donner de l'argent, de rendre les hommes plus luxurieux, de rapprocher les ennemis par la luxure, de faire des mariages, d'exciter dans le cœur des hommes l'amour des femmes, de guérir les maladies.

Forme ordinaire aux Esprits de Vénus le Vendredi.

Leurs corps sont beaux, de taille médiocre, leur aspect est gracieux, affable, leur couleur est blanche ou verte, leur arrivée est annoncée par une étoile brillante, leur signal est quelques jeunes filles qui jouent entre elles, et qui engagent ceux qui sont dans le cercle à prendre part à leurs jeux.

Leurs formes particulières sont :

Un Roi tenant un sceptre, porté sur un chameau, une fille superbement habillée, une fille nue, une colombe, une chèvre, un habit blanc ou vert, un chameau, des fleurs, de la sabine.

Il a été dit au Jeudi qu'au dessus du cinquième Ciel, on ne connaît plus d'Anges dominants à l'air, il faudra dire les Oraisons qui sont citées au Jeudi.

Conjuration du Samedi.

Conjuro et confirmo super vos, Caphriel vel Cassiel, Machatori et Seraquiel, Angeli fortes et potentes, et per nomen Adonay, Adonay, Eye, Eye, Eye, Acim, Acim, Acim, Cados, Cados, Ina vel Ima, Ima, Saday, Ia, Sar, Domini formatoris sæculorum, qui in septimo die quievit, et per illum qui in beneplacito suo filiis Israël in hæreditatem observandum dedit, ut eum firmiter custodirent et sanctificarent, ad habendam inde bonam in alio sæculo remunerationem : et per nomina Angelorum servientium in exercitu septimo Booel Angelo, magno et potenti principi, et per nomen stellæ, quæ est Saturnus ; et per sanctum sigillum ejus, et per nomina prædicta super, conjuro te, Caphriel, qui præpositus es diei septimi, quæ est dies Sabbati, quod pro me labores, etc.

(*Ici comme au Dimanche*).

Conjuration du Samedi en français.

Je vous conjure, Caphriel ou Cassiel, Machatori et Seraquiel, Anges puissants et forts, au nom Adonay, Adonay, Adonay, Eye, Eye, Eye, Acim, Acim, Acim, Cados, Cados, Cados, Ina vel Ima, Ima, Saday, Ia, Sar, Seigneur qui a formé les siècles, qui au septième jour se reposa, qui voulut que son peuple d'Israël le gardât inviolablement et le sanctifiât, afin de mériter par là au siècle à venir, la récompense qu'il lui promit par les noms des Anges qui servent dans la septième Légion, en la présence de Booel, Ange grand et puissant ; par l'astre de Saturne ; par son saint sceau et par les noms ci-dessus, je vous conjure, Caphriel, vous qui présidez en ce jour.

Leur pouvoir est de semer la discorde, de faire naître la haine, d'exciter de mauvaises pensées, de donner du plomb, de tuer, de mutiler.

Forme ordinaire aux Esprits de Saturne le Samedi.

Leur corps est ordinairement long et maigre ; ils ont l'air furieux et colère ; ils portent quatre visages, dont un est devant la tête, l'autre derrière, le troisième au genou droit, le quatrième au genou gauche, chaque visage a un long bec, leur couleur est noire et brillante comme celle des jais ; leur mouvement est l'agitation des vents qui semble être accompagnée d'un tremblement de terre ; eur signal est de rendre la terre plus blanche que la neige.

Leurs formes ordinaires sont :

Un Roi avec une longue barbe, porté sur un dragon, un vieillard avec une longue barbe, une vieille femme appuyée sur un bâton, un porc, un dragon, un hibou, un habit noir, une faux, du genièvre.

Serments et soumissions des Esprits.

Nous Esprits dominant, savoir : Rois, Empereurs, Princes, Ducs, Comtes, Marquis, Barons, Gouverneurs Généraux, Capitaines, Ministres, Seigneurs et autres nos sujets les Esprits, reconnaissons, soussignons, attestons, nous obligeons et jurons sur les hauts et très sacrés noms de Dieu, des Conjurations et Exorcismes contenus en ce Livre, comme aussi nos caractères à nous appartenants, pour valoir et servir généralement à tous ceux qui se serviront du présent Livre en tous leurs besoins et nécessités généralement quelconques, et sans exemption, suivant le pouvoir que nous avons reçu de Dieu, et nous ratifions toutes les choses suivantes :

Premièrement.

Nous nous engageons et soumettons de servir fidellement tous ceux qui nous requerreront par ces présentes, suivant notre serment, et de faire ou faire faire par nos sujets tous les désirs et volontés, et que jamais aucun mortel n'aura connaissance de ce qui sera opéré et exécuté par notre ministère, et qu'aucuns Esprits ne pourront en donner connaissance à qui que ce soit, qu'ils soient invoqués pour cela. Nous promettons aussi de leur apporter ou faire apporter et transporter tout ce qu'on exgira de nous, sans tromperie ni fraude, et que le tout sera bon et loyal à leur volonté, sans que nous puissions le reprendre ni pendant leur vie, ni après leur mort, et que nous ne pourrons espérer aucunes récompenses des services que nous leur rendrons.

Item. Nous nous soumettons d'apparaître à tous ceux qui nous appelleront par nos noms renfermés dans ce présent Livre, en belle forme humaine, sans aucune laideur ni difformité, toutes fois et quantes que nous serons appelés, sans faire aucun tort à ce qu'ils ont reçu de Dieu, ni à leurs cinq sens de nature, ni à ceux ou celles qui seront de leur compagnie, ni aux lieux ou maisons où ils nous appelleront, et cela sans faire de bruit, ni foudre, ni tonnerre, ni éclairs, ni fracas, ni rupture, ni fracture, ni tapage, en quelque manière que ce soit, et nulle créature vivante ne s'apercevra de notre venue, que ceux qui nous appelleront et leurs compagnons s'ils nous l'ordonnent ; nous nous obligeons aussi de leur répondre sur toutes les questions et demandes qui nous seront faites, et nos réponses seront véritables, sans amphibologie, ni double sens ; au contraire, nous parlerons bon français, précisément et intelligiblement ; et après avoir satisfait à ce qu'on exigera de nous, nous nous retirerons en paix et sans tumulte, observant les mêmes conditions en allant comme en venant, lorsqu'ils prononceront le renvoi.

Item. Pour l'exécution de toutes les susdites conditions nous nous obligeons et engagons, sous les peines de l'augmentation au centuple de nos tourments, de moment en moment, et de la privation de nos charges, honneurs et dignités : en foi de quoi avons apposé nos sceaux, cachets et caractères, et signé le présent Livre, pour servir à tous ceux qui nous invoqueront, et sur-le-champ nous ferons ce qui nous sera ordonné sans aucun retard.

*
* *

Nous n'avons pas eu l'intention dans ce chapitre de faire une œuvre entièrement nouvelle. Nous avons simplement cherché à éclaircir et à synthétiser une foule de détails qui sont ou confus ou contradictoires dans la plupart des grimoires. Il suffira de se reporter aux manuscrits des bibliothèques pour voir si nous avons réussi.

Mais ces détails n'ont de valeur que par la possibilité de *l'obtention d'un résultat pratique.*

Or nous n'avons commencé à établir des expériences suivies sur ces phénomènes qu'en 1891, et dès les premiers essais nous avons obtenu de tels résultats que nous pouvons affirmer la POSSIBILITÉ DE LA RÉUSSITE.

Ici quelques détails complémentaires sont nécessaires.

Les Expériences magiques du Groupe indépendant d'études ésotériques.

En 1889, nous avons fondé à Paris le *Groupe indépendant d'études ésotériques*, destiné à contrôler les expériences concernant les forces encore inconnues en action dans l'homme et dans la nature.

Les premiers mois furent consacrés à la propagande et les travaux purent être fructueusement poursuivis dès le début de l'année 1891. A ce moment le groupe était divisé en sections techniques dont l'une s'occupait de Magie pratique. Personnellement nous avions fait quelques expériences suivies de succès, ainsi que notre ami F. Ch. Barlet ; mais ces expériences avaient besoin d'un contrôle que la suite des études pouvait seule fournir. L'année 1891 fut consacrée aux études préliminaires, et au commencement de 1892 plusieurs essais, accompagnés d'entraînement végétarien et concernant la vision des élémentals, furent entrepris et couronnés de succès, principalement en ce qui touche les expériences de M. Delfosse. Au milieu de l'année, des faits rapportés dans les grimoires furent soumis à un contrôle expérimental et M. Michelet, un des commissaires, put même certifier le fait que le diamant pur empêchait le passage de l'action magnétique de l'aimant. Ce fait rapporté par Agrippa et inconnu des physiciens modernes est familier aux marchands de diamants, ainsi qu'il fut constaté. En même temps, une expérience d'*évocation consciente* fut tentée par M. M. H. et, malgré des oublis et des fautes nombreuses, cette expérience donna des résultats très curieux et très instructifs. Nous en rapporterons les principaux détails d'après les opérateurs eux-mêmes.

Au mois de mars 1892, en période de lune croissante, MM. H. et K., membres d'une commission d'enquête des phénomènes magiques, tentèrent l'expérience suivante qui fut conduite dans le secret le plus absolu :

Après 12 jours d'entraînement triple : végétarien

au point de vue physique, purificateur au point de vue moral, et rituel au point de vue psychique, une cérémonie préparatoire de consécration du local magique fut exécutée la veille du jour de l'opération proprement dite.

« A la suite de cette consécration préparatoire », dit le rapport que j'ai sous les yeux, « nous avons éprouvé « une tristesse et un accablement tels, que nous hésitions « à recommencer le lendemain, pris d'une sorte de « frayeur devant notre faiblesse. L'astral n'aime pas « à ce qu'on regarde par les fentes de sa porte. »

Malgré cela l'expérience fut tentée le lendemain, un jeudi à minuit. Il s'agissait dans l'idée des opérateurs de voir l'effet d'un pentagramme dessiné avec leur sang et projeté en astral par le feu.

C'était, ainsi qu'ils s'en aperçurent plus tard, une base d'expérience déplorable et en dehors de toutes les conditions régulières. Le sang projeté en astral ne peut qu'attirer une foule de larves, et ce n'est pas ce but que poursuivaient les expérimentateurs.

Quoi qu'il en soit revenons au fait. « Le lendemain », dit le rapport, « les conditions requises dans les ouvrages « magiques réalisées, le cercle tracé, le miroir, le réchaud « et les lumières disposés, deux opérateurs ayant l'un « l'épée, l'autre le trident de Paracelse (en étain, parce que « le jour de l'opération était le jeudi), revêtus des costumes « et des ornements de couleur planétaire correspondante « et des signes magiques gravés suivant le rituel, se placent « dans le cercle et l'évocation commence à 11 h. 1/2. »

Cette évocation fut dite, ou plutôt psalmodiée lentement et d'une façon sonore, pendant que l'encens brûlait. A la fin de cette évocation, les opérateurs dirent : « Nous avons senti des *souffles froids* comme ceux que l'on ressent dans la plupart des séances de matérialisation spirites. Ces souffles étaient objectifs puisque les feuillages de chênes et de peupliers bougeaient. En même temps des *vapeurs grises* tout à fait spéciales décrivaient des contours d'apparition en passant et en tournoyant devant le miroir magique que tous deux nous regardions. »

Or suivant les expérimentateurs, « le but de l'œu-
« vre était de rendre à son état fluide primitif le
« sang qui avait servi à tracer le pentagramme et qui
« appartenait aux deux opérateurs. C'était là la grande
« faute, ajoutent-ils. » Nous avons dit tout à l'heure
pourquoi.

En somme, après cette esquisse assez nette d'apparition, après cette sensation de souffle froid et des mouvements d'objets accompagnés de craquements caractéristiques dans toute la pièce, les opérateurs pensent
que tout est terminé et rangent soigneusement tous les
objets qui avaient servi à l'opération.

L'expérience avait été faite dans un grand appartement à Paris, et cette chambre était située tout au fond
de l'aile droite dudit appartement. L'aile gauche était
occupée par le frère d'un des opérateurs, homme d'âge
mûr et professeur de mathématiques dans un grand
établissement d'instruction publique. Ce monsieur
s'était, ce jour-là, couché de bonne heure, ne se doutant
nullement des études auxquelles se livrait son frère et
n'ayant du reste jamais cru à la Magie ni à tous les
enseignements analogues.

Au moment où les expérimentateurs, isolés et à l'a-
bri de toute surprise dans leur cercle, attiraient dans
l'appartement une pluie de larves sans s'en douter, le
professeur dormait à poings fermés assez loin de là.

Or, à l'heure exacte de l'évocation, il est réveillé par
un violent coup de poing sur l'épaule et ressent un état
d'angoisse spécial, dû sans doute à ce réveil brusque.
Croyant à une attaque de malfaiteur, il se dresse sur
son lit et prend son revolver qui était à portée de sa
main, puis allume sa bougie et constate avec stupéfac-
tion que rien d'anormal ne se passe dans la chambre,
ni dans la partie de l'appartement qu'il occupe. Il se
recouche, et cependant l'état d'angoisse dure longtemps
après.

(En rapprochant cette expérience des faits de Cideville,
on pourra déjà voir en petit la reproduction d'une
même loi).

Cette sensation de coup de poing avait assez frappé le professeur pour que le lendemain il l'ait décrite à son jeune frère qui enregistra soigneusement les faits et l'heure des phénomènes, tout en se gardant bien de parler de son expérience.

Mais les manifestations ne s'arrêtent pas là. Tout était rangé dans la chambre qui avait servi à l'opération et l'on ne remarquait dans cette chambre absolument rien d'anormal. A neuf heures du matin, l'expérimentateur étant sorti pour vaquer à ses occupations médicales, la femme de ménage vint comme d'habitude faire son ouvrage. Mais en ouvrant la porte de la chambre, cette femme est prise tout à coup d'une sorte de panique, d'une très grande frayeur, et se sauve à travers l'appartement.

Interrogée par le frère de l'expérimentateur qui se trouvait là sur la cause de cette frayeur, elle ne peut en rien la spécifier et dit : « Cela m'a pris comme cela, « sans savoir pourquoi. »

Enfin une des nuits suivantes, un superbe encrier en cristal fut, pendant le sommeil de l'opérateur et dans sa chambre, coupé en deux comme avec une scie, fait presque impossible à réaliser expérimentalement.

Ainsi voilà un essai fait par de jeunes opérateurs inexpérimentés qui est plus éloquent au point de vue théorique que si l'expérience d'évocation avait complètement réussi. Depuis, d'autres expériences très curieuses ont été tentées et ont réussi, mais nous avons choisi celle-là comme typique, ne voulant pas décrire dans un de nos ouvrages nos propres essais qui ne seraient pas si probants pour le lecteur que des faits racontés par d'autres.

Mais nous transcrirons cependant ce récit, émané du même expérimentateur, et qu'il nous adresse dans une lettre du 5 janvier :

« Seul, même rituel qu'à l'ordinaire, sans entraîne-
« ment par une consécration et la fixation d'une volonté
« en astral.

« J'ai joint au dispositif précédent l'impression dans

« la cire d'un cachet pentagrammatique, pendant que,
« suivant le mode que vous m'avez enseigné, je brûlais
« la feuille où était inscrite ma volonté réalisée. Le résul-
« tat a été satisfaisant. Malgré toutes les probabilités, ce
« que je demandais m'a été accordé. »

Si nous ajoutons que des essais de psychométrie poursuivis dans le même groupe eurent un plein succès, nous aurons montré ce qu'on peut faire en un an par des travaux méthodiquement poursuivis au point de vue de ce genre d'études.

Mais nous étions à ce moment très mal organisés, et depuis 1893 nos moyens d'action ont considérablement augmenté, le groupe possède à Paris un laboratoire de Magie pratique qu'il a mis à la disposition des membres spécialement chargés de cette étude, et nul doute que d'ici peu de mois des résultats plus importants encore ne soient obtenus. Nous avons aussi en province un autre laboratoire où existent une fonderie et des machines outils, ce qui nous permet de faire fabriquer en correspondance planétaire tous les objets métalliques dont nous pourrions avoir besoin.

*
* *

De l'extériorisation du corps astral

En ces dernières années le monde scientifique fut quelque peu étonné en apprenant le nombre d'observations authentiques faites par MM. Gurney et Myers et se rapportant au *dédoublement de l'être humain*, soit pendant la vie, soit immédiatement après la mort. En France, le professeur Richet de l'Ecole de médecine de Paris, a bravement pris la tête des études de ce genre et inspire une Revue s'occupant de ces questions. Or ces faits se rapportent à l'enseignement de la science occulte touchant *le corps astral* et son extériorisation possible hors du corps physique. Une certaine école, dite théosophique, et remarquable par l'aplomb imperturbable avec lequel ses membres tranchent *ex professo* les questions qu'ils ignorent le plus, fait consister toute la magie dans le dédoublement de l'être humain qu'on atteint par le régime végétarien poursuivi pendant un certain temps. À propos de la réalisation magique, nous avons déjà parlé des erreurs physiologiques commises par ce genre de sectaires; il nous semble donc inutile d'insister sur ce sujet.

L'action de la volonté sur le corps astral est intimement liée à l'étude de la respiration et de ses mystères; mais ce qu'il est important de savoir, c'est que la manifestation consciente de l'action à distance de ce corps astral est précédée par certains phénomènes inconscients, qui ont été peu étudiés jusqu'ici, quoique souvent décrits. Ainsi un individu peut parfaitement agir à distance sur un autre :

1° L'autre ayant conscience de cette action, sans que l'opérateur en ait conscience lui-même;

2° L'autre n'ayant pas conscience de l'action qu'il subit, mais l'opérateur étant conscient de l'action qu'il produit;

3° Ces deux individus ayant conscience des phénomènes produits.

A chacune de ces classifications correspond une série d'observations qui vont éclairer tout à fait le sens de notre division et qui permettront au magiste de déduire facilement la théorie et la pratique de ce genre de phénomènes.

1ᵉʳ Cas

Conscience du récepteur, inconscience de l'opérateur au moment de la production du phénomène.

Mᵐᵉ de T. qui depuis longtemps se livrait à l'étude et à la pratique des phénomènes spiritualistes, ayant entendu parler de la possibilité d'extérioriser la force psychique et de se dédoubler, voulut tenter une expérience décisive à ce sujet.

Elle se trouvait à ce moment à Paris et elle avait laissé de bons amis dans une grande ville de l'Amérique du Sud. — Elle résolut d'apparaître là-bas à un de ses amis et concentra fortement sa volonté sur ce sujet pendant plusieurs jours. — Le jour même de l'expérience, elle se livra à des travaux très fatigants, allant même jusqu'à passer plusieurs heures à cueillir des pommes de terre dans un champ, le tout afin de briser par la lassitude toute résistance possible de la part du corps physique.

Le soir, vers 9 heures, elle se coucha après avoir encore concentré toute sa volonté sur l'apparition qu'elle voulait manifester là-bas. Elle ne tarda pas à s'endormir profondément.

Le lendemain à son réveil elle n'avait gardé aucune conscience de ce qui pouvait bien s'être produit et ignorait absolument si l'expérience avait oui ou non réussi.

Un mois après seulement elle reçut par le courrier ordinaire une lettre de la personne sur qui elle avait voulu agir. Cette personne racontait que, se trouvant tel soir (date de l'expérience), vers 10 h. et 10 1/2, à un bal très animé, elle s'était un moment retiré à l'écart vers une croisée. C'est à ce moment, qu'à son grand étonnement, elle aperçut dans l'embrasure de la fenêtre Mme de T. habillée de blanc et souriante. L'apparition dura trois à quatre minutes. La lettre contenait tous les détails complémentaires à ce sujet. Voici du reste le récit des faits par des espérimentateurs eux mêmes :

30 janvier 1893,

Je vous envoie la copie d'une partie de la lettre dont je vous avais parlé. L'ami qui l'a écrite, ne se doutait pas que j'avais *voulu* lui apparaître et croit avoir eu une hallucination. J'ai sa lettre originale entre les mains et à votre disposition.

Quant à l'autre missive du même genre, je ne l'ai plus retrouvée. Elle provenait de ma mère qui, étant à

Pétersbourg, tandis que j'étais moi à Buenos-Ayres, m'a vue dans sa chambre une nuit, et en a été si effrayée, qu'elle me priait en grâce de ne plus recommencer de telles expériences avec elle.

J'ai fait en tout dix essais de dédoublement : ces deux seuls ont réussi.

J. DE T.

Febrero 1887, Puerto-Cabello.

Sueñó o alucinacion ? No puedo explicar lo que me sucedio, pero se lo voy à contar pidiendo no se burle de su pobre amigo ! A las diez del dia de ayer me diréji al baile del senor E..., saludé à la novia que me parecio muy triste, y, de repente, hubo un instante en que, encontrandome rodeado de senoras en una pequena sala, oi su voz de Vᵉ muy conocida y agradable, que me decia, « Yo tambien estoy aqui, Senor B. » — Me volvi con presteza, latiendo mi corazon, y la vi, amiga mia, recostada en el alfeisar de una ventana y souriendome con dulzura y picardia. Vestia V. un traje blanco. — Oh ! la vi, créalo V....., no es una historia, se lo aseguro, y, mi sorpresa fué tan grande que una senora me pregunto : « que le pasa à V. ? Le ha sucedido algo ? » — La vision fué rapida, huyo con presteza de mis ojos pero no de mi alma y durante toda aquella noche fué V. la companera de mi silencio. — Si para creer en esa vision, necesita V. mi palabra de honor, se la doy.

D'après la publication des recherches de MM. Gurney et Myers sur les hallucinations télépathiques, les faits de ce genre sont connus. Mais celui-ci méritait une mention toute spéciale, car il montre comment une personne inconsciente de l'acte qu'elle produit peut agir à distance vers un but fixé d'avance.

DEUXIÈME CAS.

Conscience de l'opérateur. — Inconscience du sujet de l'opération :

Un de nos amis de Lyon les plus avancés dans l'étude de la méditation et de la pratique, M. V., eut, à un moment donné, une lutte considérable à soutenir dans la conduite d'affaires de la plus haute importance. — Toutes les probabilités indiquaient un échec complet dans l'action qu'essayait d'évoquer notre ami et cependant il ne perdit pas courage.

Profitant de cette circonstance que la personne dont il fallait changer complètement et malgré elle la manière de voir se couchait d'assez bonne heure, M. V. concentra toutes ses forces psychiques pendant les deux premières heures du sommeil de celui sur qui il fallait agir. — Il se transportait mentalement auprès de l'être endormi, et là, peu à peu, et avec une douceur extrême, plaidait sa cause et défendait sa manière de voir.

Or, plus les expériences étaient suivies, plus les idées de celui sur lequel on agissait malgré lui se modifiaient, et, au bout de quelque temps, *c'est de son propre mouvement* qu'il demanda l'exécution d'un acte qui était en opposition flagrante avec sa première manière de voir.

En rapprochant ce cas de celui de MM. Desbeaux et Hennique, on en saisira toute l'importance.

Il s'agit ici d'une action suggérée consciemment et à distance à un individu qui subit inconsciemment l'ordre donné mentalement. Le récit de ce fait n'a d'autre but que de développer l'exposé de cette action.

Du reste M. V. dont nous parlons a manifesté souvent des preuves surprenantes de pouvoirs psychiques élevés. C'est ainsi qu'il a plusieurs fois annoncé devant témoins et d'une façon précise des événements politiques devant arriver six mois après, avec la date précise de l'accomplissement de ces événements. Il a aussi souvent pu vérifier des scènes prophétiques et manifester un grand nombre d'autres faits, étranges pour qui n'en possède pas la clef. Et cependant M. V. se livre à ces études depuis quatre ans à peine, après avoir été longtemps un fervent positiviste.

Troisième Cas

Les deux individus ont conscience des phénomènes produits.

XI. — **Expériences de M. Émile Desbeaux avec M. G...**[*]

Le 23 mai 1891, je fais asseoir dans un coin obscur du salon, M. G..., agrégé ès-sciences physiques, pour qui ces sortes d'expériences étaient absolument inconnues. Il est neuf heures du soir. M. G... a les yeux bandés et la face tournée vers le mur.

Je me place à quatre mètres de lui, devant une petite table où reposent deux lampes.

PREMIÈRE EXPÉRIENCE

Sans bruit et à l'insu de M. G... je prends un objet et je le tiens en pleine lumière. J'y concentre mes regards et je veux que M. G... voie cet objet.

Au bout de 4 minutes 30" M. G... m'annonce qu'il voit un *rond métallique*.

Or l'objet était une *cuillère d'argent* (petite cuillère à café) dont le manche disparaissait dans ma main et dont je ne fixais que la palette d'un *ovale peu allongé*.

DEUXIÈME EXPÉRIENCE

M. G... voit un *rectangle brillant*.
Je tenais une *tabatière en argent*.

TROISIÈME EXPÉRIENCE

M. G... voit un *triangle*.
J'avais dessiné à gros traits, sur un carton, un *triangle*.

---

[*] Nous extrayons cette série d'expériences des *Annales des Sciences psychiques*, publication paraissant tous les deux mois par fascicules de 2 fr. 50, chez Alcan, éditeur, 108, boulevard Saint-Germain, Paris.

QUATRIÈME EXPÉRIENCE

M. G... voit un *carré avec arêtes lumineuses et avec des perles brillantes*; tantôt il voit deux perles seulement, tantôt il en voit plusieurs.

Je tenais un objet dont il n'était guère possible de soupçonner chez moi la présence : c'était un gros dé en carton blanc. la lumière éclairait vivement ses *arêtes* et donnait aux *points* gravés dessus des reflets brillants de *perles* noires.

CINQUIÈME EXPÉRIENCE

M. G... voit un *objet transparent avec filet lumineux formant ovale au fond*.

Je tenais une *chope à bière en cristal taillé à fond ovale*.

Voilà, je pense, cinq expériences, faites dans des conditions excellentes de contrôle et de sincérité, qui peuvent être considérées comme ayant réussi.

A mon tour je deviens *récepteur* en prenant la place de M. G... qui devient *transmetteur*.

PREMIÈRE EXPÉRIENCE

Je vois un *petit ovale très brillant*.

M. G... tenait une *alliance d'or*.

DEUXIÈME EXPÉRIENCE

Je vois deux *arcs de cercle éloignés l'un de l'autre et se faisant verticalement vis-à-vis*.

M. G... tenait un vase japonais dont les contours rappelaient ce que j'avais vu. Néanmoins je considère comme nul le résultat de cette expérience, et je n'attribue à la précédente que la valeur d'une demi-réussite.

Emile Desbeaux.

XLI. — Expériences de MM. Emile Desbeaux et Léon Hennique

Avec mon ami Léon Hennique, j'ai essayé de faire de la télépathie à grande distance : Hennique se trouvant en villégiature à Ribemont (Aisne), moi restant à Paris, séparés tous deux par 171 kilomètres. Il a été convenu qu'Hennique serait, ou mieux, tâcherait d'être le transmetteur, et que notre premier essai aurait lieu dans la nuit du 11 au 12 juin dernier, à minuit et demi.

Je ne saurais mieux faire que de transcrire ici les lettres que nous avons échangées au sujet de ces expériences :

PREMIÈRE EXPÉRIENCE

Paris, nuit du 11 au 12 juin 1891.

Mon cher Hennique,

Il est minuit et cinquante-cinq minutes, et je vous apprends ce que je viens de voir. A minuit trente, je m'installe dans un fauteuil tourné autant que possible dans la direction de Ribemont. J'ai les yeux bandés ; la lampe est derrière moi sur la table.

Au bout d'un certain temps je vois un V brillant, puis de légers nuages, semblables à une phosphorescence scintillante, paraissent, disparaissent, reparaissent sans forme appréciable ; une interruption ; et soudain, très brillant, très visible, mais restant à peine deux secondes, je vois un bouquet, une *gerbe de fleurs*.

J'attends dans la même position assez longtemps, mais plus rien ne se montre. Je me décide à retirer mon bandeau : il est douze heures cinquante-cinq. Je suis bien curieux de savoir ce que vous avez voulu me transmettre.

Emile Desbeaux.

Ribemont, 13 juin 1891.

Mon cher Desbeaux,

J'ai pris un livre et j'attends l'heure de la communication. Le livre est assommant, et je m'assoupis. A minuit quarante, réveil brusque, sans raison aucune. J'ai décidé que vous verriez ma *lampe*, et, tourné vers Paris, je veux qu'elle vous apparaisse chez vous où va ma pensée. Ma lampe a un abat-jour japonais où se trouvent peints, d'un côté un martin-pêcheur sur un piquet, de l'autre une *gerbe de fleurs*. La lampe est éteinte, mais presque sous elle une veilleuse fait transparaître *les fleurs*. J'ai voulu environ six minutes, puis ma volonté s'est épuisée.

Je reçois votre lettre. D'après ce qui précède, il y aurait donc eu commencement du phénomène, une réussite partielle. J'y ajoute que dans la cage ovale du verre de la lampe, je le vérifierai, la veilleuse devait se refléter en V.

LÉON HENNIQUE.

DEUXIÈME EXPÉRIENCE

Paris, 18 juin 1891, 11 h. 1/2 du soir.

Mon cher Hennique,

J'ignore si vous avez eu ma lettre à temps, et si vous avez pu tout à l'heure « faire de la télépathie » avec moi ?

Pour ma part, à onze heures, assis dans mon fauteuil, tourné dans votre direction, les yeux bandés, tenant votre dernière lettre dans mes mains, j'ai bientôt vu une petite ampoule de verre d'un dessin très net ; puis de légers nuages se sont succédé, cherchant à prendre forme ; enfin un dernier nuage phosphorescent s'est condensé *en boule, en sphère, pleine et lumineuse.*

Après un temps que, les yeux bandés, j'évalue à six minutes, peut-être à dix, je n'ai plus rien vu. J'ai attendu néanmoins, et quand j'ai retiré mon bandeau, la pendule marquait onze heures vingt. Je suis donc resté dix ou quatorze minutes sans plus rien voir.

Il est intéressant pour moi de savoir : 1° Si vous avez fait l'expérience : si vous l'avez faite dans ce laps de temps : de onze heures à onze heures six ou dix minutes. — J'attends votre réponse.

Émile Desbeaux.

Ribemont, 19 juin 1891.

Mon cher Desbeaux.

Ce soir, 18 juin, onze heures sonnent. C'est l'heure convenue. Je prends un *globe de lampe* et je le dépose *en pleine lumière*, sur ma table, sous mon abat-jour. Aussitôt, je me mets à penser à vous : Tourné vers Paris, je suis les principales stations qui nous séparent. Saint-Quentin, Tergnier, Chauny, Compiègne, Creil, Chantilly, Paris. J'arrive dans votre rue et ma pensée monte chez vous, dans votre salon. Là, je commence de vouloir que mon *globe* soit vu par vous. Dix minutes, au moins, j'ai persisté en ce vouloir.

19 juin, je reçois votre lettre. L'expérience a parfaitement réussi, puisque vous m'apprenez que vous avez vu une *boule, une sphère pleine et lumineuse.* C'est extraordinaire !

Léon Hennique.

Troisième expérience

Paris, le 6 juillet 1891, 11 h. 1/2 du soir.

Mon cher Hennique,

C'est un effet vraiment spécial. Cela vous arrive par « poussées », par ondes successives. Il me semble voir le résultat de chacun de vos efforts, avec un maximum

APRÈS LA MORT.
L'Être psychique et l'Esprit traversant le plan astral (Région des élémentals.)

d'intensité aux saccades finales. Ce sont des nuages phosphorescents qui se succèdent tout à coup très rapidement, paraissant chercher à prendre une forme de plus en plus nette ; puis soudainement plus rien, on dirait que votre effort est épuisé.

Enfin voici ce que j'ai vu : dans les premiers nuages, une forme à peine esquissée d'un cercle de cuivre d'où s'échappent des rayons métalliques ; puis cela devient plus brillant tout en conservant la forme étoilée ; on dirait que l'espace entre les rayons s'est garni de diamants ; j'ai alors l'impression confuse d'un bijou, d'une broche de femme ornée de pierreries, mais je n'avais pas encore eu la sensation aussi vive, aussi appréciable d'une idée (ἰδωλον) semblant chercher à me parvenir.

Émile Desbeaux

Ribemont, 7 juillet 1891.

Mon cher Desbeaux,

Nous avons complètement raté notre petite opération. Ci-joint le *mot* que j'ai essayé de vous faire voir[1]. Donc, à recommencer un de ces jours. Vous paraissez avoir senti mon effort, mais nous devons considérer cette troisième tentative comme nulle. Les conditions atmosphériques étaient peut-être mauvaises[2], et il doit être très difficile d'expédier ainsi quatre lettres. Je choisirai plus simple la prochaine fois.

Léon Hennique.

En attendant la reprise de nos expériences, je vous livre ces résultats des trois premières tentatives et je n'y ajoute aucun commentaire.

Émile Desbeaux.

---

[1] Ce mot était *Dieu* tracé en gros traits noirs.
[2] Le 6 juillet, nouvelle lune, orage.

EXPÉRIENCE DU 2 SEPTEMBRE 1891.

Paris, 2 septembre 1891.

Mon cher Hennique,

Il est onze heures et demie du soir. Je retire le bandeau — chambre noire où depuis onze heures mes yeux attendaient une image télépathique — et rien n'est venu !
Je n'ai vu que du noir !
Ne suis-je plus assez entraîné ?
Avez-vous oublié ?
Renseignez-moi.

Emile Desbeaux.

Ribemont (Aisne), 4 septembre 1891.

Mon cher Desbeaux,

Ce que je voulus a parfaitement réussi.
Il s'agissait de savoir si des images télépathiques ne se présenteraient pas à vous contre ma volonté. J'ai tâché de vous isoler, c'est-à-dire de vous débarrasser des préoccupations ambiantes, j'ai *voulu* que vous soyez seul, bien seul, mentalement. Vous n'avez rien vu. Donc, la preuve de ma volonté vous suggérant des dessins dans les expériences précédentes me semble près d'être faite.

Léon Hennique.

CONCLUSION

Nous avons défini la magie :

L'action de la volonté humaine dynamisée sur l'évolution rapide des forces vivantes de la nature, et notre volume n'a eu pour but que de justifier et de développer cette définition.

Nous espérons avoir réussi à exposer d'après les données de la physiologie contemporaine et à adapter à ces données, la théorie de la constitution psychologique de l'homme donnée jadis par Platon et reprise par Fabre d'Olivet. Ce travail était indispensable pour tous ceux qui veulent s'occuper sérieusement de ces questions.

D'autre part, plusieurs chapitres de ce traité ont été consacrés à l'étude des forces vivantes de la nature, de leur origine astrale, et de leurs correspondances dans le monde sublunaire.

Ce sont là des points presque toujours négligés par ceux qui veulent étudier la magie sans avoir recours aux principes immuables fixés par la tradition pour les divisions générales de l'ésotérisme.

Enfin beaucoup de chercheurs voulaient posséder un résumé assez complet de tous ces grimoires, de toutes ces clavicules, de tous ces rituels manuscrits qui, malgré les naïvetés qu'ils contiennent et les erreurs grossières qui y pullulent, permettent cependant de retrouver des points de kabbale pratique bien peu connus à notre époque.

Pour satisfaire cette légitime curiosité et pour éviter à ces chercheurs des dépenses assez considérables nous avons réuni en une dernière partie tout ce qu'il y a de plus curieux dans ces divers recueils pratiques.

Nous aurions pu nous en tenir à la portion véritablement personnelle de notre travail, à celle qui répond davantage aux aspirations de tout esprit sérieux et ami des principes plus que des vulgaires réalisations : mais notre opinion formelle est que l'écrivain qui veut exposer une question sous toutes ses faces n'a pas à tenir compte des préjugés ou des calomnies dont il suscitera l'éclosion. Aussi ce livre se termine-t-il par une évocation strictement exacte de la magie traditionnelle.

Quand vous aurez compris la théorie de la magie, vous pourrez bien vous passer des paroles de ces prières, et votre esprit immortel, se révélant à votre conscience, saura vous faire trouver des termes adéquats à votre valeur intellectuelle.

Mais c'est là votre œuvre personnelle ; pour nous, notre devoir consiste à vous montrer la route et à chasser les incapables et les profanes par des moyens sûrs.

Des prières ! des conjurations ! des oraisons mystérieuses ! tout cela présenté au XIX° siècle par un auteur qui prétend être sérieux, qui invite ses lecteurs à se méfier du cléricalisme autant que du matérialisme, n'est-ce pas ridicule et indigne d'occuper l'attention de ces « Fils du progrès », des « illustres enfants du siècle des chemins de fer et des téléphones » ?

Ne voilà-t-il pas plus qu'il n'en faut pour faire jeter au feu ce livre par les mondains sceptiques, vaniteux et incapables, impatients de faire une évocation en cinq minutes ?

De nos jours, où la mode s'est emparée de ces études, où la magie, les grands initiés, les professeurs d'occultisme et d'envoûtement, sortent de tous les pavés et assaillent déjà les éditeurs et les journaux de leurs indigestes élucubrations, un bain de lumière était indispensable. Il fallait mettre tout lecteur intelligent à même de juger ces grands hommes hâtifs à leur juste valeur, et si notre travail remplit ce but, nous serons complètement récompensé de nos efforts, quitte à dédaigner par la suite les venimeuses perfidies de ces mécontents, envieux par essence, et impuissants intellectuels par tempérament.

Quant aux hommes sincèrement convaincus de la grandeur de la science contemporaine, quant à ceux qui pensent que les études de magie sont songes creux ou dilettantisme d'imaginatifs blessés dans leur ardeur sentimentale, nous leur demanderons si la loi d'évolution ne doit pas s'appliquer aux forces physiques comme elle s'applique à toute la nature, et si nous avons le droit de fixer des limites à l'énergie, sous quelque aspect qu'elle se manifeste ?

La folie d'aujourd'hui n'est-elle pas la sagesse de demain, et l'analogie ne nous permet-elle pas de constater que ce qui est illogique en apparence n'est cependant que la logique manifestation de causes encore inconnues ?

On trouve logique l'action de la machine électrique isolée sur ses pieds de verre, transformant en énergie électrique le travail mécanique dépensé pour mettre le verre en mouvement et condensant la force produite en ses boules de cuivre.

Mais on trouve absurde et folle *a priori* l'action du magicien isolé en son cercle de charbon, transformant en énergie astrale le travail d'entraînement qu'il a fait subir à son organisme et condensant la force produite en la boule métallique qui termine sa baguette de bois revêtue de vernis isolant.

On trouve logique et rationnelle l'action d'un paratonnerre qui soutire et atténue l'énergie électrique d'un nuage, ou l'action d'une pointe métallique qui laisse fuser l'électricité de la machine de Ramsden.

Mais qu'un magicien, armé d'une pointe métallique dénommée épée magique, soutire l'énergie condensée en un agglomérat de force astrale, aussitôt tous les prétendus hommes de science de s'écrier : folie, hallucination ou charlatanisme.

Encore une fois les forces sur lesquelles agit le magiste sont du même ordre que toutes les forces possibles de la nature et obéissent aux mêmes lois. Seulement elles sont générées, grâce à la transformation des forces dites physiques, par un milieu vivant et participent un peu à leur origine en manifestant des preuves d'intelligence.

Le clérical, ignorant et sectaire par essence, y voit le diable ; le savant contemporain, dérangé dans ses méticuleuses additions de microbes, ne peut y voir que l'aliénation de ceux qui osent s'occuper de ces problèmes qui n'entrent dans le programme d'aucun examen universitaire. Le chercheur indépendant doit se rendre un compte exact de la question et ne pas avoir pour des mots.

Croire que quelque chose arrive « par hasard » ou « par une curieuse coïncidence », c'est faire preuve de paresse intellectuelle et de lâcheté scientifique.

Croire qu'il existe en l'univers quelque chose de « surnaturel », c'est faire injure aux forces créatrices dont les lois sont partout immuables et analogiquement correspondantes.

Aussi ne pouvons-nous mieux terminer ce traité de magie que par la double affirmation qui doit guider tout magiste digne de ce nom :

| Le hasard n'existe pas. | Le surnaturel n'existe pas. |

APPENDICE

APPENDICE

LA CÉRÉMONIE MAGIQUE

I. — Coup d'œil historique.

La cérémonie magique, ainsi qu'on a pu le voir par ce qui précède, est le résultat d'une série de principes théoriques formant la base même de la science occulte tout entière.

Les principales dispositions à observer dans toute expérience sont de deux ordres : 1° Il faut pouvoir agir consciemment sur les forces astrales et les diriger vers le but poursuivi ; 2° il faut d'autre part s'isoler assez pour éviter les réactions dangereuses, et même être prêt à détourner ces réactions si elles se produisent.

Voyons comment l'opérateur réalise ces deux premières conditions de toute expérience magique.

Après avoir subi l'entraînement personnel nécessaire, l'opérateur commence par établir son champ d'isolement en traçant le cercle.

Le cercle est la signature personnelle de la volonté de l'opérateur alliée aux influences astrales ; aussi les sujets voyants décrivent-ils un cercle de flammes et des colonnes de lumières étincelantes, là où nos sens physiques ne perçoivent qu'un trait de charbon et des noms hébraïques.

Le cercle est ainsi, pour le magiste, ce que la forteresse est pour l'homme de guerre. C'est à l'abri de ce rempart protecteur que les expériences vont suivre leur cours.

Quand cette première ligne de défense est constituée, l'opérateur dispose les substances qui doivent aimanter les forces astrales. — Ces substances sont, soit des végétaux, soit des animaux dont le corps astral va être utilisé dans l'expérience et va servir de moyen de fixation et de manifestation matérielle des réalités psychiques qui ont été évoquées.

Enfin à ce premier moyen d'aimantation, le magiste ajoute le dynamisme personnel de sa volonté en condensant la force nerveuse sur la baguette magnétique des opérations qui sert à diriger la force émise vers le but à atteindre et qui permet de créer ainsi un courant de lumière astrale plus ou moins considérable.

Mais l'épée magique est aussi à la portée de l'expérimentateur, et si, une fois les conjurations prononcées, des réactions trop violentes viennent à se produire, la pointe métallique de l'épée, soutirant la quantité de force astrale superflue, saura enlever aux entités psychiques leur instrument matériel de réalisation.

Aussi l'opération magique est-elle vraiment une synthèse d'efforts et de science, et l'opérateur possède les deux pôles de toute action : le pôle d'attaque ou de projection par la baguette magnétique à terminaison ronde — et le pôle de défense et de dissolution par l'épée magique à terminaison pointue.

Nous pouvons résumer ce que nous venons de dire à propos de la cérémonie magique en trois règles :

1° Constitution d'une ligne de défense (entraînement personnel cercle et noms mystiques).

2° Aimantation des forces astrales (végétal, animal, sang, etc., etc.)

3° Actions consciente sur les forces astrales évoquées (baguette et épée).

Or nous allons voir comment ces règles traditionnelles ont été profanées par les ignorants et les incapables, et comment cette opération est descendue, du rang d'une expérience scientifique basée sur des principes immuables, aux pratiques aveugles et superstitieuses en usage dans la plupart des cercles mystiques de nos jours. Nous constaterons toutefois que la cérémonie intégrale a été conservée intacte à travers les siècles par les fraternités occultes et nous la suivrons ainsi depuis Homère jusqu'au XIX° siècle. C'est après avoir revu ces points d'histoire que nous étudierons l'involution de l'évocation magique.

Homère

Là, pendant qu'Euriloque et Périmède retiennent les victimes, je tire mon glaive acéré ; je creuse une fosse d'une coudée en tout sens et j'y fais pour tous les morts des libations, l'une de lait et de miel, la seconde d'un vin délectable, la troisième d'eau limpide ; enfin j'y répands de la pure fleur de farine.

Cependant j'évoque les têtes sans force des morts, je promets de leur sacrifier dans mon palais, à mon retour à Ithaque, la meilleure de mes génisses stériles, de brûler pour eux tous un bûcher couvert de dons précieux et d'immoler à part, pour Tirésias seul, un bélier noir sans tache, le plus noble du troupeau.

Lorsque, par mes prières et mes vœux, j'ai imploré l'essaim des morts, je saisis les victimes, je les égorge au-dessus de la fosse où ruisselle un sang noir. Alors accourent en foule et sortent des flots de l'Érèbe les âmes de ceux qui ne sont plus. Jeunes femmes, vifs adolescents, vieillards éprouvés par les souffrances, tendres vierges, le cœur gros de peines récentes, guerriers blessés par des javelots d'airain, revêtus d'armures étincelantes, tous s'empressent en grand nombre tout autour de la fosse avec un frémissement horrible.

La pâle terreur me saisit ; j'anime le zèle de mes compagnons, je leur ordonne d'enlever la dépouille des victimes dont l'airain a tranché la vie, de les brûler, et d'adresser des prières aux dieux, surtout au puissant Pluton et à l'inexorable Proserpine. Cependant, assis devant la fosse, le glaive à la main, je ne permets pas aux têtes sans force des morts de s'approcher du sang avant que j'aie interrogé Tirésias.

Homère : Od. chant XI
(T^{on} Giquet).

On peut voir dans cette évocation les points essentiels que nous avons mentionnés, à savoir :

1° Préparation. — Conjuration. — Fosse.

2° AIMANTATION. — Sang.

3° RAYONNEMENT. — Maniement de l'épée. — Eloignement des âmes, sauf de celles qu'il faut interroger.

LES MILLE ET UNE NUITS

(13ᵉ siècle)

Les historiens qui se sont particulièrement occupés de la date qu'il faut attribuer aux contes arabes traduits par Galland sous le titre des *Mille et une Nuits* s'accordent généralement à diviser ces contes en deux parties, l'une très ancienne et d'origine probablement indoue, l'autre écrite au XIII° siècle et d'origine bien arabe. En adoptant, pour éviter toute discussion, cette dernière époque on pourra suivre dans ce recueil certains détails de magie cérémonielle parmi lesquels nous insisterons plus particulièrement sur le récit suivant :

« La princesse Dame de beauté alla dans son appartement, d'où elle apporta un couteau qui avait des mots hébreux gravés sur la lame. Elle nous fit descendre ensuite, le sultan, le chef des eunuques, le petit esclave et moi, dans une cour secrète du palais ; et là, nous laissant sous une galerie qui régnait autour, elle s'avança au milieu de la cour, où elle décrivit un grand cercle et y traça plusieurs mots en caractères arabes, anciens et autres, qu'on appelle caractères de Cléopâtre.

Lorsqu'elle eut achevé et préparé le cercle de la manière qu'elle le souhaitait, elle s'arrêta et se plaça au milieu, où elle fit des abjurations et récita des versets de l'Alcoran. Insensiblement l'air s'obscurcit, de sorte qu'il semblait qu'il fût nuit et que la machine du monde allait se dissoudre. Nous nous sentîmes saisir d'une frayeur extrême ; et cette frayeur augmenta encore, quand nous vîmes tout à coup paraître le génie, fils de la fille d'Eblis, sous la forme d'un lion d'une grandeur épouvantable.

(80ᵉ nuit.)

MARTINES DE PASQUALLIS

(18ᵉ siècle)

Louis-Claude de Saint-Martin fut « *illuminé* » par son maître en pratique : Martines de Pasquallis...

D'après les récits de Saint-Martin lui-même, le maître réunissait ses disciples dans une chambre quelconque sans doute purifiée par quelque opération préalable. Martines traçait ensuite un cercle au milieu de la pièce et écrivait en langue hébraïque dans ce cercle les noms des anges et les noms divins nécessaires. Ces préparatifs étonnèrent même à tel point le jeune disciple qu'il s'écria : « Eh quoi ! faut-il tant de choses pour communiquer avec le Ciel ! » Toutefois il n'eut pas lieu de se repentir de ces préparatifs, car dès que les conjurations eurent été faites, les « Êtres psychiques » se manifestèrent et donnèrent d'éclatantes preuves de la réalité de leur existence dans le monde invisible.

Ceux qui avaient assisté à de telles expériences devenaient « illuminés », c'est-à-dire que pour eux l'existence du monde invisible et l'immortalité de l'âme devenaient des réalités plus certaines encore que l'existence de la matière dans le monde physique. Aussi ces « illuminés », méprisant la mort, étaient-ils prêts à tout pour propager et défendre les doctrines qui leur étaient chères[1].

.˙.

(19ᵉ siècle)

Nous arrivons maintenant aux expériences modernes et nous allons citer l'évocation pratiquée en 1854 par Eliphas Lévi ; on y retrouvera le rituel complet de la magie cérémonielle.

L'ÉVOCATION D'APOLLONIUS DE THYANE

(Par Eliphas Lévi)

(24 juillet 1854)

Tout était terminé le 24 juillet, il s'agissait d'évoquer le fantôme du divin Apollonius et de l'interroger sur deux

---

[1] Pendant l'impression de ce traité nous avons été mis à même par nos amis de Lyon MM. Vitte et Elie Steel de prendre connaissance de nombreux manuscrits de Martines de Pasquallis et de Louis-Claude de Saint-Martin et dont nous devons la conservation à M. Cavarnier. Ces manuscrits jettent un jour tout nouveau sur le rituel magique des martinistes. Nous préparons du reste un ouvrage spécial sur cette question.

secrets, l'un qui me concernait moi-même, l'autre qui intéressait cette dame. Elle avait d'abord compté assister à l'évocation avec une personne de confiance ; mais, au dernier moment, cette personne eut peur, et comme le ternaire ou l'unité est rigoureusement requise pour les rites magiques, je fus laissé seul. Le cabinet préparé pour l'évocation était pratiqué dans une tourelle, on y avait disposé quatre miroirs concaves, une sorte d'autel dont le dessus de marbre blanc était entouré d'une chaîne de fer aimanté. Sur le marbre blanc était gravé et doré le signe du pentagramme tel qu'il est représenté à la page 103 de cet ouvrage ; et le même était tracé en diverses couleurs sur une peau d'agneau blanche et neuve qui était tendue sur l'autel. Au centre de la table de marbre il y avait un petit réchaud de cuivre avec du charbon de bois d'aulne et de laurier ; un autre réchaud était placé devant moi sur un trépied. — J'étais vêtu d'une robe blanche assez semblable aux robes de nos prêtres catholiques, mais plus ample et plus longue, et je portais sur la tête une couronne de feuilles de verveine entrelacées dans une chaîne d'or. D'une main je tenais une épée neuve et de l'autre le rituel. J'allumai les deux feux avec les substances requises et préparées, et je commençai à voix basse d'abord, puis en élevant la voix par degrés, les invocations du rituel.

La fumée s'étendit, la flamme fit vaciller tous les objets qu'elle éclairait, puis elle s'éteignit.

La fumée s'élevait blanche et droite sur l'autel de marbre, il me sembla sentir une secousse de tremblement de terre ; les oreilles me tintaient et le cœur me battait avec force. Je remis quelques branches et des parfums sur les réchauds et lorsque la flamme s'éleva, je vis distinctement devant l'autel une figure d'homme plus grande que nature qui se décomposait et s'effaçait. — Je recommençai les évocations et je vins me placer dans un cercle que j'avais tracé d'avance entre l'autel et le trépied : je vis alors s'éclaircir peu à peu le fond du miroir qui était en face de moi, derrière l'autel, et une forme bleuâtre s'y dessina, grandissant et semblant s'approcher peu à peu. J'appelai trois fois Apollonius en fermant les yeux ; et lorsque je les rouvris, un homme était devant moi, enveloppé tout entier d'une sorte de linceul qui me sembla être gris plutôt que blanc ; sa figure était maigre, triste et sans barbe, ce qui ne se rapportait pas précisément à l'idée que je me faisais d'abord d'Apollonius.

J'éprouvai une sensation de froid extraordinaire, et lorsque j'ouvris la bouche pour interpeller le fantôme, il me fut impossible d'articuler un son, je mis alors la main sur le signe du pentagramme, et je dirigeai vers lui la pointe de l'épée, en lui commandant mentalement par ce signe de ne point m'épouvanter et de m'obéir. Alors la forme devint plus confuse et il disparut tout à coup.

Je lui commandai de revenir ; alors je sentis passer près de moi comme un souffle, et quelque chose m'ayant touché la main qui tenait l'épée, j'eus immédiatement le bras engourdi jusqu'à l'épaule. Je crus comprendre que cette épée offensait l'esprit, et je la plantai par la pointe dans le cercle auprès de moi. La figure humaine reparut aussitôt ; mais je sentis un si grand affaiblissement dans mes membres et une si prompte défaillance s'emparer de moi, que je fis deux pas pour m'asseoir.

Dès que je fus assis, je tombai dans un assoupissement profond et accompagné de rêves, dont il ne me resta, quand je revins à moi, qu'un souvenir confus et vague.

J'eus pendant plusieurs jours le bras engourdi et douloureux. La figure ne m'avait point parlé, mais il me sembla que les questions que j'avais à lui faire s'étaient résolues d'elles-mêmes dans mon esprit.

A celle de la dame une voix intérieure répondait en moi : « Mort (il s'agissait d'un homme dont elle voulait savoir des nouvelles). Quant à moi, je voulais savoir si le rapprochement et le pardon seraient possibles entre deux personnes auxquelles je pensais, et le même écho intérieur répondait impitoyablement : « Mortes. »

Je raconte ici les faits tels qu'ils se sont passés, je ne les impose à personne. L'effet de cette expérience sur moi fut quelque chose d'inexplicable. Je n'étais plus le même homme, quelque chose d'un autre monde avait passé en moi : je n'étais plus ni gai ni triste, mais j'éprouvais un singulier attrait pour la mort sans être cependant aucunement tenté de recourir au suicide. — J'analysai soigneusement ce que j'avais éprouvé ; et malgré une répugnance nerveuse très vivement sentie, je réitérai deux fois, à quelques jours seulement de distance, la même épreuve. Le récit des phénomènes qui se produisirent diffère trop peu de celui-ci pour que je doive l'ajouter à cette narration, déjà un peu longue peut-être. Mais le résultat de ces deux autres évocations fut pour moi la révélation de deux secrets cabalistiques qui pourraient, s'ils étaient connus de tout le monde, changer en peu de temps les bases et les lois de la société tout entière.

(ÉLIPHAS LÉVI, *Dogme*, p. 26 et suiv.)

**

C'est pour continuer ces expériences que nous avons fondé le *Groupe indépendant d'études ésotériques*, qui a son quartier général 29 rue de Trévise, à Paris, et dont quelques membres ont déjà pu obtenir d'importants résultats.

Telle est la cérémonie magique opérée *consciemment* et en prenant toutes les précautions nécessaires à l'effet d'éviter les dangers inhérents à de telles expériences ; voyons les transformations subies par cette cérémonie à travers les âges.

Sans parler des expériences des sorciers remplaçant, au moyen âge, l'entraînement par des pommades à base d'opium, mais conservant le cercle tout en faisant un usage épouvantable du sang, nous dirons quelques mots des expériences modernes du spiritisme, dont certains adeptes prétendent faire une synthèse expérimentale.

INVOLUTION DE L'ÉVOCATION MAGIQUE

On retrouve dans l'évocation spirite une partie des éléments de l'évocation magique, mais déformés d'étrange façon. D'autre part tout ce qui permet à l'expérimentateur de se défendre contre les influences pernicieuses a été impitoyablement supprimé, sous prétexte de « superstition » ! Aussi un expérimentateur spirite n'est-il jamais sûr de ce qui va se produire, le hasard guide tout et une expérience excellente de la veille peut être transformée le lendemain en une communication niaise ou pornographique. C'est le triomphe de l'inconscient et de l'inattendu ; c'est aussi le triomphe de la vanité ignorante des médiums et des sectaires et l'on comprend à la rigueur la hautaine indifférence avec laquelle un véritable adepte de la science des mages est tenté d'éloigner des oratoires et des laboratoires sacrés cette démagogie du phénomène psychique. La doctrine spirite peut être conseillée à tout commençant ; car elle résume quelques points de la tradition ésotérique sur la réincarnation et l'évolution astrale ; mais la pratique spirite conduit les médiums à la neurasthénie en passant par l'hystérie et les expérimentateurs au scepticisme ou au sectarisme. Mais laissons là ces discussions inutiles et revenons au fait, c'est-à-dire à l'involution de l'expérience magique en expérience spirite.

Le magiste condense sa volonté d'abord autour de son centre d'action en faisant le cercle ; ensuite sur la baguette magnétique des opérations.

Le cercle, quand il existe, s'est transformé en un ensemble de mains appartenant à des êtres aucunement entraînés et dont les fluides disparates ne peuvent opposer qu'une barrière infime aux manifestations pernicieuses. De plus, les êtres invisibles qui se manifestent et qui dirigent tout, au lieu d'être dirigés, ont soin de pousser peu à peu leurs « chers protégés » à supprimer ce dernier rempart qui n'est cependant pas bien gênant. Aussi beaucoup de séances se font-elles sans la chaîne dont l'origine est le cercle magique.

Quant à l'instrument de condensation du fluide astral, à la baguette des anciens opérateurs, il s'est transformé en une simple table de bois sur laquelle les forces psychiques émanées des médiums se livrent à des acrobaties plus ou moins réjouissantes.

Le magiste emprunte à la nature les plantes ou les animaux dont les fluides astraux sont utilisés comme point de départ de la condensation nécessaire à la manifestation de l'être évoqué. C'est donc en faisant évoluer les forces naturelles jusqu'à l'humanité que le magiste accomplit son expérience. La fumée de l'encens complète les éléments d'action nécessaires à l'être qui va se manifester.

C'est à un être humain, involué en mode d'animalité sous l'influence de l'hypnose, c'est à un médium inconscient des actions produites (quand il ne triche pas), râlant sous l'emprise de sa force vitale par les êtres de l'astral, que le cercle spirite emprunte la force nécessaire à la production des phénomènes dits de matérialisation.

Enfin les conjurations sont remplacées par des refrains de chansons populaires quand elles ne sont pas supprimées et tous les instruments de défense ont disparu ; plus de métaux, plus de pointes, plus d'épées, plus rien qui empêche les obsessions, les anémies nerveuses et les accidents plus graves encore.

Personnellement nous possédons une série de lettres très instructives, émanées des malheureux médiums qui se sont livrés de tout leur pouvoir à l'expérimentation et qui sont aujourd'hui obsédés dangereusement par les êtres qui se sont présentés à eux sous de faux noms et en accaparant les personnalités des parents décédés.

Nos lecteurs connaissent aussi, nous en sommes convaincu, les enseignements du Dr Paul Gibier à ce sujet. Nous détachons de son dernier ouvrage le fait suivant qui suffira à éclairer les imprudents.

Trois *gentlemen*, dans le but de s'assurer si certaines allégations spirites étaient exactes, s'enfermèrent un soir sans lumière dans la chambre d'une maison inhabitée, non sans s'être engagés par un serment solennel à être absolument sérieux et de bonne foi.

La pièce était complètement nue et avec intention ils n'y avaient introduit que trois chaises et une table autour de laquelle ils prirent place en s'asseyant.

Il fut convenu qu'aussitôt que quelque chose d'insolite se passerait, le premier préférait de la lumière avec des allumettes-bougie dont chacun s'était muni. Ils étaient immobiles et silencieux depuis un certain temps, attentifs aux moindres bruits, aux plus légers frémissements de la table sur laquelle ils avaient posé leurs mains entrelacées. Aucun son ne se faisait entendre ; l'obscurité était profonde et peut-être les trois évocateurs improvisés allaient-ils se lasser et perdre patience, lorsque soudain un cri strident de détresse éclate au milieu du silence de la nuit. Aussitôt un fracas épouvantable se produisit et une grêle de projectiles se mit à pleuvoir sur la table, le plancher et les opérateurs.

Rempli de terreur, l'un des assistants, alluma une bougie ainsi qu'il était convenu, et quand la lumière eut dissipé les ténèbres, deux d'entre eux se trouvèrent seuls en présence et s'aperçurent avec effroi que leur compagnon manquait ; sa chaise était renversée à une extrémité de la pièce.

Le premier moment de trouble passé, ils le retrouvèrent sous la table, inanimé et la tête ainsi que la face couvertes de sang.

Que s'était-il donc passé ?

On constata que le manteau de marbre de la cheminée avait été descellé d'abord et qu'il avait été projeté ensuite sur la tête du malheureux homme et brisé en mille pièces.

La victime de cet accident resta près de dix jours sans connaissance, entre la vie et la mort, et ne se remit que lentement de la terrible commotion cérébrale qu'elle avait reçue.

Dr Paul Gibier.

(Analyse des choses, p. 185 à 187).

Toutes les expériences concernant l'astral sont donc des plus dangereuses et elles sont d'autant plus dangereuses qu'on est plus inconscient et plus désarmé.

Or les expériences d'évocation magique ont lieu en lumière (colorée pour éviter la dissolution du fluide astral), tandis que les 9/10 des expériences de matérialisation spirite ont lieu en pleine obscurité. Dans l'expérience magique l'opérateur est conscient et armé contre les décharges d'électricité odique ; dans l'expérience spirite l'opérateur est inconscient de ce qui va se produire et désarmé. Nous laissons au lecteur le soin de conclure et de juger entre « les prétendues superstitions » des anciens magiciens, et les recherches dites scientifiques des cercles modernes de spiritisme démocratique.

Et qu'on ne vienne pas chercher à comparer les réussites qui se produisent dans les deux genres d'évocations ; car les faits de matérialisation sont rarissimes en spiritisme, et l'on réédite toujours depuis dix ans les mêmes phénomènes étudiés par trois ou quatre expérimentateurs sérieux. A Paris sur dix leaders du spiritisme il y en a plus de la moitié qui n'ont jamais été à même d'assister à un phénomène sérieusement constatable de matérialisation.

La question est donc en suspens et l'avenir seul montrera comment elle doit être résolue. Jusqu'à présent on avait jugé bon de ne pas appeler tous les chercheurs à la connaissance de l'expérimentation magique. Nous avons fait nos efforts pour réparer les conséquences de cet exclusivisme et nous osons espérer que bientôt de nouveaux faits viendront grossir notre dossier et proclamer les garanties qu'offre notre manière de voir.

Pour l'instant restons-en là de cet exposé et abordons maintenant la bibliographie du phénomène magique.

2. — Bibliographie résumée.

Notre intention n'est pas de faire une bibliographie complète de la question, loin de là. On trouvera dans notre travail sur la *Kabbale* (Paris, in-8°, 1892) et dans notre ouvrage sur la *Science occulte* (Paris, gr. in-8° de 1.200 p., 1891) une bibliographie générale qui permettra aux chercheurs sérieux d'approfondir complètement ces études.

Nous voulons simplement passer en revue rapidement quelques-uns des ouvrages qui intéressent spécialement le magiste, soit comme grimoires dont il faut se défier, soit à titre de livres utiles qu'il faudra consulter.

Dans la tradition kabbalistique la magie prend place après les traités théoriques comme le *Sohar* ou le *Sepher Ietzirah* et est représentée surtout par des manuscrits hébraïques dont quelques mauvaises traductions existent dans nos bibliothèques. Ces manuscrits sont connus sous le nom de « Clavicules de Salomon » ou de « Shemamphoras » et se rapportent à l'exercice de la prophétie en Israël.

De cette source sont dérivés une foule de traités de sorcellerie, des livres de colportage, des synthèses d'élucubrations fausses et bizarres constituant, pour le vulgaire, la « crème des sciences occultes ».

Nous allons nous occuper successivement :

1° Des traités de pratique les plus connus et qu'on peut lire ou étudier :

« Grand Albert. — Petit Albert. — Enchiridion. — Grimoire d'Honorius. — Clavicules véritables. »

2° Des livres de colportage constitués par un ramassis de recettes ridicules et formant la base des pratiques naïves ou pieuses des sorciers de campagne.

3° Des traités didactiques anciens et modernes concernant le phénomène magique :

(AGRIPPA — ELIPHAS LÉVI — DU POTET — DE GUAITA, etc.)

A. — Traités de pratique courants.

Clavicules.

LES ADMIRABLES SECRETS D'ALBERT LE GRAND. — *Lyon*, chez les héritiers de Beringos frères, à l'enseigne d'Agrippa — 1791, in-12.

Ce petit traité, tel qu'il se trouve dans les éditions de Beringos frères de Lyon, contient certains renseignements qu'on pourra utiliser mêlés à des recettes bizarres et à des traditions de magie des campagnes.

Le « Grand Albert » comprend :

1° Un traité d'embryologie d'après les idées courantes au XVI° siècle. — On y remarque une curieuse étude sur les influences astrales que nous avons reproduite dans notre chapitre sur l'astrologie.

2° Un traité des correspondances magiques consacré à l'étude des vertus des herbes, des pierres et des animaux — avec une table des influences planétaires.

5° Un livre de « secrets » se rapportant plus aux pratiques de la sorcellerie qu'à celles de la magie.

6° Enfin un appendice contenant des notions élémentaires de physionomonie.

Comme on le voit la seconde partie seule est curieuse à étudier pour le magiste.

SECRETS MERVEILLEUX DE LA MAGIE NATURELLE ET KABBABALISTIQUE DU PETIT ALBERT. — *Lyon*, héritiers de Béringos frères — 1758, in-12.

Le « Petit Albert » est principalement consacré aux traditions populaires concernant la Magie. On y trouve des pages entières inspirées par la « Philosophia occulte » d'Agrippa ; mais l'on y rencontre surtout des recettes naïves ou curieuses sur les procédés employés dans les campagnes pour inspirer ou pour augmenter l'amour.

Une première série de recettes à ce sujet sont décrites des pages 10 à 24 (Nous en avons reproduit quelques-unes dans notre étude sur les « Philtres d'amour » non sans oublier le moyen de nouer et de dénouer « l'aiguillette » et un procédé pour « se garantir du cocuage » (p. 85).

Les questions d'amour une fois terminées, nous abordons la satisfaction des intérêts et la résolution des questions d'argent. De là des procédés plus ou moins enfantins pour le jeu ou pour la recherche des trésors (124). Ce dernier chapitre n'est intéressant que par l'étude théorique qu'il expose au sujet des « esprits des défunts » d'une part et des gnomes d'autre part qui gardent lesdits trésors.

Signalons les « Secrets domestiques » (p. 52 à 71) et une étude sur les « Talismans » p. (72 à 108), suivie d'un travail sur les parfums magiques (p. 108 à 140) — avant d'aborder cette question des trésors. — C'est dans cette partie de l'ouvrage que se trouve une planche rare reproduisant le verso des talismans planétaires. Cette planche signalée par Eliphas a été reproduite dans notre volume.

Enfin remarquons tout particulièrement l'indignation, qui saisit l'auteur à la pensée qu'il existe des « charlatans » exploitant la crédulité populaire à propos de magie et trompant indignement le public sur la question de *la Mandragore*. Un grimoire du XVIe siècle signalant la fraude en matière de phénomène, n'est-ce pas piquant ?

Ce petit volume se termine, comme presque tous ses pareils, par une foule de « secrets » plus ou moins précieux et qui remplissent les pages 140 à 300 avec un tout petit chapitre consacré aux rapports des heures et des planètes.

Telle est l'analyse de ce traité considéré comme le summum des révélations magiques par nos sorcières de campagne.

ENCHIRIDION LEONIS PAPÆ *serenissimo Imperatori* CAROLO MIGNO *in munus pretiosum datum nuperrime mendis omnibus perogatum.* — Rome, 1660, in-12.

Cette édition est suffisante et permet de se rendre bien compte du caractère de cet ouvrage. On y trouve une série de prières et de psaumes avec leurs caractères magiques ainsi qu'une série *d'oraisons* (p. 10 et suiv.), qui ont fait la fortune de ce petit livre à travers les âges. On trouvera dans notre ouvrage la reproduction des sept oraisons mystérieuses pour les sept jours de la semaine (voy. notre étude sur la méditation). — Il y a du reste des oraisons pour tout, pour rendre une femme fidèle (p. 65), pour la fragilité humaine (p. 51), pour les voyages (p. 55). — On trouve aussi dans l'Enchiridion quelques figures intéressantes, entre autres le Labarum de Constantin avec sa consécration. Dans certains cas on fait appel à l'expérience comme le montre le titre suivant (p. 90) :

Oraison contre les flèches, de sorte qu'on le peut expérimenter contre un chien ou autres bêtes qu'on ne pourra frapper s'il a au col cette oraison ou l'autre qui suit.

De la page 121 à 123 nous trouvons plusieurs « secrets » intéressant les bergers, puis subitement, à partir de la page 123, commence un traité de magie pratique, contenant les exorcismes, conjurations et prières à prononcer sur les instruments et sur le parchemin. — C'est *la clef* des oraisons ci-dessus. On donne aussi, p. 130, le moyen de se servir des sept oraisons mystérieuses :

« Il faut, pour se servir de ces oraisons, faire le premier mardi de la lune, avant soleil levé, l'aumône au premier pauvre que l'on trouvera dans l'église, où l'on entendra une messe. Puis, quand on sera de retour, on écrira lesdites oraisons sur du parchemin vierge ; les croix qu'on y trouvera doivent être marquées du sang tiré du doigt du milieu de la main gauche, et à chaque croix que l'on trouvera il en faut faire une sur soi, après cela, faut bénir et encenser lesdites oraisons, et les portant sur soi on sera préservé de toutes sortes d'embûches de ses ennemis. »

Enfin à partir de la page 131 on trouve la clef de toutes les oraisons et la véritable manière de les utiliser.

Tout cela s'étend jusqu'à la page 152 où commencent les inévitables *Secrets mystiques* qui terminent le volume, p. 108.

En somme, « l'Enchiridion » est un excellent petit traité de la magie du verbe humain et mérite à ce titre toute l'attention du connaisseur.

Les Œuvres magiques de Henri Corneille Agrippa, par *Pierre d'Aban*, latin et français avec des secrets occultes — Liège, 1798 — in-12. (A l'extérieur le volume porte Heptaméron ou les éléments magiques de Pierre d'Aban, *philosophe, disciple de Henri Corneille* Agrippa.)

Ce petit volume est un des plus utiles que puisse prendre le magiste à condition de faire quelques corrections aux noms hébraïques cités. On y trouve une liste de correspondances magiques et kabbalistiques très complète par rapport au septénaire, ainsi que des conjurations et des détails techniques que nous avons reproduits en grande partie dans notre chapitre sur la grande opération.

A partir de la page 104 jusqu'à la page 138 on trouve une foule de « secrets » comme dans la plupart des traités du même genre. Nous n'insisterons pas sur cette seconde partie.

Les Clavicules de Salomon. *Un exemplaire porte : traduit de l'hébreu en langue latine par le Rabin Abognazar et mis en langue vulgaire par Mgr Barault, archevêque d'Arles.*

On a vu dans le dernier chapitre de l'adaptation que chaque expérimentateur doit composer lui-même le livre manuscrit qu'il utilisera dans ses évocations.

De cette pratique sont issus les nombreux exemplaires manuscrits des *Clavicules de Salomon* qu'on rencontre dans le commerce de temps en temps et dont les prix varient de 100 fr. à 40 fr. suivant le cas.

La Bibliothèque Nationale possède quelques-uns de ces manuscrits classés respectivement sous les numéros 14.785, 14.786, 14.787 d'une part, 25.314 d'autre part, et enfin 24.244, 24.245.

Le manuscrit intitulé les *Clavicules de Salomon* a été photographié et les 149 épreuves ainsi obtenues ont été reliées en un volume dont les quelques rares exemplaires ont été vendus chacun au prix de 100 fr.

Nous possédons deux exemplaires manuscrits, l'un in-8° relié en vélin est le plus complet des manuscrits que nous ayons jamais vus, l'autre in-4° est analogue à l'exemplaire photographié, mais contient cependant une 2ᵉ partie fort intéressante.

En général chacun de ces manuscrits se divise en trois parties :

1° Une partie consacrée aux correspondances astrologiques et aux instruments de l'opération, ainsi qu'aux prières et conjurations ;

2° Une partie consacrée aux « secrets occultes » ;

3° Une partie consacrée aux talismans et aux anneaux et contenant une foule de figures.

On trouvera du reste dans notre ouvrage tout ce qu'il y a d'intéressant dans les *Clavicules de Salomon*.

B. — Grimoires. — Colportage.

LES VÉRITABLES CLAVICULES DE SALOMON. — Trésor des sciences occultes suivies d'un grand nombre de secrets, et notamment de la magie du Papillon Vert. — *A Memphis, chez Alibeck l'Egyptien, approuvé par Agalcarept.* — Sur le frontispice, une gravure représentant le sujet suivant : « *Salomon explique comment et quand on doit faire usage de ses Clavicules* ».

Salomon est assis dans un fauteuil renaissance. Il est vêtu d'un manteau couvert de « fleurs de lis » et explique ses secrets à deux personnages, l'un vêtu d'un costume renaissance, l'autre habillé en chevalier croisé. Si les archéologues éclectiques ne sont pas contents!

Mauvais bouquin de sorcellerie en somme. Signatures de démons nombreuses. Quelques pages tirées des « Clavicules » entre autres celles qui concernent le miroir magique et la divination par la parole d'Uriel.

Cela se termine par des « Secrets » plus ou moins fantastiques et sans grande portée.

GRIMORIUM VERUM, vel probatissimæ « Salomonis Claviculæ ». — Traduit de l'hébreu par *Plaingière*, jésuite dominicain (sic), avec un recueil de secrets curieux. — *A Memphis, chez Alibeck l'Egyptien*, 1517.

Encore un vulgaire grimoire de sorcellerie contenant 18 signatures authentiques de démons et destiné à rendre aliéné le malheureux lecteur qui suivrait les rites indiqués pour appeler Lucifer ou Lucifuge. Les indications concernant les consécrations du sel, de l'eau etc., sont tirées des « Véritables Clavicules ». — Mais il y a là un certain chevreau qui me semble terriblement teinté de magie noire. — Eliphas Lévi donnera du reste la clef de cette énigme. Les « Secrets » sont analogues à ceux de la véritable clavicule du grimoire précédent, issu de la même usine.

LE DRAGON ROUGE ou l'Art de commander les esprits célestes, aériens et infernaux. — *A Milan, chez Gaspardo Buffanelli*.

Le chef d'œuvre des grimoires. — Un des rares traités que détaille le moyen de faire les pactes. — C'est là où Eliphas Lévi a puisé l'origine de sa protestation indignée contre l'évocation des morts par le procédé indiqué p. 94. — Ce procédé ne peut être exécuté que par un fou dangereux ou par un criminel. — Il est du reste suivi de la recette d'un horrible mélange vénéneux dénommé *Composition du mort* — ou *la pierre philosophale*, p. 102 et suiv.

L'exemplaire que nous a communiqué M. V. de Lyn est authentique et d'une grande rareté bibliographique.

LES ŒUVRES MAGIQUES DE HENRI CORNEILLE AGRIPPA, mises en français par *Pierre d'Aban*, avec des secrets occultes, notamment celui de la *Reine des mouches velues*. — Approuvé par moi Sargatas (avec la signature de cet honorable démon). — Rome, 1744.

Cette date et cette ville nous indiquent l'origine de tous les grimoires précédents, car la « Reine des mouches velues » doit être bien proche parente du « Papillon vert » et le Démon « Sargatas » très lié avec « Agalearept ». En somme l'usine d'où sortent ces falsifications, c'est Rome, leur date de fabrication est le XVIIIe siècle, et les auteurs sont ces bons Révérends Pères qu'on retrouve toujours dans ce genre de contrefaçon. Et notre opinion est confirmée par une petite liste placée à la fin du volume. Cette liste est exquise et révèle l'existence d'autres grimoires dont les titres devaient singulièrement frapper l'esprit des naïfs sorciers de village.

Dans cette liste on cueille surtout :

LA VÉRITABLE MAGIE NOIRE OU LE SECRET DES SECRETS, manuscrit trouvé à Jérusalem dans le sépulcre de Salomon, contenant 45 talismans avec leurs gravures, ainsi que la manière de s'en servir et leurs merveilleuses propriétés et tous les caractères magiques connus jusqu'à ce jour, édition de 1750.

LA MAGIE ROUGE, crème des sciences occultes, naturelles ou divinatoires.

LE TRÉSOR DU VIEILLARD DES PYRAMIDES, véritable science des talismans, suivi de *la Chouette noire*.

SECRETS DU VIEUX DRUIDE DE LA FORÊT MENAPIENNE, précédés des préceptes de Jean de Milan.

A ces premières il faut ajouter des réimpressions.

1° DE L'ENCHIRIDION *du Pape Léon* (1740) du GRIMOIRE *du Pape Honorius* (1760) pour avoir le catalogue complet des livres que nous conseillons vivement à nos lecteurs de laisser de côté, à moins que leur rate n'ait besoin d'une dilatation rapide.

LE VÉRITABLE DRAGON ROUGE, plus *La Poule noire*, édition augmentée des secrets de la reine Cléopâtre, secrets pour se rendre invisible, secrets d'Artéphius, etc., etc.

Ce traité est une réédition de l'original de 1521 imprimée tout récemment à Paris (Imp. Victor Goupy, rue Garancière, 5).

Du reste c'est un mauvais grimoire qui n'a aucune espèce d'intérêt et qui ne vaut pas mieux que les livres de sorcellerie vulgaires malgré ses prétentions d'édition de bibliophile. On y trouve la réimpression de vieilles figures de magie noire.

GRIMOIRE DU PAPE HONORIUS, avec un recueil des plus rares secrets. — *Rome*, 1670, in-12.

« Ce grimoire n'est pas sans importance pour les curieux de la science. Au premier abord, il semble n'être qu'un tissu de révoltantes absurdités, mais pour les initiés aux signes et aux secrets de la kabbale, il devient un véritable monument de la perversité humaine. »

Éliphas Lévi (*Histoire de la Magie*, p. 307).

Ce jugement nous dispense de tout commentaire sur ce livre de sorcellerie plus dangereux pour le cerveau des faibles expérimentateurs que pour les ennemis du sorcier.

C. — Traités didactiques.

La Philosophie occulte de *Henri Corneille Agrippa*, conseiller et historiographe de l'empereur Charles V. — La Haye, 1727 (traduction), 2 vol. in-8°.

L'œuvre d'Agrippa constitue la première encyclopédie réelle de l'occultisme.

La *Philosophie Occulte* est divisée en trois livres comprenant, le premier, 74 chapitres, le second, 60 chapitres et le troisième, 65 chapitres.

Le premier livre prend son point de départ dans l'étude des éléments, et s'élève ainsi jusqu'à l'étude des trois mondes et des correspondances analogiques, base théorique de toutes les études de science occulte. La théorie des sympathies et des antipathies est longuement développée pour aborder ensuite les premiers principes d'astrologie. Les influences astrales sont décrites dans plusieurs chapitres (ch. 30 à 38); puis un chap. (chap. 39) est consacré à la théorie de l'auteur sur le monde divin ou théurgie et nous abordons avec les chap. 40 et suivants les considérations sur le monde physique et l'usage magique des substances qu'il fournit. L'étude des sciences de divination (étude théorique) et des procédés d'entraînement individuel est renfermée dans dix chapitres (50 à 60). Enfin le livre se termine par la description des vertus patentes ou occultes de l'âme humaine, des moyens d'exalter ces vertus et de l'influence de l'âme de l'homme sur le monde physique d'une part; puis, de l'influence du monde astral sur l'âme d'autre part.

Voilà donc un traité complet de science occulte en 74 chapitres; nous allons aborder maintenant les détails techniques avec les livres suivants.

Le second livre est spécialement consacré à la kabbale numérique et astrologique. Après avoir traité de la nature des nombres collectivement et individuellement, ainsi que de leurs rapports analogiques (chap. 1 à 21), l'auteur aborde l'astrologie proprement dite, après avoir parlé des correspondances de la musique avec l'astral (chap. 21 à 29). Le titre du chapitre 28 : « *De l'observation des choses célestes nécessaire dans toute pratique de magie,* » indique l'utilité de cet enseignement si négligé par les prétendus « mages » modernes. Les chap. 30 à 54 entrent dans les détails des figures talismaniques et de leur caractère par rapport aux planètes et le livre se termine par une étude sur l'âme du monde et sur les rapports de cette âme du monde avec l'âme humaine. Citons in-extenso le titre du chapitre 60, le dernier du livre II :

Contenant que les imprécations des hommes impriment naturellement leurs forces sur les choses extérieures, et qui enseigne comment l'esprit de l'homme parvient par chaque degré de dépendance au monde intelligible et devient semblable aux esprits et aux intelligences plus sublimes.

.·.

Le troisième livre est presque entièrement consacré à la pratique et à l'entraînement magiques.

Les préliminaires de l'entraînement comprennent 9 chapitres (1 à 9). A partir des chapitres 10 nous abordons l'ésotérisme de la kabbale, l'étude des sephiroths et du monde divin. Cette étude s'étend du chapitre 10 au chapitre 34 où l'on dit quelques mots des intelligences intermédiaires entre le divin et l'humain d'une part (ordre anismatique) et entre l'humain et la nature d'autre part « des dieux sujets à la mort », ce que nous appelons les élémentals. Tout cela nous mène jusqu'au chapitre 37. A partir de là nous revenons à l'étude de l'âme humaine considérée comme susceptible de servir de base aux réalisations magiques. Notons le chapitre 62 consacré à l'obtention des pouvoirs psychiques (prophétie, fureur, extase, oracles), etc., etc. L'entraînement de la volonté est décrit du chapitre 54 à la fin, théoriquement et pratiquement (netteté, — chasteté, — jeûne, — solitude, — pénitence, — adoration, — sacrifices, — consécrations, etc., etc.). Chapitre 54 à 65. Là se termine la traduction française de la *Philosophie occulte*.

Il nous reste à parler d'un quatrième livre considéré généralement comme apocryphe et qui traite de la pratique dans tous ses détails. Ce livre a cependant été d'un grand secours à Éliphas Lévi qui l'a presque entièrement reproduit dans son rituel.

C'est dans les éditions latines d'Agrippa qu'on trouve ce quatrième livre dans lequel il est traité des correspondances magiques, de la préparation du local de l'expérience, de la consécration et en particulier de celle du livret magique, des conjonctions et des invocations, etc., etc.

Ce livre est suivi, dans l'édition in-8° que nous a communiquée notre ami Philophotes, d'une série de traités très intéressants de pratique comme ceux de Pierre d'Aban, d'Arbatel, des lettres sur la Magie, etc., etc. L'édition latine est donc, au point de vue de la pratique, préférable à l'édition française. — Il existe cependant une édition latine in-4° qui ne contient que trois livres.

***

Voilà l'analyse rapide de ce merveilleux travail qui restera comme un des monuments les plus solides qui aient été élevés à la gloire des traditions ésotériques au XVI° siècle.

RITUEL DE LA HAUTE MAGIE, par *Eliphas Lévi*. — 2° éd. *Paris*, 1861, in-8°.

Nous avons dit dans notre introduction que notre travail n'avait d'autre but que de se servir d'introduction au rituel magique d'Éliphas Lévi. C'est assez indiquer l'importance que nous attachons à cet ouvrage.

Ce n'est pas ici le lieu de parler de l'œuvre d'Éliphas dans son ensemble. — Nous traitons seulement du phénomène magique, aussi concentrerons-nous uniquement notre attention sur le rituel de la haute magie.

L'auteur est parvenu à résoudre une série de problèmes des plus compliqués. — Arrivant seul, sans aide, à une époque où ces questions étaient inconnues du public lettré, Éliphas Lévi a su écrire pour les véritables adeptes de l'occultisme un traité à double sens et si artistement fait, qu'il demeure vain ou incompréhensible pour tout profane, spirite, voltairien ou autre. — L'influence de cet ouvrage a été considérable et la plupart des écrits actuels concernant la magie, romans ou traités, sont des paraphrases de ce dogme et rituel classique le plus profond que possède actuellement l'occultisme. — Et il est d'autant plus nécessaire d'appeler l'attention du lecteur sur ce matière que certains disciples contemporains, et non des moins bruyants, font tous leurs efforts pour dénigrer ou pour étouffer l'œuvre d'Éliphas Lévi.

Le livre dont nous nous occupons est divisé en 22 chapitres, d'après les clefs du Tarot, et suivi d'un supplément. Il comprend, à proprement parler, trois traités de chacun sept chapitres.

Le premier septenaire aborde surtout les enseignements didactiques sans entrer dans tous les détails de la pratique. Les titres de chaque étude sont : *Les Préparations. — L'Equilibre magique. — Le Triangle des pantacles. — La Conjuration des quatre. — Le Pentagramme flamboyant. — Le Médium et le Médiateur. — Le Septenaire des talismans.*

Avec le second septenaire nous entrons dans les diverses divisions de la pratique :

Avis aux imprudents. — Le Cérémonial des initiés. — La Clef de l'occultisme. — La triple chaîne. — Le grand œuvre. — La Nécromancie.

Le septenaire suivant aborde la magie négative ou magie noire, que nous avons soigneusement évité d'aborder dans notre traité. Ce sont les chapitres 15, 16, 18. Voici du reste les titres de toutes les divisions de ce septenaire : 14. *Les Transmutations.* — 15. *Le Sabbat des sorciers.* — 16. *Les Envoûtements et les Sorts.* — 17. *L'Écriture des étoiles.* — 18. *Philtres* et *Magnétisme*. — 19. *Le Magistère du Soleil*. — 20. *La Thaumaturgie*. — 21. *La Science des Prophètes*.

Enfin vint la conclusion de toute pratique, le chap. 22 : *Le Livre d'Hermès*, consacré au Tarot dont Eliphas ne donne du reste pas la clef complète (voy. notre ouvrage sur *le Tarot des Bohémiens*).

∴

La pratique de la magie, étant basée sur la loi des analogies universelles, peut s'exercer sur plusieurs plans. Eliphas Lévi, pour dérouter les curieux, a décrit la magie cérémoniale la plus fastueuse, telle qu'on la pratiquait dans les mystères antiques. Mais nous avons voulu montrer que ces enseignements étant véritables pouvaient *s'adapter* aux moyens restreints dont dispose un expérimentateur contemporain : telle est la seule raison d'être de notre travail. Voilà pourquoi l'œuvre d'Eliphas Lévi marquera toujours le plus haut point auquel on puisse atteindre dans l'exposition de la théorie et de la pratique de la haute magie.

La Magie et l'Astrologie, par *Alfred Maury*.

Ce volume couronné par l'Académie est fort bien fait au point de vue critique et surtout historique. Quant à la partie dogmatique, l'auteur ayant négligé de connaître tous les détails de la question qu'il traite et confondant la magie avec une foule d'arts connexes, nous nous abstiendrons d'analyser cet ouvrage plus curieux qu'utile pour un véritable adepte de l'occultisme.

Histoire de la Magie, par *Christian*.

Ce gros volume est très intéressant à deux points de vue : comme résumé des légendes magiques d'une part et comme analyse des grimoires de l'autre. L'histoire de l'initiation dans l'antiquité est bien faite ; mais inférieure à celle de Delage (Science du vrai).

Quant à la partie astrologique qui n'est en réalité qu'un système particulier d'onomantie et de kabbale numérique, le fils de l'auteur nous a personnellement donné la clef des obscurités nombreuses qu'elle contient.

Christian s'est en effet brouillé avec les éditeurs de son volume avant la publication et a spontanément laissé inachevée toute la partie astrologique qu'il est impossible d'utiliser telle qu'elle se trouve dans ce volume.

M. Christian fils a terminé depuis peu un livre complet d'astrologie onomantique contenant tous les documents inédits laissés dans les manuscrits de son père.

Mais, au point de vue strictement magique, le livre de Christian n'est utile que par son analyse très bien faite de la magie des campagnes et des grimoires.

MAGIE MAGNÉTIQUE, par *Cahagnet*. — Paris, 1858, in-12.

Ce traité historique et pratique traite de fascinations, de miroirs kabbalistiques, d'apports, de suspensions, de pactes, de charmes des vents, d'évocations, de possessions, d'envoûtements, de sortilèges, de la magie de la parole, des correspondances sympathiques et de la nécromancie.

L'auteur se plaçant au point de vue du magnétisme spiritualiste a fait des recherches expérimentales très curieuses, surtout en ce qui concerne les miroirs magiques. Ce volume, faible quant à la partie doctrinale, est des plus intéressants par sa partie historique et pratique. La lecture en sera très fructueuse au magiste connaissant bien la théorie des phénomènes qu'il est appelé à étudier.

STANISLAS DE GUAITA. — Essais des sciences maudites. — II. *Le Serpent de la Genèse*, première septaine : Le Temple de Satan, 1 vol. in-8° de 553 p. — *Chamuel*, éditeur, 1891.

Stanislas de Guaita est un des plus savants et des plus érudits parmi les contemporains défenseurs de l'occultisme.

Chaque volume de cet auteur est une œuvre sérieuse, longuement approfondie, écrite d'un style superbe et élevé. Nul, mieux que de Guaita ne peut aspirer à la succession directe d'Eliphas Lévi.

Le *Serpent de la Genèse* intéresse le magiste d'abord par sa partie théorique, ensuite et tout particulièrement par l'*Inventaire de l'Arsenal du Sorcier*, qui s'étend de la p. 333 à la p. 382 et est composé en petit texte, ce qui indique son importance.

De plus, plusieurs expériences des plus intéressantes pour le magiste sont décrites et analysées au point de vue de l'ésotérisme (voy. surtout les faits de Cideville, p. 383 et suiv. et les études sur l'hypnose, p. 417 et suiv.). Enfin le spiritisme et ses pratiques sont réduits à leur juste valeur vis-à-vis de la tradition hermétique (p. 397 et suiv.).

Tout cela, allié aux développements et aux théories concernant la magie noire, fait de cet ouvrage un monument de science et d'érudition fort utile à connaître pour tout chercheur consciencieux.

COMMENT ON DEVIENT MAGE, par *M. Joséphin Péladan*.

Sous ce titre M. Joséphin Peladan a publié il y a quelques mois le premier volume d'une série appelée, d'après son auteur, à révolutionner le monde sous le titre général « d'Amphithéâtre des Sciences mortes ».

M. Peladan est un grand artiste et sa définition ou plutôt ses définitions de la magie se ressentent de cet exclusivisme cérébral. — Habitué à tout créer sous la merveilleuse inspiration d'une riche imagination, l'auteur s'efforce d'inventer la magie, dédaignant d'abaisser son orgueil à l'étude des maîtres. — De là une magie spéciale, uniquement cantonnée dans la réalisation de l'homme, et constituée par des commentaires d'Eliphas Lévi et de Fabre d'Olivet (Vers dorés). — M. Peladan, qui a inventé la *Tradition chaldéo-grecque* et l'axiome scientifique que *les métaux sont précieux en raison directe de leur densité*, ce qui rend le mercure (13,5) plus précieux que l'argent (10,5), est un grand littérateur, mais un être trop surhumain pour s'occuper de science et surtout de magie. — Ses livres ne seront jamais dangereux que par les erreurs qu'ils contiennent, et ce chaldéen égaré parmi les positivistes du XIXe siècle a omis l'étude de l'astronomie et de l'astrologie sans doute par haine de sa patrie.

Aussi sommes-nous persuadé qu'à la prochaine édition de ses œuvres, ce descendant des anciens astrologues chaldéens émigrés à Lyon fera bien de changer son titre et de remplacer *Comment on devient Mage* par *Le Roman d'un Sar*.

Nous regrettons d'avoir à faire une critique aussi sévère d'un ouvrage qui contient d'excellentes pages; mais la tradition magique ne s'invente pas, et l'orgueil, fût-il poussé jusqu'à l'auto-déification, ne peut remplacer le travail.

LA MAGIE DÉVOILÉE, ou Principes des Sciences occultes, par *Du Potet*, 1 vol. in-8°(Réédité en 1892 à 10 fr.) après avoir été vendu 100 fr. par le maître à ses disciples exclusivement. — *Paul Vigot*, éditeur.

Dans cet ouvrage le célèbre magnétiseur confond le plus souvent la psychurgie avec la magie. De simples expériences de magnétisme sont données comme des faits de magie et à peine pouvons-nous citer les recherches historiques (p. 167 à 201) intéressantes à consulter et les corollaires (p. 265 à 302) dans lesquels l'auteur cite des extraits d'Agrippa (Philosophie occulte) (p. 297, p. 300 et 301) sans nom d'auteur, ce qui est un bien vilain procédé pour un si grand magnétiseur.

Par contre l'opérateur qui voudra s'exercer pratiquement au maniement des sujets à l'état de veille devra lire cet ouvrage, dont le titre seul laisse à désirer.

JULES LERMINA. — *Magie pratique*, 1 vol. in-18, 3 fr. 50, *Kolb*, éditeur.

Nous avons cité plusieurs fois cet excellent petit ouvrage dans notre bibliographie, surtout à propos de la question des « élémentals ». Les théories des différentes écoles occultistes sur la constitution de l'homme et sur l'évolution des facultés psychiques sont très bien représentées dans ce travail. La clarté et la solidité du style, l'esprit de synthèse qui sont caractéristiques du talent de Jules Lermina se retrouvent à chaque page dans ce petit manuel dont nous conseillons vivement la lecture à tout chercheur consciencieux.

CHAPITRE II

Des Philtres d'amour

(Magie des campagnes).

Peu de questions passionnèrent autant les curieux que les « Philtres d'amour ». Nous avons assez indiqué dans le corps de notre ouvrage que l'amoureux, esclave déjà d'une autre volonté que la sienne, ne pouvait commander magiquement aux forces astrales. Mais on peut émouvoir l'être impulsif par les procédés magiques et comme bien peu d'individus savent résister aux impulsions de leur âme mortelle, les philtres basés sur les correspondances sympathiques ont souvent de grandes chances de réussir.

La théorie du philtre d'amour peut être comparée à celle du « lasso » des Mexicains. Il faut d'abord jeter le « lasso » vers le point à atteindre, c'est-à-dire frapper par un moyen quelconque l'imagination de celui ou de celle sur qui l'on veut agir. C'est là le premier point.

Il faut ensuite que le « lasso » s'enroule autour de l'être qu'on veut capturer, c'est-à-dire qu'il faut fixer le fluide magnétique de la personne sur qui on agit en se servant de substances qui condensent ce fluide comme les ongles, les dents, les cheveux et surtout le sang.

Enfin il faut attirer vers soi l'être enroulé dans le « lasso » en aspirant le fluide magnétique extériorisé. C'est là où les paroles et les cérémonies prennent leur importance.

Quant aux philtres d'amour constitués par des mélanges de substances vénéneuses, ce sont des procédés dont des malfaiteurs peuvent seuls faire usage. On trouvera dans le dictionnaire magique des détails complémentaires au sujet de l'*amour*.

Les philtres peuvent être divisés de la façon suivante :

1° Philtres purement astrologiques ;

2° Philtres agissant par suggestion ;

3° Philtres agissant par magnétisme et magie (correspondance).

4° Procédés synthétiques réunissant plusieurs des procédés précédents.

On trouvera toutes ces divisions dans les procédés décrits ci-après.

∴

En conversant avec la jeune fille dont vous désirez obtenir l'affection, feignez de vouloir faire son horoscope afin de deviner, par exemple, si elle sera bientôt mariée. Tâchez dans cet entretien qui doit avoir lieu sans témoin, qu'elle vous regarde en face, et, quand vos regards seront unis, dites résolûment : « *Kaphe, Kasita, non Kapheta et publica filii omnibus suis.* » Ne vous étonnez point de ce langage énigmatique dont vous ignorez le sens occulte ; et si vous l'avez prononcé avec foi, vous serez prochainement aimé.

∴

Tirez de votre sang un vendredi du printemps, mettez-le sécher dans un petit pot, comme est dit ci-dessus avec les deux couillons d'un lièvre et le foie d'une colombe ; réduisez le tout en poudre fine, et faites-en avaler à la personne sur qui vous aurez quelque dessein, environ la quantité d'une demi drachme ; et si l'effet ne se fait pas à la première fois, réitérez jusqu'à trois fois, et vous serez aimé.

∴

Si vous pouvez coller au dossier du lit d'une femme ou d'une fille, le plus près possible de l'endroit où repose sa tête, un morceau de parchemin vierge sur lequel vous aurez écrit : « *Michaël, Gabriel, Raphael,* faites que (mettre ici le nom de la personne) conçoive pour moi un amour égal au mien », cette personne ne pourra s'endormir sans penser à vous, et bientôt l'amour naîtra dans son cœur.

∴

Pour que la personne dont vous possédez l'amour vous soit fidèle, prenez une mèche de ses cheveux, brûlez-la et répandez-en la cendre sur le bois de son lit après l'avoir frotté de miel. Elle ne rêvera que de vous. Il est facile de renouveler de temps en temps cette opération pour entretenir la constance en amour.

Voulez-vous que vos billets ou vos lettres d'affaires obtiennent le succès qui comblerait vos vœux? Prenez une feuille de parchemin vierge et couvrez-la, sur deux côtés, de l'invocation ci-après : « *Adama, Evah*, comme le Créateur tout puissant vous unit, dans le paradis terrestre, d'un lien saint, mutuel et indissoluble, ainsi le cœur de ceux à qui j'écrirai me soit favorable et ne me puisse rien refuser : Ely + Ely + Ely. » Il faut brûler cette feuille de parchemin et recueillir avec soin toute la cendre. Puis ayez de l'encre qui n'ait jamais servi ; versez-la dans un petit pot de terre neuf ; mêlez-y cette cendre avec sept gouttes de lait d'une femme qui allaite son premier-né et ajoutez-y une pincée d'aimant réduit en poudre. Servez-vous ensuite d'une plume neuve que vous taillerez avec un canif neuf. Toute personne à laquelle vous écrirez avec l'encre ainsi préparée sera disposée, en lisant votre lettre, à vous accorder tout ce qui sera en son pouvoir.

∴

Prenez cinq de vos cheveux, unissez-les à trois de la personne que vous aimez et jetez-les dans le feu en disant : *Ure, igne Sancti Spiritus, renes nostros et cor nostrum, Domine. Amen*, vous réussirez dans votre amour.

La veille de la Saint-Jean, avant le lever du soleil, allez cueillir la plante nommée *OEnula compana*. Portez-la dans un linge fin, sur votre cœur, pendant neuf jours ; ensuite mettez cette plante en poudre et répandez-en sur un bouquet ou sur les aliments de la personne dont vous souhaitez l'amour, et bientôt vos vœux seront comblés.

∴

Le psaume 137ᵉ qui commence ainsi : *Confitebor tibi, Domine, quoniam audisti*, etc., a, selon la tradition, le pouvoir d'exciter l'amour dans le cœur de la personne qui est l'objet de vos désirs. Voici la manière d'opérer :

Versez de l'huile de lis blanc dans une coupe de cristal, récitez sur cette coupe le psaume 137e, que vous terminerez en prononçant le nom de l'ange *Anaël* et celui de la personne que vous aimez. Écrivez ensuite le nom de l'ange sur un fragment de cyprès que vous plongerez dans l'huile; puis de cette huile vous oindrez légèrement vos sourcils, et vous lierez à votre bras droit le morceau de cyprès. Cherchez ensuite un moment favorable pour toucher la main droite de la personne dont vous désirez l'amour, et cet amour naîtra dans son cœur. L'opération sera plus puissante, si vous la faites au lever du soleil, le vendredi qui suit la nouvelle lune.

*
**

Nos anciens assurent que l'oiseau que l'on appelle pivert est un souverain remède contre le sortilège de l'aiguillette nouée, si on le mange rôti à jeûn avec du sel bénit... Si on respire la fumée de la dent brûlée, d'un homme mort depuis peu, on sera pareillement délivré du charme.....

Le même effet arrive si on met du vif-argent dans un chalumeau de paille d'avoine ou de paille de froment, et que l'on mette ce chalumeau de paille de froment ou d'avoine sous le chevet du lit où couche celui qui est atteint de ce maléfice... Si l'homme et la femme sont affligés de ce charme, il faut, pour en être guéris, que l'homme pisse à travers l'anneau nuptial que la femme tiendra pendant qu'il pissera.

Ayez une bague d'or garnie d'un petit diamant qui n'ait point été portée depuis qu'elle est sortie des mains de l'ouvrier, enveloppez-la d'un petit morceau d'étoffe de soie, et la portez durant neuf jours et neuf nuits, entre chemise et chair, à l'apposition de votre cœur. Le neuvième jour avant soleil levé, vous graverez avec un poinçon neuf en dedans de la bague ce mot : *Scheva*, puis tâcherez par quelque moyen d'avoir trois cheveux de la personne dont vous voulez être aimé et vous les accouplerez avec trois des vôtres en disant : O corps, puisses-tu m'aimer, et que ton dessein réussisse aussi ardemment que le mien par la vertu efficace de *Scheva.* » Il faudra nouer ces cheveux en lacs d'amour, en sorte que la bague soit à peu près enlacée dans le milieu du lac, et l'ayant enveloppée dans l'étoffe de soie, vous la porterez derechef sur votre cœur encore six jours, et le septième jour vous dégagerez la bague du lac d'amour et ferez en sorte de la faire recevoir à la personne aimée. Toute cette opération doit se faire avant le soleil levé et à jeûn.

Pour l'amour.

1ᵉʳ vendredi de la lune.

Achetez sans marchander ruban rouge de 1/2 aune au nom de la personne aimée.

Faites un nœud en lacs d'amour et ne le serrez pas, mais dites *Pater* jusqu'à *in tentationem*, remplacez *seb libera nos a malo* par *Iudea-Iudei-Iudeo*, et serrez en même temps le nœud.

Augmenter d'un *Pater* chaque jour jusqu'à 9, faisant chaque fois un nœud.

Mettre le ruban au bras gauche contre la chair. Toucher la personne.

Un homme veut-il voir en songe l'image de la femme qu'il doit épouser? Il faut avoir du corail pulvérisé, de la poudre d'aimant, du sang de pigeon blanc et en faire un petit morceau de pâte qu'on enfermera dans une large figue, après l'avoir enveloppé dans un carré de soie bleue. Se le mettre au cou et placer sous son chevet une branche de myrte, puis dire cette oraison : « *Kyrie clementissime, qui Abraham servo tuo dedistis uxorem et filio ejus obedientissimo per admirabile signum indicasti Rebeccam uxorem, indica mihi servo tuo quam nupturus sim uxorem, per mysterium tuorum Spirituum Baalibeth, Assaibi, Abumostith. Amen.* »

Il faut le matin se remettre en l'esprit l'image que l'on aura vue en songe. Si l'on n'a rien vu, il faut répéter l'expérience magique trois vendredis de suite ; et si, après cette troisième opération, nulle vision ne se produit, on peut augurer qu'il n'y aura point mariage.

Si c'est une fille qui désire voir en songe l'homme qu'elle épousera, elle doit prendre une petite branche de peuplier, la lier avec ses bras d'un ruban de fil blanc et serrer le tout sous son chevet. Puis elle se frottera les tempes avec du sang de huppe avant de se mettre au lit, récitera l'oraison précédente en remplaçant la formule : « *Servo tuo quam nupturus sim uxorem* », par celle-ci : « *Ancillæ tuæ quem sim nuptura virum,* » etc.

* *

UN GRIMOIRE DE SORCIER

RECUEIL DES SECRETS

Tirés des cinq livres de Moyse et de plusieurs livres de l'Ecriture Sainte

Contre le mal de tête.

Ecrire sur une feuille d'olivier :
Athena.
Lier cette feuille à la tête.

Pour arrêter le sang.

Au sang d'Adam est née la mort,
Au sang du Christ est née la vie.
O sang, arrête-toi.

Contre l'arme à feu.

Avalez ceci écrit sur un billet :
Armisi farisi restingo.
Dites ces paroles dans le danger.

Contre la disette et la famine.

C'est un très grand secret que j'ai éprouvé dans la dernière famine et j'ai eu le bonheur de conserver la vie à beaucoup de personnes. C'est le même dont les prophètes Elie et Elisé ont fait usage ; on le trouve également en l'Evangile que les chrétiens attribuent à Jésus-Christ quand il a nourri tant de monde avec si peu de pains, car ils sortent tous du même fondement et sont tirés des 3 principaux points de la kabbale.

Priez le Seigneur des Seigneurs matin et soir pendant 7 jours de suite. Le 7ᵉ jour, après vos prières du matin, prenez une feuille d'une herbe que l'on mange naturellement, telle que laitue, salade, etc. Prenez une feuille d'arbre, écrivez dessus avec du miel, de la rosée ou de l'eau de pluie les mots suivants avant le lever du soleil : « Je vous ferai pleuvoir le pain du haut du ciel » et de l'autre côté « *Manetur* ». Parfumez-la et mangez-la. Celui qui l'aura mangée passera 7 jours sans avoir faim. L'on peut continuer 7 fois de suite l'expérience, ce qui forme 49 jours, mais vous ne pouvez aller au-delà. C'est ici le pain que l'ange apportait au prophète dans le désert.

Pour rompre les chaînes et les barres de fer.

Prenez du mercure sublimé, de l'arsenic parties égales, du sel ammoniac une demi-once, mettez le tout et de l'urine, frottez-en le fer ou bien enveloppez-le dans un linge qui en est imbu.

Moyen de faire venir le grain en abondance d'une terre qui n'a pas été fumée.

Prenez la semence que vous voulez mettre en terre, mettez-la à tremper six heures durant dans l'eau croupissante d'un bon fumier, retirez-la de suite sans la laisser plus longtemps, laissez-la bien sécher au soleil. Au bout de trois jours trempez-la derechef pendant trois heures. Cela suffira.

Ensuite semez-la.

Pour arrêter un serpent.

Prononcez en le voyant : Osi, Osoa, Osia, il se laissera prendre.

Pour arrêter un meurtrier.

Prenez du sang de la personne pendant qu'il est encore chaud, jetez-le dans le feu et laissez-le brûler. Vous verrez que le meurtrier ne pourra pas s'éloigner quand bien même il serait à quatre lieues, il sera forcé de revenir sur les lieux.

Pour arrêter court une ou plusieurs personnes

Dites :

Veide, Rongan, Rada, Bagabin.

Mettez le genou et le poignet droit à terre, se renversant le corps.

Se relever sans que le gauche ne touche à rien.

Pour être heureux en voyage.

Portez sur vous de l'artémise et de la verveine.

Pour dompter un cheval fougueux.

Mettez-lui un petit cailloux rond dans les oreilles et il ne bougera plus.

Contre les blessures envenimées.

Mettez du jus de coing sur la blessure, il ôtera le venin.

Pour guérir les plaies profondes et mortelles.

Prenez de la *Vinca purvinea* avec les racines, laissez cela dans du vin, donnez-en à boire quelques jours de suite au blessé ; s'il se trouve du bois, du fer ou autre chose sur la plaie tout cela sortira et le malade guérira sans autre médecine.

Pour savoir si un malade guérira ou mourra.

Prenez un peu de lard, frottez-en la plante des pieds du malade, ensuite donnez-le à manger à un chien : s'il le mange, c'est signe de guérison ; sinon, c'est signe de mort.

Quand une femme est en travail d'enfant.

Pour faire sortir l'arrière faix et l'enfant mort hors du corps.

Faites manger à la femme deux morceaux de la racine de fleurs de lis blanc ou faites boire de l'eau dans laquelle on aura fait cuire 2 œufs. Le remède est infaillible.

Pour arrêter le sang.

Tenir sur sa main l'herbe appelée *bursa pastoris* ou *onagollis* pour les femmes, la pendre au col sur la peau. La vraie turquoise orientale fait le même effet.

Pour guérir le mal d'oreille.

Prenez un petit oignon, faites-le bien cuire dans la cendre ; prenez un linge bien fin avec un peu de beurre sans sel, vous mettrez le beurre et l'oignon dans le linge, vous le mettrez dans l'oreille malade le plus chaud possible. Il faut le laisser 1 minute. Sûr et éprouvé.

Pour les cors aux pieds.

Prenez l'intérieur d'une figue dont vous mettrez un peu de la grosseur du cor dessus pendant plusieurs jours et vous guérirez.

Pour le mal de dents.

Vous mettrez un peu d'eau-de-vie dans le creux de votre main, vous la respirerez dans la narine du côté où vous avez mal.

Pour faire passer la colique.

Il faut prendre de la gomme arabique avec du lait.

Remède pour les brûlures.

1 cuillerée de bon vinaigre.
12 cuillerées d'eau.
Battre ensemble en ajoutant du blanc d'espagne en poudre pour former un amalgame qui ait la consistance d'une crème un peu épaisse, l'étendre sur un linge et l'appliquer de suite.

Contre la mortalité des bestiaux.

Prenez des éponges ou excroissances jaunâtres qui croissent auprès des tilleuls, mettez-les dans l'eau dont vous abreuvez votre bétail et si les animaux sont attaqués de quelque maladie contagieuse, pulvérisez-en un peu et mettez-le dans leur breuvage.

Pour connaître quels sont les animaux qui mourront ou vivront.

Remarquez que tous les animaux qui naissent quand la lune n'éclaire plus, c'est-à-dire 3 ou 4 jours avant ou après son renouvellement, meurent dans l'année. Ceux qui naissent hors ce temps sont bons à élever, les autres doivent être vendus.

Pour que les abeilles ne piquent pas.

Prenez trois feuilles de la plante appelée *plantago amita*, tenez-les à la bouche en les approchant.

Pour faire porter bientôt du fruit aux arbres.

Il faut les greffer 3 ou 4 jours avant la nouvelle lune.

Pour faire décharger une fille.

3 petites fèves noires.

Placez une entre chaque doigt de la main droite, posez sur votre chair à l'endroit du cœur, attirez les regards de la personne et dites :

Ego ago et superago et consummatum est.

Autre.

3 haricots blancs. Dire :

Ebe, Mebe, Matristope.

Pour n'être pas blessé à la guerre.

Ecrivez sur une plaque de zinc les mots ci-après : « Voyez l'épée d'Adonaï et de Gédéon. » Cette plaque doit être taillée en forme d'une étoile à sept pans. Vous la parfumerez et vous la mettrez dans le pommeau de votre épée. Vous blesserez tous vos adversaires quand bien même ils seraient cuirassés.

Graisse pour empêcher les armes de se rouiller.

100 gr. saindoux.
100 gr. graisse de mouton ou bœuf.
5 gr. cire du pays.
5 gr. camphre.
15 gr. oxyde de zinc.

Il faut faire fondre les graisses et les mélanger avec la cire et le camphre, puis remuer doucement avec une spatule et ne mettre le blanc de zinc que quand cela commence à refroidir et à prendre un peu de consistance. Si on mélangeait ce blanc trop vite, il se précipiterait volontiers et resterait au fond, le mélange serait incomplet. Quand les armes sont nettes, on les frotte avec une brosse dure et très fort de cette graisse, il faut qu'elle s'introduise dans le métal par le frottement à la brosse dure. Il n'est pas nécessaire qu'elle soit visible.

Eau lustrale.

Faire boire à jeûn 1 verre d'eau dans lequel on a éteint un fer rouge.

Sur l'eau (l'haleine pénétrant l'eau) : Par Adonaï, que la passion s'éteigne en toi comme la chaleur de ce fer s'est éteinte en cette eau (5 fois).

Évocation.

Pendant 9 jours entiers, alors que la lune est à son croissant, après son 5ᵉ jour, brûler de l'encens en l'honneur des puissances protectrices des âmes souffrantes, réciter chaque fois un *Pater* seulement pour le repos de ces mêmes âmes et brûler à cette même intention une chandelle en l'honneur des esprits protecteurs des âmes souffrantes pour leur propre repos dans l'intention qu'on a.

De temps à autre lorsque vous brûlez l'encens en l'honneur des génies dans ce but.

Trois soirs de suite, la nuit (éviter vendredi), allumer du feu, faire trois tours afin de décrire mentalement un cercle. Prendre encens en main, le jeter dans le feu en pensant ou implorant Hécate (déesse des enchantements), puis, revenant dans ce cercle et se plaçant au milieu et implorant l'appui des astres du regard et de la pensée, on dit : « O Hécate, déesse dans les cieux, déesse sur la terre, et Proserpine aux enfers, ô mère des ombres, reine suprême de l'armée des morts, ne lance pas contre moi tes légions, ô Hécate, fais plutôt qu'elles me servent. O triple Hécate, grande déesse qui présides aux enchantements, dans ce feu qui t'est offert, l'encens va brûler en ton honneur, ô Hécate, que ta divinité vienne à moi, que ta puissance m'environne, mon père (le ciel) n'en sera point offensé !

« Par Hécate, ô génie maître des airs, par Hécate, âmes souffrantes des morts, par Hécate, ô âmes agitées de la région basse, par Hécate devenez mes aides, mes leviers, mon armée! »

Puis, quittant le cercle, vous prenez l'encens dans votre main pour l'offrir aux génies, et vous formulez votre demande.

Après, vous brûlez du pain et du vin à l'intention des âmes souffrantes en général, et quand c'est fait, vous dites : « Par Hécate, j'ai dans le silence des nuits appelé les légions des airs, l'armée faste des Obs : aux uns j'ai offert l'encens qui les flatte, aux autres le pain dont ils sont affamés. Aussi pendant que, puissants les astres brillent, que les Forces appelées agissent, comme un souverain en son manteau de pourpre, ton serviteur, ô Hécate, va s'endormir dans la confiance. »

∴

Le fer repousse les influences occultes. Quand on craint un maléfice, prendre du fer dans sa main.

Se laver la tête avec eau sur laquelle on a dit : O Adonaï, délivre et guéris ton serviteur (trois fois) et trois fois finissant, que l'eau sèche sur la tête.

∴

Lectisternes, repas offert aux morts. On invite des morts à dîner (par leur nom), mettre couvert pour le nombre, faire grand feu dans la cheminée, les appeler par leur nom, mais les servir et pour verser vin à eux aussi, puis jeter du feu pour eux, faire gâteau miel pour leur offrir le souper, couper leurs parts et les jeter sur le feu, leur parler, puis leur demander ce qu'on désire.

Manière de tirer la force des animaux pour la transplanter aux hommes.

Prenez la semence d'un cheval entier quand il couvre une jument, il faut que ce soit le 27ᵉ ou le 28ᵉ jour de la lune. Mettez-la dans la bonne terre, plantez-y le caméléon noir, laissez-le crottre, et donnez-le à manger à la personne en faiblesse, le premier vendredi de la lune; pendez aussi de cette plante au col, faites habiter cette personne parmi les chevaux robustes et sains: ils deviendront faibles et la personne deviendra forte et robuste. Ensuite vous transplanterez cette racine le même jour dans une autre terre.

Ce secret est un grand mystère caché.

PETIT
DICTIONNAIRE MAGIQUE

PETIT
DICTIONNAIRE MAGIQUE

RÉSUMANT PAR ORDRE ALPHABÉTIQUE LES SECRETS ET LES PRINCIPALES FORMULES DE PRATIQUE CONCERNANT LA MAGIE DES CAMPAGNES[1]

Amour (Voy. PERVENCHE), (JUSQUIAME), (VERVEINE). (voy. Bouc), (voy. FEMMES) (voy. DIVORCE).

Abeilles. Les assembler (Voy. NEPTE), les préserver (Voy. GUIMAUVE).

Arbre. Rendre stérile (Voy. ROSE), écrire un nom (Voy. NOM).

Alun. Si l'on frotte du drap avec la glaire d'un œuf mêlée avec de *l'alun* et après l'avoir lavé avec de l'eau salée on fasse sécher, il empêche le feu de brûler (BÉLINUS).

Si l'on prend de *l'arsenic rouge* avec de *l'alun*, qu'on les broie ensemble et les mêle avec du suc de *joubarbe* et de la gomme qui sort du laurier, l'homme qui s'en sera frotté les mains pourra manier et prendre un fer chaud sans être brûlé (G. 94).

Avenir. Prenez du sang caillé *d'un âne* avec de la graisse et la poitrine d'un *loup cervier*, autant de l'un que de l'autre, faites-en des grains avec lesquels vous parfumerez la maison, ensuite on verra quelqu'un pendant le sommeil qui dira tout ce qui doit arriver (G. 103).

Armoise. Quand on veut entreprendre un voyage facilement et sans se fatiguer, on portera à la main l'herbe qu'on

---

[1] Chaque tradition curieuse tirée d'un grimoire ayant été citée à part, l'ordre strictement alphabétique n'a pu être suivi et un même mot est quelquefois cité plusieurs fois dans la même lettre. — Les lettres qui suivent chaque citation indiquent les grimoires originaux d'où chaque citation est tirée. — Inutile de prévenir le lecteur du nombre de superstitions contenues dans ces traditions de la magie des campagnes.

nomme *armoise* et on s'en fera une ceinture en marchant ; ensuite qu'on fasse cuire cette herbe et qu'on s'en lave les pieds, on ne se lassera jamais (G).

Les fumigations d'*armoise* bouillie, prises en bain de siège, délivrent les femmes en couche du fruit mort de leur sein.

La même plante, cuite dans du vin et bue à petites doses, mais fréquemment, préserve la femme du péril d'*avortement* (Cnn. 402).

Avortement (Voy. ARMOISE).

Anis. Infusé dans du vin, avec du safran, guérit les *fluxions des yeux*.

Des fragments de la même plante, introduits dans les narines après avoir été macérés dans l'eau, guérissent les ulcères du nez.

Asthme (Voy. POURPIER).

Angélique. L'infusion d'angélique dans du vin guérit les ulcérations intérieures.

Aloès. Le suc d'aloès mêlé avec du vinaigre empêche la chute des cheveux.

Anémie. (Voy. RÈGLES).

Arête. Si une arête de poisson s'engage dans votre gosier mettez un pied dans l'eau froide (CHR. 405).

Bufle (Voy. PERVENCHE).

Bœuf (le faire suivre) Voy. MÉLISSE. Un bœuf dont on a frotté la langue avec de l'ail se laisse mourir plutôt que de manger si on ne lui nettoie point la gueule avec du sel et du vinaigre (G. 92).

Bouc. Prenez de la fiente de bouc avec de la farine de froment, faites sécher le tout ensemble, ensuite pilez-le et mettez-le chauffer avec de l'huile seulement ; après cela frottez-vous-en tout autour du prépuce au moment du coït, il est sûr que votre femme n'aimera que vous.

La même chose arrive en se servant seulement de suif de bouc.

Boutons (sur la peau). La joubarbe broyée avec de la farine d'orge et de l'huile fait disparaître les dartres et autres éruptions de la peau.

La décoction de feuilles de tabac, bouillie et appliquée en lotions, fait disparaître les boutons et rougeurs du visage.

Chélidoine. Portée sur soi avec *cœur de taupe* contre *ennemis* et ensuite dans les affaires et *procès*. Mise sur la tête d'un *malade*, chante s'il doit mourir ; pleure, s'il doit revenir (G. 50).

Chiens. Divers effets sur eux (Voy. LANGUE DE CHIEN).

Centaurée. Mêlée avec du sang de *huppe femelle* mise dans une lampe avec de l'huile produit *hallucination* sur les assistants.

Jetée dans le feu quand les étoiles brillent, elles semblent courir les unes après les autres.

Mise sous le nez de quelqu'un lui donne peur.

Chou (Voy. ROSE).

Cœur (maladies de). RENOUÉE.

Chrynostates (inf. de la lune). Sa fleur guérit maux de reins.

Coq. L'empêcher de chanter : oindre d'huile la tête et la crête.

L'empêcher de s'accoupler : oindre son cul d'huile (G. 92).

Conception (Voy. STÉRILITÉ).

Colique. Prendre sur soi la racine de jusquiame blanche (Arist.).

Cerf (corne de). (Voy. GROSSESSE).

Cheveux (chute des). Voy. ALOÈS (voy. plus loin).

Convives. Si on veut donner de la joie et du divertissement à une compagnie dans un repas on prendra quatre feuilles de *verveine* que l'on fera tremper dans du vin, dont on arrosera ensuite l'endroit où le repas se fera ; tous ceux qui y seront conviés paraîtront contents et joyeux.

G^de Consoude (Voy. Punaises).

Concombre (Voy. Punaises).

Champignons (empoisonnement par les). Guérison (Voy. Ortie). Avaler un peu de nitre mêlé avec de l'huile.

Chardons. L'infusion de chardon bénit guérit les ulcères des poumons (Chr. 403).

Cheveux. *Pour faire croître les cheveux*, brûlez des abeilles, mêlez leur cendre avec de la fiente de souris et faites infuser ce mélange dans l'huile rosat ; ajoutez-y de la cendre de châtaignes ou de fèves brûlées et le poil naîtra sur toute partie du corps que vous oindrez de cette huile.

Convulsions. Appliquez aux poignets des enfants des bracelets de soie écrue et ils n'éprouveront jamais de convulsions (Chr. 406).

Dyssenterie (suc d'Ornoglosse).

Dents (maux de). Suc de Quintefeuille.

Demandes (réussite des). Voy. Quintefeuille.

Dompter les animaux. Frotter le front de la bête qu'on veut faire venir d'elle-même dans son étable avec un ail de squille (G. 91).

Si l'on broie de la cire sur les cornes d'un veau on le mènera partout où l'on voudra sans peine (Aristote).

Dyssenterie. Cailloux de rivière. — Les faire chauffer sur un feu ardent, jeter dans un vase plein d'urine dans lequel on aura mis de la *fiente de chien* en poudre. — Donner à boire deux fois par jour pendant trois jours (éprouvé) (G. 118).

Dents. La dent d'une bête ou d'un poulain d'un an pendue au cou d'un enfant fait que les dents lui sortent sans douleur. Frotter les gencives avec la cervelle de lièvre cuite.

Diable. Pour faire voir le diable à une personne en dormant, prenez du sang d'une huppe et qu'on lui en frotte le visage. Elle s'imaginera que tous les diables sont autour d'elle.

Dégraissage. Cendre gravelée.. ½ livre
Savon blanc...... 2 onces
Gomme arabique. 2 —
Ecume d'alun..... 2 —
Glu............ 1 —
Campanes....... 1 —

} Réduire en poudre, mêler — détremper dans de l'eau claire.

Divorces *(les empêcher)*. Deux cœurs de cailles, un de mâle, l'autre de femelle. Faire porter celui de la femelle à la femme, celui du mâle à l'homme.

Dartres (Voy. BOUTONS).

Dyssenterie (Voy. PLANTAIN), (Voy. RAISINS).

Dents. Les dents ne se gâteront jamais, si chaque matin l'on fait fondre dans sa bouche trois grains de sel marin et si l'on étend avec la langue cette dissolution sur les dents et les gencives (CHR. 404).

Ennemis (Voy. CHELIDOINE).

Estomac (mal d'). RENOUÉE.

Ecrouelles (QUINTEFEUILLE), (*VERVEINE). Pendre au cou la racine de vinette (Gallien).

Eau ardente. Prenez du vin non épais, fort et vieux. Mêlez-y le quart de chaux vive, autant de soufre en poudre; du tartre, du sel gris, mettez le tout dans une bouteille bien bouchée où il y aura au dessus un alambic dans lequel distillera cette eau que vous ne pourrez conserver que dans une fiole de verre.

Epilepsie. La décoction de feuilles de *viorne* dans du vin guérit l'épilepsie (CHR. 402).

Femmes infidèles (Voy. HÉLIOTROPE). (Voy. FEMME).

Fantômes (n'en avoir pas peur). (Voy. ORTIE).

Foie (douleur de). JUSQUIAME.

Fourmis. (les chasser). Piler et réduire en poudre de la *marjolaine* bâtarde sur l'endroit où elles sont.

Feu (Voy. ALUN).

Femme. Il est écrit dans le livre de Cléopâtre qu'une *femme* qui n'est pas contente de son mari comme elle le souhaiterait n'a qu'à prendre la moelle du pied gauche d'un *loup* et la porter sur elle, il est certain qu'elle sera satisfaite et qu'elle sera la seule qu'il aimera.

Pour faire avouer à une femme ce qu'elle a fait, on prendra une grenouille d'eau en vie, on lui arrachera la langue et ensuite on la remettra dans l'eau, et on appliquera cette langue sur le cœur de la femme lorsqu'elle dormira ; elle répondra à toutes les demandes qu'on lui fera.

Feu grec. Soufre vif, tartre, sarcocolle, picotte, sel cuit, huile commune, pétrole, faire bouillir le tout.

Fraisier. Pour empêcher que les serpents ne fassent aucun mal quand on marche par les campagnes, on prendra des feuilles de *fraisier* que l'on mettra autour du corps.

Fiente de chien (Voy. DYSSENTERIE).

Foie. Le foie de loup, desséché, broyé et mis en poudre dans du vin de madère, guérit les maladies de foie (CHR. 406).

Gui de chêne. Joint au slypium ouvre les serrures. Pendu à un arbre avec aile d'hirondelle fait assembler tous les oiseaux (G. 53).

Goutte. RACINE DE JUSQUIAME.

Glandes. La tête d'une chèvre pendue au cou d'une personne qui a des glandes scrofuleuses la guérit parfaitement (G. 92).

Grossesse (Voy. STÉRILITÉ). Afin qu'une femme conçoive, on réduira en poudre la corne d'un cerf que l'on mêlera avec de la fiente de vache, ensuite la femme la portera sur soi pendant qu'elle aura affaire avec un homme, et immanquablement elle deviendra grosse (Voy. VIGNE).

Que si une femme ne peut pas concevoir, qu'on lui fasse

boire, sans qu'elle le sache, du lait d'une *jument* et qu'ensuite un homme la connaisse.

Guimauve (Voy. MATRICE, URINES). La graine de guimauve pulvérisée et pétrie en forme d'onguent, dont on se frotte légèrement le visage et les mains, préserve de la piqûre des guêpes, des abeilles, etc.

Héliotrope. Cueillir au mois d'août, le soleil étant dans le signe du Lion.

Envelopper dans une feuille de laurier avec une dent de loup et porter sur soi contre *médisances*. Mise sous la tête pendant la nuit fait voir ceux qui peuvent venir *voler* le possesseur de l'herbe.

Mise dans une église empêche *femmes infidèles à leur mari* de sortir tant qu'on ne l'a pas ôtée (G. 49).

Hallucination. (Voy. CENTAURÉE, (voy. LAMPE), (voy. DIABLE).

Hémorrhoïdes (Voy. VERVEINE). — Pour les guérir s'asseoir sur une peau de lion (ARISTOTE G. 92).

Hydropysie. (Voy. PLANTAIN).

Vous guérirez sûrement un hydropique si vous lui faites avaler pendant neuf jours dans un breuvage quelconque la fiente, séchée et mise en poudre, d'un petit chien non sevré, mais il faut que le malade ignore la nature de ce remède (CHR. 405).

Herbes magiques. Ne les cueillir que du 23 au 29ᵉ jour de la lune.

Nommer l'usage qu'on en veut faire en arrachant l'herbe de terre. Ensuite la mettre sous du froment ou de l'orge jusqu'au moment de s'en servir. Les principales :

Héliotrope. — Jusquiame. — Nepte. — Orties. — Verge de Pasteur. — Chélidoine. — Pervenche. — Langue de chien. — Lis. — Gui de chêne. — Centaurée. — Sauge. — Verveine. — Mélisse. — Serpentine.

Incombustible (rendre). Voy. ALUN.

Ivrognerie. Si on met plusieurs anguilles dans un pot de vin et qu'on les y laisse mourir, celui qui en boira haïra le vin pendant un an et n'en boira peut-être pas pendant sa vie.

Invisible (se rendre). On trouve dans le nid des *huppes* une certaine pierre qui a diverses couleurs, celui qui la portera sur soi deviendra invisible.

Impuissant (rendre). Pour rendre un homme impuissant il n'y a qu'à lui faire avaler un de ces vers qui luisent en été.

Infidélité (Voy. FEMME).

Insomnie. Tiges d'*anet* cuites dans l'huile et appliquées sur la tête.

Jusquiame. Son suc fait rompre une tasse d'argent dans laquelle on le met.
Mêlée avec le sang d'un jeune lièvre et mise dans sa peau fait assembler tous *les lièvres* à l'endroit où on l'a mise (Voy. plus loin).

Jambe (maux de). OFFODITIUS.

Jusquiame (inf. de Jupiter). Sa racine empêche *ulcères* et les enlève. Pilée empêche douleurs de *goutte*. Son suc bu avec du miel contre douleurs de *foie* donne de l'amour. Portée sur soi fait aimer des femmes (Voy. plus loin).

Jaunisse. Faire boire tous les matins pendant huit jours à jeun cinq petites crottes de chèvre dans du vin blanc.

Jusquiame *(guérison de l'empoisonnement par la).* Suc de pourpier mêlé avec du vin cuit.

Langue de chien. Mise en un endroit avec le cœur et la matrice d'une grenouille fait assembler *les chiens*.
Portée au gros doigt de pied empêche chien d'aboyer. Mise au cou d'un chien le fait tourner jusqu'à la mort (G. 51).

Lièvres (les assembler) Voy. JUSQUIAME.

Lis. Cueillie en août. Mêlée au suc de *laurier*, mise ensuite quelque temps sous le fumier, cette plante engendre des vers. Leur poudre empêche de dormir ou donne la fièvre.
Mise dans un vase où il y aura du lait de vache et ce vase couvert d'une peau de vache de même couleur, toutes celles des environs perdront leur lait (G. 52).

Lune (sa plante) ORNOGLOSE.

Loups (leur faire peur). S'enduire le corps de fiente de lièvre.

Léthargie. Une forte décoction d'*agnus castus*, d'*ache* et de *sauge* dans de *l'eau salée*, employée en frictions sur le derrière de la tête, rappelle à la vie les malades tombés en léthargie.

Lampe. Si on veut que tout ce qui est dans un palais paraisse noir, on aura soin de tremper la mèche de la *lampe* ou de la chandelle qu'on doit allumer dans de l'écume de mer bien battue.

Pour faire que tous ceux qui sont dans une chambre paraissent n'avoir point de tête, on versera dans une lampe du soufre jaune mêlé avec l'huile, ensuite, après l'avoir éclairée, on la mettra au milieu de l'assemblée.

Si on fait une mèche avec le drap d'un mort ou du drap noir et qu'on l'allume dans le milieu d'une chambre, on verra des choses merveilleuses.

Prenez une *grenouille* verte et coupez-lui la tête sur un drap mortuaire, trempez-le dans l'huile de *sureau*, faites-en une mèche que vous allumerez dans une lampe verte, et on verra un homme noir qui tiendra une lampe à la main avec plusieurs autres choses curieuses (G. 105).

Si on veut faire paraître une chambre pleine de *serpents*, prenez de la graisse d'un serpent et mêlez-la avec un peu de sel, ensuite prenez un morceau de drap mortuaire que vous couperez en quatre, dans chacun desquels vous mettrez de cette graisse, dont vous ferez quatre mèches que l'on allumera aux quatre coins de la chambre, avec de l'*huile de sureau* dans une lampe neuve, et on verra l'effet qu'on a dit.

Médisances (Voyez HÉLIOTROPE).

Mille-feuille (Voy. ORTIE).

Mandpagore (Voy. VERGE DE PASTEUR).

Malade (savoir s'il va mourir). CHÉLIDOINE. Voy. aussi MALADIE).

Mal caduc (Voy. VERVEINE).

Mélisse. Portée sur soi rend agréable.
Attachée au cou d'un bœuf lui fait suivre l'opérateur.

Mélancolie (trait'). OFFODITIUS.

Mercure (son herbe). QUINTEFEUILLE.

Mer (écume de). Voy. LAMPE.

Mémoire. La langue d'une *huppe*, pendue au cou, fait revenir la *mémoire* et le jugement à ceux qui l'ont perdu (G. 93).

Mari (Voy. FEMME).

Mèche (Voy. LAMPE).

Maladie. Pour connaître si une personne mourra d'une maladie ou si elle en reviendra, allant la voir, prenez de la *verveine* à la main, et quand vous serez proche le lit du malade, vous lui demanderez comment il se porte; s'il dit qu'il se porte mieux, il en échappera; s'il répond le contraire, il n'en reviendra pas.

Myrte (Voy. VOMISSEMENT, SOMMEIL).

Migraines. Aspirer par la bouche les vapeurs chaudes d'infusion de myrte.

Matrice. La fleur de guimauve, pétrie avec de la graisse de porc et de la thérébentine, puis appliquée sur le ventre, dissout les inflammations de matrice.

Métrorrhagie. Pour guérir l'hémorrhagie de l'utérus, prenez *sept oranges*, faites-en cuire l'*écorce* dans trois chopines d'eau jusqu'à réduction d'un tiers.
Jetez-y du sucre et faites-en prendre douze cuillerées trois ou quatre fois par jour.

Nepte. Etourdit les animaux dans le nez desquels on le met. Assemble les *abeilles* et les empêche de sortir. Fait revenir les abeilles noyées ou presque mortes (G. 51).

Nuit. Si on se frotte la face avec du sang de chauve-souris on verra et on lira aussi bien la nuit que le jour.

Nom. Si on veut voir son nom imprimé ou écrit sur les *noyaux* de *pêches*, ou les *amandes* d'un pêcher ou d'un *amandier*, prenez un noyau d'une belle pêche, mettez-le en terre dans un temps propre à planter, et le laissez pendant six ou sept jours jusqu'à ce qu'il soit à demi ouvert, ensuite tirez-le bien doucement sans rien gâter et avec du *cinabre*, écrivez sur le *noyau* ce qui vous plaira, et quand il sera sec vous le remettrez en terre, après l'avoir bien fermé et rejoint avec un filet fort fin et délié, sans y faire autre chose pour le faire venir en arbre, on verra que le fruit qu'il portera aura le même nom que l'on aura écrit sur le *noyau*. On peut faire la même expérience sur le noyau d'une *amande* ; on en a fait l'épreuve tout nouvellement (G. 115).

Nez (ulcères du). Voy. ANIS.

Ortie tenue dans la main avec *mille-feuille* empêche la peur des fantômes (la cueillir du 19 juillet au 23 août).

Son suc mêlé au jus de *serpentine*, on s'en frotte les mains et on jette le reste dans l'eau. On prend alors avec la main les poissons qui s'y trouvent (G. 50) (voy. plus loin).

Oiseaux (les faire assembler) voy. GUI DE CHÊNE (*voyez plus loin*).

Offodittus (inf. de Saturne). Herbe qui guérit :
Par son suc, douleurs des reins et maux de jambes, maux de vessie.
Par sa racine cuite délivre les démoniaques et les mélancoliques qui la portent dans un linge blanc. L'herbe chasse des maisons les *mauvais esprits*.

Ornoglosse (inf. de Mars). Racine contre maux de tête.
Suc contre dyssenterie.

Oiseaux. Si on veut *prendre des oiseaux à la main* on prendra de quelque graine que ce soit et on la fera bien tremper dans la lie de vin et du suc de *ciguë*, ensuite on la jettera à terre, tous les oiseaux qui en mangeront ne pourront pas voler.

Si on veut *entendre le chant des oiseaux*, qu'on prenne avec soi deux de ses amis et qu'on aille avec dans une forêt le 5 des calendes de novembre, en mettant les *chiens* comme si on voulait chasser : on apportera à la maison la première bête que l'on prendra, que l'on mangera avec le cœur d'un *renard* ; aussitôt on entendra le chant des oiseaux, et si on souhaite que ceux qui seront présents l'entendent aussi, on n'aura qu'à les baiser.

Orchite (Voy. Testicules).

Ortie. La semence d'*ortie* cuite dans du vin guérit la pleurésie et l'inflammation des poumons (Chr. 409).

Les feuilles broyées et appliquées sur les plaies et les *ulcères* en arrêtent la gangrène.

La décoction de la semence de cette plante guérit l'*empoisonnement par les champignons*.

Poissons (les prendre avec la main). Voyez Ortie (voyez Pervenche).

Procès. (Voy. Chélidoine).

Pervenche. Réduite en poudre avec des vers de terre donne de l'*amour* à ceux qui mangent de cette poudre dans leur viande.

Mêlée à du soufre et jetée dans un étang, ce composé fait mourir tous les *poissons*.

Jetée dans le feu, le rend bleuâtre (G. 51). Donnée à un *bufle* le fait crever de suite.

Peur (la donner). Voy. Centaurée.

Pigeons (les assembler.) Verveine. (Voy. *plus loin*.)

Plaies (Racine de quintefeuille).

Pigeons (les assembler). Mettre dans un colombier le crâne d'un homme (G. 90).

Philtres (Voy. Amour. — Voy. Roug).

Pierre ponce (Voy. Toux). Mise dans l'oreille d'un âne, il tombe en syncope aussitôt.

Pourpier (Voy. Visions). Guérit empoisonnement par la *jusquiame* (Voy. ce mot). — (Voy. *plus loin*).

Puces. Pour chasser les puces d'une chambre arrosez-la avec de la décoction de *rhue*, de l'urine de jument, et il n'en restera point (Pline).

Punaises. Pour faire mourir toutes les punaises qui sont dans un lit, prenez un *concombre* en forme de serpent, faites-le confire et tremper dans de l'eau, ensuite frottez-en votre lit.

Ou bien prenez le fiel d'un bœuf mêlé et détrempé dans du vinaigre, frottez-en le lit et on verra qu'à l'avenir il n'y aura plus de punaises.

Punaises (*suite*). Pour les prendre en vie sans les toucher en allant se coucher, on mettra sous son chevet de la *grande consoude*, toutes les punaises s'assembleront dessus et n'iront pas ailleurs ; on en a fait l'expérience plusieurs fois (G. 113).

Peste. Eau de vinette, demi-once ; thériaque, un drachme. Faire boire à celui qui est atteint du mal, la mixtion étant tiède. Faire ensuite suer le malade.

Piqûres d'abeilles. La fiente de vache appliquée sur la piqûre enlève de suite la douleur.

Pêches (Voy. Vers).

Peste. Mâcher de la *pimprenelle* en temps d'épidémie préserve du fléau.

Plantain. Feuilles broyées appliquées en cataplasmes guérissent *ulcères*. Semence broyée dans du vin ou ses feuilles confites en vinaigre arrêtent la *dyssenterie*.

Mangée crue après du pain sec et sans boire, cette plante arrête l'hydropisie.

Sa racine infusée dans du vin neutralise l'empoisonnement par l'opium.

Pleurésie (Voy. Ortie).

Pneumonie (Voy. Ortie).

Plaies. (Voy. Ortie).

Pourpier. Sa semence guérit les asthmatiques (Chr. 403) broyée et mangée avec du miel.

Poumons (Voy. Chardons).

Quintefeuille (Pentaphilon, inf. de Mercure). Racine en emplâtre contre *plaies*.

Guérit écrouelles si on boit son suc avec de l'eau.

Le suc apaise les *maux de dents* mis dans la bouche.

Fait obtenir ce que l'on souhaite portée sur soi.

Rose. Un grain avec une graine de moutarde et le pied d'une belette pendus à un arbre le rendent *stérile*.

Cette composition fait reverdir en un jour les *choux* presque morts.

Mise dans une lampe produit hallucination.

Mêlée avec huile d'olive et soufre vif en frotter une maison. Elle semblera tout en feu pendant que le soleil luit (G. 55).

Reins (Douleurs, Offoditius, Chrynostates).

Renouée (inf. du soleil). Guérit mal *de cœur* et *d'estomac* (G. 56).

Bue, excite à l'amour.

La racine portée sur soi guérit le *mal des yeux*.

Rats. On chasse les *rats* d'une maison, si on la parfume avec la corne (du pied) de cheval ou de mulet.

Repas (Voy. Convives).

Rhue (Voy. Puces.)

Rage. Boire du vin dans lequel on a fait bouillir des tiges de *verveine*, appliquer de plus sur la plaie les feuilles pilées de cette plante (Chr. 401); même résultat avec feuilles *d'angélique*.

Raisins. Les pépins de raisin, rôtis, pulvérisés et appliqués en cataplasmes sur le ventre, guérissent de la dyssenterie.

Règles. Pour rétablir le cours du sang, il faut prendre en forme de thé quelques infusions de feuilles fraîches de persil.

Également bon contre les pâles couleurs.

Rêves érotiques (s'en délivrer). Appliquer sur l'estomac lame de plomb en forme de croix.

Serpentine (Voy. ORTIE). Mise sur la tête empêche de dormir.

Sauge. Pourrie sur le fumier dans une fiole de verre donne naissance à un ver (G. 59).

Sommeil (l'ôter). Voy. *Serpentine*. Faire parler dans le sommeil. (Voy. *Femme*. Si on veut faire peur à une personne endormie on lui mettra dessus la peau d'un singe.

Saturne. Son herbe est l'offoditius.

Soleil. Son herbe est la renouée.

Stérilité (G. 91). Pour qu'une femme reste stérile :
Enchâsser les dents des jeunes enfants, quand elles tombent, dans de l'argent et les pendre au cou de la femme.
Boire chaque mois un verre de l'urine d'une mule.
Se pendre au cou le doigt d'un fœtus mort (G. 92).

Scorpions. Si on applique un rat sur la morsure du scorpion, il la guérit.
Pour chasser *les serpents* et les *scorpions* d'une maison, il faut la parfumer avec le poumon *d'un âne*.

Serpents. Si on veut faire mourir un serpent en peu de temps, que l'on prenne ce que l'on voudra *d'aristoloche* ronde, pilez-la bien avec une *grenouille* des champs que vous brûlerez et mêlerez avec l'aristoloche ; ensuite l'ayant pilée dans un papier où l'on aura écrit ce qu'on aime, on la jette à des serpents, qui mourront aussitôt (Voy. LAMPE, voy. FRAISIER).

Sein. Toutes les maladies du sein disparaissent par l'application de cataplasmes sédatifs composés de jusquiames (CHR. 401).
Pour les abcès, appliquer farine de grosses fèves blanches en compresses sur le front, les tempes et les pieds avec l'infusion de feuilles de myrte.

Tête (maux de). Racine ornoglosse (Voy. LAMPE).

Toux. En pendant une *pierre ponce* au cou d'un enfant qui aura la toux, il en sera débarrassé (G. 63).

Taupe. Pour prendre une taupe on mettra dans son trou un oignon, un poireau et des aulx, et peu de temps après elle sortira sans forces.

Testicules. Bouse de vache nouvelle frite dans une poêle avec des fleurs de camomille, de roses, du mélilot, guérit en deux jours toutes les inflammations des testicules.

Tu... urs. *La fiente de chèvre* les fait toutes suppurer, appliquée en cataplasmes (GALLIEN).

Tates. Décoction de consoude royale en compresses (espèce de camomille).

Tabac (Voy. BOUTONS).

Taches de rousseur. Fiel de vache mêlé avec des coquilles d'œufs de poule que l'on fait dissoudre dans du vinaigre (appliquer sur la peau).

Ulcères (racine de JUSQUIAME, VERVEINE, PLANTAIN).

Urines. La racine de guimauve infusée dans du vin guérit les rétentions d'urines.

Ulcérations intérieures (Voy. ANGÉLIQUE).

Verge de Pasteur. Avec jus de *mandragore* donnée à une chienne la rend grosse.

Vaches. Couper leur lait (Voy. LIS). (G. 50). (Voy. p. bas).

Verveine. Cueillir le soleil dans le signe du Bélier.
Mêlée avec la graine de *pivoine* d'un an guérit le mal caduc.
Mise dans un colombier, y assemble les pigeons d'alentour.
La poudre jetée *entre deux* amants les fait se disputer (Voy. plus loin (voy. RAGE).

Vessie (maux) OFFODITIUS.

Verveine. Sa racine sur le cou guérit les écrouelles (inf. de Vénus), ulcères, hémorrhoïdes.

Portée sur soi, admirable pour l'amour. Chasse les mauvais esprits (Voy. CONVIVES).

Vaches (guérir les pieds malades). Enduire les cornes de l'animal avec de la cire, de l'huile et de la poix.

Vinaigre. Si l'on jette dans du vinaigre gâté de la *graine de poireaux*, il reprend sa force.

Visions (Voy. LAMPE). Les empêche. Mettre du *pourpier* sur son lit.

Vin (dégoûter du). — (Voy. IVROGNERIE).

Visions. Si vous voulez voir ce que d'autres ne pourront voir, prenez de la fiente d'un *chat* avec de la graisse d'une *poule* blanche, mêlez le tout ensemble dans du vin et frottez-vous-en les yeux.

Voir la nuit (Voy. NUIT).

Voyages (Voy. ARMOISE).

Vomissements. Le fruit du myrte, desséché, pulvérisé et confit avec du blanc d'œuf, puis appliqué en forme d'emplâtre sur la bouche et l'estomac, arrête les vomissements.

Vers. Feuilles de pêches confites dans le vinaigre avec de la menthe et de l'alun, puis appliquées sur le nombril, infaillible vermifuge pour les enfants (CHR. 401).

Viorne (Voy. ÉPILEPSIE).

Vigne. Les feuilles et filaments de la vigne broyés en cataplasmes et appliqués sur l'estomac guérissent les femmes qui, récemment enceintes, seraient tourmentées d'une faim désordonnée (CHR. 402).

Yeux (mal d'). Renouée (RACINE). *Chrynostates* (Voy. ANIS).

FIN

ERRATA BIBLIOGRAPHIQUES.

P. 108. — 6ᵉ ligne, lire OGER FÉRIER au lieu de AUGER FERVIER.

P. 174. — 7ᵉ ligne, lire WILLIAM Denton au lieu de WILLIM.

P. 227. — (au bas) lire OGER FÉRIER au lieu de FERRIER.

P. 295. — (note) 2ᵉ ligne, lire *remotus* au lieu de *semotus*.
3ᵉ ligne lire *exorcisandus* au lieu de *exorcisandus*.

P. 358. — (dernière ligne) lire Dʳ BARADUC au lieu de BARADUO.

P. 398. — 3ᵉ ligne, lire *les limites de l'Inconnu* au lieu de *les frontières de la Science*.

P. 416. — Lire *Grimoire d'Honorius* au lieu de *Grimoires d'Honorius*.

TABLE DES MATIÈRES

PREMIÈRE PARTIE

THÉORIE

CHAPITRE I. — Définition de la Magie.	13
CHAPITRE II. — L'Homme.	26

Résumé de sa constitution anatomique, physiologique et psychologique.	26
La machine humaine	30
L'homme impulsif	34
Résumé	52
Rapports de l'homme de volonté et de l'être impulsif.	53
La force nerveuse	60
Le sommeil naturel.	64
L'ivresse.	65
L'hypnotisme. La suggestion	67
La folie	70
Résumé	72
Bibliographie	75

CHAPITRE III. — La Nature

Résumé de sa constitution anatomique, physiologique et psychologique.	76
Bibliographie	108

CHAPITRE IV. — L'Archétype

L'Unité	115

DEUXIÈME PARTIE

RÉALISATION

CHAPITRE V. — Réalisation de l'Homme

PRÉLIMINAIRES. — CE QUI SENT... 121

ALIMENTS. Réalisation de l'Etre instinctif... 123
    Le Végétérianisme sentimental. 129
    Du Régime animal.. 132
    De l'emploi des Excitants matériels. 132
    L'Alcool... 134
    Le Café... 135
    Le Thé... 137
    Haschisch, — opium, — morphine.. 138

RÉALISATION OU INVENTION. 139
    Maniement des Excitants. 139
    L'Air inspiré : Réalisation de l'Etre animique... ... 140
    De la Sensation : Entraînement de l'Etre psychique. 146
    Des Excitants intellectuels : La Musique... ... 151

RÉSUMÉ GÉNÉRAL... 153
    Entraînement de l'Etre instinctif... 154
    —   — animique... 155
    —   — intellectuel. 157
    Bibliographie... 158

CHAPITRE VI. — De la Méditation

CE QUI PENSE... 162

DEUXIÈME PÉRIODE. — Psychométrie. — Télépathie... 165

DE L'AMOUR... 167
    Excitant de l'homme de volonté... 167

DES OBSTACLES... 171
    Réaction de l'Etre impulsif... 171
    Bibliographie... 174

CHAPITRE VII. — Réalisation de la volonté.

De l'éducation du Regard... 176
    Miroir magique. — Magnétisme... 176
    Le Verbe.. 179
    Le Geste. 181
    Les Talismans. 196
    La Marche... 199
Entraînement total de l'Être humain... 201
    Chasteté. — Amour.... 201
    Résumé.. 204
    Bibliographie.. 205

CHAPITRE VIII. — Réalisation de la Nature.

Eléments d'astrologie astronomique... 207
    Les signes du Zodiaque... 208
    Amitiés et inimitiés.. 214
Position respective des Planètes.. 215
    Aspects. — Conjonction. — Quadrature. — Opposition.. 215
Des relations qui existent entre les planètes et les signes du Zodiaque 216
    Maisons planétaires. 216
    La Lune dans les 12 signes.. 217
    Des autres Planètes. 221
    Soleil : Agenda magique. 221
    Pour l'amour.. 222
    Pour se rendre invisible.. 224
    Des heures attribuées aux Planètes. 226

CHAPITRE IX. — De l'influence des Planètes dans les trois règnes de la nature sublunaire.

Astrologie naturelle. 228
Règne minéral. 229
    Métaux divers. 229
    Pierres.. 229
    Pierres attribuées aux Planètes... 230

TRADITIONS CURIEUSES CONCERNANT LA VERTU DE CERTAINES
PIERRES. ... 230
    Saturne.. ... 230
    Jupiter... ... 231
    Mars. ... 231
    Soleil... ... 232
    Vénus... ... 232
    Mercure... ... 233
    La Lune.. ... 233

LES HERBES MAGIQUES (règne végétal). ... 233
    Correspondance d'un végétal... ... 234
    Saturne.. ... 234
    Jupiter... ... 235
    Mars. ... 236
    Le Soleil. ... 236
    Vénus... ... 238
    Mercure ... 238
    La Lune. ... 239

RÈGNE ANIMAL. ... 240

TRADITIONS de la MAGIE DES CAMPAGNES AU SUJET DES
ANIMAUX PLANÉTAIRES... ... 241
    Saturne.. ... 241
    Jupiter, — Mars, — le Soleil, — Vénus... ... 242
    Lune... ... 243

ACTION DES PLANÈTES SUR L'HOMME.. ... 243

ACTION DES PLANÈTES SUR LE MICROCOSME. ... 246
    A. — Intellect. ... 246
    B. — Corps physiques... ... 246
    Influence des signes du Zodiaque et rapports. ... 250
    Tableau général des correspondances planétaires tiré
      des œuvres d'Oger Férier, fixant la tradition
      au XVIe siècle... ... 252
    Bibliographie.. ... 254

CHAPITRE X. — Résumé d'Astrologie kabbalistique

Saturne..	257
Jupiter...	259
Mars ..	262
Soleil...	264
Vénus...	267
Mercure.	270
La Lune.	274
Saisons de l'année.	278
Résumé.	280
Bibliographie..	284

TROISIÈME PARTIE

ADAPTATION

CHAPITRE XI. — Aimanter.

L'ADAPTATION (Préliminaires)..	287
Des Pratiques personnelles...	289
La Prière...	289
La Chaîne magique.	292
LE LABORATOIRE MAGIQUE.	294
La Chambre...	295
L'Autel...	298
De l'Eau .	299
Du Sel et de la Cendre..	301
Des Parfums et du Réchaud..	303
De la Lampe magique..	305
Le Miroir magique.	308
Des Talismans...	311
De la matière des Talismans.	312
Dessins de talismans sur le parchemin ou la peau..	315
Etablissement de l'horoscope à l'opération..	318
Résumé..	321
Bibliographie..	322

CHAPITRE XII. — Concentrer.

Adaptation, 2ᵉ phase... 323
Les Sept Oraisons mystérieuses... 326

CHAPITRE XIII. — Rayonner.

Adaptation, 3ᵉ phase... 335
    Lecture des signatures... 337
    Le Magiste et la Religion 352
    Le Magiste et la Patrie 355
    Bibliographie... 358

CHAPITRE XIV. — Le Magiste et le Microcosme.

Le Magiste et l'Hypnose 359
    Hypnotisme et Magnétisme... 360
    1ᵉ Etat de réceptivité 361
    2ᵉ Hypnotisme du sujet... 362
    3ᵉ Détermination des phases.. 364
Les Etats profonds de l'Hypnose.. 367
    Etat de rapport 370
    Etat de sympathie au contact 372
    Etat de lucidité 373
    Etat de sympathie à distance 374
    Réveil du sujet 380
Les Sorciers et le Magnétisme 382
L'Envoutement 391
L'Alphabet sympathique 397
Bibliographie... 398

CHAPITRE XV. — Le Magiste et le Macrocosme.

Des Evocations 399
Evocations d'après les grimoires... 411
Bibliographie... 416

CHAPITRE XVI. — La Médecine hermétique.

ALLOPATHIE — HOMEOPATHIE — HERMÉTISME... 417
   De l'Obsession 421
   Traditions de médecine hermétique conservées dans
      les campagnes 424

CHAPITRE XVII. — Synthèse de l'Adaption.

LA GRANDE OPÉRATION 429
   Objets nécessaires pour les opérations de l'art... 432
   Du Livre 441
   Du Cercle magique 443
   Régime... 447
   Bains 449
   Opération 449
LES EXPÉRIENCES MAGIQUES DU GROUPE INDÉPENDANT D'ÉTU-
   DES ÉSOTÉRIQUES 469
DE L'EXTÉRIORISASION DU CORPS ASTRAL... 473
CONCLUSION 486

APPENDICE

La Cérémonie magique.

LA CÉRÉMONIE MAGIQUE... 493
   Coup d'œil historique 493
   1. — Involution de l'Evocation magique 500
   2. — Bibliographie résumée... 504
   A. — Traités de pratique courants. 505
   B. — Grimoires. — Colportage 509
   C. — Traités didactiques. 512
DES PHILTRES D'AMOUR 520
UN GRIMOIRE DE SORCIER.... 525
PETIT DICTIONNAIRE MAGIQUE... 535

Vannes. — Imp. LAFOLYE, 2, place des Lices

www.ingramcontent.com/pod-product-compliance
Lightning Source LLC
Chambersburg PA
CBHW060755230426
43667CB00010B/1578